U0126521

中國政治哲學

下冊

馮滬祥 著

臺灣學生書局印行

中國政治哲學

目　次

第七章　三國時代的政治哲學

一、三國時代的共同性

　　三國時代群雄並起，他們巍峨傑出，各顯神通，形成中國歷史繁華彩麗、氣象萬千的一頁；很多生動感人的故事，更如同璀璨亮麗的鑽石，從各個側面看，都是晶瑩剔透，大放異彩！

　　綜觀他們生命精神，有三項通性，足以「照燭三才，暉麗萬有」，進而永垂不朽。

㈠共同追求統一

　　三國時代，通常是指漢獻帝初年元年（西元 190），漢朝逐漸分裂，到晉武帝太康元年（公元 280 年），中間約有九十年。

　　在此之前，是統一的漢朝，在此之後，則是統一的晉朝。中間雖然處於分裂，但三大集團均共同追求統一，形成三國時代「求同存異」的最大共識。

　　從劉備看，孔明的〈隆中對〉，就是明顯例證。

　　孔明當時分析天下大勢，看似鼓勵劉備固守西南，但終極目的仍在伺機而動，完成江山統一。

　　所以孔明先指出，對曹操「誠不可與爭鋒」，從近程看，先要

避其鋒芒，對孫權「可以為援而不可圖」，只能結盟，不能圖謀，中程計劃應該先取荊州、益州、鼎足而三，然後從遠程看：

「待天下有變，則命一上將將荊州之軍以向宛、洛，將軍身率益州之眾出於秦川，百姓孰敢不簞食壺漿以迎將軍者乎？」❶

因此，孔明結論為：「誠如是，則霸業可成，漢室可興矣！」

由此可以證明，孔明為劉備所獻的對策，終極目標就是統一天下，復興漢室。

另外，孫權重要策士魯肅，也曾向其獻策，切入點雖不同，但終極目標，仍然是統一大業。

所以，他先分析近程形勢，「漢室不可復興，曹操不可立除。」❷因此他建議孫權，中程目標只有「竟長江之極，據而存之」，借機在遠程目標「以圖天下」。他所講的方法，也是「待機」，終極目的也在統一天下。

魯肅方案與孔明，相同之處，都在先分再合──先站穩腳跟，三分天下，再徐圖天下，完成統一！

不同的是，孔明認為「漢室可興」，終極目標在恢復漢朝江山，魯肅則認為「漢室不可復興」，終極目標在開創新天下。

事後發展，孫權在公元 222 年稱帝，劉備在公元 221 年稱帝，曹操終其一生，頂多「挾天子以令諸侯」，並未正式稱帝，也就是不願破壞當時形式上的大一統，直到曹丕才稱帝，時為公元 220 年。

---

❶　羅貫中著，《三國演義》上冊（臺北：城邦文化公司，2005 年），頁 344。
❷　同上。

　　這三國，在三年內陸續稱帝，各自獨立，但也只是暫時局面，彼此仍以統一為己任；直到六十年後，公元 280 年，三國歸晉，晉武帝統一分裂的三國，才正式結束鼎足而三的局面，形成統一的新中國。

　　所以《三國演義》開卷稱，「天下大勢，合久必分，分久必合」❸，原來從合而「分」，只是階段性現象，仍然各自為「合」做準備；終極都是走向統一的合，只是時間早晚而已。

　　由此可知，整部三國歷史，證明了「統一」為主流，分裂只是支流。

　　清代文辭家毛宗崗曾經評三國志，認為「三國者乃古今爭天下之一奇局」，代表是古今以來、天下各方勢力爭取統一的奇書。因此，三國時期臥龍藏虎，英雄輩出，「江山如畫，一時多少豪傑」，誠如易中天所說，那是一個亂世，又是一個「充滿陽剛之氣，既有英雄氣概，又有浪漫情懷的時代。」❹所以，成敗之間很有啟發意義。

　　毛宗崗曾經強調，「三國一書，有巧收幻結之妙」；北大哲學教授葉朗分析：「三國之爭，最後不是蜀統一，不是魏統一，也不是吳統一，而是由晉統一，這種結局很幻，很巧。」

　　毛宗崗更進一步認為，三國的統一方式，有人力，也有天意，看似意料中，但相當程度也有造化因素。此其他所說：

　　「幻既出人意外，巧復在人意中，造物者可謂善於作文矣。」

---

❸　同❶，頁 1。
❹　易中天，《品三國》（香港：三聯書局，2007 年），頁 12。

　　此即羅貫中在「卷首辭」，開宗明義就感慨的指出：「滾滾長江東逝水，浪花濤盡英雄」❺；然後結論則是以燦溢的美感提神太虛，冥同造化，俯看人間，那時但見：「古今多少事，都付笑談中！」

　　所以，綜觀三國歷史的分合，最後由晉朝統一了三國，中國也歷經九十年的分立，重新回到統一；其間「江山如畫，一時多少豪傑」的歷史大戰，對今後兩岸，何人統一？如何統一？何時統一也都有很重大的啟發性。

(二)共同都是英雄

　　翻開三國歷史，無論孔明、劉備、關公、張飛，或者孫權、周瑜、魯肅、曹操，都可說是一方英豪，各領風騷。從中華民族的大格局看，都是一代英雄，都是人中之龍！

　　大陸名作家易中天，在《品三國》中講得很中肯：「他們都想把分裂變成統一，把亂世變成治世，求得社會的和諧，天下的太平。」❻因此，他們「都是這個時代的英雄，也都是我們民族的英雄。」在三國的歷史舞臺上，他們都是雄心勃勃，展現雄奇壯烈的生命精神，也寫下波瀾壯闊的生命史詩。

　　只可惜，這三國的英雄，彼此爭戰、相互內耗，雖然演出多采多姿、可歌可泣的三國歷史，但從中華民族整體看來，彼此內鬥結果，不知枉死多少英雄？損失多少豪傑？

---

❺　同❶，頁1。
❻　易中天，同❹，頁12。

　　他們都是中華英豪、民族英才，從大格局來看，他們若能共同合作，整合成為統一富強的中國，那將是所有人民之福，也將是整體民族之幸！

　　在中國近代史，國民黨與共產黨內，各有很多人才，都是英雄豪傑，然而相互內戰結果，不但生靈塗炭，國家也受外族入侵，直到抗戰時期才一致對外，稍見復興契機。

　　但到後來，不幸國共空前內戰，造成無數家庭悲劇；今後若能從民族大格局曠觀未來，兩岸自應共同合作、互補互惠，才能真正利國利民，為統一的新中國，開創更光輝的前程！

　　因此，今天講述三國的英雄歷史，可以從中吸取很多成功的啟發，更有重大的現代意義。

　　首先，就劉備而言，《三國志》的〈魯肅傳〉中稱「劉備天下梟雄」，另外曹操煮酒論英雄，更明白講，「今天下英雄，唯使君與操耳。」（《三國志‧先主傳》）

　　在三國之中，劉備誠如易中天所說，「劉備有英雄之志，英雄之氣，英雄之魂，也有英雄之義」❼，所以能屢屢在愁慘苦難中，奮發圖強、穩健為雄，展現出清朗敦厚的生命精神。

　　因為，劉備的英雄之魂，就表現在堅忍不拔、愈挫愈勇，而且奮鬥不懈，能屈能伸；所以雖然歷經挫敗侮辱，但他始終忍辱負重、不改其志，真正可稱為大英雄！

　　另外，劉備的英雄之義，更從桃園三結義開始，與關公、張飛情同手足，到後來明知出兵為二人報仇，進攻東吳時機並不成熟，

---

❼　易中天，同❹，頁 209。

但他寧要情義、不要江山，因為心中重視兄弟義情，更甚於江山權力，真正可稱至情至性，感人至深！

此外，孫氏兄弟當然也是英雄。

《三國志》的〈孫策傳〉說，孫策「美姿顏」、很帥氣，可稱青年才俊，而且很幽默、有親和力，「好笑語」；並且性情闊達，很能接受諫言「聽受」，尤其「善於用人」；所以，「士民見者，莫不盡心，樂為致死。」❽

袁術並且曾經讚嘆：「使術有子如孫郎，死復何恨」？這裡說的孫郎，即孫策。其父孫堅三十七歲在征戰中身亡，但生孫策，可說虎父虎子，不愧將門之後。

後來，曹操也曾讚嘆：「生子當如孫仲謀」，孫策從十八歲征戰，但在二十六歲遇刺身亡，可稱英才早逝，令人不勝惋惜。

但孫權，卻長壽七十一歲。東吳國運同樣很長，有五十一年，多於曹魏的四十六年，以及劉蜀的四十二年。

孫權生平能重用周瑜、魯肅等人才，並與孔明聯合，在赤壁之戰打敗曹操，自然也是一代英雄。

當然，曹操更是一代奸雄。

《後漢書》許劭曾稱他「清平之奸賊，亂世之英雄。」《世說新語》換個說法，然而也稱他是「亂世之英雄，治世之奸賊」。兩者合而論之，稱為「奸雄」，可說非常允當。

清代毛宗崗認為，「古史甚多，而人獨貪看《三國志》」魯迅

---

❽　《三國志·孫策傳》。

也強調，「細民所嗜，則仍在《三國》《水滸》」❾。就因為出現了很多英雄豪傑！

　　毛宗崗又指出，諸葛亮、關公、曹操，即可稱為「三奇」、「三絕」❿，分別代表「賢相」、「名將」、與「奸雄」的典型。諸葛亮則堪稱「古今來名將中第一奇人」，曹操則是「古今來奸雄中唯一奇人」。⓫

　　其中諸葛亮，具有「忠、智、雅」等特色，關公具有「節、義、忠、勇」等特色，曹操則有「似乎忠、似乎順、似乎寬、似乎義」等特色。

　　當然，其他各方英才，兼具各種才能的人物，在三國內更是多如天上繁星，不勝枚舉；只不過重要英雄如同北斗七星，始終在中國歷史上最為耀眼、最為膾炙人口！

　　可惜的是，他們在立國時候，各自爭鋒，相互內鬥，結果只能彼此抵銷，雖然演出精采絕倫的大時代故事，但是若能一致對外，共同成為振興中華民族的英才，豈不更令後人讚嘆！

　　這正如同中山先生過世後，國共兩黨爭得你死我活，導致人民長期受害，雙方陣營雖然人才濟濟，卻也相互抵銷。

　　展望未來，如果各方英雄能夠相互合作、一致對外，豈不更是屬於整個中華民族盛事？也是全體中華民族美事？

　　歷史事實證明，國共第一次合作，即能完成北伐；第二次合

---

❾　同❹，頁 20。
❿　毛宗崗《論三國》（北京，2005 年）頁 20。
⓫　同上，頁 162。

作，則能夠完成抗日；今後，能否第三次國共合作，完成統一大業、共同振興中華，但看相關領導人士，能否深具英雄之才，更具英雄胸襟！

易中天《品三國》中稱，三國這段歷史，其實有三種形象：「歷史形象，文學形象，和民間形象。」❷很有創意在內。

但是筆者認為，這還不夠；如果要從三國吸取成敗興亡的教訓，做為今後振興中華的參考，還應有種形象，那就是：「民族形象」。

換句話說，「民族形象」的出發點，並不斤斤計較「歷史形象」，因為其中考證細節意義不大；也不津津樂道「文學形象」，因為英雄畢竟不是為了說書娛樂；同時也不屬於聲聲嘆息的「民間形象」，因為那只留下消極的感嘆而已。

真正的英雄，能夠「古為今用」，也能做到「外為中用」，更能將成王敗寇的歷史，分析成敗因果後，做為振興整體中華民族、必勝必成的重大參考！

唯有如此，不落任何邊見，也不陷入任何偏見，更不夾入任何成見，才能以旁觀者清的立場，瞭解三國各家成功之道，共同吸納為民族復興的養分！

也唯有如此，才能避免踏入歷史覆轍、避免陷入分裂的泥濘，而能早日奮起，共同為統一大業，創造光明燦爛的新中華！

---

❷　同❹，頁21。

㈢共同善用智謀

瑞士學者聖雅律教授（Dr. Harro von Senger）為蘇黎世大學法學博士，曾在臺灣大學、東京大學及北京大學研究，出版了全世界第一本研究中國「三十六計」的德文著作，名為《智謀學》，引起國際的廣泛重視。

其中很多例證，均以三國故事為主，充分證明，連外國人都注意到：「使用三十六計謀並不是中國所特有的現象，而是全人類的一個共同特點。」⓭

作者在本書中，並且舉聖經為例，「說明連西方上帝也不放棄這種良方。」

換句話說，該書著作宗旨，是想「通過中國了解人類」。所以在該書中說明，所有計謀的內容，其實是為全人類共有的現象；但在中國的歷史文化中，最集中表現的，就是三國時代。

該書被公認為「西方人開始接觸中國文化以來，第一本書專門向西方介紹三十六的書」⓮，全部數十萬字，洋洋大觀；如果西方學者，能夠深入研究整個三國時代，各個陣營的精彩故事，相信更會讚嘆不已！因為其中運用謀略靈活巧妙之處，確實為任何外國著作中所罕見。

例如，該書在說明「暗渡陳倉」計中，除了說明韓信重修棧道的手法，也以東吳呂蒙稱病為例。當時他是少年將領，表面迎接關

⓭ 聖雅律（Harro von Senger），劉曉東、朱聖好中譯，《智謀新典》（臺北：遠流出版公司，1994年），頁1。

⓮ 同上，頁1。

公，卻在暗中秘密佈署進攻，便是一項用計證明。**⑮**

　　另外，書中也舉《三國演義》十四回為例，其中說明，諸葛亮用「激將法」，在朗誦〈銅雀臺賦〉時**⑯**，將「二橋」故意解讀成「二喬」，以此刺激周瑜大怒，進而同意聯盟，決心與曹操一戰！

　　還有，書中說明「欲擒故縱」，更以孔明七擒七縱孟獲為例，長篇分析孔明，如何運用此計與「反間計」、「借刀殺人」計等等**⑰**。並引曹操「望梅止渴」為例，說明如何善用群眾心理作用**⑱**。

　　凡此種種，均可證明三國時代，各方英雄都很注重智謀，這在國際政治爾虞我詐的今天，如何維護中華民族利益，熟悉計謀運用，也很有其重要性。

　　本文之作，即在秉承中華民族的立場，從振興中華、統一大業立場，分析三國興衰之道，論述其中政治哲學，做為今後仁人志士、與英雄豪傑，共同參考之用。

　　因此筆者深深盼望，讀完三國，絕不只是感嘆「古今多少事，都付笑談中」，而是能夠立定大志，提高格局，放眼中華，在深讀三國故事後，「古今多少事，都付行動中！」

　　三國時期，在中國是很有名的群雄並起時代，當時人才輩出，各有一片天，誠如羅貫中所說：「滾滾長江東逝水，浪花淘盡英雄淚」；雖然後人感嘆「青山依舊在，幾度夕陽紅」，然而遙想當時英雄群起、風起雲湧，真正現代的英雄，自然不應只停在消極的感

---

⑮　同上，頁 113。

⑯　同上，頁 236。

⑰　同上，頁 301-313。

⑱　同上，頁 378。

慨，而應積極的化感慨為立志，吸收振興之道，再創英雄偉業！

正因西蜀、東吳、北魏之中，各有不同型態的英雄，他們各有千秋、互見長短，所以能夠鼎足而三，個個都是好漢！

然而，從中華民族整體眼光看來，他們都是中華好英豪，都是一代風流人物，各有政治智慧，各有高明謀略，因此才能互相鼎立！

尤其，他們共同均能堅守「一個中國」原則，從未否認自己是中國人，而是各顯神通，追求統一，其心志非常值得尊敬。

因此，今天研究三國的政治哲學，分析彼此的優劣所在，對於振興中華民族，維護整體利益，更有重大的啟發性！

以下即就劉備、孫權、曹操三大陣營，分別論述他們的政治哲學。

二、劉備西蜀的啟發

(一)情感道義，超越名利

劉備、關羽與張飛三人，偶然相逢於亂世，卻驚覺彼此理念相同、心境相同、志向相同，所以形成情感道義的緊密結合，組成有名的「桃園三結義」。

這種結合，最為鞏固；因為三人不是以一時利益而結合，更不是以相互利用而結合，而是能以忠義血性結合；以情感為主軸、以道義為基礎，所以能不為利誘、不為勢劫，不怕苦、不怕難、不怕死，最為可大可久！

此所以劉備在徐州被曹操擊敗後，關羽能夠「人在曹營，心仍在漢」，無論曹操如何利誘恐嚇，均能不為所動！

中華民族最崇拜的人物，就是能夠重情重義，始終如一，能夠展現忠義氣節、至死不渝！也就是如同關公精神，歷經劫難考驗，仍然浩氣長存！

所以，民間至今普遍崇拜關公，成為中國歷代祭祠最多、香火最盛的關帝廟，很有重要意義在內。

雖然關公在三國後期被害犧牲，但民間仍深深紀念他忠肝義膽的精神，與頂天立地的正氣，這就說明了，只有以道義結合的力量，才能永遠受到後人尊崇！

由此可見，中華文化絕不以成敗論英雄，而是以忠義論英雄，以風骨論豪傑，明顯與西方不同。

在西方歷史中，凡稱「大帝」，如亞歷山大大帝、凱撒大帝、拿破崙大帝……等，均有重大事功；相形之下，關公並無同樣顯赫事功，但仍被尊稱「關聖大帝」，並且在民間尊為武神，重點不在其「過五關、斬六將」的武功，而在其義奔劉備、義無反顧，一生充滿忠義的精神！

所以，一言以蔽之，關公長期廣受中華民族崇拜，主因就在其「忠義」兩字，這就形成中華民族最重要的獨特精神！

歷史經驗證明，凡做大事者，無論創業或者守成，無論文治或者武功，無論古代或者現代，必需有其團隊、有其核心。這個團隊核心，若能以道義感情相結合，則未有不成者！此即所謂「精誠所至，金石為開」！然而，如果只以利害相結合，雖然一時可能成功，但仍會有「西瓜偎大邊」的效應，長久仍會失敗，形成「樹倒

猴猻散」的效應。

此即張飛提倡三人結義時所說：

「明日當於園中祭告天地，我三人結為兄弟，協力同心，然後可圖大事。」⑲

此中最重要的，先是「祭告天地」，代表至情至性、可告天地，而且正氣凜然、天地可鑒；然後三人結為兄弟，最重要的，就是要能「協力同心」，目標在圖救國大事！

因為三人都有遠大理想，形成共同抱負，如此以情感道義相結合，終能成為永垂不朽的歷史佳話！

因此，三人在第二天，特別焚香再拜，並以誓詞強調：他們三人「雖然異姓，既結為兄弟，則同心協力，救困扶危；上報國家，下安黎庶。」亦即共同立誓，此後必定以救國救民為己任！

然後，三人共同誓言：

「不求同年同月同日生，但願同年同月同日死，皇天后土，實鑒此心，背義忘恩，天人共戮！」⑳

正因桃園三結義的基礎，是以忠義為主，這是永恆的價值，也是普世的價值，超乎一時勢利，也超乎世俗的價值，所以能夠可大可久。

尤其三人強調，「但願同年同月同口死」，更代表生死與共的感情，甚至可以超乎權位、超乎功業，這就更加令人欽佩！

根據《三國演義》十五回，張飛喝酒誤事，失去徐州，深感羞

⑲　《三國演義・桃園三結義》，同❶，頁5。
⑳　同上，頁5。

愧，欲拔刀自刎，劉備立刻向前抱住，奪劍擲地，然後說：「兄弟如手足，妻子如衣服；衣服破，猶可縫；手足斷，安可續？」

然後劉備強調：「吾三人桃園結義，不求同生，但願同死。今雖失了城池家小，安忍教兄弟中道而亡？況城池本非吾有。」

劉備並說：「家眷雖被陷，呂布必不謀害，尚可設計救之。賢弟一時之誤，何至遽欲捐生邪！」說罷還「大哭」，令關公、張飛也「感泣」，感動得流淚。

劉備這個動作，必須很快，才能奪下張飛手中的劍，他在匆促中說的話，也必是肺腑之言，不可能心中先想好。

由此足證，劉備在第一時間「抱住」張飛，吐露直覺心聲，確以兄弟真情為重；如此重情重義，難怪三人的兄弟之情，永照青史，永垂不朽，非常令人感動！

這正如同英國溫莎公爵，很多人感嘆他「不愛江山愛美人」，愛美人還有其色欲在內；但劉備卻純是「不愛江山愛兄弟」，這種更為純淨昇華的兄弟之愛，更為難能可貴！

臺灣出版的《三國商學院》，曾把劉備為關公張飛二人出兵，當作「企業領導者的情緒管理」負面取材㉑，就是只見其一，未見其二，甚至只看小未看大，只看表面，未看深情。

另外，《三國演義》十一回中，記載劉備起兵東征前，雖然趙雲強調「國賊乃曹操，非孫權也」，極力勸阻劉備討伐東吳，但也是從政治謀略的角度建議。

然而，劉備卻從情義角度分析，「孫權害了朕弟，又兼傅士

㉑　劉安華編著·《三國商學院》（臺北：易富文化出版社，2005 年），頁 33。

仁……馬忠皆有切齒之仇，啖其肉而滅其族，方雪朕恨！」

趙雲回說：「漢賊之仇，公也；兄弟之仇，私也。願以天下為重。」

此時劉備回答很冷靜，並沒有情緒化：「朕不為弟報仇，雖有萬里江山，何足為貴？」❷因而仍然起兵攻吳。

這時的劉備，並未暴怒，也不是為私心，他很清楚自己在做什麼。只是，他把「兄弟情義」更放在「萬里江山」之上，看似「私情」，卻是永恆；江山看似公事，卻是一時！

他深深知道，從大宇長宙看來，政治只是一時，權位只是一時，兄弟才是永恆！情義才是永恆！

大陸的《說三國、話權謀》，也只從軍事決策看，認為劉備做了錯誤的決定，並引孫子兵法所說：「主不可以怒而興師，將不可以慍而致戰」，認為「兵事不可為私而用」。❸

然而，孫子所說，是指情緒之怒，是指私利之慍，但是劉備的憤恨，表面看似情緒憤怒，其實是為兄弟情義，他並沒有因為怒火，而失去理性；而是理性之上，更有屬於靈性的道義層次。

此中深意，誠如《紅樓夢》「好了歌」所說：「古今將相知多少，一杯荒塚淹沒了」！也如羅貫中所說：「青山依舊在，幾度夕陽紅」。江山經過滄海桑田，可以反反覆覆，幾度易手；但是，超越江山之上的，還有兄弟真情；超越帝業之外的，更有兄弟結義的至情至性！

---

❷　《說三國，話權謀》（臺北：廣達文化公司，2004 年），頁 198。
❸　《孫子兵法》，火攻篇。

　　這就並非一般世俗眼光，只從眼前功利角度所能瞭解。這也正是《紅樓夢》中特重真情，而將功名視為身外之物的道理！

　　張飛是因酒醉，懲罰部屬，部屬叛變，殺他之後投奔孫權；關公也是不幸遭吳國設計殺害；所以劉備痛心之餘，為了幫張飛、劉備報仇，才不惜出兵攻吳，並且拒絕東吳求降。

　　後代很多人批評劉備，雖然個人報了仇，但卻錯失江山，甚至後來還被東吳陸遜所敗，困在白帝城而病逝。然而，持此論者，仍然只以世俗爭權奪利的角度來看，未能深入去看忠義血性的超世俗價值。

　　這正如同羅貫中所感嘆：「是非成敗轉頭空」。一切權力爭奪最後都會成空，一切江山爭霸，最後也會易手；但忠義血性，卻永永遠遠，絕不變色！

　　所以，劉備天上有知，他或會針對這一句，平靜的回答：「兄弟情義最無窮！」

　　很多人也惋惜英國溫莎公爵，「只愛美人，不愛江山」；從世俗看，江山當然可貴，權勢尤其可貴，因為，多少人頭為此全落地？多少英雄為此盡折腰？但是，在江山之上，還存在更可貴、更永恆、更不朽的價值，就是忠義，就是真愛！這種至情至性，才真正令無數英豪生死以之，無怨無悔！

　　這種情感道義的結合，在充斥功利主義的今天，尤其深值大家領悟與深思！

(二)苦心求才，精心用才

　　劉備成功的主要原因，在於他苦心求才，並且擅於用才。

劉備三顧茅廬，苦等孔明的故事，在歷史上膾炙人口，充份展現他求才若渴的精神與苦心，也展現他能成功的主要原因。

劉備前兩次拜訪孔明，都撲了空，等第三次去的時候，孔明雖然人在，卻睡午覺未醒，劉備就耐心等候。關公、張飛兩人在門口等，劉備自己進去，他看到孔明「仰臥於草堂几席之上」，便拱立階下。

結果，關張久候不見動靜，便進入門內，看到劉備「猶然侍立」，好像在旁服侍的樣子，張飛立刻大怒，說「這先生如何傲慢」！本想「放一把火，看他起不起」，關羽再三勸住才止。

劉備仍命令二人在門等候，又過了兩個小時，孔明才醒。

從經驗法則判斷，孔明聽到張飛如此大吼，本來應該已經醒了，但他仍然在睡，並連續睡兩個小時，足見是有意考驗劉備。

但是劉備，居然也連續站立，至少兩個多小時！孔明在此期間，還翻個身，童子本來要叫他，劉備還說「且勿驚動」，充份可見他的耐心，為了求才，不惜身段儘量柔軟，以此苦心感動孔明。

後來，孔明終於醒了，開始口中吟詩：

「大夢誰先覺，平生我自知；

　草堂春睡足，窗外日遲遲。」❷❹

詩中暗示，自己是個先知先覺，並指窗外政局，仍然遲遲未見天日；顯然話中有話，更可證明是說給劉備聽的。

劉備聽了之後，心中更加驚佩，後來促膝傾談之餘，更加心悅誠服。經他苦心邀請，從此獲得一位不世出的大才，形成三國鼎立

---

❷❹　同❶，頁 343。

不可或缺的棟樑軍師。

軍中需要軍師，學校需要大師，國家需要國師，都可看出人才的重要性。但是人才通常都有個性，很注重尊嚴，必須領導人用耐性與苦心，多次誠意邀請，才能忠心效勞。劉備在此三顧茅蘆的風範，不但給歷史留下佳話，也給各代領導人留下了很好榜樣。

若以大學的教育為例，一個大學的成功關鍵，就在能否請到大師，或者很多名師。

一個好的大學，可以沒有大廈，但是不能沒有大師。否則，再多大廈，也無法憑空訓練好人才。

擴而充之，一個國家，不能沒有國師；必需人才濟濟，人人敢言，才能開創盛世！

在古代，這即代表「納諫」的重要性，如「貞觀之治」，即以廣納諫言著稱。在今天，則應注重輿論或學者之言，以此做為國師，才能旁觀者清，指點迷津。

另外，劉備在尋得孔明前，慕送徐庶，「送了一程又一程」，也可看出他能誠心惜才，所以能獲得天下人歸心。

當時，劉備言詞懇切，低姿態的再三自責，

「分淺緣薄，不能與先生相聚。望先生善事新主，以成功名。」

另外，他又感傷的說：「先生既去，劉備亦將遠遁山林矣。」

後來離別時，他又說：「先生此去，天各一方，未知相會卻在何日？」說罷，「淚如雨下」。

等到徐庶策馬，匆匆而去，劉備遠遠望去，卻被一樹林隔斷。

劉備便以鞭指道：「吾欲盡伐樹林！」㉕

　　眾人問他何故。他回答：「因阻吾望徐元直之目也。」

　　這更深深令眾人感動！

　　凡此種種，表面上看似劉備多愁善感，但很能表現劉備的深情與惜才，令徐庶極感動。所以後來他才全力推薦孔明，也可說是劉備誠心所致。

　　劉備除了苦心聘請人才，還能充份授權、尊重人才，信任人才，這也是他成功之道。他除了充份信任孔明，並且充份重用關公、張飛等猛將，形成鑽石般的堅強團隊。

　　這正如同劉邦勝利的主因，在於重用人才，能夠綜合張良、蕭何，韓信等各種人才，充份授權，終於能夠打敗項羽，統一江山。

　　劉備在入蜀之後，更將治務完全交由孔明，甚至在臨終前，還對他說，對太子能輔佐就輔佐，如果不能輔佐，也可取而代之：

　　「若嗣子可輔，輔之，如其不才，君可自取。」㉖

　　雖然有人指其以退為進，反而令孔明不敢篡位，但人之將死，通常不會說謊，劉備臨終如此誠心托孤，當然更令孔明「汗流遍體，手足失措，泣拜於地曰：『臣安敢不竭股肱之力，盡忠貞之節，繼之以死乎！』言訖，叩頭流血。」

　　從劉備的仁厚風格來看，劉備並非試探孔明，而是肺腑之言，他對阿斗也有自知之明；足以證明，他除了重用人才、信任人才，即使身後，也有「傳賢不傳子」的胸襟。

㉕　同❶，頁 329。

㉖　同❶，下冊，頁 229。

這種「用人唯賢」，甚至「傳賢不傳子」的精神，對現代政界與企業，都有很大啟發作用！

(三)高瞻遠矚，目標清楚

一個國家要有出路，而且出路要能光明，必須主政者胸有成竹，能有高瞻遠矚，知道帶領國家，走向明確目標。用現代語言講，就是能給人民一個「願景」，並能鼓動民心士氣，充滿幹勁，邁向清楚的目標與願景！

三國時代，表面看似群雄爭霸，各方割據，紛紛擾擾，令天下英雄莫知所從，但事實上，孔明早在隆中應對時，就以遠大的眼光，看清楚未來的方向。

這種冷靜思考後的高瞻遠矚，對於今後兩岸情勢、中國奮鬥方向，與世界潮流，均有極大的參考作用。

孔明當時，首先向劉備分析政局情勢，明確指出曹操「已擁有萬之眾，挾天子以令諸侯，此誠不可與爭鋒。」換言之，曹操氣候已成，不能硬碰硬。

另外，「孫權據有江東，已歷三世，國險而民附，此可用為援而不可圖也。」孔明在此明白強調，對孫權可視為聯盟援軍，但不可圖謀。因為這也是第二股已成氣候的力量。

剩下的，就是劉備這股尚未成形的力量，今後應該何去何從？並且應該如何進行？

孔明曠觀全盤形勢，權衡整體佈局之後指出：

「荊州北據漢沔，利盡南海，東連吳會，西通巴蜀，此用武之地，非其主不能守，是殆天所以資將軍，將軍豈可棄乎？」

孔明在此明指，荊州為戰略必爭之地。有了荊州，才能進入益州，得到四川天府之國，成為鼎足而三局面！

所以，他為劉備籌劃未來，應該努力的方向：

「將軍既帝室之冑，信義著於四海，總攬英雄，思賢如渴，若跨有荊、益，保其巖阻，西和諸戎，南撫夷越，外結好孫權，內脩政理。」

然後，他進一步分析：

「天下有變，則命一上將將荊州之軍以向宛、洛，將軍身率益州之眾出於秦川，百姓孰敢不簞食壺漿以迎將軍者乎？」

最後孔明下了結論：「誠如是，則霸業可成，漢室可興矣！」他並拿出地圖，告訴劉備：

「將軍欲成霸業，北讓曹操占天時，南讓孫權佔地利，將軍可戰人和，先取荊州為家，後即取西川建基業，已成鼎足之勢，然後可圖中原也。」❷⑦

孔明早已準備好地圖，說明天下大勢，足證早就審度全局，深入研究。他的分析，包括軍事、內政、與外交，均可稱長期謀算的結果，正如孫子兵法所說：「多算多勝，少算少勝，而況無算乎？」

用今天術語，他有充份的「沙盤演練」，所以能預判未來走向。事後證明，也完全正確，不能不令人敬佩！

尤其，曹操當時「挾天子以令諸侯」，有其先天優勢，所以可稱「天時」，而孫權在江東已經營三代，根基深厚無法撼動，所以

---

❷⑦　同❶，頁 344。

有其「地利」。

因此，孔明在比較之後，很高明的指出，劉備既無天時，又無地利，只有經過「人和」，廣招英雄人才，才能壯大自己，形成均勢。

這段分析，除了從大處看天下大勢，也從劉備切身需要，指點今後努力方向，並且明確指出未來願景；這種謀國之道，深值今天效法與力行！

同樣情形，今天很多統派人才，深受臺獨各種迫害排擠，在臺獨政權下，深感英雄無用武之地，在「去中國化」的政策與氣氛下，更如同「籠中鳥」，無法大展鴻圖。

因此很多人才，紛紛轉向大陸發展，從經濟文化方面，另尋新天地；他們在臺獨統治下，缺乏「天時」與「地利」，只有透過「人和」，才能與十三億人民結合，共同振興中華。

所以，易中天在此評論很中肯：

「劉備有英雄之氣，有英雄之魂，有英雄之義，之所以沒有成為英雄，是因為沒有用武之地。」[28]

也就是說，劉備「缺一塊穩固的根據地（用武之地）」。

另外，他又指出「劉備有帝王之心，有帝王之志，有帝王之術，有帝王之福，但都只能寄人籬下，是因為沒有找到成功之路。」[29]

換句話說，劉備「還缺一條明確的政治路線（成功之路）」。

---

[28]　易中天，同[4]，頁 228。

[29]　同[4]，頁 238。

　　易中天認為，正因劉備缺這兩東西，所以隆中對，「恰恰就能為他解決這兩個問題」。

　　所以，孔明的〈隆中對〉，建議劉備取荊州，進西蜀，就能找到英雄用武之地。正如劉備所說，在曹營中，如同「籠中鳥」。只有離開曹營，才能如同鳥飛高空，也如同潛龍入海，海闊天空，任其發展！

　　這也如同在競爭激烈的商場中，成功之道有二，一是看準市場（鞏固地盤），二是走對方向（正確路線）；唯有如此，才能創造本身特色，形成重要品牌，得到廣大支持！

　　所以，三國鼎立，無論對政界，或對商界，都有很多重要的啟發性！

㈣以仁制暴，爭取人心

　　劉備領導風格，在三國之中，特別強調「仁政」，以此爭取民心。所以他曾與曹操做出鮮明對照，此即他所指出：

　　「今與吾為水火者，曹操也，操以急，吾以寬；操以暴，吾以仁；操以譎，吾以忠。每與操反，事乃可成耳。若以小故而失信義於天下者，吾所不取也。」❸⓪

　　用現代企業術語來講，劉備在做「市場區隔」，據以爭取顧客。若用選舉術語來講，他在做「明顯對照」，用此爭取選票。

　　事實上，劉備不只如此訴求，他也真正力行。

　　所以，當曹操進兵樊城時，劉備問計於孔明，孔明本來回答

---

❸⓪　同❶，頁369。

「可速棄樊城，取襄陽暫歇」。劉備卻很誠懇的強調，「奈何百姓相隨許久，安忍棄之」？

這就是一種仁心的表現，如同在戰場上，是一種絕不遺棄同袍的忠義精神。

孔明當時建議，「可令人遍告百姓，有願隨者同去，不願者留下。」結果兩縣人民都齊聲大呼說，「我等雖死，亦願隨使君。」都哭泣著追隨。

很多將領都說，民眾行走很慢，「似此幾時得至江凌」？所以建議他「暫棄百姓」才是上策。但劉備都明確拒絕，並且說明：

「舉大事者必以人為本。今人歸我，奈何棄之？」

所以百姓聽到之後，莫不感傷，也莫不感動！

羅貫中特別對此，以詩稱頌：

「臨難仁心存百姓，登舟揮淚動三軍。

　至今憑弔襄江口，父老猶然憶使君。」❸❶

直到今天，百姓憑弔劉備廟宇時，仍然懷念劉備當時的「心存百姓」，這也是他能以寡擊眾、與曹操競爭的成功之道。表面上他看似以寡擊眾，但從仁心上看，卻是以眾擊寡。

另外，當曹操攻打徐州時，孔融邀請劉備救援，徐州陶謙兩次想要將徐州讓給劉備；劉備均懇辭，認為那是趁人之危，有違仁義之道。

甚至陶謙臨終之前，還請求劉備接受，並且以手指心而死，劉備仍然不肯。直到徐州百姓，紛紛擁到府前哭求，劉備才同意暫時

---

❸❶　同❶，頁370。

領徐州，因此更得民心。

在此之前，呂布奪徐州時，欲併劉備為羽黨，呂布還假稱不是奪城，而是前來守城。劉備因為實力不夠，只好辯稱「備欲讓兄久矣」；關公、張飛心中不平，劉備便勸他們：「屈身守分，以待天時，不可與命爭也。」

劉備在此看似保守，其實深知沉潛與韜光養晦，更知仁義之師，不必急於一時；因為人民眼睛是雪亮的，終會感念他的仁厚，而從四方歸心。

根據《三國演義》，張松帶著西川地圖，本來準備獻給曹操，結果因其態度傲慢，被曹操給亂棒打出。

結果，張松連夜出城，準備回川，卻見遠遠趙子龍來接，先到荊州界首，再由關公熱情接待。

等到次日，用完早餐，上馬不到三五里，張松又看到劉備親自來迎，並且用盛宴款待，但席間絕口不提西川地圖事。

張松在席間，多次拿著地圖試探，劉備仍然一再謙稱：「吾有何德，敢多望乎？」

後來張松自己說出：

「明公乃漢室宗親，仁義充塞乎四海，休道占據州郡，便代正統而居帝位，亦非分外。」**㉜**

即使如此，劉備還是拱手謝稱：「公言太過，備何敢當！」

甚至，其後連續三天，劉備還是絕口不提西川地圖事。等張松辭行時，劉備還「潸然淚下」的說：「今日相識，不知何時再得聽

㉜　同❶，下冊，頁6。

教？」

結果，張松受此真情感動，再回想起曹操對其粗暴待遇，兩相對照，「當下便向劉備獻上西川地圖，並為之效力。」

由此證明，劉備經常展現仁厚之風，與親切熱情，令人覺得與曹操完全不同，因而能深獲人心。

另外，劉備入川接劉璋時，龐統與法正勸劉備，在宴席間殺劉璋，以奪西川。

但劉備說，「劉季玉與吾同宗，不忍取之。」當劉備部屬舞劍時，劉備還急按左右所佩之劍，大叫「吾兄弟相逢痛飲，並無疑忌，又非鴻門會上，何用舞劍？不棄劍者立斬！」

後來，劉璋拉著劉備手，感動泣曰：「吾兄之恩，誓不敢忘！」劉備回營也責備部屬，「公等何欲陷備於不義耶？今後斷勿為此！」

部屬再三要求他殺劉璋，他也明說，「吾初入蜀中，恩信未立，此事絕不可行。」可見他仍重視仁義恩信，才能廣得人心。

後來時機成熟，劉備入川時，先立起免死旗，以收降原先川兵，並且公開於眾：「汝川人皆有父母妻子，願降者充軍，不願者放回。」❸於是眾兵歡聲雷動，紛紛不戰而潰。

等到劉璋出降，劉備進入成都時，「百姓香花燈燭，迎門而接」；後來治蜀期間，他並力行行政，根基更加鞏固，所以終能成為鼎足而三局面。

劉備在過世前，對子遺言仍然強調：「惟賢惟德，可以服

---

❸ 同❶，頁30。

人」，更證明終身均以德服人，強調仁政，並無任何虛偽矯情。

　　孔明後來治理蜀國，對於少數民族孟獲，也用「七擒七縱」的方法，基本上就是承續劉備的仁政。從軍事上講，為「攻心為上」，從政略上講，則是以仁治民。

　　所以，雖然孔明七次打敗孟獲的戰術，都很精彩，但更重要的原因是，他用仁心讓孟獲口服心服。

　　尤其，孔明降服孟獲後，有人建議留下漢人官吏，他仍決定「不留人，不運糧」，反能相安無事；這就是在「自治區」也實行仁政，仍用孟獲為少數民族領袖，反而深獲當地民心，最後終能不戰而屈人之兵，由此更可看出行仁政的重要性。

　　義大利偉大的愛國者瑪志尼（Giuseppe Mazzini, 1872），在歷史上有篇著名的「致義大利青年文」，特別強調理想與良心，同樣代表「仁」對民心的重要性。

　　他當時強調：

　　「青年人啊，熱愛理想，尊敬理想吧。理想是上帝的語言，高於所有國家與人類的，是精神的王國，是靈魂的故鄉。」❸❹

　　他並呼籲青年們：

　　「崇高奔放的熱情，追求青春的憧憬吧，因為這是靈魂從造物者手中得到天堂之名。你們必須尊重良心，視良心高於一切其他事物。」❸❺

　　瑪志尼在此所說的「良心」，包括不忍人之心，以及是非之

---

❸❹　馬志尼，《名人演說一百篇集》（臺北：商務印書館，1986 年），頁 143。
❸❺　同上，頁 145。

心，前者為仁愛心，後者為正義感，正是孔孟思想特色，也是三國時代劉備所獨有的特色，足證東西方英雄聖賢相通之處。

(五)真誠感人，善解人心

劉備是個能伸能屈的英雄，其特色是身段柔軟，很多時候以低姿態爭取同情心；例如，劉備早期與曹操作戰，劉大敗之後，放棄樊城，前往荊州；劉備感嘆：

「諸君皆有王佐之才，不幸跟隨劉備，備之命窮，累及諸君。今日身無立錐，誠恐有誤諸君。君等何不棄備而投明主，以取功名乎？」

關公當時立刻挺身強調：

「兄言差矣，昔日高祖與項羽爭天下，數敗於羽；後九里山一戰成功，而開四百年基業。勝負兵家之常，何以自墜其志！」

劉備在此，自己戰敗時候，仍然先為部屬出路著想，這是他的仁厚，反而激起部屬同情；足證他的真誠感人，開誠佈公，反能得到更多支持。

還有一次，劉備與曹軍血戰後大敗，趙雲保護阿斗殺出重圍；劉備接到阿斗，當眾摔在地上，並說：「為汝這孺子，幾損我一員大將！」趙雲當場更加感動，立刻抱起阿斗，並跪拜曰：「雲雖肝腦塗地，不能報也！」劉備這個靈敏動作，表示對趙雲的真心愛護更甚於兒子，自然讓趙雲終身感念！

另外，當劉備被困在東吳時，也是用真情真誠，說動孫夫人，才能排除障礙，回到荊州。

他在夫人面前，說明他的困境，誠懇希望夫人「可憐劉備」，並且完畢「淚如雨下」。夫人聽了深為同情，便主動幫他著想，提

議可以推稱「江邊祭祖，不告而去」。劉備聽了，立刻跪著答謝「生死難忘」。

後來，孫夫人便與劉備同時入拜國太，國太也回稱：「此孝道也，豈有不從？」

所以，劉備終能透過孫夫人的力挺，脫離東吳孫權的掌控。主要關鍵即在用其真情，感動了孫夫人。

當然，孫夫人的回答，也很有道理，「妾已事君，任君所之，妾當相隨。」

但更重要的是，劉備透過真情告白，以至情講道，才能充分取得夫人的理解與支持，進而能化阻力為助力。這對今後領導人的危機處理，實有重大的啟發性。

孔明在〈出師表〉中，曾經分析治國之道，首先指出「誠宜開張聖聽，以光先帝之遺德，恢宏志士之氣。」強調帶人需帶心，並需先帶動士氣，其中密訣即在廣納諫言，「開張聖聽」。

第二，孔明強調用法的公平性：

「宮中府中，俱為一體，陟罰臧否，不宜異同。」

因此，「論其刑賞，以昭陛下平明之治，不宜偏私，使內外異法也。」

第三，孔明語重心長的指出，「親賢臣，遠小人，此先漢所以興隆也；親小人，遠賢臣，此後漢所以傾頹也。」❸❻

他並提到，「先帝在時，每與臣論此事，未嘗不嘆息痛恨於桓、靈也。」凡此種種，均深值明君重視與警惕！

---

❸❻　孔明《出師表》。

另外，孔明深通心理戰，善解人心，因而以此常能獲勝。

在三國歷史中，周瑜最有名的感慨，便是「既生瑜，何生亮」，因為每次鬥智，均為孔明得勝。甚至孔明三氣周瑜，將其活活氣死；究其根本關鍵，即在深知心理作戰的重要性。

孔明為說動東吳聯盟，共同抵抗曹操，先舌戰群雄後，再用激將法對周瑜，提議將二喬獻給曹操，周瑜聽了當然勃然大怒。

孔明當時裝做不知，還說「漢天子許以公主和親，今何惜民間之二女乎？」

周瑜便說：「公有所不知，大喬是孫伯符將軍主婦，小喬乃瑜之妻也。」

孔明立刻佯做惶恐，連稱「失口亂言，死罪！死罪！」

周瑜此時盛怒，直說「吾與老賊誓不兩立」！終於確定與孔明「同破曹賊」。孔明成功的達成聯盟，便是深懂心理因素。

最早，周瑜設計劉備，邀他到東吳，假稱請他娶孫權妹為妻，其實只是美人計，目的在將其軟禁，逼劉備還荊州。

結果，孔明便送「錦囊妙計」三項，交給趙雲，一一化解。他先散佈流言，弄假成真，促成劉孫婚姻；再稱曹操將攻荊州，他需歸去；然後再請新夫人出面，向國太佯稱祭祖，懇求到江邊，並由夫人擋住追兵。

因而，當周瑜追趕到江邊，孔明已經接到劉備，揚長而去；他並命令軍隊，共同諷刺，大叫「周郎妙計安天下，賠了夫人又折兵！」[37]以致周瑜當場大吼一聲，舊傷復發而倒！

---

[37] 同❶，頁 493。

凡此種種，都是孔明擅於掌握瞭解敵人心理的例證。

孔明針對年輕氣盛的周瑜，經常用攻心的方法，但對老成多疑的司馬懿，卻又用「空城計」。明明是空城，他卻佯作優閒狀，四門大開，還在城上彈琴，讓司馬懿以為有計，懷疑有詐，反而命令十五萬大軍退兵。

除此之外，劉備過世之後，曹真率兵攻打，因病留營，孔明判斷其病不輕，又看出其心理弱點，既好勝又鬱悶，便寫一信，讓曹軍降兵帶回去。信中極盡諷刺能事，稱其「無面見關中之父老，何顏入相府之廳堂」等等，結果曹真果然看完，「恨氣填胸」，當即病情加重，死於軍中。

凡此種種，均提醒政治家，最重要的本領，要能從心理學，善解人心，並且「知己知彼」，同時瞭解自己人與敵人的心理，才能真正勝利成功！

㈥處變不驚，因敵制勝

劉備生性沉穩，又具機智，所以經常能隨機應變，克敵致勝。

根據《三國志・先主傳》，曹操曾經突然告訴劉備：「今天下英雄，唯使君與操耳！本初之徒，不足數也。」❸

劉備聽了大吃一驚，連筷子都掉了。當時正好天上打雷，劉備立刻應變，說是恐懼打雷，才會驚嚇。等到他回營後，才告訴關公與張飛：

「吾之學圃，正欲使操知我無大志，不意操竟指我為英雄，我

---

❸　同❶，頁 194。

故失驚落箸。又恐操生疑，故借懼雷以掩飾之耳。」**㊴**

由此可見，劉備很能臨危不亂，並且隨機應變。

另外，關公在曹營時，殺了袁紹手下名將顏良。袁紹因而也欲殺營中的劉備。

劉備此時從容回應：

「明公只聽一面之詞，而絕向日之情耶？」

然後他又分析，天下相似的人很多，怎能不加查證？

「備自徐州失散，二弟雲長未知存否；天下同貌者不少，豈赤面長鬚之人，即為關某也？明公何不察之？」

袁紹是個沒主張的人，聽此之後，便責備部屬，「誤聽汝言，險殺好人」。

由此也可證明，劉備很能化解危機，並且根據敵人特性，從容因應制勝。

公元 223 年，劉備不幸病逝白帝城；魏國趁人之危，立刻企圖攻佔蜀國，形成空前危機。

當時魏國分別用「賄以金帛」，「許以割地」等手段，收買南蠻、西晉、孟達、東吳四家，連同魏軍，共五十萬大軍，分五路進攻蜀國。

蜀國正面臨國殤之際，突遭國難，阿斗焦急如焚，又未見孔明上奏對策，驚慌之餘，親自拜訪相府。

當時，孔明正在從容觀魚，阿斗問何以未視事。孔明大笑，回

㊴ 同**❶**，頁 194。

答：「五路兵至，臣安能不知，臣非觀魚，有所思也。」❹

　　孔明因為早已未雨綢繆，能在千里以外運籌帷幄，所以逐項一一化解危機，終能化險為夷。究其根本對策，即為擅長「危機處理」，並能「因敵制宜」。

　　孔明如何因敵制宜呢？

　　他首先分析，何以不公開討論對策？因為「成都眾官，皆不曉兵法之妙」。「兵法貴在使人難測，豈可洩漏於人？」

　　然後，他針對西番這一路兵說明，因為羌人視馬超為神威天將軍，所以已先遣一人，「星夜馳檄，令馬超緊守西平關，伏四路奇兵。」此一路不必憂。

　　另外，針對第二路南蠻孟獲，因為「蠻兵惟憑勇力，其心多疑，若見蜀兵，必不敢進。」所以他也飛書，遣魏延領軍應戰，如此一來，「此一路又不必憂矣。」

　　還有針對孟達大軍，孔明深知李嚴為其生死之交，因此已作一書，「只做李嚴親軍，令人送與孟達」；屆時孟達必然「推病不出，以慢軍心」，這樣，一來此路又不如憂心矣。

　　然後他再分析，曹軍引兵犯陽平關，但「此地險峻，可以保守」，所以孔明已調趙雲引軍守把關隘，並不出戰。屆時曹軍若見蜀軍不出，兵又難進，自然就可退。那麼，這一路又不足憂。

　　孔明進一步強調，為防萬一，他又派預備軍，「密調關興，張苞二將」，即關公與張飛之子，各引兵三萬，駐屯於緊要處，做為各路應急救難後備。

---

❹　同❶，下冊，頁233。

最後，孔明特別指出，「此數處調遣之事，皆不曾經由成都，故無人知覺。」❹

至於東吳，他分析未必便動，因為東吳只有看到四路兵勝時，才會趁機相攻，但若一看四路未勝，怎麼會肯動兵？

事後證明，孔明的分析與調動完全正確，因此確保了西蜀安定的局面。

孔明之所以能化險為夷，一方面因其徹底保密，所以無法讓敵人偵知；二方面則因其情報確實，能夠掌握各軍動態；三方面更因其根據不同敵人，制定不同對策，所以能一一化解，臨危不亂。

這種沉著與智謀，來自沈穩應變，因敵制勝，對今後因應國際政治與國內政局，均有重大的啟發性。

三、曹操北魏的啟發

㈠重刑重賞

曹操領導風格，一向嗜殺，非常霸道，並且擅長犧牲他人、成全自己，所以許劭稱他「治世之能臣，亂世之奸雄」❹，他自己對此反而很得意。三國是一個亂世，這代表他自我定位，即為奸雄。

曹操有一句名言，即為「寧教我負天下人，休教天下人負我」；例如：伯奢磨刀殺豬，是為宴請曹操。曹操卻誤認為要害自

---

❹　同❶，下冊，頁 234。
❹　裴松之，《三國志註》，引孫盛《異同雜認》；或見❹，頁 46。

己，便先下手殺了伯奢。他明知錯殺好人，卻仍心狠手辣，將伯奢全家滅口。由此可見，他身為奸雄的心態與作風。

另外，當曹操與呂布等人攻打袁紹時，率軍十七萬，糧用浩大，但各地逢旱災，軍糧不足，結果曹操便召管糧的老部屬王垕，向他說：

「吾欲問汝借一物，以壓眾心，汝必勿吝。」❸

王垕問：「丞相欲用何物？」

曹操回答：

「欲借汝頭以示眾耳。」

曹操要殺王垕，還當面很輕鬆的向他說，要借一個東西，希望他別吝嗇，可見心地之陰狠。

王垕當然大驚失色，連忙辯稱他並無罪。曹操回答：

「吾亦知汝無罪，但不殺汝，軍心變矣。汝死後，汝妻小吾自養之，汝勿慮也。」

當王垕還想爭取緩頰，曹操毫不客氣，不容分說，命刀斧手推出門外，一刀斬畢，然後「懸頭高竿」，並且出示公告，說是王垕「盜竊官糧，謹按軍法。」

如此一來，眾怒才解，軍心才平。

就此一例，足證曹操為了自己，可以殺人不眨眼，翻臉不認人，寧可犧牲他人，也要成全自己！

難怪他可以成為亂世中，獨霸一方的奸雄。

當然，曹操治軍嚴格，並且賞罰分明，重賞重罰，絕不護短，

---

❸　同❶。

也是他能維持霸業的政治哲學。

例如，曹操遭張繡追殺時，嫡系將領夏侯惇率兵下鄉，乘機劫掠民眾。另外一位將領于禁便剿殺士兵，進而安頓民眾。夏侯惇卻惡人先告狀，誣指于禁造反，曹操便下令攻于禁。

于禁部屬問他，應該先向曹操分辨，于禁回答：

「分辨小事，退敵大事。」

結果于禁並未急於分辨，而是先迎戰張繡，將其擊退之後，再向曹操說明真相。曹操了解實情後，大為稱讚，並說：

「將軍在匆忙之中，能整兵豎壘，任謗任勞，使反敗為勝，雖古之名將，何以加之！」❹

因此，曹操立刻對他重賞升官，同時對自己嫡系將領夏侯惇，也重罰他治兵不嚴之罪，眾將因此均震懾服氣。

再例如，曹操討伐張繡期間，嚴令士兵不能殘踏農民麥田，否則斬首，以安撫民心。

然而，當曹操本人乘馬前進時，突然田中飛出一鳩，曹操坐馬大驚，竟然闖入麥田之中，損壞一大片農田。

曹操立刻招人前來，研擬應如何給自己定罪。來人稱「丞相怎可議罪」？曹操拔刀要自刎，並稱「吾自制法，吾自犯之，何以服眾？」經左右急就勸阻，並稱古制「法不加於尊」，他才停手。

後來，他便改用割下自己頭髮，以象徵割頭，並將頭髮傳示三軍，公然說明「本當斬首號令，今割髮以代」，於是「三軍悚然，無不聽令」。

---

❹　同❶。

　　另外，根據《三國志·徐晃傳》，因為徐晃深入劉軍，保全了襄樊，並打敗關公，曹操為了重賞徐晃，親自出營七里迎接，不但盛宴慶功，並且公開讚揚徐晃戰功，連孫子兵法也要拜下風。

　　曹操這種表演，公開稱讚，令徐晃忠心耿耿，死心塌地跟隨曹操。後來上陣前還特拜祖墳，以示效忠，可見曹操治軍確得要領。

　　所以郭嘉稱其，「恩之所加，皆過其望」，「慮之所周，無不及也」。

　　由此可證，曹操在論刑時很重，行賞時也很重，如此重刑重賞，更讓部屬兢兢業業，同時也就忠心耿耿，也算有其過人之處。

㈡收攬眾心

　　曹操能成其霸業，除了用嚴刑峻法，有時也會收攬人心，故示寬大，以此讓部屬更加感恩涕零。這也是他深具心機的例證。

　　例如，根據《三國志》所記載，當他攻破袁紹之後，清理袁紹諸多文物密件，竟然發現書信一束，均為自己部屬暗中通敵之書！若照正常刑法與曹操作風，自然必定嚴加制裁，很多人心因此非常恐慌。

　　然而，當左右建議，「可逐一點對姓名，收而殺之。」曹操卻出人意外的回說：「當紹之強，孤亦不能自保，況他人乎？」❹❺

　　結果，他竟命令全部當眾燒掉，從此不再過問。

　　當然，此舉立刻讓軍中原先通敵的部屬安心，從此更加死心塌地追隨，也讓其他人有「天威難測」的心理。

---

❹❺　《三國志》，武帝紀。

　　事實上，這種做法在漢光武劉秀起兵時，也有類似情形。

　　當時邯鄲王郎的聲勢大過劉秀很多，並以十萬黃金價格，懸賞捉拿劉秀，幸虧劉秀得道多助，足智多謀，終於打敗王郎。

　　然而，當漢兵搜尋王郎府邸時，同樣發現很多信函，是劉秀部屬暗中往來的物證。結果，劉秀同樣看都不看，下令當場燒毀，寬大處理，贏得更多的向心。

　　在《三國演義》廿六回中，關公落到曹操手中，曹操「不覺愛之而不忍殺之」，也顯示他想收攬關公人心，只是關公義薄雲天，不為所動。

　　當時關公提出三項條件，一為降漢不降曹，二為善待劉備夫人，第三條是「但知玄德信息，雖遠必往」，亦即只要知道劉備信息，無論多遠，他也要回歸。

　　曹操只答應前二條，對這第三條，搖著頭說：「然則吾養雲長何用？此事卻難從。」

　　後來張遼提醒：「豈不聞豫讓眾人國士之論乎？劉玄德待雲長不過恩厚耳。丞相更施厚恩以結其心，何憂雲長之不服也？」曹操聽懂了，便立刻答應。

　　由此可見曹操想用「施恩」留住關公，只是關公並非一般的英雄，並不接受這種恩情。

　　關公與曹操二人，關為曠世英雄，曹為絕代奸雄，兩人此中互動，代表何種意義？

　　此中精義，誠如毛宗崗所說：

　　「以豪傑折服豪傑不奇，以豪傑折服奸雄則奇。以豪傑敬愛豪

然後他的結論，相當中肯：

「夫豪傑而至折服奸雄，則只豪傑中有數之豪傑；奸雄而能敬愛豪傑，則是奸雄中有數之奸雄也。」

所以，當曹操知道關公掛印而去，回歸劉備時，「不勝嘆息」，雖然有人建議追殺，曹操卻說：「吾昔已許之，豈可失信！」並強調「彼各為其主，勿追也。」❹❻

然後，他並告訴張遼：

「雲長封金掛印，財賄不以動其心，爵祿不以移其志，此等人，吾深敬之！」❹❼

因此，他甚至要求張遼代他送行，「更以路費征袍贈之，使為後日紀念」。❹❽

由此情節，更能突顯關公，可稱豪傑中之豪傑，而曹操卻為奸雄中之奸雄，工於心計超人一等，惜才胸襟也高人一等。

曹操擅長心理作戰的另一例證，就是在華榮道上，用攻心方式，軟化關公，而得以逃脫。

因為曹操在赤壁之戰大敗後，撤退到華榮道，原以為孔明沒有設伏，還稱他無能；怎料話未說完，一聲炮響，關公帶著五百刀手兩邊擺開。曹軍個個喪膽，不知如何是好！

這時，程昱向曹操說：

「某素知雲長傲上而不忍下，欺強而不凌弱，恩怨分明，信義

---

❹❻　同❶，頁 243。
❹❼　同❶，頁 243。
❹❽　同❶，頁 243。

「某素知雲長傲上而不忍下，欺強而不凌弱，恩怨分明，信義素著。」

因此他就提醒曹操，告以「昔日有恩」，用從前的恩義動之以情。所以曹操先向關羽問候，然後明說，「望將軍以昔日之情為重」。

結果，關羽想起當日曹操確有很多恩情，再看曹兵個個皆欲垂淚，心中不忍，便令眾軍散開，長嘆一聲，放了曹操！

曹操因為深知關羽重情義，念故舊，所以動之以情；關羽只好「長嘆一聲」而放人，由此可知曹操深深明白，「君子可欺之以方」，在此可稱「關公可動之以情」，足見他很懂得攻心之道。

曹操在〈短歌行〉之中，就表露了這種強烈的求才欲望，與得才之後的欣喜：

「青青子衿，悠悠我心；但為君故，沉吟至今。

呦呦鹿鳴，食野之萍；我有嘉賓，鼓瑟吹笙！」

當然，曹操身為奸雄，有他狂放豪邁的胸懷，認為「人生幾何」，並強調：「神龜雖壽，猶有竟時，騰龍承霧，終成土灰。」

他的重點，在用超越眼光看破一切世俗，然後肯定「山不厭高，水不厭深；周公吐哺，天下歸心」，所以他的幕僚能夠人才濟濟，不能不承認是其重要特色。

因此，《三國志》分析曹操的用人，有四句評語非常中肯：

「官方授材，各因其器，矯情任算，不念舊惡。」

荀彧曾經稱他：「明暗不拘，唯才所宜」，郭嘉則稱「唯才所宜，不問遠近」，代表他能真正做到「唯才適用」，不分遠近親疏，甚至不念從前舊惡，因此很多人都願為其所用。

代，但曹操打敗袁紹後，仍然任命他為司空等職。

另外，根據《三國志》，曹操打敗袁譚，袁的舊屬王修哭求曹操，准其前往收屍。曹操故意刁難，王修回答，因為受袁厚恩，他即使收屍後被殺，也無遺恨。結果曹操反而「嘉其志」❹，而且加以重用。

所以，曹操在建安十五年（公元 210）、十九年、與二十二年，分別連續頒布三次「求賢令」，公開而大膽的強調「唯才是舉」。

他在文中指出，只要有「治國用兵之術」，即使本有「汙辱之名」、「見笑之行」，甚至「不仁不孝」，也請眾人推薦，「吾得而用之」！

凡此種種均可看出，曹操在亂世被稱「奸雄」，也因為他特別的渴望人才，不問背景、不問出身、但求有才，但求成功，這種作風當然會引爭議，但也確實能有近效，不能不予重視。

(三)釜底抽薪

在曹操奠定霸業的爭戰中，「官渡之戰」是很有名的轉捩點；因為曹操能以少勝多，贏得勝利果；而官渡之戰中，最重要的致勝關鍵，則是從烏巢劫糧、釜底抽薪。這種謀略，也是曹操經常使用的方法。

在官渡之戰中，袁紹原先謀士許攸投曹，特別獻策：

「袁紹軍糧輜重，盡積烏巢……公可選精兵，詐稱袁將蔣奇領兵到彼護糧，乘間燒其糧草輜重，則紹軍不三日自亂矣。」

---

❹　《三國志·王修傳》。

兵到彼護糧，乘間燒其糧草輜重，則紹軍不三日自亂矣。」

曹操聽了之後，立刻審慎進行，先是派伏兵，保護自己營地與糧草，然後親自率兵五千，打著袁軍旗號，乘夜進襲烏巢，並立刻放火圍攻。

結果，袁紹得知後，誤以為曹營空虛，便撥主力攻打，只撥少數兵力援救烏巢，結果被曹操一鼓作氣，大破袁軍。

在《百戰奇略》中，曾經專門記此「糧戰」，其中特別強調：

「凡與敵對壘，勝負未決，有糧則勝。若我之糧道，必須嚴加守護，恐為敵人所抄。若敵人之餉道，可分銳兵以絕之。敵既無糧，其兵必走，擊之則勝。」❺⓪

因此，曹操在此戰役中，用他正確的判斷力，以及果敢的決斷力，攻袁軍之不備，出袁軍之不意，並以主力投入決戰，可稱典型「釜底抽薪」的例證。

古代糧草，相當於今天後勤，在很多戰役中，均佔決定性的致勝關鍵。

例如拿破崙攻打莫斯科，原先勢如破竹，但到後來入冬，後勤線太長，補給困難，終致失敗。希特勒攻俄國，先勝後敗，也是同樣的原因。

歷史上，只有元朝的成吉斯汗，曾經攻佔莫斯科成功，主要也因平日以遊牧為主，對後勤糧草很有管理經驗。

擴而充之，在政治謀略之中，同樣需要釜底抽薪，直攻敵人心臟，以此做為最優決策；這就有賴領導者的慧眼以及魄力。

<hr />

❺⓪ 同㉒，頁 62。

　　老羅斯福總統任內，秘密研製原子彈，代號「曼哈頓計劃」，杜魯門任內為提前打敗日本，便同樣採「釜底抽薪」方法，直搗敵人後勤大本營，在廣島與長崎投擲兩顆原子彈，終於迫使日本願無條件投降。

　　戰爭上需要如此釜底抽薪，在政略上，或商場上，同樣需要有此遠見與魄力！

　　另如，曹操在官渡大勝袁紹後，曾用程昱「十面埋伏」之計，先退軍於河上，引誘袁紹前來，再大聲提醒士兵「前無去路，諸軍何不死戰」，在破釜沈舟的心情下，終於再滅袁軍，奠定全面的勝利。

　　在歷史上，項羽也曾與秦軍決戰時，下令鑿沉所有渡船，斷絕後退之路，因而逼使全軍背水一戰，奮勇致勝。

　　蔣中正先生在退居臺灣之後，也曾提醒重要幹部們，「退此一步，便無死所」，因而勵精圖治，終於在臺穩住陣腳，逐漸恢復元氣，並且開創「臺灣奇蹟」；也可說是同樣精神的積極作為。

　　從曹操發跡的過程看，曹操之所以能挾天子以令諸侯，其最重要謀略，便是督促天子遷都許昌。

　　因為，東漢首都洛陽，正好被董卓燒毀，而曹操在洛陽與長安，都沒有根基，也沒有人脈，但在許昌，卻有深厚經營，可稱是其「地盤」。

　　因此，當獻帝派董昭來見曹操，董昭就提醒曹：「今若留此，恐有不便。」所以建議「移駕幸許都為上策」。

　　他當時並且催促曹操，「行非常之事，乃有非常之功，願將軍決計之。」

　　曹操因而大喜，並牽著董昭的手，強調今後「凡操有所圖，惟

公教之」。**⑪**

由此可見，曹操選擇對己有利的地盤，運用「非常之志」，決定非常之事，用遷都讓漢獻帝頓失所依，進入曹營中，進而以此成功的「挾天子以令諸侯」。

他的這種手法，就是認清地盤，放手一搏，同時堪稱「斧底抽薪」的重要謀略，在今天也深值重視。

㈣分化敵人

另外，根據《三國演義》，曹操與馬超在渭水作戰，馬超因其父親馬騰被曹殺害，所以造反，韓遂為馬騰結拜兄弟，所以一同反曹。

曹操一看，兩人對其聯盟攻擊，如果硬打，代價太大，所以就用「分化」手法，讓馬韓二人互相猜忌與內鬨。

曹操生平經常用分化的謀略借刀殺人，他打敗袁紹後，對付袁紹三個兒子，也是用這種陰狠方法。

袁紹因與曹操作戰失敗，心情抑鬱而終；臨終前，立幼子袁尚為嗣；曹操這時趁勝直追，兵臨冀州，袁氏兄弟死守，曹操用硬攻，一直無法成功。

此時謀士郭嘉提議：

「袁氏廢長立幼，而兄弟之間，權力相並，各自樹黨，急之則相併，緩之則相爭，不如舉兵南向荊州，征討劉表，以候兄弟之變，變成而後擊之，可一舉而定也。」

---

⑪ 同**❶**。

　　果然，曹操採取建議，撤軍之後，長子袁譚便同幼子袁尚互鬥，為了繼承權彼此殘殺。袁譚屈於下風，居然派人向曹操求救，曹操乘機再度進攻，打敗了袁氏兄弟，並殺袁譚，終於佔領了河北。

　　在這次教訓中，袁氏兄弟本身兄弟相殘，最令人扼腕，事實上，中國近代史中，很多都是因為內部分化，互鬥而失敗，才會被外人所趁。曹操在此用分化謀略得勝，即是著名例證。

　　袁氏兄弟中的袁熙、袁尚，命運便是如此！

　　只是歷史總是很諷刺，也很令人感慨；當曹操分化袁紹兩個兒子得逞之後，恐怕做夢也沒想到，自己兩個兒子，後來也上演「相煎何太急」的悲劇！

　　《三國演義》第七十九回說道，曹丕認為曹植「恃才蔑禮」，藉口他文章是別人代筆，所以限他七步內吟詩一首，否則「從重治罪，絕不姑息」，曹植就寫出了著名的「七步詩」：

　　「煮豆燃豆萁，豆在釜中泣；

　　　本是同根生，相煎何太急！」❺❷

　　今後中華兒女，均應記取此中歷史教訓，中華民族絕不容許外國人從中分化，對任何企圖「以華制華」、或者「以臺制華」的陰謀，絕不能讓他們得逞！

　　袁氏兄弟被曹操打敗後，逃往遼東投奔公孫康，部將勸其早日征伐，順便併吞遼東；曹操卻笑著答：「不煩諸公虎威，數日之後，公孫康自送二袁之首至矣。」

　　在《三國志》武帝記中也寫道，「不須兵矣」；等曹操退兵

---

❺❷　同❶，頁177。

後，公孫康果真自行斷了袁熙、袁尚首級，送來曹營。

諸將都不明瞭，何以曹軍退兵，反而公孫康會殺袁氏兄弟？曹操即回答：

「彼素畏吾等，吾急之則並力，緩之則相圖，其勢然也。」

換句話說，曹操再次看到，如果他攻遼東，則公孫康與袁氏兄弟必定合併團結，但若按兵不動，則他們三人內部反生矛盾，公孫康必定自行殺袁氏兄弟二人，以求自保，後來事實證明果真如此！

袁氏兄弟的悲劇，提醒後人，人必自侮然後人侮之，人必自先分化，然後外力才能得勝。曹操固然以梟雄風格，經常分化他人，但若攻打的對象自己團結，不被分化，則哪有曹操分化的空間？

在歷史上，這種分化離間手法，經常可見。早在戰國時代，秦朝名將吳起曾經大破趙軍，但後來竟被自己人范雎分化，向秦王進讒，而被秦王猜忌殺害。

另如岳飛，大敗金兵，卻被自己人秦檜誣陷，被治以「莫須有」之罪，成為風波亭的犧牲品。明末如袁崇煥，被清兵分化，而被明崇禎帝所殺，均留下千古遺恨！都是明顯例證。

另外，曹操生平殺人無數，但很多都是借刀殺人，其中殺了不少名士，因為名士經常批評，曹操心中很氣，但又顧慮天下罵名，所以多半採用間接手法，採用分化、借刀殺人之計。

比如，建安元年（公元 196），曹操間接殺彌衡，便是明顯的例證。

根據《後漢書》，彌衡從小就有辯才，但恃才傲物，經常臧否人物（「少有才辯而當氣則傲，好矯時慢物」）。

在《三國志·荀彧傳》也說，他是「恃才傲逸，臧否過甚」，

平日非常高傲，「見不如己者不與語」，所以「人皆以是憎之」。❸

　　正因很多人討厭他，所以曹操把他送給劉表，以免自己動手，劉表原先很善待，但後來也受不了，便再送給黃祖。

　　結果，黃祖因為彌衡頂撞批評，勃然大怒，便命令殺了他。

　　另外，曹操殺孔融，則是用栽贓法借刀殺人。

　　孔融是聖人孔子的二十世孫，向來以「孝悌」著稱於世，「孔融讓梨」更是有名的佳話；曹操明明自稱「惟才是舉」，即使盜嫂受金，不仁不義，也沒關係，卻偏偏用「不孝」罪名，將孔融論死罪，以破壞他名節，而且利用與孔融向來不和的郗慮（時任御史大夫），以傳聞作證據，足可看出曹操的陰狠。

　　歸根結柢，因為孔融經常批評曹操，很令曹操惱火，但又不能自己殺人，便用借刀殺人方法，並且是用抹黑孔融名譽的罪狀，以致陳壽《三國志》都未把孔融列入傳記，足證曹操心機的深遠。

㈤自知之明

　　曹操早期與劉備「把酒論英雄」，即曾強調，天下英雄只有他們二人，當然有試探劉備之心；以致劉備驚訝之餘，酒杯落地，佯稱天上打雷所致。但曹操自命一代梟雄，卻是早就有其自負，與自知之明。

　　所以，當東吳孫權修書，向其逢迎，盼其「早正大位」，進而剿滅劉備時，侍中陳群等，均勸其「應天順人，早正大位」。

　　然而，曹操卻有自知之明，明確回答：

---

❸　《三國志·荀彧傳》。

「吾事漢多年,雖有功德及民,然位至於王,名爵已極,何敢更有他望?」

然後他又說:

「苟天命在孤,孤為周文王矣。」❺

曹操吸取了董卓稱帝的悲劇,瞭解「適可而止」的道理,更明白稱帝這招,其實是要他跳火坑,所以很有自知之明。

當時司馬懿也明白這道理,所以建議曹操:

「孫權既稱臣歸附,王上可封官賜爵,令拒劉備」。

曹操生平歷經滄海桑田,有無數次大起大伏,所以在曠觀天下之餘,很能看破紅塵,不做非分幻想。這從曹操〈觀滄海〉的心境,即可證明:

「東臨碣石,以觀滄海。水何澹澹,山島竦峙。

樹木叢生,百草豐茂。秋風蕭瑟,洪波湧起。

日月之行,若出其中。星辰燦爛,若出其裡。」❺

他能把天上的日月星辰,都視同在腳下,足見很有「提神太虛」的英雄氣魄。

然而,正因為他有這種御風而行的胸襟,所以行文更有沉鬱悲涼之氣;鍾嶸評他為「曹公古直,有悲涼之句。」《文心雕龍》的劉勰,對曹操詩句也說,「良由世積亂離,風衰俗怨,並志深而筆長,故梗慨而多氣也。」

毛澤東在 1954 年,也曾感嘆:

---

❺　同❶。

❺　同❶。

「我還是喜歡曹操的詩，氣魄雄偉，慷慨悲涼，是真男子、大手筆。」❺❻

兩人看來心心相印，惺惺相惜，很有奸雄惜奸雄的心情。不同的是，曹操終生未稱帝改國號，毛澤東則將中華民國改稱「中華人民共和國」；晚年他向法國記者承認，這是他生平最大的錯誤。

曹操當年並不急於稱帝，因為他深知稱帝只是虛名，虛名反而可能令他引禍上身。他對此很清楚，並且警惕：「不得務虛名而處實禍」，證明很有自知之明。

曹操甚至在娶妻方面，也很重視務實，不要虛名。

所以他第二任夫人卞氏出生「倡家」，他也並不在意。因為她很賢慧，也很謙遜。

裴松之註引《魏書》中提到，每次曹操戰勝，獲得珍珠寶物，要她挑選，她頂多只挑中等。

曹操問她原因，她回答，挑最好的是「金妻」，她擔當不起，挑最差的則是「虛偽」矯情，所以她挑中等。❺❼曹操對此大為肯定，認為她很樸實，也很有自知之明。

曹操一生因為殺人無數、用詐無數，所以仇家也是無數。因此他在公元一九六年正月，病危臨終之際，向群臣所說的遺言，充份證明人之將亡，其言也善，也有自知之明：

「孤縱橫天下三十餘年，群雄皆滅，上有江東孫權、西蜀劉備未曾剿除。孤今病危，不能再與卿等相敘，特以家事相托。」

---

❺❻　《名人傳·毛澤東》，頁 190。
❺❼　同❶。

　　他首先評其所愛三子曹植，為人「虛華少誠實，嗜酒放縱，因此不宜。」次子曹彰「勇而無謀」，四子曹熊，多病難保。所以結論是長子曹丕，「篤厚恭謹，可繼我業。卿等宜輔佐之。」

　　換句話說，曹操一生都在詐術、算計、權謀中打滾，但臨終所選接班人，卻仍以「篤厚恭謹」為主，與其平日風格正好相反！很可看出他也明白，這才是真正可大可久之道。

　　另外，他批評曹植「少誠實」，由他來評論自己兒子「少誠實」，更令人啼笑皆非，恐怕應先自我反省。因為，終曹操的一生，多少時候曾誠實過？

　　由此可見，馬上得天下，不能馬上治天下。曹操深知此理，詐術權謀，用兵時固能戰勝群雄，但卻不能以此長久治國。治國之道，仍以「篤厚恭謹」為主。

　　當然，他可能只看到其一，未看其二，固然選了「篤厚恭謹」的繼承人曹丕，卻忘了他曾警告近臣，司馬懿有「狼顧」之相（頭小可以回轉，如狼回顧一般），這代表大奸性格；若將篤厚恭謹之人，放到凶狼旁邊，後果可想而知。

　　後來，曹氏結局，果然是被司馬氏篡奪，用的也是奸詐之術，害其子孫；這種報應，恐為曹操始料未及之處。

　　另外，曹操自知手中血腥太重，身後難測，所以曾命諸侍妾，多勤習女工，以便日後能夠自立。

　　同時，他還曾命侍妾，居於銅雀臺中，每日設祭上食，並且遺命設立「墳塚」七十二處之多，向後人說明：「勿令後人知吾葬處，恐為人所掘故也。」

　　由此可知，他也瞭解，生平以霸道行事，身後難免會有民心反

抗，甚至可能掘墓，有其自知之明，但更深值後人以此警惕！

㈥滅虞定虢，各個擊破

《晉書》中提到：

「帝（司馬昭）將伐蜀，乃謀眾曰『……今宜先取蜀，三年之後，因巴蜀順流之勢，水陸並進，此滅虞定虢，吞韓併魏之勢也。』」⑱

換句話說，三國經過連年征戰，在第一代英雄凋零之後，開始出現本質上的變化。首先司馬昭透過上述戰略，終於先克西蜀，後來又併吞東吳，天下大勢產生結構性的改變，終於統一了鼎足三分的局面，改稱晉國。

當時的西蜀，諸葛孔明已過世，阿斗無能，宦官黃皓把持朝政，加上姜維出兵九伐中原，屢遭挫折，元氣大傷，已到了強弩之末。

另外東吳情形，孫權也已過世，眾子不和，大臣互戮，同樣出現內鬨鬥爭，只是形式上軍力還能維持。

所以，司馬昭衡量情勢，首先決定「各個擊破」，防止西蜀與東吳再行聯盟，否則兩個弱國加起來，仍然力量可觀，無法戰勝。

根據《三國志·鍾會傳》，司馬昭先勒令鍾會等人作船，表面上作攻擊吳的姿態，利用「聲東擊西」之計，讓東吳不敢輕舉妄動。

在《三國演義》中，也提到相關謀略，鍾會說明：

---

⑱　《晉書》，〈文帝紀〉。

「蜀若聞我兵大進，必求救於東吳也。故先布聲勢，作伐吳之狀，吳必不敢妄動。一年之內，蜀已破，船已成，而伐吳，豈不順手？」❺❾

果然，當魏軍虛張聲勢、大造戰船之際，東吳縱然想聯西蜀，但又恐聯盟仍然無用，更加得罪被攻，所以自己綁手綁腳，不敢貿然行動。等到魏軍突然進攻西蜀之後，再用戰船順江而下，果真大軍一併滅掉了東吳。

另外一個因素，就是西蜀眼看魏軍造船，聽信傳聞謠言，以為只是針對東吳，所以為了自保，也想保存實力，同樣袖手旁觀。結果西蜀、東吳兩方，本來聯盟合作尚可一併，最後卻因各自幻想保存實力，而遭魏軍各個擊破。

在國共內戰中，最後的徐蚌會戰，國軍很多部隊均因同樣心理，想要保存實力，採取袖手旁觀，結果均被共軍各個擊破，終於在軍事上崩潰，而由中共統一大陸，也是同樣例證。

由此可見，三國最後能夠統一，在於較強者，先分化其他兩個較弱者；並且在進攻一方時，牽制另一方，最後再一起併吞。這種政治謀略與軍事戰略，在今天同樣很有重要性。

司馬昭稱帝之前，司馬懿「詐病賺曹爽」，也是個重要關鍵，值得分析與重視。

因為，曹爽一向專權，深恐老臣司馬懿篡位，所以聽到司馬懿生病，便派李勝探病。

結果司馬懿上演了精采的裝病劇，讓李勝提供錯誤情報給曹

❺❾　《晉書》，〈文帝紀〉。

爽。曹爽未料到會被騙，從此鬆懈心防，上了大當。最後終於被司
馬氏坐大，而由司馬昭篡位成功。

在《三國演義》第一百零六回，也曾說明本故事。司馬懿假裝
耳聾，聽不清李勝的話，等婢女送湯，又故意「湯流滿襟」，裝作
哽咽之聲，自稱「衰老病篤，死在旦夕」。

他甚至還假稱，「二子不省，望君教之」⑩，讓李勝還誤以為
司馬懿在向自己托孤，心中輕飄飄然之餘，完全相信司馬懿病重，
不足為患，而鑄下大錯。

根據毛澤東私人醫生李志綏《回憶錄》，毛澤東在生前，身體
還算健朗時候，也經常使用這一招，向外傳說，他要「去見馬克斯
了」，要去「見上帝了」；以此混淆外國判斷，用虛虛實實，讓國
際莫測，足證這種招數，至今都很管用。

事實上，曹丕早在與曹植爭奪太子位時，也已顯出工於心計的
個性。

曹操因為曹植很有才華，原先相當寵愛，所以一度為了誰當太
子，而感困擾。結果，當曹操出征時，曹丕與曹植共同送行，便成
為曹丕作秀的機會。

當時曹植為文歌頌曹操，文采感人，曹操聽到也很動容；曹植
的幕僚便輕聲提醒曹操，「流涕可也。」也就是說，要立刻流淚，
表示哀傷難過。

結果，曹丕真的立刻「泣而辭」，一言不發，只是邊哭邊辭
行，泣不成聲，更令全場感動！

---

⑩　同❶，下冊，頁435。

那次較勁結果，大多數人「皆以植辭多華，而誠心不及也。」認為曹植只是文辭華麗，但誠心不夠。

這也可說曹植工於心計、擅長掩飾真相的招數；只可惜歷史證明，設計者，人恆設計之，後來曹魏又被司馬昭設計而篡位，足證這種「詐術」畢竟不能長久，深值後人警惕！

四、孫權東吳的啟發

(一)赤壁之戰，啓示良多

赤壁之戰是中國很有名的戰役，也是三國中關鍵性的戰役，即使豁達如蘇東坡，也在前後〈赤壁賦〉中，遙想種種戰時英雄事跡，寫出令人感懷不已的作品。今天若從政治哲學來看，其中的很多啟發，也都值得深思與借鏡。

西方軍事家馬漢早有明言：

「如果戰略錯了，那麼，將軍在戰場上的指揮才能，士兵的勇敢，輝煌的勝利，都將失去它們的作用。」❻❶

換句話說，如果戰略正確，加上好的戰術、戰鬥，才能得到最後勝利；如果根本戰略錯誤，即使有再好的戰術，再能幹的戰鬥，也都不能勝利。

曹操軍隊赤壁大敗，主要先是戰略錯誤，被劉孫形成策略聯盟，加上北方士兵不擅水戰，無論戰術或戰鬥都不適應，自然只有

---

❻❶　同❷❷，頁 178。

大敗。

因此，具體而論，今天有三點教訓，特別值得重視：

第一、孫權與劉備聯盟：

在三國中，通常兩國若能結合，共擊另一國，就能贏得勝利，其中「伐交」的戰略很重要，在今後國際政略上，很值得參考。

孫子兵法早有名言，「上兵伐謀，其次伐交，其下攻城。」㉒

所以，真正成功的政治謀略，應從大戰略上聯合盟邦，共同團結，其次才論及戰術與戰鬥，這形成千古不變的道理。

因此，今日若為臺灣前途謀，最好的安全保障，就是「伐謀」，或者「伐交」，直接與大陸展開談判，並在「一中原則」下和平共存，進而和平互動；而不是花大錢買軍備，那樣只淪於「攻城」的層次，不但成為冤大頭，並且也沒有用！

第二、用反間計：

例如蔣幹盜書，周瑜將計就計，即用反間計提供偽造的降書，讓曹操除去僅有的兩位水師專家蔡瑁、張允。

孫子兵法中曾經專門講「用間」，在今天國際政治中，同樣有很多國家相互在用間，不只對敵國如此，對友國亦如此㉓，所以還要注重反間。此即孫子所說，「反間者，因其敵間而用之」，至今仍然深值警惕與重視。

另外，周瑜打黃蓋，一個願打，一個願挨，也是同樣「用間」的苦肉計，後來終能讓敵人上當，也發揮了重要的致勝功能。

㉒　《孫子兵法》，謀攻篇。

㉓　同上，用間篇。

第三、草船借箭：

孔明曾向周瑜立軍令狀，承諾三天之內，可以完成萬箭，結果是趁江上起霧之際，佈置很多草船，由曹兵萬箭齊發所得。

這項策略，在今天來說，就是巧妙的讓敵人為我所用，借敵人的手打敵人的頭，其中方法變化萬端，堪稱運用之妙，在於一心。

孔明當初能夠成功借箭，主要原因之一，即在其通氣象，在三天前已預知江上會起大霧。正如同孔明借東風，同樣有賴氣象學知識，才能成功的火燒曹軍船隊。

除了氣象學，更重要的是判斷時機。成功的軍事家，需要評估種種天候氣象，與漲潮落潮；最重要的，要能正確判斷時機，再毅然決然的下定決心。

艾森豪身為二戰歐洲盟軍統帥時，經審慎評估、反覆推敲後，毅然決定 6 月 3 日「登陸諾曼第」，便是重要例證。

成功的政治家也需如此，在綜合各種天地人的因素後，還要能有決心，作出正確判斷。

易天中曾評論，在赤壁之戰中：

「曹操之敗，在於輕敵；孫權之勝，在於聽賢。」⑭

這話有其一定道理，事實上也可以反過來說，任何成功之道，一是不能輕敵，二是要不能不聽賢。

另外，易中天認為，曹操失敗原因，還有一個，可能「他老了」。也值得重視。

根據吳吟的考據，赤壁之戰那一年，孫權才二十七歲，諸葛亮

---

⑭　同❹，頁 365。

也二十七歲，周瑜也才三十四歲，魯肅三十七歲，而曹操已經五十四歲！

所以吳吟認為，這一戰的特色：

「不但是弱的打敗了強的，被攻的打敗了進攻的，哀兵打敗了驕兵，而且是青年打敗了老將。」⑥⑤

但是，這種說法未必有邏輯的必然性；因為，固然「自古英雄出少年」，三十四歲的周瑜可以打敗五十四歲的曹操，但同時「薑是老的辣」，年紀大未必一定輸。

綜觀中外歷史，無論戰場、商場、或政界，年齡都未必是絕對因素。年輕的甘迺迪，固然能打敗年紀大的尼克森，但年長的七十歲雷根，卻也可以打敗年輕的對手。

雷根面對別人質疑他的年齡，他只輕鬆笑答：「你又來了！」或者機警笑稱：「我不批評對方經驗不足」，引起全場哄堂大笑，足見即使劣勢，也可變成優勢。更不用說英國邱吉爾，到八十多歲還可以打敗對手，再任首相！

所以，赤壁之戰中，可能有各種成敗的因素，但最不明顯、也最沒證據的因素，便是年齡。

宋美齡女士晚年在臺灣，曾經有句名言，「老幹新枝」同樣重要，無論國家或團體，同時需要老中青三代。這就很完備，也很符合中庸之道，不能偏執一方，而遺漏另一方。

赤壁之戰的成功，既然主因在於孫權「聽賢」，那孔明從中能促進孫權成功，其外交的長才，也是重要的關鍵。

---

⑥⑤　同④，頁365。

在《三國演義》中，稱孔明「舌戰群儒」與「智激周瑜」。無論是否為文學的誇張，但這種「臨場機智」與「激將方法」，卻是任何外交所必備的才能。

根據《資治通鑑》，孔明在開場白，即顯示了智謀，「海內大亂，將軍起兵據有江東，劉豫州亦收眾漢南，與曹操並爭天下」。用三分法說明天下大勢，並且很自然的把孫劉拉成隱形聯盟，要與曹操共爭天下，所以立刻引起孫權注意。

另外，孔明高明之處，明明自己有求於孫，卻說成對孫有利益，這是擅於從對方的利益著想，讓孫明瞭，如果不聯盟，「禍至無日矣！」這種「知己知彼」的攻心談判，才是真正的高明。

(二)人盡其才，深謀遠慮

東吳歷經孫豐、孫策、與孫權三人，而奠定基業，其中最重要的成功原因，即在深謀遠慮，人盡其才。

孫豐陣亡於戰場上，他與劉表部將作戰，因為孤軍深入，陷入敵陣被射殺，才三十七歲；由其長子孫策繼位，時年才十八歲。

孫策青年才俊，很有人格魅力，並有「小霸王」之稱；他的治軍很嚴明，「善於用人」，所以「士民見者，莫不盡心，樂為致死。」

但是，孫策也不幸被刺客所殺，本來靜養百日可好，但孫策看到鏡中破相，深感惱怒，氣急攻心，竟然大吼一聲，創口破裂而死，年僅二十六歲。

根據《三國志·孫策傳》，以及三國演義二十九回，孫策臨終前，召弟孫權至臥榻前，明白分析自己與孫權的優點：

「若舉江東之眾，決機於兩陣之間，與天下爭衡，卿不如我；舉賢任能，使各盡力以保江東，我不如卿！」❻❻

所以他交代孫權，要能體驗父兄創業艱難，好自為之！

孫策在此遺囑中，有兩項重大決策，很有遠見，一是交代孫權，「以保江東」為己任，亦即守住父兄基業，不必再「與天下爭衡」。二是交代孫權，要能「舉賢任能，各盡其力」，俾能人盡其才，很能深謀遠慮。

另外，孫策又對母親提醒：「父兄舊人，慎勿輕怠」。

孫母哭著問他：「恐汝弟年幼，不能任大事，當復如何？」

孫策回答，張昭與周瑜各有長處，「倘內事不決，可問張昭；外事不決，可問周瑜」！

由此充份可見，他對人才，很懂互補作用，各用其長，而避其短，後來果真發揮重大的整體功能。

曹操也有類似長處，他雖然擅長挾天子以令諸侯，但終其一生，並未在名份上稱帝篡漢，他並非不能，而是不為。此中整體的利弊評估，也可稱深謀遠慮，「薑是老的辣」。

因此，當其晚年，病重力衰之際，孫權派人送去密函，其中故意表態，願意對其稱臣，但盼曹操稱帝，共同剿滅劉備；曹操看出此中用心，一但他真的篡漢，劉備身為漢室後裔，更有理由對其討伐，天下人心很可能對其同情，並予更大支持。

那時，他自己名不正、言不順，稱帝位置還未坐穩，反而會動搖目前根基；甚至可能劉備再聯合孫權，對其共同討伐，則其原來

---

❻❻　同❶，頁267。

優勢,將立刻逆轉,甚至有覆滅之虞。

這種情形,就好像逼他坐上爐火,看似大位,卻很難坐久。

所以他告訴群臣:「是先欲使吾居爐火上耳!」

當時群臣還沒看懂,陳群等還勸進:

「今孫權稱臣歸命,此天人之際,異氣密聲,殿下一應天順人,早正大位。」

曹操此時笑著回答:

「吾事漢多年,雖有功德及民,然位至於王,名爵已極,何敢再有他望?苟天命在孤,孤為周文王矣。」

換句話說,曹操自己評估,他在實質上已經成王,坐上臣子最高位,此時雖然很多人不服,但至少沒有說他「叛君」,他還可挾天子以令諸侯。如果只求名義上的快意,則其他諸侯,均可名正言順的對他討伐。

此即曹操所說:

「如國家無孤一人,正不知幾人稱帝,幾人稱王。」

在這期間,只有司馬懿頭腦清晰,建議曹操對孫權,只能封官賜爵,「令拒劉備」,但不能上孫權的當,只可反面運用,以共同防拒劉備。

由此可見,司馬懿心機很深,難怪後來時機成熟時,由孫子司馬炎篡了曹魏,建立晉國,並進而統一了三國。

曹操在此頭腦,明顯要比袁世凱清楚。

因為,袁世凱當時已經做了總統,無人再於其上,而且已成終身職,等於實質皇帝。但他仍然惑於稱帝的虛名,硬要稱帝,終於導致全國反彈,各路英雄共同討伐,以致憂憤而死。

　　曹操本身沒有篡漢，直到兒子那一代，時機成熟時才進行；後來司馬懿父子，也用同樣方法。

　　司馬懿本身沒有篡魏，只用「魏王」號召，如同曹操當年挾天子以令諸侯；等到滅蜀之後，形勢又有進展，人心逐漸適應，才由孫子司馬炎篡魏，成為晉帝。

　　所以，綜觀三國時代的結束，到東晉統一天下，中間歷經三代時期，才能瓜熟蒂落。證明統一大業，不能、不應、也不需勉強進行，只要時機成熟，自然能夠水到渠成。

　　展望今後兩岸形勢，李登輝、陳水扁雖主張「正名制憲」、「臺獨建國」，但一直停留在畫餅充飢的階段，只為吸引少數基本教義派的選票；終其二人總統任內，均不敢篡改中華民國國號。即使是民進黨內，也只敢用「借殼上市」方式，將「中華民國」架空，而不敢真正消滅國號，試看其「正常國家決議文」，最後仍將「國號」問題，只籠統稱「正名」，便是明顯例證。

　　因為，如果民進黨公然竄改國號，不但在臺灣內部，將遭正統民眾聯合討伐，外部也會遭中共以民族大義進攻，國際上歐美日本等又不支持，毫無實利，也無勝算；因此，李扁口稱臺獨，只是愚民政策的「假臺獨」，人民應認清真相才行！

㈢兵不厭詐，不能輕敵

　　在三國歷史中，孫權重用呂蒙、陸遜二人，前者稱病，後者謙恭，故意誤導關公，導致關公大意失荊州，甚至敗走麥城；雖然令很多人痛惜，但這是重要的反面教材，足可警惕後人，不能輕敵，不能大意，更不能有驕心。

　　根據《資治通鑑》漢紀，呂蒙曾向孫權獻計，稱關羽正發兵攻契，必留很多後備兵在荊州，以防止呂蒙抄後。所以若用裝病治疾，「羽伐之」，必撤備兵，盡赴襄陽。大軍便可以突襲，即可攻克荊州，並擒關公。

　　孫子兵法上稱：「能而示之不能，用而示之不用」**❻**，正是這種偽裝方法。

　　另外呂蒙又提議，可以重用陸遜，因為「觀其規慮，終可大任」，而且那時陸遜沒有名氣，關羽不會重視，更會大意，「未有遠名，非羽所忌」。

　　後來情勢發展，果然如其所料，關公輕易將後備隊調走，與魏軍作戰，形成後方空虛；又被吳兵扮作商人，將戰船扮成商船，精兵躲在船中，伏擊成功，終於攻佔了荊州。

　　尤其陸遜上任之後，表面上還給關公致信問候，並送去東吳名馬、彩錦、名酒等禮，信中用詞謙卑，極盡低姿態之能事，其使者稱「陸將軍呈書備禮，一來與君侯作賀，二來求兩家和好，幸乞笑留。」更讓關公未曾嚴防。

　　特別是，呂蒙攻佔荊州之後，嚴令不得擾民，對於關軍各方家屬極盡攏絡，並對關公前來探問的使者，也親自迎接，以賓禮相待，並且還帶其在城內週遊；一時之內，蜀軍家屬紛紛托來使帶口信，都說「家門無恙，衣食不缺」，導致蜀軍「皆無戰心」。

　　然後，當關公回救荊州時，呂蒙又用心理作戰，把關公軍中的家屬集合喊話，結果：

---

❻　《孫子兵法》，始計篇。

「關公遙望四山之上，皆是荊州士兵，呼兄喚弟，覓小尋爺，喊聲不住，軍心盡變，皆應聲而去……。」

因此，一代武聖關公，竟因輕敵大意，非但失去荊州，而且敗走麥城。

《三國演義》提到，孫權派諸葛瑾說降，關公堅決拒絕，「欲與孫權決一死戰」，後來孤軍深入絕境，不幸與子關平壯烈犧牲。

在勝雅律的《智謀新典》中，特別將孫權呂蒙「這招」，稱為「笑裡藏刀」、「口蜜腹劍」的典範。❻❽

這就提醒所有正人君子，因為君子可以欺之以方；所以，「害人之心不可有，防人之心不可無」！

兵家有句名言，「哀兵必勝，驕兵必敗」，這也是古今中外永恆不變的真理。民進黨打選戰，即經常用「哀兵」姿態，利用悲情，屢次獲勝，深值警惕，不能大意！

關公在三國演義中，過五關、斬六將，何其神勇，而且水淹七軍，又何等英武！但他在麥城夜行突圍時，部屬提醒他：「小路有埋伏，可走大路。」公曰：「雖有埋伏，吾何懼哉！」結果一代武神，竟被小人埋伏所害，深深提醒後人，「防人之心不可無」！

勝雅律以一位外國學者，也深深有此領悟，所以在書尾用此句做為結論。❻❾德國總理科爾，在致作者信中，也強調此句重要性❼⓿，足證即使外國領導人，也深悟此中至理。

---

❻❽　同❶❸，頁 166。

❻❾　同❶❸，頁 458。

❼⓿　同❶❸，頁 1。

今日追溯歷史教訓，孫權利用關公「藝高人膽大」的心理，而用詐術與偽裝，導致關公遇害，深值後人警惕：面對敵人詐術絕對不能大意！公元兩千年「三一九事件」，同樣也是鮮明例證！

另外，在〈呂蒙傳〉中，孫權曾經盛讚陸遜，認為很難有人能夠繼承周瑜（邈焉難繼），但陸遜卻可以（君今繼之），等於已把陸遜看成「周瑜第二」。

然而，孫權最後卻仍然逼死陸遜；冥冥之中，等於為關公報了仇，陸遜也得到報應。

當易中天分析孫權，如何逼死陸遜時，很有其獨創見解。**⑦**

扼要來說，孫權還是用同樣的手法，先讓陸遜因成功而驕傲，然後才突然發現得罪孫權，最後不堪孫權連續派人斥責，「悲憤交加，活活氣死。」**⑫**

勝雅律在其著作中，又曾經舉耶穌遭猶大出賣為例，猶大告訴敵人「我去吻誰，誰就是你們所要的人」，然後他到耶穌跟前，先說「老師，您好」，然後吻了耶穌。

勝雅律稱此為「猶大吻計」**⑬**，連耶穌也難免因大意而被人出賣，關公也是同樣情形，被人設計陷害，留下千古遺恨，更讓後人無限痛惜與追念！

所以，《三國演義》第七十七回敘述，關公與子關平後來曾在

---

⑦　同**❹**，頁 315。

⑫　同**❹**，頁 316。

⑬　同**⑬**，頁 168。

玉泉山顯聖，當地民眾紛紛祭祀，從此開啟了中國廣拜關帝廟的傳統。充份說明民間人心，對關公遇害的萬般不捨、不忍、與不平，以及普遍的敬佩、敬重與敬仰！

㈣沉穩制勝，後發制人

東吳能勝西蜀，關鍵一戰是孫權任命年輕都督陸遜，用「後發制人」的方式，避開劉備七十五萬大軍的銳氣，使用「拖」字訣，一直避戰，「自春歷夏」，長達半年多。

劉備本來要為關公報仇，所以精兵盡出，銳氣十足，但一鼓作氣，再則衰，三則竭，不堪長期拖延；結果蜀兵「兵疲意阻」，戰線又綿延太長，且於山林紮營，因而被陸遜突然奇襲，火燒連續七百里，從此元氣大傷。

〈唐太宗李衛公問對〉中，曾經指出：

「後則用陰，先則用陽；盡敵陽節，盈我陰節而奪之。此兵家陰陽之妙也。」

軍事專家所評，也很中肯：

「後發制人，要用潛力；先發制人，則要用銳氣。把敵人的銳氣挫損至最大程度，而把我們的潛力積蓄到最大程度去消滅敵人，這才是軍事專家運用『潛力』和『銳氣』之奇妙之處。」

孫權任命陸遜時，很多老將原先不服，但是孫權能夠充分授權，並且明示決心，也是重要致勝原因。

根據《三國演義》第八十三回，當孫權任命陸遜迎戰蜀兵時，陸遜明白回稱：「江東文武，皆大王故舊之臣；臣年幼無才，安能

制之？」❼

　　孫權這時回答：

　　「素知卿才，盼勿再推辭。」

　　陸遜又問：

　　「倘文武不服，何如？」

　　孫權此時，展現了領導人的決心，將其配劍交給陸遜：

　　「如有不聽號令者，先斬後奏！」

　　陸遜此時，一方面表達感恩，二方面仍然希望孫權，能在官兵前親自佈達。

　　此時孫權重臣闞澤，也在旁提醒：

　　「古之命將，必築壇會眾，賜白旄黃鉞、印綬兵符，然後威行令肅。」

　　孫權聽從此議，所以令人連夜築壇完備，大會百官，並請陸遜登壇，在莊嚴隆重的典禮中，當著百官面前，拜陸遜為大都督。由此也可見他能從善如流。

　　另外，孔明曾利用激將法，想逼司馬懿出戰，司馬懿同樣也以沉穩回應，後發制人。

　　《三國演義》第一百零三回提到，孔明紮軍於五丈原，看魏兵總不出，便用婦人衣服盛在盒內，並寫封信，遣人送給魏營。

　　司馬懿當眾拆閱，「心中大怒」，但仍佯笑曰：「孔明視我為婦人耶！」他不但接受，而且令隆重接待來使。

　　司馬懿在此，明顯比周瑜沉穩，而且高明。

---

❼　同❸，頁 212。

　　孔明曾經用激將法，三氣周瑜，但對沉穩持重的司馬懿，卻無法奏效，只能另尋他法；結果反被東吳「後發制人」所擊敗，也深深值得後人警惕！

　　後來，孫權對陸遜也是同樣用「後發制人」，先讓陸遜因功恃寵而驕，引人側目，最後再一舉加以肅清。

　　由此可知，陸遜雖然是個將才，但在政客的私心考慮之下，仍然成為犧牲品，這也可做為所有功臣的重要警惕。

　　更可惜可嘆的是，孫權在利用完陸遜之後，擔心陸遜勢力太大，並怕後代控制不了陸遜，而在公元 245 年，將陸遜活活逼死，「憤恚致卒」。

　　這本是「狡兔死，走狗烹」的道理，千古不易，只是當事人往往沒有警惕；陸遜年輕氣傲，未能領悟曾文正公智慧，他在討伐太平天國成功之後，立刻自請裁軍，並極盡謙遜之能事，後來才能持盈保泰，並且惠及後人。

　　易中天曾對此評論：「陸遜有三不該。第一，他不該是士族；第二，即便是士族，也不該是士族中最大的；第三，既然是士族，就不該到孫權那裡做官；第四，就算做官，也不該還做到最大。」❼其實還有一條，就是不該驕傲。

　　另外，易中天並分析：「有這四條，他就該死」；更何況，陸遜後來還捲入孫權繼位者之爭；這是最大的致命傷，提醒後人，碰到這種敏感問題，務需戒惕謹慎！

　　由此可見，陸遜先是因為沉穩而致勝，後是因為不夠沉穩而失

----

❼　同❹，下冊，頁 323。

敗；此中實有極大的警示性！

(五)以強懷柔

　　司馬昭滅蜀之後，晉國的尚書羊祜都督荊州，以強勢之力，卻用懷柔之法，對於後來滅東吳，有極重大的貢獻。

　　孟子很早就指出，「以大事小，以仁」，所以羊祜對吳國邊界，盡量用寬大仁政，採取懷柔德政，終能贏得東吳人民很好口碑，從而降低了東吳抗敵意志，化解了統一的最後阻力。

　　中國歷史上，很早就強調，因懷柔的方法，更能爭取人心。

　　例如《國語·周》即說：「謂君其何德之布以懷柔之。」《左傳·僖公二十四年》也說：

　　「其懷柔天下也，猶懼有外侮。」

　　《中庸》內更強調：「柔遠人，則四方歸之；懷諸侯，則天下畏之。」也是同樣道理。

　　司馬昭逝世後，兒子司馬炎把魏王曹奐推翻，自己稱帝繼位，並命羊祜負責滅吳。

　　羊祜就任之後，審度整體形勢，決定先用懷柔方法。

　　因此，羊祜到襄陽，對於「吳人有降而欲去者，皆聽之」，並嚴令只在晉地打獵，「不犯吳境」，若獵物先被吳兵所射，必定還給對方；他聽到對方主帥臥病，還立刻派人送藥。果然對方主帥「次日病癒」，並且深為感嘆：

　　「彼專以德，我專以暴，是彼將不戰而服我也。」

　　本來，當吳軍鬥志不斷鬆懈時，晉軍有人建議，可以「乘其無備而襲之」，但羊祜仍然拒絕，強調一定要吳國內部矛盾起變化，

才能動手：「候其內有變，方可圖取。」因為，「若不審時勢而輕進，此取敗之道也。」⓱

由此可見，晉軍對吳國的政治謀略，先是友好，博感情；雖然晉國強盛，但也不會盛氣凌人，反而處處體恤、常常退讓，以致吳兵漸增好感，無意硬戰。等到吳國內部發生矛盾內鬨，司馬昭才一舉攻克吳國。

所以後人習鑿齒，曾經對此評論：

「夫殘彼而利我，未若利我而無殘，振武以摧物，未若德廣而民懷，匹夫猶不可以力服，而況一國乎？力服猶不如以德來，而況不制乎？」

然後，他指出羊祜的特色：

「是以羊祜恢大同之瞻，思五兵之則，齊其民人，均其施渾，振義網以羅強吳，明兼愛，以革暴俗，易民生之視聽，馳不戰乎江表。」

最後他的結論則是：

「故能德音悅暢，而襁負雲集，殊鄰異域，義讓變弘，自吳之遇敵，未有若此者也。」

今後兩岸情形也很類似，大陸若用武力攻臺，「未若德廣而民懷」。正如用「出太陽」的方式，則穿大衣的人，很快就脫大衣；反之，若用「刮北風」的方式，反而會讓人把大衣愈穿愈緊。

正因晉國討吳，一貫都用打壓的高姿態，所以吳兵一旦碰到低姿態的羊祜，「自吳之遇敵，未有若此者也。」自然大為感動，形

⓱　同❶，下冊，頁 542。

成晉國最後進攻的大好環境。

所以，後來雖然羊祜因病過世，未及見到晉國攻吳成功，但當司馬炎統一吳國之後，仍然執杯流淚，對眾人強調：

「此羊太傅之功也，惜其不親見之耳。」

司馬光在《資治通鑑》，也曾對此評論：

「成伐吳之計者，祜也。凡其所為，皆拳吳也。」

由此可以證明，晉國之所以能統一三國，討蜀國是用「卑而驕之」，令其驕傲，攻其不備，討吳國則是用「懷而柔之」，令其感激、因而喪志。運用之妙，也存乎一心！

相形之下，吳國連對名士，都經常用強勢貶抑，因而不得民心，也成為敗亡的根源。

例如虞翻，學問精深，尤通《易經》，所著「虞氏易」，至今仍然流傳很廣，但因「性殊真」、「性不協俗」，還會「犯顏諫爭」，所以就不容於孫權。⓻

孫權在多次隱忍虞翻之後，因為「積怒非一」，終於把他貶到交州（近今越南）。

在此期間，孫權還曾因為虞翻當眾不給面子，想要拔劍，殺掉虞翻，並且認為，曹操能殺孔融，他為何不能殺虞翻：

「曹君德殺孔文舉，孤於虞翻何有哉？」

孔文舉即孔融，是著名的學者，也是孔子後人，但在曹操眼中，對學者看不起，孫權也差不多，這種「恨而殺之」的心態，比起晉國「懷而柔之」，當然不能相提並論。

⓻　《三國志》，〈虞翻傳〉。

　　由此也可看出，三國最終是由晉國統一，有其道理在內，主要因其用低姿態贏得民心，並且贏得知識分子向心，這種關鍵，很值得後人研究與重視！

(六)合縱連橫

　　早在戰國時代，就有七雄，除了秦朝，還有六國：燕、趙、韓、魏、齊、楚，因此「合縱連橫」成為重要的政治謀略。六國以「合縱」抗秦；秦國則以「連橫」加以破壞。當合縱成功時，秦國則無法得逞，當六國內鬨時，秦國就可趁隙進攻。

　　後來，秦國就是以「遠交近攻」的方式，各個擊破，對遠者交朋友，對近者即進攻；並且先攻弱國，瓦解相關聯盟，再攻強國，終於一一併吞，統一中國。

　　到了三國時代，仍然可見這種歷史經驗，以同樣模式進行，因為「合縱連橫」、「先弱後強」、「由近及遠」、「各個擊破」，已經成為統一的不二法門。

　　所以，曹操在「挾天子以令諸侯」時，先後以分化瓦解方式，擊破陶謙、袁術、張渝、呂布等個別諸侯，接著大戰官渡，再剷除了北方最大的袁紹。當其遵從「先弱後強、各個擊破」的原則時，每能得心應手，一一成功。

　　然而，當他自我膨脹，意圖同時併吞孫權、劉備時，便會失敗，赤壁之戰就是明顯例證。

　　反之，劉備與孫權在赤壁大戰前，因為能夠捐棄成見，成功的溝通整合，所以能共同迎敵，抵抗曹軍成功。

　　由此可見，「合縱連橫」之道，要能成功聯盟，才能整合力

量，團結致勝。無論三國哪一方，都需遵此原則，才能勝利成功。

例如，曹操在關公攻打樊城時，以「割江南之地」為餌，慫恿孫權偷襲荊州，等關公急退救危時，樊城曹軍卻不追擊。曹操用「坐山觀虎鬥」方式，讓西蜀與東吳火拼，從中謀取最大利益，也是明顯證明。

二次大戰後期，史大林對日軍遲遲不進兵，坐觀中國慘烈的抗日，直到最後一刻才出兵，但已從「雅爾達密約」，賺取外蒙的表面獨立，成為重大受益者。史大林也是運用同樣政治謀略，堪稱「蘇聯的曹操」。

事實上，在三國時代，不只曹操擅用此法，孔明為了生存與發展，有時也擅用此招。

《三國演義》第五十七回曾記載，孔明在荊州，夜觀天文，見將星墜地，乃笑曰：「周瑜死矣。」 ❼❽可見他心中對周瑜的逝世其實很高興。

尤其孔明曾經三氣周瑜，讓周瑜氣死前，還向上天大喊「既生瑜，何生亮！」然而，當周瑜公祭時，孔明仍然勇敢的前去弔祭，並且放聲大哭，讓周瑜部將魯肅，都覺得從前誤解了孔明，甚至增加對孔明的好感。

當時，孔明與趙雲引五百軍，參加周瑜公祭，「伏地大哭，淚如泉湧，哀慟不已。」因此，東吳眾將彼此說，從前聽人都說公謹與孔明不睦，「今觀其祭奠之情，人皆虛言也。」

連魯肅見孔明如此悲切，也為之感傷，心中想道：孔明真是重

---

❼❽　同❶，頁505。

情，只是周瑜氣量狹小，自取死亡。

恐怕周瑜作夢也沒想到，孔明在氣死他之後，還親到公祭會場，再以悲慟表現，爭取他的部屬人心，進而化敵為友。

孔明這種手法，堪稱也是「合縱連橫」的成功例證。

直到現代中國，毛澤東醫生李志綏，也曾在其回憶錄中提到，毛澤東自己承認，常用「老祖宗的辦法──遠交近攻」，對鄰近的蘇聯用「攻」，對遠的美國則用「交」；因而開啟美國尼克森破冰訪問，促成共同抵抗蘇聯。

另外，南宋陳亮也曾從宏觀，評論三國的戰略：

「蜀漢者，天下之右臂也；江東者，天下之左臂也。安有人斷其右臂，而左臂能全乎？不知斷其一臂，而從其中以銜之，則兩臂俱奪矣。」

今天軍事專家，分析魏晉統一的過程，分為四大階段，相當中肯：❼⓽

第一階段，從曹操軍事集團形成，到赤壁大戰前。

此時，曹操採取「由近及遠，分化瓦解，先弱後強，各個擊破」，最後決戰官渡，初步統一北方。

第二階段，從赤壁大戰，到曹操平定關西，奪取關中。

此時，曹操因為輕敵冒進，企圖同時消滅孫權劉備，結果反而激起孫劉聯盟。曹操遭夾攻，在赤壁大敗。

第三階段，從曹操失去漢中，魏軍挫敗孔明，六出祁山，到姜維九伐中原。

---

❼⓽　同❷❷，頁 330-331。

　　此時曹魏主要處於守勢，以持久戰的方式，企圖積蓄力量，待時而動。

　　第四階段，則為魏軍滅蜀，再到晉軍平吳，完成三國統一。此時魏晉所用方法，主要即在遵守「先弱後強，各個擊破」，亦即破壞眾弱之間聯盟。

　　所以，司馬氏篡魏之後，採取先斷「右臂」，後取「左臂」方式，成功的先後消滅蜀與吳；但究其根本，仍是「先攻弱，後取強」，先破壞蜀吳的整合聯盟，再予各個擊破。

　　若以臺灣目前政情而論，民進黨執政，國親分別為在野的強弱兩黨，所以民進黨一直企圖破壞國親整合，先拉親民黨，再攻國民黨，國親領導人與智囊團，對此能夠不警覺嗎？

五、結　論

　　在三國的爭戰時代，各方人才鼎盛，文有文臣，武有武將，當人才得到重用時，三方都夠強大，便成鼎足而三；然而，當任何一方開始人才衰微，便是國力不繼之時，終被人才濟濟的一方吞併。

　　因此，我們如果冷靜旁觀，從三國彼此形勢的消長中，可以得到一個規律：

——人才能夠鼎盛的一方，必定得勝！

——人才能夠發揮的地方，必定得勝！

——人才能夠接班的一方，必定得勝！

　　蔣百里在《國防論》有句名言：「生活條件與戰鬥條件一致者強，相違者弱，相反者亡。」

從三國相爭的經驗中，我們也可得到結論：

「人才條件與統一條件一致者強，相違者弱，相反者亡。」

首先，以曹操為例，他雖為奸雄，心地凶狠，但卻敢用人才，「雄心待智謀之士」。他對關公極盡攏絡禮遇，成為歷史佳話；關公固然忠義薄天，不為所動，但卻能看出曹操敢用敵人的胸襟。

另外，當曹操攻破袁紹之後，明明看到自己營中，很多部屬與其暗通的信函，但仍不予計較，通通當場燒毀；他並不把對個人忠誠列為優先，而是用人唯才，因此能得人才，不會只有奴才。

所以，在曹操身邊，擁有荀彧、郭嘉、荀攸、賈翔、程昱等人，形成群體人才，雖然沒有特殊傑出的個人，卻有共同籌謀的團隊。即使在曹操去世後，還有司馬懿、鄧艾、鍾會等人，以致曹操後代雖然昏庸，但仍能維持局面，形成王船山《讀通鑑論》所說：

「魏是智謀之士，昏昏用之而不危。」

這也如同經國先生時代，人才濟濟，尤其有很多財經幹部，以致到李登輝時代，雖然心術不正，形成黑金政治，但經濟還可勉強維持，仍可吃老本。

但等到陳水扁時代，只懂選舉，不懂治國，只聽讒言，不聽真話，加上政風敗壞，貪腐橫行，又近小人，遠君子，形成人才的反淘汰，只有更加失去人心！

另外，以孫權為例，先有武將周瑜，後有魯肅，以及呂蒙、陸遜等，孫權都能破格任用，賦予重任；這些人才都是英姿勃發的青年才俊，自然雄心萬丈，全力以赴，能讓東吳維持長久。

試看鄧小平晚年，積極培訓第三、第四梯隊，很有其遠見；尤其他安排胡錦濤接班，如同康熙隔代親點乾隆，既能及早培養，又

能長期歷練，從胡年輕時期，就能提拔重用，此中很有魄力。

另如，經國先生選拔人才是如此，他任用宋楚瑜、馬英九等人時，也都只是三十歲出頭的年輕人，先做總統身邊秘書，就近培養教誨，然後逐漸外放。

例如宋楚瑜，先任新聞局長，與黨部文化工作會主任，馬英九曾任黨部副秘書長，然後逐步升遷。如今馬英九曾任國民黨主席，宋楚瑜則任親民黨主席，貢獻均很大，足證經國先生很有遠見。只是智者千慮仍有一失，經國先生生平最大錯誤，就在錯用李登輝。

另外，在武將方面，經國先生是以侍衛長或武官方式，培植少壯將領，然後再外放，委以重用。如郝柏村總長，曾任蔣公侍衛長，顧崇廉總司令，曾任海軍武官等。

當然，以經國先生晚年佈局構想，並非讓李登輝一人專權，甚至並未讓其一人代理主席，而是由各中常委輪流主持。因為他深知，在以黨領政時期，黨的重要性很大。

所以，他原先是安排集體領導，由俞國華掌行政院，繼續發展經濟，李煥任黨部秘書長，經營黨部，郝柏村主軍隊，蔣緯國掌國家安全會議。如此一來，並非李登輝一人能專政。

後來，因李登輝從日本德川家康學習一套謀略，並得日本策士幕後指導，採取個個擊破，拉一個打一個方式，逐漸在取得軍權後，即露出真面目，公然背叛經國先生路線，走向「臺獨」與「獨裁」的兩獨合流，從此國事沉淪，令人甚為感嘆！

西蜀情形在此，頗有類似之處。

劉備初期人才不夠，因而暫時先歸曹操，後順袁紹，再依劉表，經常到處靠投，只成邊緣人物，未能找到明確方向與方法。直

到遇上孔明，自從隆中對話之後，整個大局才能豁然開朗。

其後，他的文臣武將，都是人才濟濟，文有孔明、龐統，號稱「伏龍鳳雛」，武將更有關公、張飛、趙雲、馬超、黃忠等「五虎將」，因而風起雲湧，在西蜀能夠獨當一面，鼎足而三。

然而，等劉備白帝城托孤，因病過世後，雖有孔明襄助，但孔明又英年早逝，陳亮即曾感嘆「王不相蜀，孔明早喪」（《諸葛孔明論》），更令杜甫長嘆：「出師未捷身先死，長使英雄淚滿襟」！

王船山也曾在《讀通鑑論》中提到，「巴蜀漢中之地隘矣，其人寡，則其賢亦僅矣。故蔣琬死，黃褘利，而蜀漢無人。」非常發人深省。

尤其，若以臺灣為例，原先經濟蓬勃發展，因為大陸撤退來臺，人才濟濟，各省精英齊聚臺灣，所以有尹仲容、李國鼎、趙耀東等棟樑之才，形成舉世稱道的「臺灣經驗」。

但到李登輝上任後，只重對其個人忠誠，不再重用人才，到了民進黨，不但排斥外省人才，也排斥本省正直敢言的人才，格局只限臺灣一隅，因而走向「無人」的局面，前程自然令人憂心。

因此，孔明在《將苑》中，提出考察任用人才的七項重點，至今仍然很有啟發作用：「一曰，間之以是非以觀其志；二曰，窮之以亂辯而觀其變；三曰，咨之以計謀而觀其議；四口，告知以禍難而觀其勇；五曰，醉之以酒而觀其性；六曰，臨之以利而觀其廉；七曰，期之以事觀其信。」

當然，孔明用人「察之密，待之嚴」，因而過份求全，便容易讓自己「食少事煩」，過勞而死。其忠誠很令人欽佩，但在用人方面，容易捉襟見肘，進而影響中興大業，也很值得反省。

這就如同王船山在《讀通鑑論》中說:

「明察則有短而必見,端方則有瑕而不容。」

陳壽在《三國志》中也評論孔明,「治戎為長,奇謀為短,理民之幹,優於將略。」

由此可以證明,如果選用人才,過份責備求全,看人只見缺點,未見優點,則天下便無可用之人。但如果能夠廣納天下英才,用其優點,避其缺點,則天下盡為可用之才;自能充滿中興氣象,可以完成統一大業。

綜觀三國各路英雄,正如方東美先生在《生生之德》中,論述「生命悲劇的二重奏」所說,如同希臘民族英雄,深具積健為雄的氣概,足能飽嚐生命的甘飴,「挾持酣暢優美的精神,馳騁入世,故能盡量領受生命的愉快」;其中雖有成功,也有失敗,但均能點染生命,使「生命的狂瀾橫空展拓,入於美妙的化境」,鋪展出絢麗燦爛的藝術史頁,同聲高唱生命勝利之歌!

從宏觀來看,三國時代即使有悲劇,均可化成宇宙生命的點綴,因此,只要能從精神高空提神太虛,曠觀人世,便能歌詠生命樂章,如貝多芬的「快樂頌」,共同對宇宙人生,發出雄偉壯闊的歌頌!也如蘇東坡的〈赤壁賦〉,對千古英雄,化除一切憂憤抑鬱,用詩人的超越精神,發出對宇宙生命的無限讚嘆!

今後,中國統一富強的大業,亟需各方人才共同團結,樂觀奮鬥,所以,必需廣納各界精英,擷長補短,知人善任。就此而言,三國時代的經驗,很值得今人借鏡;唯有以古為鑑,吸收各陣營的成敗教訓,才能真正振興中華,早日勝利成功!

第八章　《貞觀政要》的政治哲學

一、《貞觀政要》的重要性

　　《貞觀政要》是在中國歷史上，能夠理論結合實際，最重要的治國哲學；論實踐，它的功業要算第一名。

　　因為，從整個中國歷史的宏觀看，公認評價最高、影響最大的盛世，無可否認是漢唐盛世，而漢唐盛世中，唐朝又盛過漢朝。

　　現在美國的「中國城」，英文稱 "China Town"，俗稱還叫「唐人」街。從臺灣的立場看，大陸神州移民來臺，叫做「唐山過臺灣」，整個中國仍稱為「唐」，所以叫「唐山」，沒有講「漢山」。

　　由此可見，唐代盛世的影響多麼深遠！

　　唐代之中，又以「貞觀之治」，公認是高潮中的最高潮，盛世中的盛世，所以研究其成功之道，很有重要性！

　　例如清高宗，便曾將《貞觀政要》印出，廣送大臣，並在序中強調：

　　「夫三代以上，君明臣良，天下雍熙，世登上理。自東遷以降，風俗日薄，天下無復熙皞之美。雖有質美之主，望治甚切，而

所以以屈己從諫、力行善政者，終不能有以震古而鑠今。」❶

　　然後清高宗筆鋒一轉，盛讚唐太宗治國，能震古而鑠今：

　　「及唐貞觀，太宗以英武之資，能用賢良之士，時若房玄齡、杜如晦、魏徵、王珪諸人，布列左右，相得益彰。蓋自三代以下，能用賢納諫而治天下者，未有如此之盛焉！」所以，凡是有心改革的領導人，莫不都要精研《貞觀政要》。

　　因而他指出：

　　「史臣吳兢纂輯其書，名之曰《貞觀政要》，後之求治者，或列之屏風，或取以進講。」❷

　　這就代表，清高宗認為，中國自三代以下，第一盛世，首推貞觀，並稱「未有如此之盛」！所以，凡是有心改革的領導人，莫不都要精研《貞觀政要》。

　　近代例證，便是經國總統任內，曾親自向筆者說，他「生平最愛看的書，就是《貞觀政要》」，並說，「每天睡前，都要翻幾頁。」

　　這比古人「列之屏風」，更進一步，可說「列之床旁」。他也曾大量印行，送給重要幹部，正是「取以進講」之意。

　　所以，當清高宗看完《貞觀政要》之後，感嘆的說：

　　「余嘗讀其書、想其時，未嘗不三復而嘆曰：貞觀之治盛矣！」❸

---

❶　〔唐〕吳兢編，《貞觀政要》（長沙：岳麓書苑，2001 年版本），〈清高宗序〉，頁 2。
❷　同上，序頁 2。
❸　同上，序頁 2。

然後，他再明確指出，貞觀之治能興盛的原因，主要在能用賢人，其中最重要的就是魏徵：

「然其所以致治，則又在於用此數賢。而數賢之中，又推魏徵裨益為多。」

所以他指出，貞觀政要「書中分目，目中有條，條之末，引先儒之言而論斷之，其有望於後王也深矣！」

由此可知，「貞觀之治」，基本上仍遵循儒學，力行孔孟之道，所以清高宗稱「人君當上法堯舜，遠接湯武，固不當以三代之下自劃」，可見從政治哲學來看，這是中國歷代實踐儒學，而能成功的最重要例證。

事實上，清代高宗以前，明憲宗同樣很重視《貞觀政要》，他也認為，三代以後，治功以唐代最盛，而唐代之中，又以貞觀為最盛世：

「朕惟三代而後，治功莫盛於唐，而唐三百年間，尤莫若貞觀之盛。」❹

原因是什麼呢？明憲宗說得很中肯，因為「君明臣良」：

「誠以太宗克己勵精圖治于其上，而群臣如魏徵輩，感其知遇之隆，相與獻可替否以輔治于下，君明臣良，其獨盛也宜矣。」❺

所以，雖然明憲宗也提到，唐太宗登基的方法引人爭議，「正心修身有愧於二帝三王之道」，但在既任之後，「濟世康民，偉有成烈，卓乎不可及已。」終能成為「一代英明之君」。

---

❹ 同上，序頁3。
❺ 同上，序頁3。

因此，憲宗強調，他在日理萬機之餘，很愛看經史書：

「偶及是編，喜其君有任賢納諫之美，臣有輔君進諫之忠，其論治亂興亡，利害得失，明白切要，可以鑒戒，朕甚嘉尚焉。」❻

所以，憲宗「因命儒臣重訂正之，刻梓以永其傳。」並且親自作序，足可看出他的慧心和苦心。

事實上，歷史經驗證明，不但唐代子孫奉此書為祖訓，凡盛世明君也必重視此書。此中有良性循環，足證盛世必定注重本書，君王也因注重本書而成盛世；反之，衰世的君王就不重視本書，因此才成衰世。由此更可看出其重要性。

除此之外，翰林學士吳澄，也在序言中提到：

「夏有天下四百五十餘年，商在天下六百三十餘年，周有天下八百六十餘年，三代以後享國之久，惟漢與唐。」❼

然後他指出：

「唐之可稱者，三君而已。」

其中尤以唐太宗最英明：

「身兼創業守成之事，納諫求治，勵精不倦，其效至於米斗三錢，外戶不閉，故貞觀之盛，有非開元、元和之所可及，而太宗卓然為唐三宗之冠。」❽

所以他也盛讚《貞觀政要》，因此吳兢編著完成本書：

「類輯朝廷之設施，君臣之問對，忠賢之諍議，萃成十卷，曰

---

❻　同上，序頁 4。
❼　同上，序頁 4。
❽　同上，序頁 4。

《貞觀政要》。」

　　除此之外，至順四年，章閣大學士郭思貞，也曾在本書新印序中強調：「二帝三王之治，後世莫能及者，順人之道，盡乎仁義也。」然後他進一步指出：「貞觀之治，亦仁義之明效歟！」❾

　　可見孔孟仁義之道，確為很多盛世效法的根源，貞觀之治即為明顯例證。

　　所以郭思貞提醒世人：

　　「仁義之心，互古今而無間，因其所已然，勉其所未至，以進輔於聖朝，則二帝三王之治，特由此而推之耳。」❿

　　另外，臨川戈直在序中也強調，《貞觀政要》記載唐太宗的「嘉言美行，良法美政」；唐太宗雖然在「正心修身之道，齊家明倫之方，誠有愧於三帝二王之事矣。然其屈己而納諫，任賢而使能，恭儉而節用，寬厚而愛民，亦三代而下，絕無而僅有者也。」⓫

　　凡此種種，均可證明《貞觀政要》被公認為中國從三代以下，「絕無僅有」的最盛世，也成為歷代明君振興國運必讀之作！

　　《貞觀政要》原序中，吳澄更特別提到：

　　「太宗時政化，良足可觀，互古以來，未之有也。」⓬

　　然後，他說明編印本書的心意：

　　「庶乎有國有家者克遵前軌，擇善而從，則可久之業益彰矣，

---

❾　同上，序頁5。
❿　同上，序頁5。
⓫　同上，序頁6。
⓬　同上，序頁7。

可大之功尤著矣。」❸

由此足證，本書為歷代領導人必讀之書，非常的重要。

唐明皇就是個典型的例證，他前半段非常奮發有為，勵精圖治，完全根據《貞觀政要》；因此繼貞觀之治，接著開啟了「開元之治」，以同樣的貞觀精神，開啟了第二個盛世。

但是，唐明皇晚年卻開始鬆懈荒淫，所以，朝政開始敗壞，後來甚至發生安史之亂。這就印證了《貞觀政要》裡所講的道理：能夠遵守《貞觀政要》，就能夠國治民安，不能遵守，就變成國敗民亂！

另如海瑞（1514-1587），為明代海南人，生性耿直，曾因上奏批評時政被捕，復職任官後，又因直言遭嘉靖罷官，革職十六年，但他在民間深得人心，稱為「海青天」。

他在 1566 年，曾上奏嘉靖皇帝，在〈請臣下盡言疏〉中，歷數朝政應該改革之處，並直指「陛下之誤多矣」❹，而且痛心「今大臣持祿而好諛，小臣畏罪而結舌，臣不勝憤恨。」凜然風骨躍然紙上，只可惜未碰到明君，仍然觸怒嘉靖皇帝，因此被關。

由此可見，「納諫」看似容易，其實非常困難；能否有胸襟納諫，能否有智慧拒諛，都考驗領導人是否真正聰明、高明、英明。

就「納諫」與「拒諛」而言，唐太宗可說是千古罕見的成功例證，深深值得各界認真學習與力行！

中國在唐朝時，和世界交流頻繁，是歷代最開放的時期，一方

---

❸　同上，序頁 7。

❹　海瑞，《名臣奏表》（北京：華藝出版社，1992 年），頁 806。

面到西域取經，二方面到東瀛，接受日本派人留學，所以《貞觀政要》影響到日本，流傳也很廣泛。

這在日本，稱為「帝王學」，學術界從學術眼光，討論儒家的政治哲學；日本天皇則是從治國之道，分析《貞觀政要》。

日本學者三本七平，提到在桓武天皇時，公元八百年，《貞觀政要》就已傳到日本，對其認真聽講的就是德川家康。

在德川之前，北條政子特別命令漢學家菅原為長翻譯《貞觀政要》，成為日本歷史上，翻譯中國著作的第一部。

到了 1593 年，德川家康平定戰國群雄之後，聘請漢學大師藤原惺窩為國師，講授《貞觀政要》。

所以本書不僅是振興中國的寶典，也曾是振興日本的寶典。只是中國到了近代，很多國人反而忽略了，結果日本人興盛之後，回過頭來侵略中國，真是可歎可痛的事情！

另如松下幸之助，被日本稱為「經營之神」，在員工的講習班裡，也特別製作很多光碟，主要課程就是《貞觀政要》。可見它不只是應用在政治界，也同時可以運用在企管界，成為很多企業領導人必看的寶典。

尤其在當代中國，很多學者把這部治國寶典竟然全部忽略，這是很可惜的事情。

例如，在蕭公權名著《中國政治思想史》中，竟然對於這本《貞觀政要》，連一句話都沒提到；足證蕭氏研究，雖然精細有餘，但未見大體，明顯見小不見大，見樹不見林。

另外，薩孟武的著作，倒是對此寶典著墨頗多。只是他說，

「唐初君臣接受儒家思想，亦只限於實際環境所需之範圍內」❶，並且只列三項重點，同樣只見其一，未見其二。

尤其，薩氏所講三大重點，並非「貞觀之治」所以昌盛的重點，形成只見現象、未見本質的毛病。

薩氏所提三項：㈠普天之下莫非王國土，㈡井田制度，㈢「君君臣臣」的忠君觀念❶；事實上，均未掌握貞觀之治的核心本質。

就此而言，明清前後的兩位皇帝，反而很能夠領悟本書的核心價值。

例如，明憲宗即提到「君有任賢納諫之美，臣有輔君進諫之忠」❶，短短兩句，卻非常中肯。

另如清高宗，也用簡短四個字，說明了「貞觀之治」的成功秘訣：「用賢納諫」❶，至今仍然深具重大的啟發性！只可惜今天在臺灣政界高層，重視的人太少，力行的人更少！

難怪臺獨政府充滿阿諛之風，領導人既不用賢，也不納諫，哪有不昏暗之理？

民進黨大老沈富雄，因為經常在黨內直諫，屢被排斥，毅然於2007 年 10 月 3 日宣佈退黨，就是明顯例證。當天他在 TVBS 電視「全民開講」中，明確指出，他從未向群眾說過「臺灣共和國的父老兄弟姊妹」，因為「做不到就是做不到」！

如此忠言之士，竟被民進黨列入「十一寇」，令人真正感慨，

---

❶　薩孟武，《中國政治思想史》（臺北：三民書局），頁 335。

❶　同上。

❶　同❶，序頁 3。

❶　同❶，序頁 2。

號稱「民主進步黨」，卻如此拒絕諫言，怎算「民主」？怎能「進步」？難怪 2008 年 1 月 12 日立委大選中會大敗！

吳澄在本書的序言裡，特別強調，他的宗旨是：

「恪遵太宗之故事，則不假遠求上古之術，必治太宗之業。」

換句話說，只要能學習唐太宗，不必遠求古代堯舜，就可以達到唐太宗的功業。

所以，本書有很多精采故事與君臣對話，都充滿著智慧與啟發，深深值得今日政界（與企業界）反省與力行！

二、「貞觀之治」政治哲學的現代啟發

在《貞觀政要》的「政體」第二，有段故事，很有啟發性。

(一)「治國如同木心」

唐太宗講，他從少年就喜好弓箭，自認算是好手，可是有次，他拿十幾把良弓給一位弓工看，弓工居然說，通通不夠好！唐太宗很驚訝，忙問弓工原因，這位弓工就跟他說「木心不正，則脈理皆邪」❶❾，因為，「弓雖剛勁而遣箭不直」！唐太宗因此領悟很深。

唐太宗說，他以弓箭定四方，用的弓太多了，居然都沒有注意這個道理，連用弓都會如此疏漏，更何況治國之道呢？

因為唐太宗有此反省之心，所以更加戒慎警惕，凡事都會請教眾臣，充份溝通，因而才能更知民間疾苦，瞭解施政得失。

---

❶❾　同❶，頁 12。

　　尤其，唐太宗此處所講「木心」，象徵君心，如果木心不直，脈理皆邪，君心也是同樣情形，君心不正，就會上行下效，部屬也會跟著不正。

　　唐太宗治國，還有一個特色，就是認為「字如其人」，透過寫字，可以做為識人的重要標準。

　　例如，唐太宗的字，就很端正，代表正派立身、正派治國，絕不苟且。誠如梁啟超所說，中國書法是世界上，文字可以當作藝術的唯一特例。唐太宗在此結合人品和書法，更深具啟發性。

　　例如孫中山先生的書法，雄渾厚重，像他寫「博愛」、「天下為公」，正是字如其人，非常敦厚。另如毛澤東的字，則是狂草體，從「沁園春」內容，即可看出他狂放的本性。他的狂草書法，也是「字如其人」，打破一切成規。

　　另外，蔣中正的書法，一筆一劃，非常端正耿直，有稜有角，如「禮義廉恥」幾個字，完全像他的平日作風。如今馬英九與陳水扁，均為臺大法律系畢業，但前者書法工整，絕不苟且，後者則書法潦草，既歪又斜，也可看出風格截然不同。

　　由此可見，唐太宗重視「心正」，來自儒家「正心誠意」，所以特重正派與誠信，也很注重人品端正。凡此種種，均成為貞觀之治的特色。

　　當然，老子《道德經・五十七章》也強調：「以正治國，以奇用兵，以無事治天下。」唐太宗於此也很吻合，尤其「以正治國」可說儒道兩家都相通，在貞觀之治表現得最明顯。

　　此所以《貞觀政要》第一篇〈君道〉開宗明義，太宗就強調：

「若安天下，必須先正其身，未有身正而影曲，上理而下亂者。」❷⓿

　　《貞觀政要》的〈納諫〉第五曾提到，貞觀四年，唐太宗想要修洛陽的乾元殿，以備巡狩，就有大臣直言不可。

　　因為太宗上任之後，看看天下相安無事，開始有點惰性了，想把自己辦公室修得雄偉華麗，馬上有給事中張玄素出來諫言，說「阿房成，秦人散」；秦朝建阿房宮，建成的那一天，就是人心流失的那一天。怎麼還重蹈覆轍呢？

　　張玄素並連提五項理由反對。第一，天下仍有凋弊之餘，「陛下宜以身為先」，自我節制。第二，陛下當初拆毀隋代侈靡樓殿，天下都很景仰，怎麼「今乃襲其雕麗」？第三，「此乃不急之務，成虛費之勞」，勞役過度，民怨將起。

　　另外第四，百姓「飢寒猶切，生計未安」，怎能再令民眾疲累？第五，陛下「化凋弊之人，革澆漓之俗」，本應以身作則注重改革，怎麼反而領頭奢侈？❷⓵

　　這般內容，義正辭嚴，但也相當尖銳；要是遇到昏君，早就認為出言無狀，加以懲罰；但在太宗，卻立刻猛省。

　　他原先還問玄素：「卿以我不如煬帝，何如桀、紂？」玄素直率回答，如果這宮殿蓋完，就會「同歸于亂」。

　　太宗至此感嘆的說，他沒想這麼多，立刻命令停止。然後回頭告訴房玄齡，「眾人之唯唯，不如一士之諤諤」❷⓶，馬上賞賜絹五

❷⓿　同❶，頁 2。
❷⓵　同❶，頁 64。
❷⓶　同❶，頁 65。

百匹，表示嘉勉。

魏徵在旁嘆道：「張公遂有回天之力，可謂仁人之言，其利溥哉！」❷

足證當時風氣，因為太宗公開表揚敢言之士，所以大家也都勇於進諫，提醒太宗要能反省節制，才能減少錯誤，增加德政，這樣才能真正得到民心！

另外，同篇之中也記載❷，太宗有一駿馬，特別喜愛，但突然暴斃；唐太宗非常憤怒，立刻要處死養馬人。

這時候長孫皇后出來講話，她很技巧地說，你沒有沒聽過從前晏子的故事？齊景公時，因為馬死而要殺養馬人，晏子就數落養馬人，說你知道犯了什麼錯嗎？第一個，君王要你養馬，你居然把牠養死了，你該殺；第二，皇帝殺了你之後，老百姓都聽了，「必怨吾君」，怎麼會為一匹馬而殺一個人？這是陷皇帝於不義；第三，「諸侯聞之，必輕吾國」，其他諸侯聽了，也會當作笑話。齊景公聽後，便放了養馬的人。

長孫皇后以這個故事來勸諫，並問唐太宗「陛下嘗讀書見此事」，怎麼忘了呢？太宗一聽馬上懂了，立刻放人，然後向房玄齡稱讚皇后，認為能夠提醒自己，對自己「極有利益爾」。

《貞觀政要》在〈納諫第五〉，還提到另外一個故事，也很有啟發意義。❷

---

❷　同❶，頁 65。

❷　同❶，頁 67。

❷　同❶，頁 63。

　　貞觀初年，唐太宗與王珪宴會，旁有美人侍候，原為盧江王李瑗之姬，因為李瑗謀反被殺，其姬也被納入唐太宗後宮。

　　唐太宗先告訴王珪，這個美人的身世，認為盧江王太暴虐，殺了她的丈夫，而納為其室，「何有不亡者乎？」

　　王珪聽了，便提醒唐太宗，「善善而不能用，惡惡而不能去，所以亡也。」如果唐太宗認為李瑗做得不對，何以自己也是同樣不能改呢？

　　唐太宗一聽也立刻驚醒，「稱為至善」，馬上把李瑗的姬妾，送回她自己的娘家。

　　這個故事提醒領導人，如果心中認為哪些事是對的，就應馬上去做，認為哪件事是錯的，也應馬上去改；心中要能有正派的是非之心，才能正派治國。

　　另外，魏徵也告訴唐太宗，「但願陛下使臣為良臣，勿使臣為忠臣。」❷❻這話也具有啟發性。

　　唐太宗當時問，「忠臣有異乎？」

　　魏徵回答：「良臣使身獲美名，君受顯號，子孫傳世，福祿無疆。」但是，「忠臣身受誅夷，君陷大惡，家國並喪，獨有其名。」❷❼

　　換句話說，良臣平日就能勇於進諫，提醒君王要正派改革，忠臣卻都是平日不敢說話，誤以為噤聲就是忠，結果敗亡之後，只以自身殉君，空留其名。到了那一步，雖然忠心可憫，但卻君臣皆亡，在歷史上空留遺恨！

---

❷❻　同❶，頁 79。
❷❼　同❶，頁 79。

　　《貞觀政要》中，舉了很多這種真實的小故事，提醒領導人應該勇於反省，並有胸襟接受批評，而部屬也應勇於提出建議，共同改革，才是全民之幸！

　　正因如此，唐太宗與群臣，才能共同完成「貞觀之治」，永為後世典範，深值後人重視與力行！

(二)「治國如同行舟」

　　貞觀六年，魏徵特別向唐太宗強調，「君，舟也，人，水也。水能載舟，亦能覆舟。」❷❸

　　太宗當時指出：「看古之帝王，有興有衰，猶朝之有暮，皆為蔽其耳目，不知時政得失；忠正者不言，邪諂者日進，既不見過，所以至於滅亡。」

　　因此，他要求大臣們，要能隨時進諫，反映民情，指出時政得失，「莫以天下無事，四海安寧，便不存意。」❷❾

　　魏徵回應：「自古失國之主，皆為居安忘危，處治忘亂，所以不能長久。」

　　然後他強調，古訓早已提醒世人，「君，舟也；人，水也，水能載舟，亦能覆舟。」人民的力量固然是偉大，但也是可怕的；因為既能擁戴你，也能推翻你。臺灣人民在 2000 年與 2004 年給過民進黨執政機會，但到 2008 年 1 月 12 日立委選舉，卻用選票重重教訓了民進黨，讓其嚐到空前挫敗，就是明顯例證。

---

❷❸　同❶，頁 19。
❷❾　同❶，頁 19。

　　貞觀六年，唐太宗強調，從前讀史，看到夏桀殺關龍逢，漢景帝殺鼂錯，「未嘗不廢書嘆息」。**❸⓿**他不只反省隋煬帝為什麼失敗，還從有限的文獻去尋找，為什麼夏商周到後期都會衰微，走向亡國？都是因為君主殺掉了敢講真話的人！

　　所以他鼓勵大臣們儘管直諫，保證絕不責備：

　　「公等但能正詞直諫，裨益政教，終不以犯顏忤旨，妄有誅責。」**❸❶**

　　另外，太宗也自己反省，有否有時違反法令。然後他提醒大臣們，「公等以為小事，遂不執言。」然而，「凡大事皆起於小事，小事不論，大事又將不可救，社稷傾危，莫不由此。」

　　因此，他要求大臣們，隨時指正自己錯誤，共同改革，才能「君臣保全，豈不美哉！」

　　太宗在此苦心，很值得敬佩；尤其他深深知道，人民的力量可敬又可畏，既能載舟，亦能覆舟，所以，提醒大臣要能結合民心，瞭解民情，才能「君臣保全」，堪稱非常務實。

　　本段唯一值得批評的是，如果太宗並不是為了「君臣保全」，才努力用賢納諫，而是更以人民幸福為目標，就更能表現大公無私的胸襟，以及真正民本民貴的精神。

　　臺灣自從李、扁執政之後，約二十年經濟均在停滯，甚至有些在倒退。除了因為臺獨意識型態治國，造成經濟空轉，另外的重要原因，就是拒絕忠言進諫，上位者除了排除異己，並且明顯排斥異

---

❸⓿　同**❶**，頁 19。
❸❶　同**❶**，頁 12。

議，更不能容忍批評。

在李登輝時代，如王建煊、趙少康等，屬於中生代的敢言之士，均被排斥，並且均被醜化；在老前輩之中，如郝柏村、許歷農也是同樣忠貞之士，同樣也被排斥，均屬同樣情形。

但是，李氏卻將這些忠言，通通扭曲成「外省人想復辟」，故意模糊焦點，並且醜化直言敢諫之士。

到了陳水扁，更加變本加厲，民進黨內如沈富雄等敢言之士，均被打成「十一寇」；原因無他，只因他們直言無諱，均是敢說真話的直諫之士。

由此可見，臺灣今後若要振衰起弊，重新振作，必須在上位者能夠懍於民意，「既可載舟，也可覆舟」，才能不斷改革成功！

事實上，貞觀初年，太宗就曾告訴侍臣：「為君之道，必須先存百姓。」❸

太宗比喻，君主與百姓，好比同一個身體，「若損百姓以奉其身，猶割股以啖腹。」如果損傷百姓，就如同割身上的骨肉，以滿足口腹之慾，就算肚子飽了，命也同時沒了。

太宗在此，以「血肉相連」比喻君民關係，比起「舟、水」的比喻，更為生動。

因為，在古訓與魏徵的比喻中，人民還只是「水」，雖可覆舟載舟，但畢竟不如「血濃於水」的比喻，太宗在此將君民比喻成不只一家人，而且就是同一個人，更加真切感人！

---

❸　同❶，頁2。

㈢「治國如同栽樹」

魏徵曾經特別強調，自古有道之主，以百姓之心為心。另外一位名臣王珪，也特別指出：「木從繩則正，君從諫則聖」，木材要用一根繩子來衡量扶直，它才能夠長得正；同樣道理，國君或領導人要能聽從諫言，才能夠聖明。

唐太宗自己更比喻，「治國如同栽樹」，樹根要能正直牢固，枝葉才能繁茂，也就是說統治者立身要正，正派治國才能成功。

另外，用今天的話來講，經營選區人脈，要很深厚才行，並且要經常人到、心到、服務到。唐太宗所講在基層札根，就是在民心札根，正如經國先生所說：「向下札根，向上結果」，札根愈深，結果也愈深。所以「治國如同栽樹」，首先要讓樹根，從正直的方向成長。

因為，「木從繩則正，君從諫則聖」，代表君主也是人，不是神，也有犯錯的時候，這時旁邊的幕僚就有責任，一定要提醒，一定要規勸；樹也有長歪的時候，要趕緊扶正。而且，栽樹一定要札根深厚。這些都是「治國如同栽樹」一樣的道理。

貞觀二年，發生一個真實的小故事，很能發人深省。

當時文德皇后聽說，民間鄭仁基家中有位美女，「當時莫及」，所以訪求之後，提請納入嬪妃。太宗同意下聘，而且詔書命令己發出。

但是，魏徵卻聽到這位美女，已經許嫁陸氏，所以特別提醒太宗：

「自古有道之主，以百姓之心為心，故君處臺榭，則欲民有棟

宇之安。」㉝

　　他這句話先引老子所說，聖人在天下，「以百姓之心為心」，因此，當皇上自己往豪宅，也應安頓人民有屋可住，當自己吃大餐，也應照顧人民有飯可吃，當自己聘嬪妃，也應允許人民有妻可娶。

　　所以，他緊接著指出：

　　「今鄭氏之女，久已許人，陛下取之不疑，無所顧問，播之四海，豈為民父母之道乎？」㉞

　　太宗聽了大吃一驚，親筆寫詔，回答「深自克責」，並令立刻還歸原夫。

　　然而，此時部份大臣「進言反對」，並稱該女許嫁陸氏，並無明確婚約，「大禮既行，不可終止」。

　　甚至陸父也上表說明，其女並無婚約，而是「外人不知，妄有此說」。因此眾臣又勸進。

　　太宗此時很覺困惑，就問魏徵，眾臣可能是為順承，但為什麼陸父也如此說？

　　魏徵就向太宗分析，陸氏以為「陛下今雖容之，恐後陰加譴謫，所以反復自陳，意在於此，不足為怪。」

　　換句話說，魏徵幫陸父說明，他心中害怕，唯恐太宗現在雖然容忍，但今後會暗中報復。

　　這時太宗便立刻親自下令，自責原先聖旨，因為沒查清楚，

㉝　同❶，頁 73。
㉞　同❶，頁 25。

「事不詳審」，然後自責「此乃朕之不是，亦唯有司之過。」親自命令停止，所以聞者「莫不稱歎」！

　　貞觀九年，唐太宗告訴侍臣，說他初定京師的時候，看到隋煬帝的宮廷裡，充滿美女珠寶，「宮中美女珍玩無院不滿」❸❺，竟然煬帝仍不滿足，再加上東西征討，「窮兵黷武，百姓不堪，遂致亡滅！」

　　因此他強調：

　　「此皆朕所目見，故夙夜孜孜，惟欲清淨，使天下無事。」

　　此時，他即以栽樹比喻，不要亂搖樹根，枝葉才會茂榮：

　　「夫治國猶如栽樹，本根不搖，則枝葉茂榮。」❸❻

　　這提醒領導人，「君能清淨，百姓何得不安樂乎？」領導人應時時注意民心，不能輕易發動政治鬥爭，反而成為擾民；就好像種樹，不能經常動搖根本，才可安定昌盛。

(四)「治國如同觀鏡」

　　貞觀十七年，太宗最有名的諫臣魏徵過世了，唐太宗非常傷心。因為魏徵有膽量進諫，太宗有肚量納諫，才能成就貞觀之治。

　　在其他朝代中，有些大臣也有膽量進諫，可是領導人卻沒有肚量，那也枉然；或者領導人有肚量，可是大臣沒有膽量，同樣無法興盛。所以大臣的膽量與君主的度量，兩者缺一而不可。

　　魏徵本是太宗政敵的大臣，但太宗仍有胸襟重用，而魏徵也同

---

❸❺　同❶，頁25。
❸❻　同❶，頁25。

樣能忠言直諫,均為難得的典範。

所以唐太宗就很感慨的說:

「夫以銅為鏡,可以正衣冠;以古為鏡,可以知興替;以人為鏡,可以明得失。」

太宗強調,以銅為鏡,可以端正自己容貌,以歷史為借鏡,可以知道興亡之道,以其他人的成敗為借鏡,也可以明白得失之道。

因此魏徵過世之後,太宗嘆道,從前魏徵幾乎每天提醒他的錯誤,魏徵過世之後,就再也沒有人提醒他的錯誤。難道是他突然間變得英明、完美,沒有犯任何錯嗎?當然不是,而是眾臣不敢指出錯誤。

所以太宗特別提醒眾臣,應該警惕「阿順之道」,因為,阿諛順從之道,足以亡國!

此即他所說:

「若人主所行不當,臣下又無匡諫,苟在阿順,事皆稱美,則君為暗主,臣為諛臣,君暗臣諛,危亡不遠!」

太宗的結論,就是告誡大家,務須直言,不得隱瞞;對各人職掌所在,對百姓的痛苦,一定要講真話,不可以有任何隱瞞,「當使後之視今,亦猶今之視古」❸❼,要使後代看現在,就好像現在看古代一樣!

因為唐太宗很清楚,從前古人的興亡,可以做為歷史教訓;自己今天做得如何,今後歷史也會評論我們;所以他戒惕警慎,經常以歷史公評做為自我監督。相形之下,今天民進黨根本不聽輿論諫

---

❸❼ 同❶,頁59。

言，也不顧歷史公評，甚至拒絕聽黨內真話，真是天壤之別！

太宗因為深知以史為鏡，所以他很尊重歷史。貞觀十年，大臣上表，建請編著太宗文章成集，太宗回答：

「朕若制事出令，有益於人者，史則書之，是為不朽。若事不師古，亂政害物，雖有詞藻，終貽後代矣，非所須也。」❸❽

因此，太宗回絕出版《言論集》的要求，這很能夠代表太宗重視歷史公評，相信歷史自有評論，不需要自我吹捧，後來武則天身後留「無字碑」，功過只留待歷史公斷，也有同樣遠見。

唐太宗尊重歷史的程度，還表現在他以帝王之尊，並不干涉史官內容，甚至並不勉強去看。這就是充分尊重歷史，也是尊重真相；即使在今天，都是很難得的胸襟。

貞觀十三年，褚遂良為諫議大夫，兼知起居注。太宗問他，所寫何事？人君能不能看？他本來也想看，以便把得失作為警惕，褚遂良卻婉拒了。

褚遂良說：「今之起居，古之左、右史，以記人君言行，善惡畢書，庶幾人主不為非法，不聞帝王躬自觀史。」❸❾

他明白回答太宗，對好壞都會記錄，以免君主非法，但從來沒聽過帝王親自先看的情形，這是也可謂一種「制衡」之道。

唐太宗再問：「朕有不善，卿必記耶？」

遂良回答：「臣聞守道不如守官，臣職當載筆，何不書之？」

這時，黃門侍郎劉洎進而強調：

---

❸❽　同❶，頁236。
❸❾　同❶，頁236。

「人君有過失，如日月之蝕，人皆見之。設令遂良不記，天下人皆記之矣。」❹

劉洎明白強調，就算褚遂良不記，天下人也會記，這就是歷史公評的重要性。

經國先生生前，歷經很多「黨外」人士誹謗攻擊，甚至辱及祖先，他都盡量容忍。有人建議他繩之以法，從法律新訂「誹謗元首」罪，他通通拒絕了。當時就說，「人民自有公論，歷史自有公評」，今天想來，這種胸襟確實令人欽佩！

貞觀十四年，太宗主動要求看開國史，看到「六月四日事」，「語多微文」，便強調他是以「安社稷，利萬民」為念，所以無須對玄武門之變隱瞞，也是一種胸襟。

另外，唐太宗因為容貌長得威嚴，不怒而威，他雖然沒有生氣，但看起來就很嚴肅，所以一般臣子不敢亂批評：「百僚進見者，皆失其舉措」（〈求諫第四〉）。

因此魏徵提醒他：看到所有大臣，必須和顏悅色，必須面露笑容，儘管這笑容是假的，可是必須如此，大家才會覺得輕鬆，這種氣氛才使人敢於諫言。

因此，唐太宗後來特別提醒自己，「每見人奏事，必假顏色。」❹刻意把臉色和緩，讓眾臣心情輕鬆，然後才能暢所欲言。由此也可看出唐太宗為求諫言，的確很費苦心。

貞觀初年，太宗曾經提醒眾臣們：

---

❹　同❶，頁237。
❹　同❶，頁53。

「人欲自照，必須明鏡；主欲知過，必藉忠臣。」

然後他又告誡眾臣，如果君王亡國，忠臣也同樣會遭殃。所以應該共同警惕，努力改革匡正。

他並舉隋煬帝為例：

「至於隋煬帝暴虐，臣下鉗口，卒令不聞其過，遂至滅亡，虞世基等，尋亦誅死。」

所以他語重心長的提醒眾臣：

「前事不遠，公等每看事有不利於人，必須極言規諫。」❷

太宗在此，不僅鼓勵眾臣直言規諫，而且要求眾臣「極言」規諫，可見求治心切，很有效率的緊迫感。尤其他以隋代滅亡為證，分析其原因在於君不聽諫、臣不肯諫。他用如此活生生的具體實例，做為眾臣警惕，並且提醒大家是命運共同體，如此反覆叮嚀，眾臣當然必定會共同力諫，從而可以形成光輝盛世。

(五)「治國如同治病」

貞觀元年，太宗告訴房玄齡，「自古帝王多任情喜怒；喜則濫賞無功，怒則濫殺無罪，是以天下喪亂，莫不由此。」

所以他經常自我反省，並且自我克制，強調治國正「如同養病」，不能任性而為。

太宗並提醒眾臣們，他一方面「恆欲公等盡情極諫」，二方面也盼望「公等亦須受人諫語」。

然後他指出：

---

❷　同❶，頁53。

「豈得以人言不同己意，便即護短不納？若不能受諫，安能諫人？」❹很能發人深省。

貞觀八年，河南陝縣縣丞皇甫德當面諫言，因為言詞激烈，唐太宗很生氣，認為他在譭謗，立刻想治他罪。

魏徵此時提醒太宗，「文景之治」能夠成功的原因。漢文帝有一次問賈誼，各地民情反應真相如何？賈誼直率的回答，老百姓的反應「可為痛哭者一，可為長歎息者六」，意思是說，最近投訴的老百姓，七件之中，一件令人痛心，六件令人長嘆。換句話說，七件沒有一件好事！

但是，漢文帝並沒有因此動怒，反而更警惕的反省改進。

然後魏徵指出重點：「自古上書，率多激切。若不激切，則不能起人主之心。激切即似訕謗，惟陛下詳其可否。」❹

魏徵提醒唐太宗，要知道地方官的心理，他們如果言論不激切，就不能引起上面注意，所以不能怪他們太極端，也不能怪他們態度激烈，更不能懲罰他們，否則以後誰還敢講真話！太宗聽了馬上就懂，所以非但沒有動怒，而且非常感動，強調「非公無能到此者」，足證他確實很有胸襟！

這就代表，唐太宗也有人性弱點，並不是從一開始，就對什麼批評都聽得進去，而是經過很多賢臣提醒，再自我調整與自我修正。

這就是「治國如養病」，地方上的基層聲音，可能講得沒有禮貌，沒有修飾，正如醫生只講真話，並沒有修飾，但病人仍應聽進

---

❹　同❶，頁 57。
❹　同❶，頁 69。

去，才能治好病，此中有很大的啟發性。

另外，貞觀五年，太宗也明白指出：

「治國與養病無異也。病人覺愈，彌須將護，若有觸犯，必至殞命。治國亦然。」**45**

所以他強調：

「天下稍安，必須兢慎，若過驕逸，必至喪敗。」

這種戒惕警慎的精神，至今仍然非常重要！

貞觀十八年，因為魏徵已經過世，唐太宗沒有魏徵天天耳提面命，有的時候，人性弱點又出現了。大臣跟他建言，他若覺得不順耳的，就立刻詰問或駁斥。結果到最後，大家都不講話了。

太宗原先沒有察覺，還特別問大臣，為什麼大家都不建言了？

這時大臣劉洎，就明白的分析，他說，太宗對大臣們「對面窮詰」、「恐非獎進言者」，太宗這才立刻警覺改正。

另外，貞觀八年，太宗告訴侍臣，他經常靜坐反省，很多大臣來奏事者，因心中緊張而語無倫次，連「尋常奏事，情猶如此，況欲諫諍，必當畏犯逆鱗。」**46**

所以他體貼的指出：

「每有諫者，縱不合朕心，朕亦不以為忤。若即嗔責，深恐人懷戰懼，豈肯更言！」

到貞觀十五年，進諫的人減少，那時魏徵還在，太宗就問魏徵，這是什麼原因？

---

45 同**1**，頁 18。
46 同**1**，頁 59。

　　魏徵回答，很多人不肯直諫的原因，有的因為性情懦弱，雖然心懷忠直，卻不能直言；有的因為交情疏遠，恐怕不被信任，也不願直言；還有想要升官，明哲保身，也不敢直言，最後大家只好共同沉默。此即魏徵所稱：

　　「懦弱之人懷忠直而不能言，疏遠之人恐不信而不得言，懷祿之人慮不便身而不敢言，所以相與緘默，俯仰過日。」❹

　　因此太宗強調：

　　「誠如卿言，朕每思之，人臣欲諫，輒懼死亡以為禍，與夫赴鼎鑊，冒白刃，亦何異哉？」

　　他很瞭解大臣心理，直諫的代價可能送命，自然很多人畏懼。所以他分析：

　　「忠貞之臣，非不欲竭誠。竭誠者，乃是極難。」❹

　　然後他主動的表示：

　　「朕今開懷抱，納諫諍。卿等無勞怖懼，遂不極言。」❹足證上位者要能主動鼓勵，大臣才能真正敢言。

　　另外，貞觀二年，太宗曾經強調「務本」的重要性：

　　「凡事皆須務本。國以人為本，人以衣食為本。凡營衣食，以不失時為本。」❺

　　由此可見，太宗治國之道，本身非常重視「以人為本」，至今都深具啟發性。

----

❹　同❶，頁 60。
❹　同❶，頁 60。
❹　同❶，頁 60。
❺　同❶，頁 253。

同樣情形，貞觀二年，太宗又說：

「凡理國者，務積於人，不在盈其倉庫。古人云，百姓不足，君孰與足？但使倉庫可備兇年，此外何煩儲蓄？」❺❶

由此再次證明，太宗非常重視「人本主義」，也就是以民生為本的人文主義，今天仍然非常值得重視與力行。

貞觀四年，太宗曾指出：「此人（隋文帝）性至察而心不明。」

他並批評隋文帝：

「每事皆自決斷，雖則勞神苦形，未能盡合於理。朝臣既知其意，亦不敢直言，宰相之下，惟即承順而已。」

然後他認為，應該對此切實的改進：

「朕意則不然，以天下之廣，四海之眾，千端萬緒，須合變通，皆委百司商量，宰相籌畫，於事穩便，方可奏行。」❺❷

所以他提醒眾臣們：

「豈得以一日萬機，獨斷一人之慮也。且日斷十事，五條不中，中者信善，其如不中者何？以日繼月，乃至累年，乖謬既多，不亡何待？」❺❸

由此可見，太宗重視分工深入，因而更加重視直言。他認為唯有如此廣納各方意見，才能真正治國成功。事實上，這也如同今天法庭，如果判案品質粗糙，每日審理十案之中，有五案不夠深入精

---

❺❶　同❶，頁 275。

❺❷　同❶，〈政體第二〉，頁 16-17。

❺❸　同❶，〈政體第二〉，頁 17。

細，導致審判不公，長年累月下來，會有多少冤案？此中深意非常發人深省！

㈥兼聽為明

貞觀二年，太宗曾問魏徵：

「何謂為明君暗君？」

魏徵回答：

「君之所以明者，兼聽也；其所以暗者，偏信也。」❺

「兼聽」，就是廣泛聽取各方意見，不能只聽少數人的意見。

「偏信」，就是只信少數人的意見，形成偏頗之見。

魏徵並且舉例說明：「先民有言，詢於芻蕘。」

「芻蕘」就是打柴的工人，代表基層民眾；這提醒領導人，要多聽基層意見，不能只聽高層，也不能只聽小圈圈的意見，更不能如「秦二世則隱藏其身，捐隔疏賤而偏信趙高，及天下潰叛，不得聞也。」

然後，他再舉梁武帝為例：

「梁武帝偏信朱异，而侯景舉兵向闕，竟不得知也。」

另外，還有隨煬帝的例證：

「隋煬帝偏信虞世基，而諸賊攻城剽邑，亦不得知也。」

所以他的結論：

「人君兼聽納下，則貴臣不得壅蔽，而下情必得上通也。」

早在貞觀元年，唐太宗就曾經告誡王珪，對於公務政策，應該

---

❺　同❶，〈君道第一〉，頁3。

「滅私循公，堅守直道」，「勿上下雷同也」，也就是不能揣摩上意，逢迎拍馬；唯有如此，才能「兼聽者明」。

這不但對今天治國很有幫助，對企業管理也同樣很有啟發。

所以，美國西屋公司（Westinghouse Electric）總裁喬登（Michael H. Jordan）很早就曾指出，他如果在一個公司的會議上，只要觀察個五分鐘，沒有聽到不同意見，就可證明這個公司「沒有活力」，因而也就「沒有希望」！⓹

另外，唐太宗並分析：

「人之意見，每或不同，有所是非，是為公事。」

然而經常有人，為了護短，忌恨聽到不同的意見，或有人為了顧慮面子，明知不妥卻不直言；所以結果，明明政策錯誤，為了一個人情，而造成萬人的大弊端。此即他所強調：

「此實亡國之政，卿輩特須在意防也。」

緊接著他更感嘆，很多大臣平時不以為意，結果後悔莫及：

「多不能深思此理，當時皆謂禍不及身，而從背言，不以為患；後至大患一起，家國俱喪。」

太宗在此明確指出，很多人誤以為平日陽奉陰違，不講真話，沒有關係，以為不會害到自己身上，但長期下來，終會引起大患，導致家破國亡；這對平日不敢講真話的團體，深具重人的警惕作用！

另外，貞觀三年，太宗也曾明確告誡眾大臣，如果他的命令有所不當，均需直言評論：

⓹　《策略大師》（臺北：天下雜誌，1995 年），頁 52。

「中書、門下，機要之司，擢才而居，委任實重。詔敕如有不穩便，皆須執論。」❺❻

然後他指出，近來所見，均是唯唯諾諾，得過且過，沒有一個能夠諍議，這哪裡是治世之道：

「此來惟覺阿旨順情，唯唯苟過，遂無一言諫諍者，豈是道理？」

所以，他再次明確交代：「自今詔敕疑有不穩便，必須執言，無得妄有畏懼，知而寢默。」

正因太宗深具這種主動求諫的精神，才能兼聽各方，才能探知民隱，才能真正造就貞觀盛世！

另外，貞觀五年，太宗也曾比喻，人君就如同元首，大臣為其心腹，其次為其股肱，再其次為耳目，均為同體生命：

「耳目股肱，寄于卿輩，既義均一體，宜協力同心。」

因此他再強調，若有任何問題，均應直言無隱，否則如果君臣相互猜疑，不能肝膽相照，將成國家最大傷害！

此即太宗所謂：

「事有不安，可極言無隱。倘君臣相疑，不能備盡肝膈，實為國之大害也。」

由此可以證明，太宗從各個層面分析，要求眾臣能夠直言諍諫，不要心存顧忌。他這種鼓勵建言的風範，足以激發大臣共同改革的積極性，才是能夠從各方兼聽的原因，更是能夠成為「明君」的主因。直到今天，仍然深值重視與力行！

---

❺❻　同❶，〈政體第二〉，頁 15。

另外，貞觀初年，太宗也曾告訴侍臣：

「朕觀前代，讒佞之徒，皆國之蠹賊也。或巧言令色，朋黨比周。若暗主庸君，莫不以之迷惑，忠臣孝子所以泣血銜冤。」❺❼

他更比喻，「王者欲明，讒人蔽之」，然後舉出多項歷史例證，以此強調「此事著於史籍，不能具道。」

魏徵的回應，則是引述孔子所說：「惡利口之覆邦家。」然後在結論中指出：

「臣嘗觀自古有國有家者，若曲受讒潛，妄害忠良，必宗廟丘虛，市朝霜露矣。」

凡此種種，充分說明，領導人如果偏信小人讒言，妄害忠良，本身也會必定敗亡！至今仍然身具重大啟發性！

試觀民進黨執政時，對於直言批評之士，均醜化為「唱衰臺灣」、「投降主義」、「失敗主義」等，肯定終必走向失敗。

尤其，根據中國時報頭條新聞（民96.11.26），陳水扁稱因為「有人建議」，竟然為二階段投票問題，正在思考「戒嚴」，或宣佈「選舉無效」，引起各界嘩然；這種作風就是「利口覆邦」，也是讒言亂政的典型例證，不能不警惕！

㈦草創與守成同重

貞觀十年，唐太宗曾經問他的大臣，「草創與守成孰難？」❺❽
房玄齡回答「草創為難」，因為當時群雄並起，爭奪天下，必

---

❺❼　同❶，〈杜讒邪第二十三〉，頁211。
❺❽　同❶，〈君道第一〉，頁4。

須一一戰勝,很不容易,所以他認為草創為難。

魏徵則看法不同,他認為「帝王之起,必承衰亂」,而「四海歸命,天授人與」,所以草創不算困難,反而守成為難。

他並分析原因,因為:

「既得之後,志趣驕逸,百姓欲靜而徭役不休,百姓凋殘而侈務不息,國之衰弊,恆由此起。」由此看來,所以守成為難。

唐太宗在此畢竟是高明,他站在領導人的高度,調和雙方,作了總結。所以他先說:

「玄齡昔從我定天下,備嘗艱苦,出萬死而遇一生,所以見草創之難也。」

然後他再指出:

「魏徵與我安天下,慮生驕逸之端,必踐危亡之地,所以見守成之難也。」

緊接著,他再以前瞻性眼光強調:

「今草創之難既已往矣,守成之難者,當思與公等慎之。」

太宗認為,房玄齡跟他東征北伐,九死一生,所以覺得草創很難。但魏徵跟他安定天下,擔心驕傲鬆懈,所以覺得守成很難。兩者都有道理;然後他話鋒一轉,強調「草創」的困難已經過去,今後希望與大家,共同克服「守成」的困難。

在中華民國國旗歌中,也曾同樣指出:「創業維艱,守成不易」。充分可見古今所見約同。

尤其在中國近代史上,中國國民黨與中國共產黨的歷史,都可證明太宗這段結論,非常正確。

孫中山先生領導中國國民黨,從興中會、同盟會階段,經過十

次革命，終於推翻兩千多年帝制，建立亞洲第一個民主共和國。其間歷經千辛萬苦、犧牲無數生命，當然「創業維艱」！

但是，民國建立之後，有袁世凱稱帝、北伐割據，與中原大戰策，仍然民不聊生，後來更有日本侵略，全民浴血抗戰多年；中華民國真可說是「守成不易」。

尤其，抗戰勝利之後，國共又爆全面內戰，國民黨退敗臺灣，「中華民國」治權只及於臺澎金馬，等於「守成未成」，只能守住海角一隅；甚至這一隅，還在民進黨執政之後，不斷架空中華民國，企圖「正名」為臺灣共和國，想徹底加以消滅！

由此更可證明，創業固然維艱，守成更加不易！

另外，中共也有同樣情形。

首先，就「創業」來講，中共從延安時期，也很艱困，後來二萬五千里「長征」，同樣備極辛苦，損失重大；在「地下黨」時期，也是人人自危，到「淮海戰役」，更是硬戰連連，犧牲慘烈，才算奠定了「中華人民共和國」基礎。

中共當時，利用國民黨失去民心的時候，聲勢如同秋風掃落葉；但在建政之後，卻也開始自滿，連續有各種整肅運動，不斷內耗內鬥，從三反、五反，到人民公社、總路線、大躍進，一直到文革，成為中華民族有史以來最大浩劫，政權因此也岌岌可危！

後來鄧小平復出，打倒「四人幫」，實施「改革開放」，中共才算喘口氣，重新調整出發，足證其「守成」也很困難！

國民黨到臺灣後，痛定思痛，勵精圖治，再由經國先生勤政愛民，推動經濟建設，終能完成「臺灣奇蹟」，也可證明篳路藍縷，在臺創業與守成，均很不易。

尤其，到了李登輝時期，因為黑金猖獗，黨魂沉淪，並且背離正統國民黨的路線，縱容臺獨路線，還暗助民進黨，喪失人心，終於在 2000 年失去政權。

反觀民進黨，初期還有創黨理想，對促進臺灣民主化也有貢獻，創業於戒嚴時期，的確很不容易。但在執政之後，卻也快速腐化，盡失理想；尤其，高層貪腐不斷，引起人民唾棄，到 2008 年立委大選只剩 27 席（全部 113 席），成為創黨以來最大挫敗！更加證明「守成」很難，今後如果不能徹底改正，明顯無法守成！

貞觀十一年，魏徵曾經懇切上疏，提醒太宗：

「臣聞求木之長者，必固其根本；欲流之遠者，必浚其泉源；思國之安者，必積其德義。」

然後他指出：「源不深而望流之遠，根不固而求木之長，德不厚而思國之理，臣雖下愚，知其不可，而況於明哲乎？」

所以他特別強調「居安思危」的重要性，並且分析，為甚麼「取之易而守之難？」為甚麼對天下「昔取之有餘，今守之而不足？」

他說，因為殷憂時間，「必竭誠以待人，既得志，則縱情以傲物」。然後他強調：

「竭誠則胡越為一體，傲物則骨肉為行路，雖董之以嚴刑，震之以威怒，終苟免而不懷仁，貌恭而心不服。」

因此，他提醒太宗，一定要戒惕謹慎：「怨不在大，可畏惟人，載舟覆舟，所宜深慎，奔車朽索，其可忽乎？」❺❾

---

❺❾　同❶，〈君道第一〉，頁 8。

　　試看民進黨執政八年後期，經常以恐嚇打壓為能事，充分證明有權力的傲慢與偏見，「縱情以傲物」，其結果必然被人民唾棄，很可引為後人借鏡！

㈧仁義興邦

　　《貞觀政要》在〈辨興亡〉第卅四卷中，提到五段故事，論述歷史興亡之道，均很有啟發性。

　　首先，貞觀初年，亦即唐太宗開國之際，他問侍臣：周武王伐紂，而有天下，秦皇因周衰微，遂吞六國，其平定天下的方法沒有不同，何以後來國運長短，相差極為懸殊？

　　尚書右僕射蕭瑀回答，紂王因為無道，所以八百諸侯共同伐紂；但周朝衰微，六國無罪，秦朝專任智謀與武力，蠶食諸侯，所以「平定雖同，人情則異」。❻⓿

　　太宗聽了回答：

　　「不然，周既克殷，務弘仁義；秦既得志，專行詐力，非但取之有異，抑亦守之不同。祚之修短，意在茲乎！」

　　換句話說，唐太宗認為，周朝伐紂之後，力行仁義之政，以德服人，所以周朝長達八百多年；但秦朝統一天下之後，卻專門用詐術，並且以力服人，因而只有十八年，到二代即滅亡。

　　周朝與秦朝，分別與中國最長與最短的兩個朝代，兩相對比，更證明以仁義興邦，才能可大可久，確實發人深省。

　　武王伐紂前，全軍在牧野（今河南省汲縣）誓師，特別強調，自

❻⓿　同❶，〈辨興亡第三十四〉，頁274。

己發兵起義，在恭敬執行上天的懲罰（「今予發，恭行天之罰」）；也就是代上天行仁道，所以號召各地諸侯，聲討紂王「暴虐百姓」等罪行。

因為武王深得民心，所以能夠以寡敵眾，看似只有千萬眾，但能夠一心一德；紂王看似億萬眾，卻有億萬心，離心離德，所以武王終能以仁制暴，得到最後勝利。

事實上，在更早的商湯革命，討伐夏桀時，也有著名的討伐文，史稱〈湯誓〉，為中國歷史最早的討伐文。文中同樣強調，你們應該輔助我，執行上天的懲罰（「爾尚輔予一人，致天之罰」），與武王伐紂所稱「恭行天之罰」精神完全相同。

此即〈湯誓〉中所說：「夏氏有罪，予畏上帝，不敢不正。」他因為敬畏天意，所以不敢不討伐夏。

尤其，夏桀暴政，導致人民怨聲載道，寧可與他同歸於盡（「時日曷喪，予及汝皆亡」）！所以商湯配合人心，才出兵討伐，終於得到勝利，同樣代表以仁致勝的例證。

另外，在〈辨興亡〉中記載，貞觀二年，唐太宗告訴黃門侍郎王珪，隋文帝十四年時大旱，倉庫明明很豐足，卻不許賑災；如此「不憐百姓而惜倉庫」[61]，以致到了末年，天下雖然儲糧可供五六十年，但百姓仍多飢餓！

結果傳到煬帝，恃此富饒倉庫，更加奢華無道，終於滅亡！

所以太宗得到結論，

「凡理國者，務積於人，不在盈其倉庫。」

---

[61] 同❶，〈辨興亡第三十四〉，頁275。

　　他並引《論語》中，有若對魯哀公所說，「百姓不足，君孰與足？」強調庫存只要能夠應凶年即可，何必吝惜？否則後代如果賢明，還能自保天下，但若子孫不肖，「多積倉庫，徒益其奢華，危亡之本也」！

　　由此可見，唐太宗很重視行仁政，講義氣，認為大旱之時，自應以民生為重，不應貪財，而要悲天憫人。這既是仁心仁政，也是正義正氣，憑此仁義精神，所以能創造「貞觀之治」！

　　很多大企業家，也可由此得到啟發；因為，如果後代子孫，不重仁義，只重財富，那遺產太多，反而會助長其奢侈之風，更成為危亡之因，怎能不警惕！

　　另外，貞觀九年，突厥國大雷，很多人馬均餓死，太宗告訴侍臣，這還並不是完全敗亡的原因，主要是人君「行仁義、任賢良則理；行暴亂、任小人則敗。」[62]

　　魏徵此時進言，舉出魏文侯詢問李克的故事。

　　魏文侯問道：「諸侯誰先亡？」李克說：「吳先亡」。

　　魏文侯問原因，李克回答：

　　「數戰數勝，數勝則主驕，數戰則民疲，不亡何待？」

　　魏徵強調，北突厥趁中國在隋末混亂之際，恃眾入侵，不行仁義，至今還不停止，「此其必亡之道」。

　　唐太宗聽了，覺得很有道理，因為比他自己的分析，更深了一層。

　　尤其，後來唐太宗晚年，興師征伐高麗，很接近李克所說，最

---

[62]　同❶，〈辨興亡第三十四〉，頁276。

初數戰數勝，但因勝而驕傲，數戰而民疲，導致元氣大傷。所以後來太宗曾說：「魏徵若在，不使我有是行」。由此更可看出，任用賢良的重要性。

另外，貞觀九年，唐太宗向魏徵說，他讀周史、齊史，覺得末代亡國之君，為惡很相近，都會大肆徵稅：「齊主深好奢侈，所有府庫用之略盡。」因為不仁不義，所以必定敗亡。

他並比喻，這很像口饞的人，自己吃自己的肉，等肉吃完了，自己也死了！

另外，他問魏徵，相形之下，齊主與周朝末代君王天元，哪一個更為糟糕？

魏徵回答：

「二主亡國雖同，其行則別」。

他並分析，因為：「齊主懦弱，政多出門，國無綱紀，遂至亡滅」，但天元只因其個人「性凶而強，威福在己，亡國之事，皆在其身。以此論之，齊主為劣。」❻❸

換句話說，魏徵認為，天元雖然個人性格凶強，導致亡國，但並不像齊主政多出門，導致國無綱紀，仁義不張，全國皆亂。天元是個人因素亡國，並未亂到全民，所以他認為齊主更劣。

尤其仁義之治，必因多用賢明人才；所以，早在漢高祖時，就曾有「求賢詔」，明白指出，「蓋聞王者，莫高于周文，霸者莫高於齊桓，皆待賢人而成名。」文中強調，行王道的周文王，與霸主的齊桓公，主要都因「賢人」而能成功。

---

❻❸　同❶，〈辨興亡第三十四〉，頁277。

　　所以漢高祖提醒眾臣，自己因天命而得天下（「今吾以天之靈，鑒士大夫定有天下」），為了興邦定國，更需求才若渴；因而他要求各級官吏，對於明德賢士，要能「並身勸，為之駕」，必須親自勸行，禮賢下士，並為其駕車，親送到相國府，再向上呈報其事蹟。

　　劉邦這種愛才求才的精神，並以仁義號召天下，同樣也是唐太宗「貞觀之治」之特色；後來劉備三顧茅廬，表現更為明確，深值今人重視與力行。

(九)尊重學問

　　《貞觀政要》的第二十七章，專門說明唐太宗如何「崇儒學」，除了他本身經常學習，請教大師，並且培訓了很多儒學人才，成為治國的棟樑，也深值今天領導人參考。

　　唐太宗剛即位，就在正殿左方，置「弘文館」，精選天下的學者，授以本官兼署學士，給以五品的珍膳待遇，聽朝空隙時請入內殿，討論經典、政略，與古今成敗之道，有時到深夜才結束。

　　所以真氏德秀曾說：

　　「後世人主之好學者，莫如唐太宗。當戰攻未息之餘，已留情於經術，召名儒學士以講應之，此三代以下之無有也。」

　　換句話說，唐太宗無論在開國前，或建國後，都常請著名的學者講課，討論興亡之道。這不但是尊重學術，也是尊重知識，並尊重學者。孫中山先生曾說：「革命的基礎，在於高深的學問」，於此即完全相通。

　　若以現代治國而言，這代表領導人，也需經常增加新知識，多注意進修，終身學習，才能與時俱進，並與世界接軌。

古代明君常有「國師」，因為君王平日經常忙於緊迫性事務，久而久之，容易缺乏雄才大略，也缺乏宏觀智慧，此時便需多尊重學者的真誠建言，聽取旁觀者的批評與評議，因而儒家的仁政觀點與批評精神，便很有用，能做出重大貢獻。

所以貞觀二年，太宗正式立孔子廟，貴為國學，並稱仲尼為先聖，顏子為先師；然後「大收天下儒士，賜帛給傳，令詣京師，擢以不次。」

因而當時，「四方儒生復書而至者，蓋以千數」，很具備興旺的開國氣象。

後來，甚至吐蕃、高昌、高麗、新羅等諸地首長，也都派遣子弟，紛紛申請入學：「于是國學之內，鼓篋升講筵者幾至萬人，儒學之興，古昔未有也！」❷

這可算中華文化以儒學為主流的時代，也是儒家在歷史上最受重視的年代，更因唐代胸襟開放，不像漢代罷黜百家，而能兼容並蓄，器度恢宏，所以貞觀之治名播四海，確實其來有自。

如今大陸在全世界廣設「孔子學院」，並以振興中華文化為號召，各國留學生也紛紛到大陸學習儒學，若能持之有恆，施政也更加落實孔孟精神，相信也能創造盛唐以來更大盛世！

貞觀二年，太宗根據儒家精神，曾經特別指出：

「為政之要，惟在得人。用非其才，必難致治。今所任用，必須以德行、學識為本。」

---

❷ 同❶，〈崇儒學第二十七〉，頁 228。

諫議大夫王珪回答：「人臣若無學業，不能識前言往行，豈堪大任？」

因此，王珪舉漢昭帝為例，說明器度宏大的重要性：「當學經術明于古義者，此則固非刀筆俗吏所可比擬。」

由此可見，太宗非常重視用人的德行與學養，尤其很重視儒學的聖者氣象與恢宏器識，這就不是一般低頭寫公文的人（刀筆俗吏）所能比擬，深值領導者重視本項識才之道。

經國先生任內，提拔用人，也很重視本項標準，所以經常重用學者，並對官員經常要求進修研究，以便增加新知，真正能做到「德行」與「學識」並重。

但如今民進黨用人，則是用人「唯親」，甚至用人「唯獨」，經常出現特權特例的情形，均以忠於個人為標準，如此明顯以私亂公，自然無法服人，更無法長治久安。

貞觀四年，太宗又詔顏師古參定五經，並又詔國子監祭酒孔穎達等諸儒，撰定《五經正義》等，凡一百八十卷，付國學施行。

到貞觀十四年，唐太宗再詔令，列出前代名儒、與其學徒，及其後代，分別加以優賞，以實際行動，提倡儒學研究。

貞觀廿年，太宗更列出古代名儒左丘明等廿一人，發揚其學術，並且分別享祀孔子廟堂；對於先儒大力推崇，對於近儒則恩沾子孫，充分可見他尊儒重道的精神。

另外，唐太宗的貞觀之治，能成功的主因之一，就在他杜絕讒言，嚴禁逢迎拍馬。所以他在貞觀元年，就曾明確告訴眾臣：

「朕觀前代，讒佞之徒，皆國之蟊賊也。或巧言令色，朋黨比周。若暗主庸君，莫不以之迷惑，忠臣孝子所以泣血銜冤。」

　　換句話說，太宗尊崇儒學，並不是把儒學看成利祿之門，收買人心，更不是要求儒者逢迎上意，而是期待儒者能夠弘揚仁義之道，並能有道德勇氣直言進諫，力行孔孟精神。

　　所以，他列舉了很多例證，並引述古訓，「世亂則讒勝」，而且「直臣立朝廷，奸邪為之寢謀」，強調只要眾臣能夠正直敢諫，奸臣就不敢為非作歹，魏徵因此提醒太宗要能「戒慎於其所不睹，恐懼於其所不聞」，非常發人深省。

　　經國先生生前，也曾多次強調，絕不要對其個人逢迎拍馬、歌功頌德，不要說他什麼「英明偉大」！

　　他並曾經指出，他心中最怕的，就是「聽不到真話」，因而他也鼓勵大家建言，並且勇於改革，終於創造「臺灣奇蹟」，成為現代版的「經國之治」，直可上追「貞觀之治」的精神。

　　當然，唐太宗反對逢迎拍馬，並不只是口頭講講，而是真正有行動，所以才能真正有效，這正是儒家「知行合一」的精神。

　　貞觀七年，太宗到蒲州巡察，刺史趙元楷要求地方父老，穿黃紗的單衣在路邊上迎接，並且大事裝潢，修營牌樓，以求讒媚；另外，又私自準備了一百多頭羊，數千尾魚，準備送給貴戚。

　　結果，太宗知道之後，立刻把他叫來痛斥：

　　「朕巡省河、洛，經歷數州，凡有所須，皆資官物。卿為飼羊養魚，雕飾院宇，此乃亡隋弊俗，今不可復行。當識朕心，改舊態也。」

　　結果，刺史元楷慚愧之餘，幾天吃不下飯而卒。正因太宗嚴格杜絕讒佞之徒，怒斥「馬屁文化」，所以政風能夠立刻端正。

　　試看今天臺灣，卻到處充斥馬屁文化，上有所好，下必從焉；

陳水扁樂於聽到逢迎拍馬，對於軍中當面大喊「你是我的巧克力」，不但沒有斥責，反而提拔主其事者，當然就更助長歪風，後來成為「上杜下謝更連莊」，更加導致立委選舉大敗！

唐太宗除了杜絕逢迎，也杜絕進讒。

曾經有人進讒言，說魏徵想謀反。太宗說：「魏徵，昔吾之讎，只以忠於所事，吾遂拔而用之，何乃妄生讒構？」

太宗問都不問魏徵，便將告者處斬；從此以後，便無人再敢進讒言。由此可見行動的重要性。講一百句空話，不如一次行動。

另外，《貞觀政要》第二十二篇強調的「慎言語」，同樣深得儒學精神。貞觀二年，太宗即曾指出：

「朕每日坐朝，欲出一言，即思此一言于百姓有利否，所以不敢多言。」

這也正是孔子所說，「一言足以興邦」、「一言足以覆邦」，所以領導人必須戒惕謹慎。

但以目前臺灣為例，從李扁以降，經常信口開河，反反覆覆，不但誠信盡失，而且經常引發緊張；今後的領導人，實因多從孔子與唐太宗處多多學習才行。

由此再次可證，太宗推崇儒學，不只注重學理，更能身體力行，深值今後重視與效法！

㈩勸戒新生代

從《貞觀政要》中，可以看出太宗律己很嚴，並且廣泛納諫；除此之外，他還有項特色更為難得，那就是對太子們，同樣要求很嚴，不但親挑師傅，尊敬老師，而且特別蒐集歷代太子的興亡故

事,做為**警惕**,至今也很有啟發性。

今天的政治,當然已不再有「太子」,但無論政界或商界,都仍有「新生代」問題;因此,如何勸戒新生代,成為成功的接班人,足以生生不息、欣欣向榮,仍有賴第一代多加重視。

鄧小平隔代指定接班人,胡錦濤等從艱苦地區歷練,並且長期觀摩,至今仍然傳為佳話;反之,王安經營電腦公司,卻因最後「傳子不傳賢」,未能注意調教,導致公司由盛而衰,則為反面教材,不能不予**警惕**!

此所以在貞觀七年,太宗才即位後幾年,便曾告訴魏徵:

「自古侯王能自保全者甚少,皆由生長富貴,好尚驕逸,多不解親君子遠小人故爾。」

到貞觀十一年,太宗再告訴房玄齡:「古來弟子,生於深宮,及其成人,無不驕逸,是以傾覆相踵,少能自濟。」

同時《貞觀政要》中,特別申論「勸戒太子諸王」,太宗要求眾臣:「卿等輔導太子,常須為說百姓間利害事。」

因為,太宗自己很清楚:「朕年十八,猶在民間,百姓艱難,無不諳練。」所以很能瞭解民間疾苦。

甚至太宗即位後,仍然兢兢業業,「及居帝位,每商量處置,或時有乖疏,得人諫諍,方始覺悟。若無忠諫者為說,何由行得好事?」

因此,太宗進一步指出:

「況太子生長深宮,百姓艱難,都不聞見乎!且人主安危所繫,不可輒為驕縱。但出敕云,有諫者即斬,必知天下士庶無敢更

發直言。」❻

　　然後，太宗提醒眾臣們：「卿等常須以此意共其談說」，要能督促太子「克己勵精，容納諫諍。」並且，「每見有不是事，宜極言切諫，令有所裨益也。」

　　由此充分可見，太宗多麼重視太子的教育問題，足證其很有慧見與遠慮，深值重視與效法。

　　貞觀十六年，太宗曾經鄭重的問眾臣，「當今國家何事最急？各為我言之。」

　　尚書右僕射高士廉說：「養百姓最急」。

　　黃門侍郎劉洎則說：「撫四夷急」。

　　中書侍郎岑文東說：「禮義最急」。

　　諫議大夫褚遂良說：「即日四方仰德，不敢為非，但太子諸王，須有定分，陛下宜為萬代法以遺子孫，此最當今日之急。」

　　結果太宗最同意此說。他強調：

　　「此言是也。朕年將近五十，已覺衰怠。既以長子守譽東宮，諸弟子庶子數將四十，心常憂慮在此焉。」

　　由此可以證明，太宗安定天下、建設穩定之後，最憂心的就是未來國運，應由何人接班，並應如何調教。

　　所以後來，曾文正公常說：「做大事者，恆以多找替手為第一。」在此與唐太宗可說不謀而合。因為，沒有人才接班，事業均會成空，尤其，自己的新生代如果不成材，更將成為心中之痛！

　　因此，唐太宗要求所有子弟，能夠多看從前的歷史教訓，做為

---

❻　同❶，〈教誡太子諸王第十一〉，頁136。

規範警惕。他命魏徵把歷來帝王子弟的成敗故事,寫成《自古諸侯王善惡錄》,分別送給各太子。魏徵在序言中強調,綜觀歷代君王:「考其隆替,察其興滅,功成名立,成資始封之君;國喪身亡,多因繼體之後。其故何哉?」

換句話說何以開國君王,都能功成名立,但到後代,卻又會國喪身亡呢?魏徵序中指出:

「始封之君,時逢草昧,見王業之艱阻,知父兄之憂勤,是以在上不驕,夙夜匪懈。」

因此,開國之君及其團隊,都能勇於求賢,也能樂於聽取忠言,爭取民心,此其所謂「或設醴以求賢,或吐飧而接士。故甘忠言之逆耳,得百姓之歡心,樹至德於生前,流遺愛於身後。」然而,到了新生代情形都不相同:

「子孫繼體,多屬隆平,生自深宮之中,長居婦人之手,不以高危為憂懼,豈知稼穡之艱難?」

如此一來,新生代就會在安樂中鬆懈,甚至腐化:「暱近小人,疏遠君子,綢繆哲婦,傲狠明德,犯義悖禮,淫荒無度,不遵曲憲,僭差越等」,久而久之,自然就會亡國敗家。以現代的大企業為例,也會由盛而衰。

所以魏徵語重心長的強調:

「今錄自古諸王行事得失,分其善惡,名為一篇,名曰《諸王善惡錄》,欲使見善見齊,足以揚名不朽;聞惡能改,庶得免乎大過。從善則有譽,改過則無咎。興亡是繫,不可勉歟!」❻❻

---

❻❻　同❶,頁 139。

唐太宗對於這訓戒新生代的內容，非常肯定，所以要求太子「此宜置於座右，用為立身之本」。

歷史上有名的類似座右銘，在中國還有曾國藩的各種家書，在美國則有麥克阿瑟的〈為子祈禱文〉等，均可看出身為父親的苦心，但若後代不用心，或認為太八股，就只會重蹈歷史覆轍，深深令人嘆息了！

三、唐太宗的治國「十誡」

《貞觀政要》之中，魏徵曾向唐太宗建言，治國應有十項自我約束，相當於十大革新，也類似於《聖經》所講的十誡，堪稱對於國家領導人最重要的十項警惕。

「貞觀之治」的最大啟發，就是領導人要非常自我約束，這在人治的威權時代，是最重要的第一要義。

即使在民主時代，雖然有客觀的民主制度與法令約束，但若有人知法玩法，照樣會破壞法紀。例如民進黨領導人多是律師出身，都反而更會強辯硬拗，踐踏司法。足證領導人應如何自我約束，至今仍然很重要的關鍵問題。

今天雖然已是廿一世紀，但很多國家，仍然停留在「年輕未成熟的」"young and immature"民主階段。杭廷頓即曾提醒，經常會有人在民主選舉出來後，再破壞民主制度；希特勒即是如此，如今陳水扁對兩階段選舉，居然曾經思考戒嚴，也是明顯例證。由此可見，領導人如果不知自我節制，破壞力將很嚴重！

事實上，即使成熟的民主國家，如美國，試看其在國際政治的

霸道霸權作風，便可知道，領導人也需多注意這「十誡」。

由此證明，唐太宗所奉行的「十誡」，即使到今天，仍然深具重大時代意義。這個治國「十誡」，究竟是那些呢？

第一誡，「見可欲，則思知足以自戒」。

這與儒家道家均能相通，如孔子稱「克己復禮」為仁，老子也稱「害莫大於不知足」，均為相同精神。

第二誡，「將有作，則思知止以安人」。

這與道家「無為」很相通，亦即不要自命聰明、自以為是，反而擾民害民。今天民進黨經常「不思知止」，所以對外不斷衝撞「一中」政策，對內不斷掀起衝突鬥爭；從外交的「遍地烽火」，到內政的「正名運動」、「公投入聯」、「法理臺獨」，均在內耗精力，不但擾民傷民，而且這種「割喉戰」，極盡挑釁之能事，製造各種不安，即為明顯例證。

第三誡，「念高危，則思謙沖而自牧」。

這與孟子所稱「生於憂患，死於安樂」相通，亦即應注意居安思危之道。在《易經》中，六十四卦只有「謙卦」六爻皆吉，即深具重大啟發意義。

臺灣因為承平多年，很多人民逐漸淡忘戰爭的殘酷，因而臺獨人士經常玩火，挑戰兩岸關係的紅線；部份人民也對臺獨種種挑釁日漸麻木，應該及早喚醒人心才行。

第四誡，「懼滿溢，則思江海下百川」。

這與《易經》所稱「謙受益，滿招損」相通，老子強調「江海之為百谷王者，以其善下之」，也完全是同樣精神。

因為，很多人有了權位之後，便有權力的傲慢，看不起民眾，

如陳水扁對民眾的嗆聲，經常反罵回去，教育部長自認「官大學問大」，均是同樣情形，均應警惕改進。

第五誡，「慮壅蔽，則思虛心以納下」。

本項與孔孟所稱「求其放心」，以及莊子所稱「心齋」、「坐忘」均極相通。

尤其，在民主時代，領導人更應瞭解真正民意，不能被少數人包圍蒙蔽，雖然現代能利用民意調查問卷，但也經常會被掌控誤導，所以仍應注重溝通與納諫的功能。

第六誡，「樂盤遊，則思三驅以為度」。

這與孔子所稱「勤政愛民」相通，也與孟子所稱「獨樂樂不如眾樂樂」相通。

民進黨執政後，很多權貴與子女經常出入奢華餐廳，例如教育部長杜正勝兒子杜明夷出入夜店鬧事，均與民間疾苦形成強烈對比，均應節制改進才行。

第七誡，「憂懈怠，則思慎始而敬終」。

陳水扁擔任立委時，很多改革建議還頗中肯，例如要求司法獨立、要求行政中立、要求軍隊中立，要求政黨退出媒體；但他執政之後，卻反而變本加厲，明顯形成不思慎始，因而必定無法善終！

經國先生的令人懷念，就因經常戒惕謹慎，所以能夠慎始敬終；反之，民進黨的失敗，則因執政後開始懈怠，忘掉理想，貪腐硬拗，最後終於崩盤！怎能不警惕？

第八誡，「想讒邪，則思正身以黜惡」。

這與孔孟所稱「政者，正也」，「親君子、遠小人」均相通。

陳水扁經常藉口「有人建議」，提出很多荒謬講法，如「柔性

政變」、「思考戒嚴」等，最需多多「思正身，以黜惡」，才能「親君子，遠小人」。

第九誡，「恩所加，則思無因喜以謬賞」。

根據聯合報載（民 96.11.26）陳水扁兒子陳致中服役時的長官吳泰然快速升到中將，陳水扁副侍衛長，雖有隨扈自殺事件，仍然照升中將；杜正勝兒子杜明夷，嚴重違反軍紀，其長官王天陽照升將軍；凡此種種，均為以私害公明顯例證，均應及早改正才行。

第十誡，「罰所及，則思無因怒而濫刑」。

民進黨執政下，經常利用司法打壓異己，並且把檢察官系統當作政治報復工具，從馬英九、呂秀蓮、游錫堃案，均可看出明顯斧鑿痕跡。但是如此鬥爭手法，既葬送了司法公信力，也扭曲了國家公權力，必須及早改革才行。

總論這「十誡」，唐太宗因為能夠切實做到，所以完成「貞觀之治」，今人若能充分力行，相信必能同樣興國成功！

四、唐太宗《帝範》的特色

「貞觀之治」中，除了吳競根據君臣對話，寫出著名的《貞觀政要》，另外還有太宗親所撰的《帝範》，在貞觀二十二年，賜給太子所讀，同樣深具啟發作用。

在《帝範》中，分成四卷共十二篇，至今仍然是領導人對子女，很好的精神遺產與成功教材。

因此，太宗在〈自序〉中，首先引述《易經》大生之德說明宗旨，很可看出《易經》是影響「貞觀之治」的重要寶典。

太宗說：「朕聞大德曰生。」因為《易·繫辭》稱：「天地之大德曰生。」天地之盛德在生養萬物。另外又稱：「聖人之大宣曰位」，聖人大可寶貴者，則在權位。

所以，唐太宗特別以《易經》中「大生」與「大寶」發語，非常符合君王身份，也非常切合治國需要。

他以此提醒眾子孫，任內要有「大生」之德，同時也要善保「大寶」之位，前句可稱治國理想，後句則為治國實踐。

文中又引《論語》強調「歷數在躬」（〈堯曰〉），可見是秉承儒家傳統，另外引述〈堯曰〉：「咨！爾舜，天之歷數在爾躬。」都在勉勵後代，要有使命感，如同舜一般承繼天命。

然後他引述《尚書·禹貢》所稱，「元主錫夏禹之功」。因為禹受賞賜，宣告治水成功。太宗以此鼓勵太子，要能效法大禹愛民精神，並且學習周公盛德，才能如同周朝，綿延八百多年之久，「周開八百之祚」。

此外，太宗在結論中也指出，「帝王之業，非可以力爭者矣。」他認為帝王之業本有天命，只要本身沒有自己作孽，而能效法先聖，自可勝利成功，所以希望太子好自為之。

那麼，太子應該如何做呢？

唐太宗分別從十二篇，向太子提出治國之道，直到今天，無論對於政界或者企業界，仍然深值啟發性。

(一)君體第一

唐太宗在「君體第一」，開宗明義就定義，「君者，群也，群下所歸心」。

他沒有把「君」定義為高高在上的「主」，而是用很謙卑的新定義，「群下所歸心」，如同百川所歸之地，自然要低窪；象徵「君」要謙下，要低姿態，身段要軟，這是根本原則。

由此原則，才能根除權力的傲慢，同時根除奢華的腐化，更可以根除自命特權、作威作福的心態，所以極為重要。

另外，他並引述荀子所說：

「君者，儀也；民者，影也；儀正則影正。」

「君者，盤也；民者，水也；盤圓則水圓。」

「君者，源也；民者，流也；源濁則流濁。」

這三種比喻，都來自儒家理念，代表君正則民正，上行下效之餘，如果上樑不正，下樑自然就歪。

唐太宗同時引老子所說「抱一以為天下式」，強調「君體」要能擅長整合，強調協調統一的重要性。

另外，他又引《易經》強調「人者國之先」，更得孟子「民為貴」的真諦，很符合今天的人權觀念；因為，世上先有人民，才有國家，所以「人權」先於「主權」。

太宗進一步強調「國者君之本」，因為：

「人主之體，如山岳焉，高峻而不動；如日月焉，貞明而普照。兆庶之所瞻仰，天下之所歸往。」

因此，身為國君，必須具備那些德性？太宗在此指出：

「寬大其志，足以兼包；平正其心，足以判斷，非威德無以致遠，非慈厚無以懷人。」

所以，凡是心胸狹小、心存偏頗，既無威德、又不慈厚的人，自然無法成為明君。

根據太宗經驗，必需具備後列德性，才能稱為明君：

「撫九族以仁，接大臣以禮，奉先思孝，處位思恭；傾己勤勞，以行德義，此乃君之體也。」

在太宗心目中，君王的主要德性，能以仁心泛愛九族，並以禮義接待大臣，且能慎終追遠；並且要能注重孝道，要能謙恭處位，盡心勤政，力行德義之政。

孟子曾說，「君子貴其所立者大。」根據唐太宗，明君也貴其能識大體，上述這些重點，就是君王的大體。

由此來看，太宗所述內容均以儒家為主，所以原書註解，也均以《易經》、《尚書》、《論語》、《中庸》等為例；再次充分證明，要真正瞭解儒家的政治哲學，必須貫串群經；而唐太宗之所以能開創盛世，主要即根據儒家教誨而成。

㈡建親第二

太宗在此首先引述《左傳》「封建親戚，以藩屏周室」，說明領導人，要有親信與人脈，在內外相互扶持，才能免於勢單力薄。

重要的是，「建親」之道，並不只指骨肉親人，「至如賢德忠純，明哲通才之君子」，也應「建而親之」；這就擴大成為志同道合、情感道義之交，如此才能廣納天下人才，並且可以天下為公，絕不因為一家之私，排擠賢能。

所以太宗指出，

「夫六合曠道，大寶重任；曠道不可偏制，故與人共理之，重任不可獨占，故與人共守之。」

從唐太宗眼中所看天下，並不是名利權位，而是重責大任；他

因為有此善心，所以才能開放名位，從全天下選才，以治理全天下，否則就會淪入私心，甚至誤盡蒼生。

因此太宗指出，唯有「安危同力，盛衰一心」，才能同心同德，長治久安。

在該文註釋中，引述《尚書》所說：「乃一德一心，立定厥功，惟克永世。」亦即強調，只有團結人才，才有整體力量，只有一心一德，才能國運無疆。

太宗並舉很多歷史例證，成功的如周朝，能夠「分王宗族，故卜祚靈長，歷年數百」。

然而，到了秦朝，納李斯之諫，「不親其親，獨智其智」，成為《中庸》所說，「愚而好自用，賤而好自專，生乎今之世，反古之道如此者，禍及其身者也。」又如《尚書》所說，「自用則小」，因此「顛覆莫恃，二世而亡」。

所以文中註解引述《尚書》：「元首明哉，股肱良哉，庶事康哉。元首從脞哉，股肱惰哉，萬事墮矣！」

這話提醒大家，君王如同元首，要能英明，股肱如同大臣，要能賢良，才能真正國運安康。

緊接著太宗又說，漢朝興起，「誠亡秦之失策」，所以「廣封懿親」；然而後來太過，形成尾大不掉，結果「六王懷叛逆之志，七國受鈇鉞之誅」，都因為是「地廣兵強」，長久累積所致。

太宗繼續指出，「魏武創業，暗于遠圖」，如魏武帝只看到漢代的過失，沒有看到秦代的過錯，結果「子弟無封戶之人，宗室無立錐之地」，於是帝位被奪，「社稷亡於異姓」，成為司馬東晉。他比喻這如同「流盡則源竭，條落則根枯」。文中註釋並引《孟

子》，指出沒有源頭的水，如同七八月間之雨，看似溝渠能滿，但乾涸也很快。

因此太宗強調，「封之太強，則為噬臍之患，致之太弱，則無固本之基」；所以他認為，應該運用中庸之道，「莫如眾建宗親而少力。」也就是多分宗親，但少其權力，這樣才能「上無猜忌之心，下無侵冤之慮。」

他稱「斯二者」，就是執其中道，才是安國之基，用的完全是儒家中庸精神。

唐太宗在此，可說煞費苦心，對於如何鞏固政權，則屬肺腑之言，也很實在，值得重視。

(三)求賢第三

在本篇中，太宗特別引述周書、易經與孟子，說明「君子道長，小人道消」之理，以此強調「求賢」的重要性。

首先《周書·陰符》強調：

「凡治國有三常，一曰君以舉賢為常，二曰官以任賢為常，三曰士以敬賢為常。」

因此太宗指出，治國要有「賢能政治」——君主以推舉賢能為常道，官吏以任命賢能為常道，知識分子以尊敬賢能為常道；那麼，「雖百代可知也」。

文中並引《孟子》所說：「堯舜之仁，不遍愛人，急親賢也」，以親近賢人，為緊迫要事。因為，「用賢人則邦家泰，用小人則邦家否。」

太宗並特別以《易經·泰卦》指出，如果「泰」之時，「天地

交，萬物通，天地之極治也」，君子即能道長，小人才會道消。

如何能夠如此？一言以蔽之，就在「近君子，遠小人而已。」

然而，如何明辨「君子、小人」？這是個大學問。

所以文中引用「泰」與「否」的對照，「否」卦之時，「小人道長，君子道消」，主要因為「天地不交，萬物不通」。可見太宗最重視的，就是上下溝通要能順暢；在上位者能通下情，在下位者能達上聽，上面領導能知民隱，基層民情也能上達天聽，，上下溝通良好，才能稱為「泰」。

「否」與「泰」的卦爻相互倒置，「否」是上乾下坤，象徵缺乏溝通，「泰」則是上坤下乾，代表上下溝通良好；上面的領導人能經常下訪，瞭解民情，下面的老百姓也能經常上訪，投訴民隱；要能做好這些的人才，才是君子，才是賢人！

所以太宗指出，「聖君觀此，否泰安居之道，可不慎歟？可不戒歟？是不可不求賢也。能求賢，則必得君子。」而且，「如用父君子，必至泰矣。」

因此，太宗特別強調，「夫國之知匡補，必待忠良」，他並引《尚書》指出，「佑賢輔德，顯忠遂良」，再度強調「旁招俊義」、「旁求俊彥」的重要性。

換句話說，若是明君聖主，必能到處求訪賢俊，必使野無遺賢，「任使得人，天下自治」。

太宗在文中並列舉伊尹、呂望、夷吾、管仲、韓信等例證，說明賢能的人才，才能輔佐明君，成為盛世，明君也絕對不會在意人才的出身低微。

文中比喻，這正如同航船渡海，必需借助槳的功用；飛鳥升

空，必須要靠翅膀的功能。帝王要能治國成功，也必須借助賢能輔佐，「帝王之為國也，必藉臣輔之資」。

　　無論古今中外，這都是永恆的真理；所以明君必須要能求才若渴，隨時隨地誠心求才，真心用才，才能真正使國運康泰！

㈣審官第四

　　太宗在本篇中，特別強調「審官」的重要性，也就是審查官吏，用現代的話說，就是考核官吏的績效與政風。

　　文中首先引用《尚書》：「〈皋陶〉曰：都！在知人，在安民。」強調治理國家，關鍵在於知人善任，以及安頓人民。

　　禹則回應：

　　「吁！咸若時，為帝其難之。知人則哲，能官人。安民則惠，黎民懷之。能哲而惠，何憂乎驩兜？何遷乎有苗？何畏乎巧言令色孔壬？」

　　禹先回答，「知人善任」，談何容易？連帝堯都難以做到，何況他人呢？能夠「知人」的，就是哲人，就能以官任人；能夠「安民」的，就能仁慈，人民必定向心。

　　然後禹再指出，若能如此，何必憂慮驩兜的巧言令色，而把他放逐呢？又何須遠遠地遷徙有苗之君呢？又何必畏懼那些奸佞之人呢？

　　換句話說，奸人小人不會自動寫在臉上，如果要能知人善任，便需有套方法制度：

　　「故明主之任人，如巧匠之制木；直者以為轅，曲者以為輪，長者以為棟樑，短者以為拱角。無曲直長短，各有所施。」

太宗進一步在此指出，「明主任人亦由是也。」也就是要善用其長處，避開其短處：「智者取其謀，愚者取其力，勇者取其威，怯者取其慎。」那麼，無論智愚勇怯，都能「兼而用之」，人人都可以成為有用之才。

所以太宗強調，「良臣無棄材，明主無棄士」，而且，「不以一惡忘其善，勿以小瑕掩其功」，如此「割政分機，盡其所有」，就能人盡其才。

太宗更進一步比喻，容納牛的大鼎，不可拿來烹雞；補捉老鼠的狸貓，也不可讓它和野獸搏鬥。代表大材不可小用，小材也不可大用。「令人智有短長，能有巨細」。所以，有輕才者，不可委以重任，有小力者，不可賴以成器。

文中並且強調責任政治的重要性，因為以君主一人，如果不能分工負責，怎麼能夠成功：

「獨運方寸之心，以括九區之力，不資眾力，何以成功？」

他反覆提醒，必須「明職審賢，擇材分祿」，要能明辨職權，分工合作；因為，得其人則國泰民安，失其用，則敗教傷人，連堯舜都難以知人，「則哲惟難」，更何況他人？

因此，太宗在此再三告誡，知人、識人、任人的影響太大，不能不戒！經國先生一生謹慎用人，但晚年挑選李登輝為副總統，如今證明為生平最大錯誤，足見的確不能不慎！

(五)納諫第五

太宗在第五篇，力言「納諫」的重要性，這也是他「貞觀之治」，最大的成功關鍵，所以他的心得，極值後人重視。

　　文中首先引用《尚書》所說：「朝夕納諫，以輔臺德。」並且強調，只要明君能受諫，那大臣不需要命令，都會勇於進諫，就如同堯舜的至聖至明，可以大治。

　　反之，如桀紂等人，「詎諫飾非」，拒絕聽取諫言，並會硬拗飾非，就會身敗名裂，「直至于焚放而不自覺者，誠可悲哉！」

　　太宗並且指出，君主因為位在幽深王宮，與民懸隔，所以《尚書》很早就提醒君主，「視遠惟明，聽德惟聰」，能看得遠的人，視力才「明」，能聽取德行的人，智慧才「聰」。君主如果不夠聰明，耳目壅塞，怎能瞭解民間疾苦，怎能制定正確政策？

　　太宗強調，明君「恐有過而不聞，慎有闕而莫補」，惟恐聽不到真話，改不了毛病，因而需在要道設置意見箱，聽取建言，「所設軺榭木，思獻替之辭」，並且「傾耳虛心，祈忠之說」。

　　這些建言，如果有理，即使地位卑下，也不能嫌棄（「言之而是，雖在僕隸芻蕘，猶不可棄也」）；如果沒理，「即使王侯卿相，未必能容」。

　　而且，只要其意義合理，不必在乎言辭（「其義可觀，不貴其辯」），只要「其理可用，不貴其文」，不必在乎修辭。

　　例如，漢代朱雲冒死諍諫，甚至攀折殿廊的欄杆，成帝只命修補而不換，就是做為鑒戒，所以「忠者歷其心，智者盡其策」。為有如此，大臣勇於講真話，明君勇於聽真話，才能「臣無隔情於上，君能遍照於下」，國家才能改革成功。

　　太宗指出，相反的，「昏主則不然」。

　　太宗在此分析，「說者拒之以威，勸者窮之以罪，大臣惜祿而莫諫，小臣畏誅而不言。」

這種昏主，對建言者濫用權威，拒絕真話；對忠告者，濫用刑法，硬扣罪名；於是大官為了保位，而不敢講，小官為了怕殺，也不敢講，形成現代所謂「寒蟬效應」。從此君子盡出，只有小人當道，國運自然必定敗亡！

所以太宗強調，一旦朝中沒有敢言之士，昏主必定「恣暴虐之心，極荒淫之志，其為壅塞，無由自知。」他們還自以為英明，超過三皇五帝，結果「至于身亡國滅，豈不悲哉！」

太宗總括這種敗亡的根本原因，均因拒絕聽諫才導致惡果（「拒諫之惡也」）。試看李扁統治臺灣時期，忠良之士盡出，讒佞之人雲集，國運自然江河日下，走向衰敗。足證直到今天，太宗的訓誡均極具啟發作用！

(六)去讒第六

唐太宗本文中，開宗明義就講：「夫讒佞之徒，國之蟊賊也」，可稱一針見血之論。

「蟊」是一種害蟲，專門吃苗根，太宗以此比喻「讒」者誣陷忠良，「佞」者逢迎拍馬，都是同一類的害蟲。

用今天的話講，「讒佞之徒」，就是害人精與馬屁精，都是腐蝕國家根基的害蟲。

所以太宗強調，這些害蟲的特性：

「爭榮華於旦夕，競勢利於市朝；以其諂諛之姿，惡忠賢之在己上；奸邪之志，恐富貴之不我先。」

他們只為私心私利，天天爭寵爭榮、求勢求利，因此嫉恨忠賢在其上，惟恐富貴落人後；而且「朋黨相持，無深而不入，比周相

習，無高而不升；令色巧言，以親於上；奸邪之志，以悅於君。」

　　換句話說，他們本身物以類聚，必定互相拉拔、結黨成群，無孔不入、無高不鑽；而且對上巧言令色、揣摩上意，重重包圍，一手遮天，結果「暗主庸君」都被迷惑，「忠臣孝子」卻都被冤枉！

　　太宗並列舉了很多例證，說明「王者欲明，讒人蔽之，此奸佞之危也。」雖然君王也想英明，卻被這種讒佞之徒，這就是他們危害之處。

　　所以，太宗強調：「斯二者，危國之本。」這兩種人，「以疏聞親」，造成宋朝伊戾之禍，「以邪敗正」，造成都宛之誅，後人都應深加警惕！

　　因此太宗提醒後代領導人：「砥身礪行，莫尚於忠信；敗德敗正，莫逾于讒佞！」

　　尤其，「是非在于無形，奚能自睹」？所以明君必須經常拜訪哲人賢人，「訪于哲人」，才能免於迷惑。

　　太宗並且指出，人性弱點，在於忠言逆耳，如同良藥苦口，所以不容易接受真話：「逆耳之辭難受，順心知說易從。」然而「彼難受者，藥石之苦喉也；此易從者，鴆毒之甘口也。」

　　所以，他特別警告後人：

　　「明王納諫，病就苦而能消；暗主從諛，命因甘而致殞。」

　　他用這種對此方式，告誡後代的領導人，明主因為能夠納諫，所以才能治好疾病；昏君則因偏聽諛言，只愛聽些好話，愛別人灌迷湯，結果生命在迷湯中葬送！

　　綜觀唐太宗貞觀之治，千言萬語一句話，就是勇於聽取真話批評，明確去除讒言，所以才能不斷發現問題，改革進步。這種「納

諫」、「去讒」，為一體之兩面，深深值得後人重視與力行！

㈦誡盈第七

唐太宗本文中，開宗明義引用《易經》的丰卦：「日中則昃，月盈則食。」以自然界現象——太陽到了日中就會傾斜，月圓之後就會虧缺，做為治國比喻。

這個隱喻說明：

「人君居至高至極之位，乃丰盛之象，固當憂懼俱守中，不至過極則可；不然，必有傾危之機發矣。」

很多歷史教訓，正是如此；所以晉武帝有身後之亂，唐玄宗也有末年之變；但是堯舜都因為平日警惕謹慎，禹湯還經常反省罪己，文王也是絕不貪圖安逸，所以都能勝利成功。這些都是孟子所說：「生於憂患，死於安樂」的重要哲理！

文中還引孔子所說：

「聰明聖知，守之以愚；功被天下，守之以讓；勇力撫世，守之以怯；富有四海，守之以謙，此所謂挹而損之之道也。」

唐太宗本身即根據儒家這種教誨，而能創造盛世；所以他也以此訓勉太子以及後人。他說：

「君者，儉以養性，靜心修身；儉則人不勞，靜則下不擾。人勞則怨起，下擾則政乖。」

換句話說，君主如果勤儉治國，人民就不會疲勞，君主如果倡導清淨，臣下就不會被擾。否則，如果君主經常無事生非，或庸人自擾，就會勞民傷財，激起民怨，國家也會走向衰微。

另外，太宗也曾指出：「人主好高臺深地，雕琢刻鏤」，如果

喜好把玩玉石，收集珍珠寶物，就會玩物喪志，結果「則賦稅重，賦稅重則人才遺，人才遺則飢寒之患生焉。」

所以太宗強調，君主一定要克制各種本身私慾，對於食、衣、住、行、娛樂，都應戒盈戒奢。

他並提醒後人：「亂世之君極其驕奢，恣其嗜欲，土木衣緹繡，而人裋褐不全，犬馬厭芻豢，而人糟糠不足。」

這正如同《孟子》所說：「庖有肥肉，廄有肥馬，民有飢色，有餓莩，此率獸而食人也。」

因此太宗強調：這種情形會令「人神共憤，上下乖離，佚樂未終，傾危已至！」

這也正是《易經》所說「安不忘危，存不忘亡」。太宗指出：「若能如此，可無憂患」。

由此可證，太宗再三訓誡後人，君主不能自滿、不能貪婪、不能多欲、不能妄為，否則必定咎由自取，及身而敗！試看韓國兩任總統金斗煥、盧泰愚，均因貪腐而入獄，民進黨高層同樣因為貪腐，而在立委選舉大敗！足證太宗此言，是永恆不變的真理！

㈧崇儉第八

太宗在本篇中，首先強調「夫聖世之君，在于節儉」，這與上述誡盈，極為相通。在相關註文內，並引《史記》所註：「治國之道，以民為始。富民之要，在于節儉。」縱然「富貴廣大」，仍應「守之以約」。⑥

---

⑥　唐太宗，《帝範》，頁130。

臺灣「經營之神」王永慶，雖然極其富有，但生活卻極節儉，他曾感嘆，臺灣國民所得只有先進國家 1/4，但「化錢卻是別人 4 倍」！這種奢靡風氣，在大陸也很嚴重，均應深自警惕才行！

太宗除了強調「不以身尊而驕人，不以德厚而矜物」，並且具體指出六事，做為後人的戒惕：

「茅茨不剪，采椽不斫，舟車不飾，衣服無文，土階不崇，大羹不和。」

換句話說，太宗要求子弟，對茅草蓋的屋頂不加修整，對柞木椽子不加砍削；乘坐車船不加裝飾，衣服不加文采；土築臺階不要加高，湯汁不加調料。他從這些生活中的細節，都要求子弟們，要力行節儉美德，足見非常落實。

太宗並且指出，這樣生活，並不是嫌棄榮華、討厭甘美，而是要以節儉做天下典範（「非憎榮而惡味，乃處薄而行儉」）。

因此，太宗一針見血的強調，節儉和奢侈，分別為榮耀和恥辱的根源（「斯二者，榮辱之端」）。今後到底是奢是儉，都由後人本身決定，但後果安危，也由自己承受（「奢儉由人，安危而已」）。

他並提醒後人，人的五官要能淡泊，幾乎關閉，「五關進閉」，才能可大可久，「壽命遠盈」。❻反之，如果「千欲內攻」，各種欲望攻心，「則凶源外發」，必定敗亡。

所以，太宗也從歷史舉證指出，「以是知驕出於志，不節則志傾；欲生于心，不過則身衰。」

這話代表，如果驕傲出自內心，不加節制，志向就會傾覆。如

---

❻　同上，頁 138。

果欲望出自內心，不加遏止，也就會加速亡命！

　　因此太宗本篇結論：「肆情而禍結」，如桀紂縱情享樂，酒池肉林，奢靡無度，終於被湯武起兵打敗；另外，「絢而已禍延」，如堯舜能克己節約，所以能夠太平，延長國家生命。

　　今天雖然科學進步，物資豐富，領導者仍應節儉建國，樸實傳家，才是國運昌隆之道！

㈨賞罰第九

　　唐太宗治國之術，雖然以儒家仁政為主，但也注重法家，強調賞罰分明。

　　所以他在本篇，特別先說：「君以仁愛為心」，指出「仁愛下施，則人不周弊」；然而，如果「教令失度，則政有乖違」。

　　這正如同孔叢子說：「賞罰是非相與曲謬，雖十黃帝不能治也」。如果刑罰不公、是非不明，則人民無所措手足，縱然有十個黃帝也無法治國。

　　換句話說，太宗強調，法治根本之道，「防其害源，開其利本」，此即儒家「刑期無刑」之理，希望人民最好能夠不犯法；若但迫不得已，才是「顯罰以威之，明賞以化之」。

　　這正如同現代觀念，要能多蓄學校，盼能少蓋監牢；要能多建教堂，盼能少建刑場。

　　因此太宗特別指出，立威與教化要能並重：

　　「威立則惡者懼，化行則善者勸。」

　　他稱為，「斯二者，制俗之機」，因為「惠可懷也」，「威可懼也」，因此「必信威惠並馳」才能天下大治。

其中「威」賴賞罰分明,「則善惡斯別」,「惠」則賴仁信普
著,則「遐邇仁心」,在今天仍很有啟發性。

後漢荀況《申鑒》也曾指出,賞只為了勸善,罰是為了懲惡;
君主不隨便賞,並不是愛財,而是「賞妄行則善不勸矣」。

同樣情形,君主不能隨便罰,並不是疼惜其人,而是「罰妄行
則惡不懲矣」。

所以太宗提醒後人「適己而妨於道,不加祿焉;逆己而便於
國,不失刑焉。」

換句話說,明君賞罰不能用私心做標準,即使私心喜歡但若妨
於道,也不能獎賞;即使私心不悅,但為了國家,也不能加刑。

因此本篇引用《尚書》,強調「無偏無黨,王道蕩蕩」。認為
此乃「賞罰之權也」。

因為明君公平公正,無私無我,才能其心如秤,衡量輕重都能
持平,這才是千秋不變的成功之道。

明君能夠做到如此,才真正有賞罰的客觀標舉:

「賞者不德君,功之所致也;罰者不怨上,罪之所當也。」

這是法家理想標準,也是儒家共通之處,堪稱太宗治國的另外
一項要領,也深值後人重視與力行。

(十)務農第十

唐太宗在本篇特別強調:「食為人天,農為政本。」

然後,文中引述《管子》指出,「倉廩實,則知禮節,衣食足
則知廉恥。」

太宗說明,君主應該特別重視農業,包括農民、農村、農產,

均應注意，這在以農立國的中國而言，直到今天仍很有重要性。

本文並引《禮記》，稱天子「躬耕東郊」，王后養蠶北郊，以便提供祭祠用品。他們以親手躬作，表示敬天的赤誠，以及對農民的謝忱，至今也有很大的啟發性。

文中引用禮記：「國無九年之蓄曰不足，無六年之蓄曰急，無三年之蓄，曰國非其國也。」這段代表太宗很有儲蓄觀念，農作若無九年的儲蓄，等於不足，若無六年便稱告急，若無三年之蓄，則根本無法稱為國家！

所以太宗指出：「國無九年之蓄者，不足備小旱，家無一年之服，不足禦寒暑。」今天擴大而言，就是應有儲備金或「預備金」的觀念，才能因應國家緊急之需。

另外，太宗認為，明君應該照顧人民，如同呵護赤子，尤其對於辛苦的農民，更應多加關懷。因而由此引申，治國治民之道，就如同對子女，應該「恩」與「威」並重。

他並指出：

「以一人耕而百人食，莫若禁絕浮華，勸課耕織，使人還其本俗，反其真，則競懷仁義之心，永絕貪婪之路。」⑥⑨

太宗在此原意，在於呼籲人民返歸純樸本性，杜絕貪婪，用心極佳，至今仍很重要。

只是由此比喻，也可提醒領導人，今後對農業建設應加速改革之道，才能避免「一人耕而百人食」的毛病。

---

⑥⑨　唐太宗，《帝範》，引自《唐太宗權術大略》（湖南人民出版社，1999年），頁138。

　　換句話說，今後應加速提高農村生產力，降低農民的人口比率，從整體國力看，才能更增加工業化與科技的先進生產力，更快速的邁向繁榮盛世！

㈩觀武第十一

　　唐太宗深知軍事的重要，所以特別在本章舉例指出：

　　「勾踐軾蛙，卒成霸業，徐偃棄武，遂以喪邦。」

　　因為，根據《吳越春秋》，勾踐討伐吳國途中，自認還沒獲得士兵出盡死力，所以沿途看到一隻青蛙，鼓著肚子，很生氣的樣子，他便傾身向蛙致敬。

　　士兵問他，「為什麼向青蛙致敬」？勾踐回答：「連青蛙都知道遇敵鼓氣發怒，所以致敬。」士兵聽了很受刺激，便共同的奮死拚戰，終能得到勝利。

　　另外，劉向《說苑》記載，徐偃王好行仁義之道，但卻疏於武備，結果被楚王帶兵滅亡，徐偃王臨終前感嘆：「吾修于文德，而不明武備，好行仁義之道，而不知詐人之術。」因此他鄭重的提醒世人：「古之王者，其有備乎！」

　　所以太宗特別強調，修文德，固然重要，但絕對不能輕忽武備。當然，這並不是窮兵黷武，所以他說：

　　「土地雖廣，好戰則人凋；邦國雖安，忘戰則人殆。」❼⓿另外他又強調：

　　「凋非保全之術，殆非拒寇之方。」

---

❼⓿　同上，頁 160。

因此他主張，武備「不可以全除，不可以常用」，仍以中庸之道為主；亦即軍事力量可以做為防衛，但絕不可侵略他人。所以他引《易經》而提醒後人：

「弦木為弧，剡木為矢，弧矢之利，以威天下。」

換句話說，軍事力量要用在自衛，絕不受人欺侮，但也絕不稱霸，絕不欺侮別人，這才是「用兵之機」；在今後國際情勢中，這對於中國應該如何自處，具有重要的啟發性。

㈡崇文第十二

唐太宗在本篇，明確強調：「禮樂之興，以儒為本。」

另外在註文中，則特別指出，這是孔子說的「君子儒」，毋為「小人儒」，也就是要做器識恢宏、「通天地人三才」的真儒。

這種真儒教化，功能極大，《左傳》即說：「用真儒，則無敵于天下，豈唯興禮樂哉。」

太宗在此也曾指出：

「宏風導俗，莫尚于文；敷教訓人，莫善於學。」

所以太宗任內，非常積極的提倡儒學，重用儒者，做為人文教化的動力，事實證明，效果也非常成功。

因此太宗提醒後人：「武士儒人，焉可廢也。」對治國而言，文治與武功，兩者缺一都不可。

因為，在衰世亂世中，「巨浪滔天，興亡沉乎一陣」，自然「當此之際，則貴干戈而賤庠序。」此時，自應加強武備，以定江山。但是，在承平時候，「海岳既晏，波塵已清」，此時，自應「輕甲冑而重詩書」。

所以他說：

「文武二途，舍一不可，與時優劣，各有其宜。」

這是他能得天下的心得，也是治天下的經驗；他本身正好是文武兼備的明君，所以這段感言，更值得後人重視與力行。

綜觀上述十二條，唐太宗稱之為「帝王之大綱」，而且「安危興廢，咸在茲焉。」即使在今天，仍然非常重要！

太宗最後還特別的叮嚀後人：

「非知之難，惟行之不易，行之可勉，惟終實難。」**❼**

他根據經驗，這些治國之道，說來容易，行之卻不易。必要時需要勉強力行，要有恆心，堅持到底，才能成功！

因為，畢竟知行要能合一，才是勝利之道。這也正是儒、道、釋三家的共同通性！

所以儒家強調「篤行」，老子強調「上士聞道，勤而行之」，佛家也強調「菩薩行」，千言萬語，最後都要落實在「行」字。

因此太宗呼籲後人，要能身體力行，並且以身作則，形成良好風氣，才能真正治國有成。他提醒後人：

「暴亂之君，非獨明于惡路；聖哲之王，非獨見于善道。」**❼**

換句話說，無論暴君或聖王，都自有其團隊，只是「大道遠而難遵，邪徑近而易踐。」堅持正道相當辛苦，淪入邪道卻很容易！

這正如同，上山很難，下山卻很容易，爭取上進很辛苦，但要墮落卻很容易！

---

❼　同上，頁 160。
❼　同上，頁 160。

所以他再三訓示後人：

「小人俯從其易，不得力行其難，故禍敗及之。」

反之，「君子勞處其難，不能力居其易，故福慶流之。」

然後，他警示後人：「禍福無門，惟人所召」；今後自己禍害，完全看自己作為而定！

因此太宗最後提醒後人，「當擇哲主為師」，這正如同柏拉圖所說「哲王」（philosophy-king）；因為取法于上，僅得其中；取法于中，故得其下，「自非上德，不可效法」。惟有多遵循聖賢哲王教誨，並且身體力行，勉力實踐，才能真正可大可久！

試看曾文正公後來所有家信，卻是以同樣心境，要求諸弟與後人，能多效法中華先哲聖賢；他並親自苦心整理三十三位聖哲言行，做為子弟效法對象；足可證明，英雄所見相同，深深值得中華兒女重視與力行！

尤其，這種語重心長的「教子」書，如同麥克阿瑟元帥〈為子祈禱文〉，不但出自至誠，而且均為其自身畢生的心血結晶，非常難得可貴。

綜觀全文，並未出自任何私心，而是出於真誠公義，所說內容更是句句珠璣，甚至可看成唐太宗自我分析「貞觀之治」的成功因素；所以，深深值得後人體認與效法！

第九章　曾文正公的政治哲學

一、內聖外王，同時兼修

曾文正公（1811-1872）生平的精神特色，可以扼要分成四項重點證明：

1.文人而練軍，功業彪炳：

曾文正公原本是一儒生，先從鄉里練兵，一路建立偉大功業，身後被稱為「清代中興第一名臣」；其部屬人才濟濟，包括李鴻章、左宗棠、沈葆楨、劉銘傳等一代名臣大將，均出自其調教，可稱為「儒將」的典型人物，其成功之道，很有啟發意義。

2.漢人而事清，輔佐中興：

曾文正公以漢人身分，在滿清任官，飽經清廷猜疑與嫉恨，但他終能以堅忍與謙退的風格，在險惡的官場中屢次逢凶化吉，全身而退；並且能透過嚴格的家訓，樹立優良家風，澤被家人子孫，歷經多代而均有大成就，很能發人深省。

3.能知又能行，愈挫愈勇：

先秦思想家中，管子能將法家學理結合實際，出任宰相，輔佐齊桓公稱霸統一，堪稱事功最大；其後歷代思想家中，曾文正公能夠將儒學即知即行，經世致用，並在戰場與官場，均有輝煌成果，

堪稱事功最大。

4.手勤又身勤，千古留名：

曾文正公終生勤寫日記與書信，留下各種文獻資料最多，堪稱中外政治家與思想家所僅見。很多人推崇他為「孔子、朱子之後，再度復興儒學的聖哲。」但從事功來看，他的「外王」功業，明顯還勝於孔子與朱子。

尤其，孔子生前基本上是「述而不作」，《論語》是由門生所記，正如希臘蘇格拉底，也是由柏拉圖所記；耶穌基督福音同樣由弟子所記，甚至佛經也由弟子所記，而由阿難認證。

相形之下，唯有曾文正公，在軍務繁忙之中，親筆所寫日記與家書最多，其精神毅力在中外歷史均為罕見。

因此，史學家梁啟超曾評論：

「曾文正者，豈惟近代，蓋有史以來不一二睹之大人也已；豈惟我國，抑全世界不一二睹之大人也已。」❶

他並分析原因：

「然而文正固非有超群絕倫之天才，在並時諸賢傑中，稱最鈍拙；其所遭值事會，亦終身在拂逆之中。然乃立德、立功、立言，三並不朽，所成就震古鑠今，而莫與京者，其一生得力在立志，自拔於流俗，而困而知，而勉而行，歷百千艱阻而不挫屈。」❷

梁啟超進一步說明，曾文正公的精神特色：

---

❶　梁啟超，引自《曾國藩家書》（臺北：小知堂文化公司，2001 年），第一冊，viii。

❷　同上。

「不求近效，銖積寸纍，受之以虛，將之以勤，植之以剛，貞之以恆，帥之以誠，勇猛精進，堅苦卓絕。如斯而已，如斯而已！」

最後，梁啟超甚至認為：

「吾以為使曾文正公今日而猶壯年，則中國必由其手而獲救矣！」❸

曾文正公何以能對「立德、立功、立言」三項均可不朽？何以竟然梁啟超稱其可以救整個中國？

究其根源，因為曾文正公遵循儒家的剛健精神以立業，恪守道家的謙遜胸襟以修身，並力行法家的嚴格訓練以治軍。在他身上，同時可見儒家、道家與法家的結合。

所以，民國以來，蔣中正與毛澤東兩人，雖然政治思想南轅北轍，並且內戰時期，勢如水火，但卻共同推崇曾文正公，這種情形極為罕見。由此也可看出，曾文正公足以吸引不同的陣營。

蔣公因為出身軍中，創立黃埔軍校，對於曾文正公治軍之道，特別感到興趣，曾經親自審定《曾胡治兵語錄》，並加注釋，做為治兵語錄。

另外，他曾提醒部屬，也在家書要求經國先生：「應多看曾文正、胡林翼等家書」，因為「曾文正家書……為任何政治家所必讀」、「曾氏足為吾人之師資矣」。

蔣中正在黃埔軍校，更以曾文正公的《愛民歌》教導學生；認為曾、左能打敗太平天國，就是因為他們的道德、學問、精神、與信心，都能勝過敵人。

---

❸　同上。

　　在此之前，蔡鍔於一九一一年就曾編印《曾胡治兵語錄》，蔣公即以此基礎，擴大印製，分發將領。

　　後來蔣公更經常讀《曾文正公全集》，對曾文正公嚴以律己、勤寫日記印象特別深，對其「精神愈用而愈出，智慧愈苦而愈明」的體認，更是很有心得。

　　因此，蔣公生平同樣勤寫日記，前後約六十年，而且每週還有週記、月有月記、年有年記，極為注重反省，並囑部屬重新抄寫，這也均與曾文正公風格極為接近。

　　蔣公一身奉己甚儉，生活極為儉樸，作風極為清廉，生平遭遇過無數的艱難險阻，均能以精神毅力一一克服，也與曾文正公特色非常相通。

　　經國總統稟承家訓，同樣勤政親民，生活簡樸，並同樣推崇曾文正公，他在辦公室內，放置一套完整的《曾文正公全集》，至今仍在紀念室中，足見他臨終之前，還經常翻閱。

　　筆者曾經有幸兼任經國總統秘書，對此可以做為見證：兩位蔣總統不但對曾文正公極為欽佩，並且深得曾文正公的精神真諦。

　　另外，毛澤東同樣對曾文正公很肯定，他在〈沁園春〉中目空一切，但仍明確表達，極為佩服曾文正公。

　　他在青年時期，就曾說過：

　　「愚于近人，獨服曾文正，觀其收拾洪楊一役，完滿無缺。使以今人易其位，其能如彼之完滿乎？」❹

---

❹　毛澤東，《評點曾國藩》，頁 3；與《曾國藩傳世箴言》（北京：中華工商聯合出版社，2001 年），頁 5。

毛澤東在一九一三年《講堂錄》，還曾摘錄曾文正公名言，做
為自勉參考：

「做人應以懦弱無剛四字為大恥，故男兒應必須有倔強之
氣。」❺

眾所皆知，毛澤東一生充滿了倔強之氣，由此也可證明，曾文
正公此話，對其影響極深。

毛澤東在延安時期，還曾要求黨的高級幹部，多讀《曾文正公
家書》；至今韶山毛澤東紀念堂內，還收藏了他讀過的四卷《曾文
正公全集》，每卷扉頁上，還有毛澤東親筆所寫「咏芝珍藏」的正
楷書法，可見他重視的程度。

由此「珍藏」二字，可見毛的珍視；毛的書法向以狂草著稱，
但他在此仍以正楷端書，足證他對曾文正公的尊敬。

毛澤東並認為，曾國藩建立的功業和文章思想，都可以為後代
取法。他並認為，曾文正公所編印的《經史百家雜鈔》，可說「孕
君年籍而抱萬有」，是國學的入門書。

毛的治軍，更重視曾所說「愛民為治民第一要義」，在建立紅
軍之初，便規定《八大紀律，八項注意》，精神與曾文正公治軍理
念非常相近。

毛澤東直到晚年，一九六九年一月，還稱「曾國藩是地主階級
最厲害的人物」，雖用文革名詞「地主階級」，但他用最高級的文
法「最厲害」來形容，可見終其一生，均對曾文正公極為肯定。

由上可見，蔣公與毛澤東均共同尊崇曾文正公，而且均研究曾

❺　毛澤東，《評點曾國藩》，頁311。

文正公的治軍語錄，在此幾乎可稱「源出同流」。正如同蔣公創建了黃埔軍校，因此國共雙方名將，幾乎均出身黃埔，中共十大元帥內有六個黃埔畢業，即為明顯例證。

所以，我們若從源溯流來看，就可印證，曾文正公對近代史的影響，堪稱極為重大而且深遠。

扼要而論，眾所公認，曾文正公為清代的「中興第一大臣」，也是一位成功的風氣改革者，更是一位驚人的善於忍耐者、善於用兵者、以及善於用人者。

我們從曾文正公三十二歲寫給諸弟的訓誡課程，便可見他律己之嚴，以及對恆心之重視。

他當時就特別強調，「讀書不二」，亦即「一書未點完，斷不看他書」；然後「讀史」，對二十三史每日讀十頁，「雖有事不間斷」；並且「寫日記」，果真「終身不間斷」；甚至每天早飯後，還要寫毛筆字，「凡事墨應辦，當作自己功課」。❻

難怪曾文正公，能遍讀歷代三十三位聖哲英豪著作，並且留下豐富日記家信，甚至在勤寫之中，還練出好書法，自成一格。

凡此種種，均需驚人的恆心毅力，才有可能完成，這正是梁啟超所稱「因而知之，勉而行之」，正因他能每日克己力行，艱苦卓絕，所以能在勇猛精進中，完成中興大業。

當然，他並不是一位革命者。孫中山先生因為同情太平天國的革命，所以對曾文正公輔佐清廷，曾經有所批評。

因此，若從反清立場來看，有人評之為「賣國賊」、「漢

---

❻　《曾文正公全集》，冊一，頁83。

奸」、「曾剃頭」等等，評價呈兩極化。

　　然而，無論後人對曾文正公，是尊敬他、或批評他，都不能否認，他有獨特的精神修養，也有獨到的政治哲學，因而在千辛萬苦之中，終能突破種種困境，創建非凡的功業！

　　曾文正公在過世前，仍在研讀張載著作，對其名言「為天地立心，為生民立命，為往聖繼絕學，為萬世開太平」，心中更感戚戚焉。他即使病重時，仍然念念以希聖希賢為己任，這種胸襟氣魄，涵藏著恢宏的精神、與遠大的心志，至今仍然對兩岸都深具啟發性！

二、忠君愛國，特重氣節

　　曾文正公因為時代所限，仍有忠君思想，對清廷忠心耿耿，在《清史稿》的列傳中，曾經稱讚其為「公誠之心，尤足格眾」，全文可看出曾文正公的事功與特色：

　　「國藩事功本於學問，善以禮運，公誠之心，尤足格眾。其治軍行政，務求踏實，藩官化天下事，久無不驗，世皆稱之，至謂漢之諸葛亮、唐之裴度、明之王守仁，殆無以過，何其盛歟！

　　國藩又曾取古今聖哲三十三人，畫像贊記，以為師資，其平生志學大端，具見於此。至功成名立，汲汲以荐舉人才為己任，疆吏閫帥，几遍海內。以人事君，皆能不負所知。嗚呼，中興以來，一人而已！」

　　上述全文，以「公誠之心」發端，最後肯定他「以人事君，皆能不負所知」，結論則稱其為「中興之臣」。可見在清代朝廷中，均肯定其忠君精神，並稱讚他如同諸葛亮，「鞠躬盡瘁、死而後

已」，足證其為「忠君愛國」的典範。

咸豐元年（1851）六月十三日，曾文正公曾在寄諸弟信中提到，他趁元年新政，曾經直率建言，向皇帝病陳時弊，因為「人才不振，皆謹小而忽於大，人人皆習脂韋唯阿之風」，所以他想以此建言，「稍挽風氣，冀在廷皆趨於骨鯁，而遇事不敢退縮，此於區區之意也」。

原來他也準備好，萬一觸怒皇上，「恐犯不測之威，業將得失禍福置之度外矣」，未料皇帝寬容，並且還予嘉勉，所以他更感到應該知遇圖報，「益當盡忠報國，不得復顧身家之私矣！」❼

從今天民主眼光來看，忠君當然為其時代限制，不足為訓，但他深具愛國的思想，終生弘揚中華聖賢偉人學說，並且選出三十三位中華英雄豪傑，做為民族精神典範，希望能夠跳出滿漢之爭，永垂後式，據以振興中華，確有令人尊敬之處。

另外，曾文正公在抵抗外族入侵方面，從年輕時候起，就多次用非常強烈的字眼，在日記中譴責「英夷」，同時痛斥漢奸「喪盡天良」，證明他對民族大義非常堅持，對保國衛民更是忠心赤膽，深深值得欽佩！

例如，他三十一歲時，在公元一八二四年四月五日，寫給父母的信中，明白說道：

「英夷滋擾以來，皆漢奸助之為虐；此輩食毛踐土，喪盡天良，不知何日罪惡貫盈，使得聚而殲滅！」❽

---

❼　同上，頁37。
❽　同上，頁41。

　　一八四二年四月廿七日，他再致函父母親，指出「英夷」攻佔乍浦，「極可痛恨」❾；凡此種種，均可看出他在胸中，有火一般的愛國精神，充滿熱血，生平並不是忠於君主一人而已，更有捍衛中華民族的浩然正氣，以及抵抗外族侵略的凜然血性！

　　尤其，曾文正公曾經把《王船山全集》首度印行，讓這位特重民族精神的明末大哲著作，能夠見到天日；在當時政治氣氛下，曾文正能有如此魄力，誠屬不易；究其心意，應在為中華先哲打抱不平，並為中華文化傳絕學，可見氣魄宏偉，非常人能所及。

　　但是，曾文正公終其一生，仍未敢越踰其君臣分際，即使在平定江南、消滅太平天國之後，很多人「勸進」，或明示、或暗示，盼他對清廷取而代之，他都嚴厲制止，故作不知。由此可證，他終生自我限定只忠君，只愛國，沒有其他企圖。

　　所以，其心腹幕僚趙烈文曾向其分析：

　　「天下治安一統久矣，勢必馴至分剖。」

　　也就是說，「天下大勢，合久必分」。在趙看來，已到「合久必分」的情勢，因而趙預判「異日之禍，必先根本顛仆，而後方州無主，人自為政，殆不出五十年矣！」

　　事後證明，曾文正公在同治十一年（公元 1872）逝世之後，果然清代更加分崩離析；到孫中山先生，認為只有革命才能救國，所以才成立「興中會」、「同盟會」，而於四十年後（1912）推翻清廷；但也隨即面臨軍閥割劇、各自為政，果然「不出五十年」！

　　當時曾文正公，本還奢望清廷保住東南半壁江山，清廷「南

❾　同上，頁 178。

遷」，趙烈文卻又說，朝廷「創業不易，殺戮太重，所以有天下者太巧。」❿結論是「恐遂陸沉，未必能效晉宋也」。

換句話說，趙烈文認為，清朝當年殺戮太重，得天下太僥倖，未必會像東西晉，或南北宋的南北分治，只有逐漸走向「陸沉」滅頂，事後證明，的確判斷很準。

但曾文正公當時，仍然並無任何非份之想，他聽了趙的分析，震驚良久之後，才徐徐說道：「吾日夜望死，憂見宗佑之隕。」也就是說，他寧可早死，以免親見朝廷滅亡之災。由此可見他「忠君」的程度，已經無可動搖，雖然憂國，但也不願革命。

因此，曾文正公面對這種國事日非，而又「補救無術、日暮道窮」的局面，他也只能告訴自己，「成事在天」，清代要亡，只能算是「天棄而已」；他本身只能盡力而為，以「謀事在人」來自勉，形成在衰世中「知其不可而為之」的心境。

胡林翼有次在曾國藩壽辰中，送去一聯「用霹靂手段，顯菩薩心腸」⓫，曾文正公原來很高興，但胡在告別時，卻留一紙條在其桌上，上面寫道「東西半壁無主，我公其有意乎？」曾國藩大驚，還立刻撕碎。

另外，左宗棠也曾密封一聯，上稱「神所憑依，將在德矣，鼎之輕重，似可問焉？」試探曾文正公是否願意「問鼎」，據稱曾國藩將「似」字改成「未」，其心意便完全清楚了。

事實上，咸豐皇帝臨終前，曾留遺言：「克復金陵者王」，但

❿　同上，頁 119。
⓫　《曾國藩傳世箴言》，頁 215。

當曾文正公攻克金陵之後，清廷卻食言了，只賜他一等「侯」。曾文正公本身，更因深恐功高震主，還自動請准，解散立大功的湘軍。他用如此大動作，就是要免除清廷的猜疑，所以只保留門生李鴻章的淮軍。由此足證他深通人情世故，但也可看出，他從頭到尾，對清廷並無二心。

所以，當金陵城（今南京市）被攻破後，有天晚上，湘軍三十多將領，齊集曾文正公大廳，要求晉見。曾國藩先急召其弟曾國荃，問清原因，然後表情嚴肅的見面，不發一語，只留一幅對聯，然後自行退入。曾國荃趕緊到桌前取閱，才知道內容：

「倚天照海花無數，

　流泉高山心自知。」

因為曾文正公表明心志在於「高山流水」，代表不會謀反稱王，所以眾將只好默然。大家在心照不宣中，結束了這場可能的軍事政變。

因此，當《湘軍志》作者王闓運，有天與曾國藩密談時，暗示他何以不「取彼虜而代之」，曾文正公沉默很久，只用食指，沾了杯中的茶水，在茶几上點寫很久。等曾國藩離座後，王闓運看，寫的都是「妄」字，由此也可證明曾文正公的心志。

事實上，曾文正公曾經強調，「居高位之道約有三端」❷，一是「不與」，也就是不參與是非，近於今天所稱「不沾鍋」；二是「不終」，也就是唯恐不能善終，所以經常自我警惕；三是「不勝」，也就是認真謹慎，唯恐無法勝任。由此可見，曾文正公深知

---

❷　同❻，冊三，頁143。

政治可怕，官場黑暗，所以時時刻刻**警覺**，並且反覆訓誡眾弟與後人，因而才能善終。這些均對居高位者很有啟發性。

三、乾坤並建，堅忍自強

曾文正公一生為人行事、作官立業，若用易經的兩個卦形容，可用「乾坤並建」代表。

乾代表「自強不息」，亦即倔強剛健，坤代表「厚德載物」，亦即堅忍不拔。

易經以這兩卦為首，形成宇宙萬物之理，在王船山即稱「乾坤並建」；曾文正公曾經廣印船山全集，相信也是受此啟發。

所以，曾文正公在道光十八年九月十八日，「致澄弟溫弟沅弟季弟」中強調：

「予嘗謂天下萬事萬理，皆出於乾坤二卦。」

雖然短短一句，但卻充分表露，曾文正公堅忍自強的做人處事基礎，均來自乾坤二元的精神。

另外，他在同治元年（1860）六月廿四日，給國荃國葆的家書，也曾指出：「近來見得天地之道，剛柔互用，不可偏廢，太柔則靡，太剛則折。」

然後他指出：「剛，非暴虐之謂也，強矯而已；柔，非卑弱之謂也，謙退而已。」**⓭**

可見他從親身體驗的「天地之道」，與易經的「乾坤並建」，

⓭ 同**⓫**，頁303。

兩者相互呼應，完全相通。

此所以後來清華大學，以乾坤兩卦的「象傳」卦辭做為校訓，亦即「自強不息」與「厚德載物」；清華大學來自庚子賠款，而這兩句，最能代表在屈辱中，奮發圖強的民族精神，寓意極其深遠。

尤其，整個易經最後是用「未濟」殿後，做為最後一卦。而其卦爻象徵「一陰一陽之謂道」，更可見易經的哲理，強調生生不息，剛柔並濟，才能永續經營。所以既需自強，也需堅忍，此即「乾坤並建」的重要啟發。

曾文正公非常強調，成功者無論做人做事，均來自「自立自強」。所以同治元年，他曾在五月廿八日❹致沅第季弟中說：

「從古帝王將相，無人不由自立自強做出；即為聖賢者，亦各有自立自強之道，故能獨立不懼，確乎不拔。」

因此，他特別提到，「古來豪傑皆以難禁風浪」為大忌❺。而且祖父教人，亦以「懦弱無剛」四字為大恥。

所以他強調：

「男兒自立，必須有倔強之氣。」

他曾在咸豐七年（1858）特別強調：

「精神愈用愈出，陽氣愈提而愈盛。」❻

然後他再次說明：「精神愈用愈出」、「智慧愈苦而愈明」，代表「精神愈用而愈出，不可因身體素弱，過於保惜；智慧愈苦愈

---

❹　同❻，冊四，頁 1935。

❺　同❻，冊二，頁 6027。

❻　同⓫，頁 308。

明，不可因境遇偶拂，遽爾摧沮。」

這些都是他自勉與勉人之道，要能愈挫愈勇，具有屢仆屢起的倔強之氣，非常值得重視！

當時，其弟曾國荃正攻金陵，遲遲未成，通常在等待中，最會折磨銳氣，所以他去信鼓勵，「數萬人困於堅城之下，最易暗銷銳氣。」然而此時，卻是考驗「倔強之氣」的好時機。

因而曾文正公強調，「倔強」二字絕不可少。而且「功業文章，皆須有此二字貫注其中，否則柔靡不能成一事。」❶❼

他並引述孟子所謂「至剛」，孔子所謂「貞固」，皆從「倔強」二字做出。他勉勵諸弟，一定要能「有倔強的勵志」，才能真正成功勝利！

所以他早在一八四四年致諸弟家信，即曾指出，「人苟能自立志，則聖賢豪傑，何事不可為？何必借助於人？」

同治三年（1864），他也指出：

「大抵任天下之事以氣，氣之鬱積於中者厚，故倔強之極，不能不流於忿激。」❶❽

所以他勉勵眾弟，「彼此互相勸誡，存其倔強，而去其忿激，斯可耳。」

後來，他在同治元年（1862）十一月四日致九弟國荃書，更進一步強調：

---

❶❼　同❻，冊四，頁 1931。
❶❽　同❻，冊三，頁 1472。

「凡危急之時，只有在己志靠得往，其在人者，皆不可靠。」⓳

同年十一月十九日，他再致函九弟國荃，重申：「總之，危急之際，莫靠他人，專靠自己，乃是穩着。」⓴

凡此，均為曾文正公處理危機的心得，深值重視。

另外，曾文正公為了強調，這些都是他親身經歷的心得，所以在同治六年四月十六日致九弟中，再舉出很多的例證。

首先他強調，對於有些恃功而驕的諸將，他「從不肯十分低首懇求，亦硬字訣之一端。」代表他做人有「硬頸」的倔強一面。

然而另一面，在做事堅忍方面，曾公更舉出四次重大恥辱，做為親自體驗磨煉的重要例證。

第一次是道光十二年，他被發充「佾生」（備取生），並被主管官員公開羞辱，斥責他文理簡陋。

第二次是道光三十年，他上奏附呈一副很醜的畫，被大臣共同冷笑輕視。

第三次是咸豐四年，他在岳州靖港戰敗，到高峰寺暫居，被全省官紳所鄙夷。

第四次是咸豐五年，他又在九江連吃敗戰，羞愧逃到江西，被困南昌，人人眼帶譏笑。

因此，曾文正公說，他受了這四次大挫折，每次都感到無地自容，所以後來即使成功，也一直不敢自誇，而是戰戰兢兢，「俯畏人言，仰畏天命」，這些均從「磨煉」中得來。

⓳　同❻，頁 1489。

⓴　同⓫，頁 304。

因而他特別指出，自問近年得力，唯因一「悔」字訣。

另外，他在咸豐四年（1855）一月十五日，致諸弟信中也提到，他當年所帶士兵與僕人，每次出城，「必遭毒罵痛打」，而且「謗怨沸騰，萬口嘲譏」，這些都是其弟親見親聞；但他仍然「忍辱包羞，屈心抑志」，終能奮發爭氣，戰勝敵人。但他也不願「久居官場，自取煩惱」，他並提到四弟，「想宦途風味，亦深知之而深畏之矣。」因此勉勵諸弟，平日應該更加謙和圓融。

所以，他也特別強調「謙退」的重要性。

「若一面建功立業，外享大名，一面求田問舍，內圖厚實，二者皆有盈滿之象，全無謙退之意，則斷不能久。」❷❶（同治五年，五月廿八）

曾文正公並且指出：「家中要得興旺，全靠出賢弟子。若子弟不賢不才，雖多積銀、積錢、積穀、積產，積衣、積書，總是枉然，子弟之賢否，六分本於天生，四分出於家教。」

正因曾文正公不斷叮嚀，反覆教誨，並能以身作則，注重家教，所以子孫後來均能謹守家訓，歷久未衰，即為明顯成功例證。

另外，難得的是，曾文正公居然能用書法之道，說明「乾坤」二卦的特性。

此即他說：

「純以神行，大氣鼓盪，脈絡周通，潛心內轉，此乾道也；結構精巧，向背有法，修短合度，此坤道也。

凡乾以神氣言，凡坤以形質言；禮樂不可。」

---

❷❶　同❻，冊三，頁 1537。

另外他又強調：

「學本於乾，禮本於坤」、「作字而優游自得，真力彌滿者，即樂之意也；絲絲入扣轉折合法，即禮之意也。」

同治元年（1863），他更在家書中，以此原則，提醒兒子紀澤應注重書法，因為曾紀澤「字乏遒勁之氣」，他認為是其短處，所以諄諄兒子「宜從剛字厚字用功」❷❷。「剛」字，即乾道精神，「厚」字，即坤道精神，由此可知，曾文正公在此心得很可貴。

尤其，曾文正公能夠深悟唐太宗所稱「字如其人」的妙理，將乾坤並建、剛柔並濟，用於書法之道，可稱極具慧根。試看其本身書法，即為形神並備，剛柔並濟，即知其精神學養已注入書法之中，功夫極為深厚。

近代政治人物，如孫中山先生書法渾厚，代表人格厚重；蔣中正書法剛直，代表為人耿介；毛澤東書法狂草，更代表其狂放不羈，凡此均為明顯例證。

曾文正公在同治五年（1866），教導紀鴻練字時，特別將「習字」與「做事」相提並論，強調：

「因時切莫間斷，熬過此關，便可少進，再進再圖，再熬再奮，自有亨通精進之日。不特習字，凡事皆有極困極難之時，打得通的，便是好漢。」❷❸

曾文正公一生成功之道，若用一言以蔽之，堪稱為「忍」字。這個忍，第一要義即是代表「堅忍」。

---

❷❷　同❻，冊四，頁 2099。

❷❸　同❻，冊一，頁 383。

所以他經常強調，「居官以堅忍為第一要義，帶勇者然。」

換句話說，無論帶兵、帶心，從政、從軍，均應以本身堅忍為第一要義。

「忍」字，為心上一把刀，只要明白這字意，便可知「忍」功，需要如何的艱苦！然而，沒有「忍」功，就不會成功，就不能再接再厲，更不能愈挫愈勇！

所以，曾文正公生平做人、做事、與做官，均以「堅忍」二字自勉勉人。

另外，他也曾在咸豐元年（1851）年訓誡諸弟：「無故而無怨天，則天必不許；無故而尤天，則人必不服。」❷❹

他並強調，如果有人掣肘杯葛，這是經常可見之事，但若因此心存剷除異己，那就成為權奸行徑，不足為訓：

「古人辦事掣肘之處，拂逆之端，世世有之，人人不免。惡其拂逆，而必欲誅鋤異己者，權奸之行徑。」❷❺

因此他認為，此時只有效法孟子精神：

「聽其拂逆，而動心忍性，委曲求全，且以無敵國外患而亡為慮者，聖賢之用心也。藉人之拂逆，以磨礪我之德性，其庶幾乎！」（同上）

經國先生生前辦公室，放了一個天然大理石形成的「忍」字，經常以此自勉自惕，所以終能忍別人不能忍的苦，忍別人不能忍的氣，進而堅百忍以圖成，也是另一明顯例證。

---

❷❹　同❶❶，頁235。

❷❺　同❻，冊四，頁2099。

　　他生前經常引用《荒漠甘泉》的一段名句，送給朋友或者幹部，很可看出他的堅忍心志：

　　「苦難是催逼我們前進的必需品，正如船中的爐火，是使船行駛的必需品一般。」**㉖**

　　曾文正公所說的「忍」，另一個涵義，則是「忍讓」。

　　曾國荃在攻陷南京前，曾文正公即一再提醒他，要能領悟，「聲名之美，可恃而不可恃」，才是成功之道。

　　他並警告其弟曾國荃：

　　「處大位大權而震京大名，自古能有幾人能善其末者矣？總須設法將權位二字，推讓少許，減去幾成，則晚節漸可以收場矣。」

　　可惜後來，曾國荃畢竟因為求功心切，無法體諒曾文正公的苦心與遠見，硬要在淮軍前攻下南京；雖然拿到首功，但也埋下後來遭嫉的種種後遺症。

　　所以，曾文正公很有大胸襟、大氣度、與大識見，經常提醒家人：「盛時常作衰時，上場當念下場時，富貴人家，不可不牢記此二語也。」

　　另外，曾文正公並常以識見與度量，做為君子與小人之分。

　　因而他常強調：「所謂小人者，識見小耳，度量小耳」。

　　但君子則不同：「君子則不然，廣其識，則天下之大，棄若敝屣；堯舜之業，視若浮雲，宏其度，則有行者不得反求諸己。」

　　他在同治六年（1867），致曾國荃信中，再次指出：

㉖　《荒漠甘泉》，考門夫人原著，王義雄編，聖經公會印行，永望文化公司，（臺北 2002 年），頁 185

「兄昔年自負本領甚大，可屈可伸，可行可載，又每見得人家不足。自從丁巳，戊午大悔大悟之後，乃知自己全無本領，凡事都見得人家幾分長處。」

此時曾文正公從精進到圓融，境界更上一層樓，做人做事也更為周到，因而更能得到人心。

所以他曾總結經驗：「大約以能立能達為體，以不怨不尤為用。立者發奮圖強，站得住也；達者辦事圓融，行得通也。」❷

因此，他特別講過一句名言：「好漢打脫牙和血吞」，認為這是「真處逆境之良法」；並且強調，在遭受橫逆杯葛之時，應更加自我惕勵；正因他能「堅忍」與「忍讓」並重，所以終能勝利成功，深深值得仁人志士共同體認與力行！

四、勤儉務實，清廉重義

曾文正公在咸豐八年（1958）正月十四日，寫給曾國荃的信中中曾強調，「治軍總須腳踏實地，克勤小物，乃可日起而有功。」

所以「克勤小物」，就是一點一滴，實實在在，從大處著眼，小處著手。他在此融合了儒家、道家與法家於一爐，很可代表其治軍、治家、乃至治國的務實思想。

他並曾舉出很多歷代治國成功的例證，很有參考價值。

他首先指出：

「古之成大業者，多自克勤少物而來。百尺之樓，基於平地，

---

❷　同❻，冊二，頁569。

千丈之帛，一尺一寸之所積也。萬石之鍾，一銖一兩之所累也。」

然後他舉例證：

「文王之聖，而日朝至於日中昃，不遑暇食，周公仰而思之，夜以繼日，幸而得之，坐以待旦。仲山甫，事夙夜匪懈，其勤如此，則無小無大，何事之敢慢哉？」

另外，他並強調：

「諸葛忠武為相，自枝罪以上皆親自臨快。杜慧度為政，纖密一如治家。陶侃綜理密緻，雖竹頭木屑，皆儲為有用之物。朱子謂為學須銖積寸累，為政者亦未有不由銖積寸累而克底於成者也。」

所以，他更舉歷代君王為例，特別提醒眾臣，天子或可不親臨細事，但大臣絕不可不親為：

「秦始皇衡石量書，魏明帝自案行尚書事，隋文帝衛士傳餐，皆為後世所記，以為天子不當親臨細事。余謂天子或不可不親細事，若為大臣者，則斷不可不親。」

因此，他特別強調：「凡成功之事，必以目所共見者為效。」

另外，他並指出，做人、做事，都要踏實、務實：

「苟有車，必見其軾；苟有衣，必見其敝。苟為博物君子，必見其著述滿家，抄撮累篋。苟為躬行君子，必見其容色之睟盎，徒黨之感慕。苟善治民，必見其所居民悅，所去民思。苟善治軍，必見其有戰則勝，有攻則取。」

換句話說，凡事要能講究實效，必以「目所共見者為效」。用現代名詞說，就是能夠「實事求是」，施政也要以民意與績效為準，絕不要自誇自大，也不要講空話大話。

當然，施政若要有實效，能得民心，並得人民支持，就必須平

日能親自「克勤少物」。

因此，曾文正公特別強調：「孔子許仲了南面之才，而雍以居敬為行簡之本。蓋必能敬，乃無廢事也。」

用今天話說，就是要有敬業精神，認真負責，並且腳踏實地。這除了是儒家的精神，也是老子所說「天下大事必成於細，天下難事必成於易。」更是法家管子等人所念茲在茲的特色。

所以，曾文正公最後，特別舉皇帝為例強調，連皇帝都每天寅時（早晨三至五時），即醒來辦公：

「卯時（五至七時）即力疾從公。我宣宗成皇帝，臨御三十年，勤政法祖，每日寅正而興，省覽章奏；卯力疾治事，不趨簡便。」

他並指出：「以七十天子，篤病半載，其不躬親庶政者，僅彌留之頃爾。」因此，「為人臣子其敢自暇自逸，以不親比事自誘乎」？

由此可見，他終身都很重視勤奮務實，因而很有鞠躬盡瘁死而後已的精神。

《清史稿》中評論曾文正公，「治軍行政，務求踏實」，非常中肯。其中尤以他自己所說的「五到」，最為重要：

「辦事之法，以『五到』為要，五到者，身到、心到、眼到、手到、口到也。」

他並分別註明：「身到者，如作吏則親驗命資案，案巡鄉里，治軍則親巡營壘，親探賊地是也。」

話句話說，若是作官，一定要親身走透透，若有命案，則應親驗，並應親自到鄉里，明瞭民間疾苦。若作軍官，就應親自巡視管房，並且親探敵人陣地。唯有如此，親身探訪，部屬才不致作假，

也才能防範「瞞上不瞞下」的毛病。

從前蔣公與經國先生，均精讀曾文正公全集，所以深諳此中道理；經國先生更是經常無預警的巡察，到軍中會先看廚房廁所，不看表面功夫，到民間，則與基層民眾打成一片，均為此項精神。

另外，「心到者，凡事苦心剖析，大條理、小條理、始條理、終條理，理其緒而分之，又比其類而合之也。」

曾文正公很重視與部屬溝通，認為必須用同理心，先瞭解部屬的心情，然後苦心的將大環境、小環境都分析清楚，再將其本身應如何作為，一再說明；務必讓部屬知道各自的重要性、以及在分工合作中的角色，所以很能激勵士氣，上下全力以赴。

此外，「眼到者，著意看人，認真看文牘也。」

也就是說，要能仔細觀察人才，觀其長短，觀其處人做事，並且要能認真看公文。

今天很多官員，既不注意發掘人才，而只注意會奉承的奴才，也不認真去看公文，而只任由「科員政治」一手遮天，自然無法清明公正。

還有，「手到者，於人之長短，事之關鍵，隨筆寫記，以備遺忘也。」

這種「手勤」功夫，極為重要；因為既可備忘，避免疏漏上級交代的事情，也可隨時記下靈感，並可紀錄各種讀書與觀察心得；久而久之，積小成多，即可成為本身智慧。

至於觀察人才，做事感想，更可隨時筆記，做為重要參考。曾文正公本身除了寫日記，還經常作筆記，做為治軍選才之道，並能持之以恆，這種毅力與遠見，確為常人所不及。

另外，「口到者，使人之事，既有公文，又苦口叮囑也。」

也就是說，凡交代事情，除了有公文到，還需親口叮嚀。若以現代社會而言，就是還要補個電話，能夠人與人直接溝通，才能更加踏實有效。

總括上述「五到」，堪稱曾氏累積一生寶貴經驗，所歸納的獨門方法。若能真正做到，就可防止眼高手低、或粗心疏漏的毛病，真正做到陽明先生所說「事上磨練」，做事既周到又踏實，深深值得有志者效法與力行！

另外，曾文正公一生強調清廉，並且凡事先求克己反省，在他一千多封的現存家信中，經常可以看到以此自勉，並且訓誡家人。對於今日政風，可說最佳的警惕！

他在道光二十九年三月廿一日，〈致諸弟〉信中指出：

「予自三十歲以來，即以做官發財為可恥，以官囊積金遺子孫為可羞可恨，故私心立誓，總不靠做官發財以遺後人。」

他並立誓：「將來若作外官，祿入較豐，自誓除廉俸之外，不取一錢。」所以他曾立定志氣：「立定此志，絕不肯以做官發財，絕不肯留銀錢與後人。」

甚至，他把有限的俸祿，除了奉養高堂之外，還盡量的救濟家鄉窮人。此即他所說：

「若祿入轉豐，除堂上甘旨之外，盡以周濟親戚族黨之窮者，此我之素志也。」❷⑧

因為他的觀念就是：

---

❷⑧　同⓫，頁91。

「兒子若賢，則不靠宦囊，亦能自覓衣飯；兒子若不肖，則多積一錢，渠將多造一孽。後來淫佚作惡，必且大玷家聲。」

這即使在現代，也是很先進的觀念，而且與世界思潮相符，極為難得可貴。

另外，同年七月十五日〈致諸弟〉，曾文正公又強調：

「予之定計，苟仕宦所入，每年除供奉堂上甘旨外，或稍有盈餘，吾斷不肯買一畝田，積一文錢，必皆留為義田之用，此我之定計，望諸弟體諒之。」

在咸豐元年正月，他奉命辦團練，本有很多財源資源，但他也立誓，「決心以『不要錢、不怕死』六字時時自矢，以質鬼神，以對君父，即藉以號召吾鄉之豪傑！」

咸豐六年（1856），他在家信中再強調：「余不能禁人之不苟取，但求我身不苟取。」❷❾

道光二十八年，曾文正公並且提醒曾國荃：

「不貪財，不失信，不自足，有此三者，自然鬼服神欽，則處人皆敬重。」

他多次以「鬼神」做為立誓對象，可見心中重視的程度。尤其，本來俗稱「有錢能使鬼推磨」，但他要做到連鬼都服氣，連神都欽佩，足見其清廉程度，絕非一般所能比擬！

另外，他在同治元年五月五日，還明白訓斥沅甫弟買產購地，很不妥當：

「去冬之買犁頭嘴、栗子山，余亦大不謂然。以然宜不妄取分

---

❷❾　同❶❶，頁 165。

毫，不寄銀回家，不多贈親族，此廉字工夫也。」

除此之外，同治元年五月，曾文正公致信紀鴻：

「凡世家子弟衣食起居，無一不與寒士相同，庶可以成大器；若霑染富貴氣習，則難望有成。吾忝為將相，而所有衣服，不值三百金，願爾等常守此儉樸之風。」

另外，曾文正公對當官買田、建豪宅，都至為反感，所以同治六年二月十三日，他曾痛訓紀澤：「余生平以大官之家買田起屋為可愧之事，不料我家竟爾行之！」

綜觀曾文正公一生，都在強調，政風若要清廉，大官必須以身作則，先能自我克制，如果政治高層心中充滿私慾，貪圖享受，既想穿名牌、又想住豪宅，那就必定無法清廉！上行下效之餘，政風必定嚴重的貪腐！

所以，他一再提醒家人，絕不能奢華，更不能驕傲！

咸豐八年三月廿四日，曾文正公〈致諸弟〉中強調：「余家後輩子弟，全未見過艱苦模樣，眼孔大，口氣大，呼奴喝婢，習慣自然，驕傲之氣入於膏肓不自覺，吾深以為慮。」

因此，在咸豐十年十月初四，他再寫信給澄侯：「家中萬事，余俱放心，惟子侄須教一『勤』字一『謙』字。謙者驕之反也，勤者佚之反也。驕奢淫佚四字，惟首尾二字尤宜切戒。」

曾文正公在咸豐六年，再叮嚀紀澤，勿「奢」勿「傲」，堪稱是他終生始終如一的立身原則：

「世家子弟最易犯一『奢』字、『傲』字。不必錦衣玉食而後謂之奢也，但使皮袍呢褂俯拾即是，輿馬僕從習慣為常，此即日趨於奢矣。」

另外，他也指出：「見鄉人則嗤其樸陋，見傭工則頤指氣使，此即日習於傲矣。」

所以他引用《書》稱：「世祿之家，鮮克由禮。」，與《傳》稱：「驕奢淫佚，寵祿過也。」他並強調：「京師子弟之壞，未有不由於『驕』、『奢』二字者，爾與諸弟與戒之，至囑至囑。」❸⓪

他並曾強調：「古來言凶得致敗者約有二端，曰長傲，曰多言。歷觀名公巨卿，多以此二端敗家喪身。」然後自己反省：「我之處處獲福，其源不外此二者。」❸①

然後，他以此告誡其弟，「不可不猛醒，不可不痛改」，並且以自己為例，自稱「只因『傲』之一字，百無一成。」

當然，他說自己「百無一成」為自謙之詞，不過他經常先自我批評，再警示諸弟，其諸弟自然心中比較容易接受。由此一端，也可看出曾氏苦心與高明。

曾氏曾經告誡諸弟，既要能倔強，又不可有驕傲之氣，中間並無矛盾；因為，倔強在於能夠不屈不撓，堅忍不拔；驕傲之氣則是自大自誇，目中無人；兩者不能混為一談。

另外，他在致四弟家信也指出：

「吾人為學，最要虛心，嘗見朋友中有美材者，往往恃才傲物，動謂人不如己。見鄉墨，則罵鄉墨不通；見會墨，則罵會墨不通。既罵房官，又罵主考；未入學者，則罵學院。」❸②

---

❸⓪　同❻，冊一，頁 1183。
❸①　同❻，冊二，頁 687。
❸②　同❻，冊三，頁 1546。

因此他提醒諸弟：

「平心而論，己之所為詩文，實亦無勝人之處；不特無勝人之處，而且有不堪對人之處；只為不肯反求諸己，便都見得人家不是，既罵考官，又罵同考而先得者。」

然後，他指出這些人，後來的光景必定潦倒一生：

「傲氣既長，終不進功，所以潦倒一生，而無寸進也。」

曾文正公並舉自己為例，原先也是考了七次，才在縣考錄取。但「每次不進，未嘗敢出一怨言」，只怪自己努力不夠。因為考場之中，「只有文醜而僥倖者，斷無文佳而埋沒者，此一定之理也。」❸❸

咸豐十一年正月初四，他致澄弟，又提醒：

「天地間唯謙謹是載福之道。驕則滿，滿則傾矣。……吾家子弟滿腔驕傲之氣，開口便道人短長，笑人鄙陋，均非好氣象。」

所以，曾文正公勉勵諸弟，「欲去驕字，總以不輕非笑人為第一信；欲去惰字，總以不晏起為第一義。」（同上）並且要能「立志」、「有恆」；即使一時無法大任，也要能夠「安分耐煩」、「寂處里閭」，先修練人品學養，也可「無師無友，挺然特立，做天下第一等人物。」❸❹

他並曾舉汪雙池的奮鬥苦學為例：

「昔婺源汪雙池先生，一貧如洗，三十以前以窯上為人備工畫碗。三十以後讀書，訓蒙到老終身不應科舉。卒著書百餘卷，為本

---

❸❸　同❻，冊三，頁 1552。
❸❹　同❻，冊四，頁 2096。

朝有數名儒。彼何嘗有師友哉？又何嘗出里閭哉？」㉟

　　所以他強調：

　　「余所望於諸弟者，如是而已，然總不出乎『立志』、『有恆』四字之外也。」（同上）

　　這種精神修養，對政治人物的立志、有恆與堅守原則，均有重大啟發，深值重視與學習。

　　此即他所強調：

　　「作人之道，聖賢千言萬語，大抵不外敬恕二字。」㊱

　　曾文正公一生重情重義，對於諸弟更是全力提攜，循循善誘，充分可見他的苦心與慧心。

　　同治元年（1863），他深痛季弟的過世，除了親自詢問後事各個細節，並且在一月廿八日致函九弟國荃中寫輓聯，從字理行間，很可看出兄弟之情，令人感動，

　　「英名百戰總成空，淚眼看江山，

　　　憐予季保，此人民，哲此疆土；

　　　慧業多生磨不盡，痴心說因果，

　　　望來世再為哲弟，並為勛臣。」㊲

　　他在文中，先是感嘆季弟「英名百戰總成空」，令他心中悵然若失，再稱「望來世再為哲弟」，兄弟情深自然流露，非常令人感動！

㉟　同❻，冊四，頁 1960。

㊱　同❻，冊二，頁 578。

㊲　同⓫，頁 167。

另外，他在為季弟辦後事之中，幫他寫墓誌銘，曾經提到「聞檀香甚烈」，以為是有人在點香，但寫完再問，方知「並無人焚香，殊為可異。」

因此，他曾在日記寫，「生平不信鬼神怪異之說」，但此「異香滿室，余所親見親聞，又覺神異之不盡虛妄也。」⑱

無論曾文正公對「神異」之說，是否完全相信，但儒家對此所說很對：「至誠若神」！正因他對其弟情義至深，所以根據佛教經驗，很可能其弟的靈魂，透過檀香，表達感恩。更可證明兄弟之情已經超越世俗，即在靈界，也已永垂芬芳！

另外，曾文正公治軍，也強調要能用誠：

「用兵之道，最重自立，不貴求人。馭將之道，最貴推誠，不貴權術。」⑲

他並指出：

「若無自立推誠二者為本，而徒以智術籠絡，即駕御同里將弁且不能久，況異國之人乎？」

換句話說，他很瞭解，人與人相處，終究應以誠信為重，如果常用權術，自以為得逞，但久之必定引起眾怒，連自己鄉里將士，都無法駕御長久，更何況對外人或外國人？

所以他提醒根本治心之道，應將「毀譽禍福置之度外，此是根本第一層工夫。此處有定力，到處則坦運矣。」⑳這種精神修養，

---

⑱　同⑥，頁 1718。

⑲　同⑥，冊二，頁 619。

⑳　同⑥，冊三，頁 1390。

至今對做大事的人，仍然深具啟發作用！

五、識才舉才，選才用才

清史稿中，稱道曾文正公的功業，除了其本身「功成名立」外，就是「汲汲以薦舉人才為己任」，因此，「疆臣閫帥，幾遍海內。」說明其人脈廣闊，而且推舉人才不遺餘力，因而門生之中，文臣武將幾乎遍及國內各地。

因為曾文正公很瞭解，中興以人才為本，所以非常注意培植人才，這也是他眼光遠大之道。其功效不只惠及他那一代，更還及於後代，可稱不止功在清朝，更是功在中華民族。

早在咸豐剛繼位，亦即道光三十年（1850），曾國藩就曾經封章密奏，強調人才的重要。當時咸豐下旨，廣邀各界進言，他就針對「用人」特別強調：「今日所當講求者，唯在用人一端爾。」

由此可見，他當時就已深知人才的重要性。另外，他在咸豐七年（1858）寫信給九弟也曾明言：「帶勇之法，以體察人才為第一。」明白強調振衰起弊，主要仍靠人才。所以他能即知即行，隨時注意薦舉人才，終於能造成人才濟濟的中興氣象。

同治三年（1864），曾文正公致紀鵬家信，再次強調，「擇交是第一要事，須擇志趣遠大者。」❹此即孟子「君子貴其所立者大」的精神。

咸豐十年，他再於家信中指出，「觀人之法，以有操守而無官

---

❹　同❶，頁206。

氣，多條理而少大言為主。」

這段可稱識人名言，至今仍有啟發性。

他當時先指出，當時官場共有四項缺點，「通病有二，曰退縮，曰瑣屑。外官之辦事，通病有二，曰敷衍，曰顢頇。」**㊷**

他並進一步說明：

「退縮者，同官互推，不肯任怨，動輒請旨，不肯任咎是也。

瑣屑者，利析錙銖，不顧大體，察及秋毫，不見輿薪是也。

敷衍者，裝頭蓋面，但計目前剜目補瘡，不問明日是也。

顢頇者，外面完全，而中已潰爛，章奏粉飾，而語無歸宿者也。

有此四者，習俗相沿，但求苟安無過，不求振作有為。」

由此可見，曾文正公心中很有改革之意，希望能夠先從除舊佈新、改過革新做起；而其方法則有三；即「轉移之道，培養之方，與考察之法。」均是針對「用人」而論。

換句話說，曾文正公深知，中興之道，首先要轉移大環境的風氣，否則再好的人才，若進入大染缸，照樣會腐化，同流合污。

轉移之道，則繫乎上位者「一二人」而已，必須在上位者，能夠以身作則，轉移政風才行。

所以他在咸豐七年（1857），曾經訓誡九弟國荃，提到「用紳士」之道：

「用紳士不比用官，彼本無任事之責，又有避嫌之念，誰肯挺身以急公者？貴在獎之好言，優之以廩給，見一善者則痛譽之，見

㊷　同**❻**，冊二，頁583。

一不善者則渾藏而不露一字。久久善者勸，而不善者潛移莫轉者矣。」**❸**

　　然後他提醒其弟，不能反其道而行，「大失用紳士之道」，由此很可看出他的苦心。

　　另外，他曾強調：

　　「凡國之強，必須多得賢百工；家之強，必須多出賢弟子。」**❹**

　　然後，他又緊接著提出「天命」之說：「此亦關乎天命，不盡由於人謀。」

　　當時，曾文正公還寓意深遠的提到：「凡成大事，人謀居半，天意居半。」

　　這正如同希臘荷馬所說：「人生劇本早已寫好，人只是努力演好角色。」有其人生深刻閱歷的見解。

　　換句話說，在曾文正公心目中，謀事在人，成事在天；因此，一個大時代中，能否人才濟濟，固然要看領導人是否能用人、識人，但也看天命是否出現很多人才。曾文正公因為生平歷練經驗均極豐富，所以才能瞭解此中深意。

　　然而他仍提醒眾弟，應就人謀部分盡其在我，注意辦大事的人才，並且指出：「凡辦大事，以識為主，以才為輔。」**❺**

　　這裡的「識」，代表見識、學識，更代表器識‧膽識；因為唯有器識恢弘，膽識過人，才能真正辦成大事！

---

❸　同**❻**，冊三，頁 1425。

❹　同**⓫**，頁 181。

❺　同**❻**，冊三，頁 1467。

西哲有句名言，於此完全相通：

「沒有膽識，就沒有榮耀。」（No guts, no glory）

所以，曾文正公也曾強調：

「胸懷廣大，須從平淡二字用功，凡人我之際，須看得平，功名之際，須看的淡，庶幾胸懷日闊。做好人、做好官、做名將、俱要好師好友好榜樣。」

另外，就人謀部份而言，領導人仍應有計劃的培養人才。所以曾文正公強調：

「取人之式，以有操守而無官氣，多條理而少大言為要。」

由此可見，他很強調操守與踏實，而絕不選用官僚，或只講大話的人。

那麼，應該如何培養人才呢？

他曾舉四條程序，即「教誨、甄別、保舉、超擢。」

教誨之後，還要注意「考察之法」，亦即對人才要加強監督，經常考核，並且建議他們，多聽聖賢之道，應經常為他們聘請專家講座，「於贊助聖學之中，陰寓陶成人才之意。」這也正如今天所說，重視人才「進修」或幹部「培訓」。

事實上，現代化行政管理中，用才之道，也約分三階段，一為「選才」，二為「養才」，三為「用才」。首先應慎重選拔，其次則應注重培養，然後則應善加重用。唯有如此，前後一貫作業，一氣呵成，才能真正做到才盡其用，這與曾文正公完全相通。

至於如何委派官員，他特別強調「以四者為最要」：

「一曰習勞苦以盡職；一曰崇簡約以養廉；

　一曰勤學問以廣才，一曰戒傲惰以正俗。」

這些都出自其親身經驗，非常中肯，也非常務實。

針對「勤學問」，他很重視文章的表達能力，所以曾說：

「凡與人晉接周旋，若無真意，則不足以感人；然徒有真意而無文，飾以將之，則真意亦無所托之以出，《禮》所稱無文不行也。」**㊻**

綜合而論，曾文正公強調，「為政之道，得人治事，二者並重。」

另外，他並指出「得人」的方法：

「得人不外四事，曰廣收、慎用、勤政、嚴繩。」**㊼**

換句話說，要能廣納人才，謹慎任用，勤於教導，嚴於規範。

至於「治事」，他則指出「治事不外四端，曰經分、綸合、詳思、約約。」

也就是說，要能善於分工，長於合作，詳盡思慮，遵守規定；此即曾文正公所說的「八術」：「操斯八術以往，其無所失矣。」直到今天，仍然很有啟發性。

除此之外，他也在咸豐七年（1857）給九弟家信中強調：「古之成大事者，規模遠大與綜理密微，二者缺一不可。」**㊽**同樣深深值得重視。

另外，他更強調一句名言，深值所有做大事的人警惕與力行：

「做人事之人，恆以多選替手為第一義，滿意之選不可得，姑

㊻　同❻，頁 1468。

㊼　同❻，冊二，頁 985。

㊽　同❻，冊二，頁 987。

節取其次，以待徐徐教育可也。」❹

這句話，很可做為選拔接班人的參考，無論古今中外，無論政界商界，都很有重大的啟發性！

曾文正公很早就預見，未來必須長期培養人才，甚至在臨終前，還痛定思痛，召李鴻章討論「幼童出洋留學」，可稱眼光極其遠大；此中苦心與遠見，至今仍然深值所有領導人參考！

六、知人善任，廣納人才

曾文正公在《無慢室日記》中，設有「記人」項目，紀錄大量人名，並附自己考察心得，而且強調人才之間可以互相吸引，如同「蛛之有母，雉之有媒，以類相求，以氣相引，庶几得一而及其餘。」可見他平日很重視選才，與廣納人才。

曾文正公對於如何領導人才，選將用兵，有他獨到見解。

他曾強調，對於「選將」，應該特重「堅忍」，然後注重「說話條理」，「私心不濃」，他說：「大約選將，以打仗堅忍為第一義，而說話宜有條理，私心不可太濃，兩者亦第二義也。」❺

對於處理悍將，或者投奔我方的叛將，他也有心得：

「吾輩待之方法，有應寬者二，應嚴者二。應寬者，一則銀錢慷慨大方，絕不計較。」另外一則，「不與爭功，遇有勝仗，以全功歸之。」

---

❹　同❻，冊三，頁1481。
❺　同⓫，頁208。

然而，應嚴者也有二，「一則禮文疏談，往還宣稀」，「一則剖明是非」，若是與民有糾紛，則「請其嚴加懲治」，「毫不假借」！

由此可見，曾文正公有為有守的原則，以及知人用人的技巧，很有可觀之處。

對於「用兵」，他先指出：「用兵久則驕惰自生，驕惰則未有不敗者。」然後他強調：「勤字所以醫惰，慎字所以醫驕。」

緊接著他說明：「此二字之先，須有一誠字以立之本。」

因此，他特別叮嚀，「精誠所至，金石亦開，鬼神亦避。他在己之誠也。」

然後他分析，文武人員有所不同：

「文員之心多曲，多歪，多不坦白，往往與武員不相水乳。」

所以他強調：

「必盡去歪曲私衷，事事推心量腹，使武人粗人坦然無疑，此接物之誠也。」(51)

另外，他在同治元年（1862）十月卅一日曾經說明：

「凡用兵最重氣勢二字。」

他並進一步的說明：

「兵勇之力，須常留其餘，乃能養其銳氣，縮地約守，亦所以蓄氣也。」(52)

可見他更重視的，是「氣勢」，而不在武器。

---

(51) 同⓫，頁 209。

(52) 同❻，冊二，頁 948。

所以他在同治元年（1862）十一月二日，寫給九弟國荃信中強調：

「致勝之道，實在人而不在器。」❸

另外，曾文正公也曾提醒：

「凡兵勇，須有寧拙勿巧，寧故勿新之意，而後可以持久。」❹

另外他也指出：

「天下古今之庸人，皆以一惰字致敗；

　天下古今之人，皆以一傲字致敗！」❺

他並以親身經歷為證，說明其祖父所留家訓：

「爾之官是做不盡的，爾的才是好的，但不可傲。滿招損，謙受益，爾若不傲，更好全了。」❻

所以他再三強調，人才應戒「傲」字，不能恃才傲物，不能目中無人，更不能眼高於頂，至今仍很有啟發性！

曾文正公對於做官的人才，曾經特別指出「四敗」，至今仍然有很有啟發性。他說：

「居官四敗曰，昏惰任下者敗，傲狠妄為者敗，貪鄙無忌者敗，反覆多詐者敗。」

因此，身為領導人，若能即早發現部屬上述毛病，儘快處理，即可減少失敗，邁向成功！

另外，咸豐七年（1857），他在家信中又強調：

---

❸　同❶，頁 253。

❹　同❻，冊二，頁 622。

❺　同❻，冊二，頁 653。

❻　同❻，冊四，頁 2259。

「凡將才有四大端，一曰知人善任，二曰善覘敵情，三曰臨陣膽識，四曰營務整齊。」

他要求四弟，由此四項觀察，據以選拔人才，可見其用心、苦心與慧心。

曾文正公選拔將才，特別重視「智略才識」，所以他曾強調：

「大材簡選將才，必求智略深遠之才。」

換句話說，真正將才，要能夠深謀遠慮，深具整體宏觀的器識，也深具全盤作戰的格局，才能真正從「戰略」上看準方向，而不是只在「戰術」上有一隅之見，或只在「戰術」上逞強鬥狠而已。

此所以曾文正公要求將才，要能多念聖賢之書，以求提升格局，擴大胸襟，才能器宇恢弘，功業非凡。

因此，他曾根據經驗，遴選中華民族歷來三十三位聖賢，做為「精神力量」的本源，開創了歷史上空前佳話。

蔣公生前熟讀曾文正公全集，因而治軍講究「哲學、科學、兵學」並重，可說同樣道理。

眾所皆知，曾文正公本身選拔的人才當中，有李鴻章、左宗棠、沈葆楨、劉銘傳等人，均為獨當一面的大員，但他仍然會囑咐他們，要留心人才，「博採廣詢」、「兼容並蓄」，並要求其弟對於人才，「以後內弟如有所見，隨時推薦，並將其長處短處一一告知阿兄」，可見他求才若渴的程度。

曾文正公選拔劉銘傳，為臺灣首任的總督，中間有段故事，就很有啟發性。

清廷當時，為挑選首任駐臺總督，特命曾國藩推薦，曾文正公

要求李鴻章列名單，李鴻章即推舉其愛將，劉銘傳及另外二人。

曾文正公約見這三人時，特別同時約來面談，但又刻意遲遲不出面，然後觀察三人，能否平心靜氣、耐心等待。

結果，其他二人都面露不耐，不停抱怨，只有劉銘傳一人，安靜如常，欣賞牆上書畫。後來，曾文正公就專考牆上的書畫內容，當然只有劉銘傳一人能回答。

那時，曾文正公表面上問書畫，實際上是考驗耐力與毅力，因為在他看來，做大事最需要毅力，而非氣力。

另外，曾文正公對於人才本身，應該如何努力，也曾特別強調：

「辦事者，莫恃上司之恩典，宜仗自己之本領。若有本領，辦事好，雖仇人做上司，也不能壓下去；若無本領，辦事不好，雖父親做上司，也不能抬起來。」❺❼

尤其，身為領導者更應瞭解，自己對風氣負有重要責任：

「治世之道，專以致賢養民為本。其風氣之正與否，則絲毫接推本于一己之身與心。一舉一動，一語一默，人皆化之以感風氣。」

所以他特別警示世人：

「故為人上者，專重修身，以下之效之者，速而且廣也。」❺❽

另外，曾文正公在選將中，同時特重「忠義血性」，此亦孔子所強調的「仁人志士」，以及孟子所強調的「浩然之氣」。他深深

---

❺❼　同❻，冊一，頁 131。

❺❽　同❻，冊一，頁 132。

知道，要能以此為根本動力，才能臨危不亂，臨難不苟，深具不屈不撓的堅忍毅力，以及明辨大是大非的忠義正氣！

此外他也強調，「帶勇之人，第一要才堪治民，第二要不怕死，第三要不急名利，第四要耐受辛苦。」

他並進一步指出：「治兵之才，不外公明勤，不公不明，則兵悅服；不勤，營物鉅細，皆廢弛不治，故第一要務在此。」

曾文正公本身就是最好的例證。

對於用兵之道，曾文正公強調靈活，在軍事上要「多用活兵，少用呆兵，多用輕兵，少用重兵」，也很有其創意。

他曾對此說明：

「進退開合，變化不測，活兵也；屯宿一處，師老人頑，呆兵也；多用大砲輜重，文員大眾，車船難齊，重兵也；器械輕靈，馬馱輜重，不用車船轎夫，飆馳電擊，輕兵也。」

然後也從整體指出：

「總宜有呆兵、有治兵、有重兵、有輕兵，缺一不可。」

同治十年（1871）曾文正公已到六十歲，特別警惕自己：「老年記性愈壞，精力愈散，於文武賢否，軍民利弊，全無體察，在疆夷中，最為鬆弛，則又為之大愧。」

所以他一直到逝世，均每天寫日記，平日即使在軍中，每天也讀書幾頁，練字一篇，圍棋一局，終身不變，以此鍛鍊毅力。

梁啟超說得好：「自流俗人觀之，豈不區區小節，善觀人者，每於此觀道力焉。」確為一針見血之論。

曾文正公直到逝世前三天，病中還在寫日記、見客、練字、下圍棋、看書。他當時看的書是《二聖遺書》，充分可見他深得二聖

真傳，既能治心，也能治世，其恆心毅力均為中外所少見。所以梁任公在此評論曾文正公，確有深刻道理：「不只是中國歷史少見的一二人，也是世界歷史少見的一二人。」

曾文正公在咸豐十年（1860）的家信中，曾經感嘆：

「吾輩不幸生當亂世，又不幸而帶兵，日以殺人為事，可為寒心，惟時時存一愛民之念，庶幾留心田以飯子孫耳。」

他在此強調，時時要存「愛民之念」，才能「留心田」、「飯子孫」，足證仍強調以忠厚仁心為根本，並以澤被子孫為念。

另外，他也指出：「愛禾必去稗，愛賢者必去邪，愛民必去害民之夷，治軍必去蠹軍之將，一定之理也。」

這段代表去除害群之馬的決心，說明他的行事作風，是以菩薩心腸，與霹靂手段並重，值得有志之士同時重視。

七、行軍愛民，勤恕廉明

曾文正公帶兵如同從政，非常注重愛兵愛民，所以他曾經有段《愛民歌》：

「三軍個個仔細聽，行軍先要愛百姓；

　第一紮營不貪懶，莫走人家取門板；

　莫折民房搬磚頭，莫端禾苗壞田產；

　莫打民間雞和鴨，莫借民間鍋和碗；

　莫派民夫來控壕，莫到民間去打飯；

　築牆莫擋街前路，砍林莫砍墳上樹；

　挑水莫挑有魚塘，凡事都要讓一步；

軍士與民如一家，千萬不可欺侮他；

日日熟唱愛民歌，天和地和又人和。」

從上面的內容，可見曾文正公強調「人和」；他強調「軍民一家」、強調絕不擾民，而要愛民，絕非一般老粗可比。這又展現了他儒家仁民愛物的一面，如此體貼親民，自然能得民心。

反之，試看民初軍閥時代，經常為了行軍方便，便隨意破壞民宅，甚至任意拉伕，自然民心反感，無法長久。

就此愛兵愛民而言，國民黨在黃埔建軍，北伐軍很得此中要訣，甚至中共紅軍的〈三大紀律八大注意〉，精神也可相通，足證軍中要打勝仗，首先要得民心。

曾文正公並說：

「軍中得好統領營官，統領營官須得真心實腸，是第一義。算路程之遠近，算糧伕之缺乏，算彼已是強弱，是第二義。」❺⑨

然後，他也指出：

「二者微有把握，此外良法雖多，是國度雖善，有效有不效，盡人事以聽天而已。」

換句話說，曾文正公強調，帶兵官首先要真心誠意，因為帶兵即帶心，其次要精於算計，因為多算才多勝，少算則少勝，孫子兵法早有明訓。

盡了人事之後，還要聽天，這也可說是他經驗之談，值得重視。尤其曾文正公簡明扼要的指出「帶兵之道，勤恕廉明，缺一不可」，直到今天仍然深具啟發性。

---

❺⑨　同❻，冊二，頁613。

然而，曾文正公也曾強調：

「民宜愛而刁民不必愛，紳宜敬而劣紳不必敬。」⑥

這就代表曾文正公，除了注重儒家仁心之外，也有法家重罰的一面，甚至還會主張治亂世用重典。

曾文正公曾經強調，「稱馬者，去其害馬者已；牧羊者，去其擾群者而已。牧民之道，何獨不然？」

尤其，他身處亂世之中，對於世風日下，人心不古，很有切身之痛，所以主張「不治之嚴刑峻法，則罪子紛起。」

因此，他在處理湘南盜匪的問題上，曾經用嚴刑峻法處理。所以也引起很多爭議。

咸豐三年，曾文正公曾經有份重要奏摺，針對各地土匪問題，他主張治亂世用重典，展現了他法家的一面。

他首先分析，土匪猖獗的原因，在於「近年有司亦深知今匪之不可過，特不欲其禍自我而發，相與掩飾彌縫，以苟且一日之安。」他並指出，這些官員們的弊病：

「積數十年應辦不辦之案，而任其延宕，積數十年應殺不殺之人，而任其橫行，遂以釀成目今之巨寇。」

因此，面對這種積重難返的土匪黑幫，「以為法律不足憑，官長不足畏。」他痛陳：「若非嚴刑峻法，痛加誅戮，必無以折其不逞之治，而銷奇逆亂之萌。」

所以，他明確而果斷的建議：

「臣之愚見，欲使用重典，以鋤強暴，但願良民有安生之日，

---

⑥　同⑥，冊一，頁60。

即臣深得殘忍嚴酷之名亦不敢亂。但願通省無不破之案，即剿辦有棘手萬難之處，亦不敢辭。」（〈嚴辦土匪以靖地方摺〉）

後來，因為咸豐皇帝大力支持，所以溫文儒雅、能忍能退的曾國藩，成為手持上方寶劍的法家。他在〈與湖南各州縣公正紳耆書〉中，明確指出，凡有「逃兵逃勇，經過鄉里，劫掠擾亂者，格殺勿論！」而且「匪徒痞棍聚眾挑飯，持械抄搶者，格殺勿論！」

曾國藩並指示：

「擇其殘害於鄉里者，重則處以斬梟，輕則立斃杖下。」甚至「不必一一報官」！

他曾進一步的說明：

「不治以嚴刑峻法，則鼠子紛起，將來無復措手之處，是以壹意殘忍，冀回頹風於萬一。」

然後，他再解釋：

「書生豈解好殺？要以時勢所迫，非是則無以鋤強累，而安我孱弱之民。」

此中最引人爭議的，自然是今天所說的「程序正義」，因為他明令「不必拘守常例」，中間難免會有粗糙倉促之處。

他在向咸豐皇帝奏報時，除了言明訊案「立予正法」之外，也承認「批令無庸解省，就地正法者，不計此數」。

因而，曾文正公曾被稱為「曾屠鬍子」、「曾剃頭」，意指他對犯人砍頭，如同剃頭一樣。

但是，曾文正公仍堅持：

「但求於孱弱之百姓少得安恬，即吾身得武健嚴酷之名，或有損於騭與慈祥之說，亦不敢辭。」

由此也可見他固執的一面，其立意縱然為善，但其方法是否必須如此激烈，仍有待證明；尤其執行是否過當，甚至是否有副作用，部屬是否假公濟私、公報私仇，均引後人爭論。

另外，曾文正公在作戰時，對於太平天國非常勇猛，對敵人很殘忍。他在咸豐八年（1858）六月四日，攻九弟國荃信中，曾提到接獲克復九江的信，非常欣慰；文中指出：

「屠戮淨盡，三省官紳士民同為稱快。從此撫、建、吉安賊膽愈寒。」❻❶

上述「屠戮淨盡」四字，以及「不使一名漏網」，可見戰爭慘烈的過程，因此當時湘軍犧牲也很慘重。

曾文正公在打敗太平天國後，曾經立忠烈祠，紀念湘軍忠魂，名為「湘鄉昭忠祠記」，其中明白強調：「君子之道，莫大乎以忠誠為天下倡」，然後指出，「吾鄉數君子所鼓群倫，歷九載而戡大亂，非拙且誠者之效歟？」

他以「忠誠」甚至「拙誠」為號召，讓士兵們堅守至誠，因而不沾小利，不為小名，均以至情至性號召人心，所以能結合血性忠義男兒，共同戰勝敵人！

這種精神至理，強調以誠制詐，以拙制巧，以忠制偽，看似吃虧，卻很能號召人心，扭轉風氣，直到今天仍然極具啟發性。

曾文正公原名「子城」，在廿八歲授予翰林院庶士時，為了表示「以澄清天下為己任」的氣概，改名「國藩」，代表「為國藩籬」之意，更寓為國干城之志。

所以，他當時曾做五句箴言，強調「立志」。

首先他自勉「煌煌先哲，彼不猶人」？由此可知，他效法孔子所稱「舜何人也，予何人也，有為者亦若是」、「塗之人可以為禹」等氣魄，更有孟子「君子貴其所立者大」的聖者氣象，自然帶兵與治國的胸襟、器識，與格局，均大不相同。

因而他曾強調：

「君子之立志也，有民胞物與之量，有內聖外正之業，而後不忝於父母之生，不愧為天地之完人。」

他並指出：「故其為憂也，以不如舜不如周公為憂也，以德不修學不講為憂也。」

然後他提醒世人：

「若夫一身之屈伸，一家之溫飽，世俗之榮辱得失，貴賤毀譽，君子固不暇憂及此也。」

由此即可看出，曾文正公的器宇恢宏，與志氣高遠，確實是後來大放異彩的重要原因。

同治四年八月，曾國荃因為貿然彈劾滿州貴族官文，引起政治上反彈，同治皇帝反而跟據官文所奏，斥責他對攻捻一事「調度無方」、「圍剿無力」、「不知所司何事」、「何以符朝廷之殷望」？此時，曾國荃突然陷入政治風暴之中，並且引起多方圍剿，可稱驚險萬分。

所以曾文正公在同治六年，曾經連續多次致函慰勉。

首先正月二日，他從河南軍營寫信，鼓勵曾國荃，「好漢打脫牙和血吞」！特別提醒其弟，此時被打脫牙，只有先「和血吞」，不抱怨、不灰心，同時更奮發、更努力，才是真正「好漢」！

二月十五日，曾文正公到了金陵，再寫信提醒曾國荃，不能再把從前功績念在心中，也不需把當前政敵放在心上，而要藉此機會重新反省，看成上天在磨練他，以後才能大有長進。

此即他在同治六年（1867）四月三日所說：

「此時須將劾官相之案，聖眷之隆替，言路之彈劾，一概不管。」

他並強調，應該記住袁了凡的名言：「從前種種，譬如昨日死；以後種種，譬如今日生。」

「安知此兩番之大敗，非天之磨練英雄，使弟大有長進乎？諺云：『吃一塹，長一智。』吾生平長進，全在受挫受辱之時。務須咬牙勵志，蓄其氣而長其智，切不可苶然自餒也。」**⑫**

曾文正公特別以本身挫敗經驗為例，勉勵其弟曾國荃，此時應從長遠眼光，把受挫受辱，看成上天正在磨煉英雄；他在此稱弟為「英雄」，很懂心理學的打氣之道，也可看出兄弟深情。

三月二日，曾文正公再從金陵寫信：

「事已至此，亦祇有逆來順受之法，仍不外『悔』字訣、『硬』字訣而已。」

「弟當此艱危之際，若能以『硬』字法冬藏之德，以『悔』字啟春生之機，庶幾可挽回一二乎？」

所以，同治九年五月，他曾做對聯：

「戰戰兢兢，即生時不忘地獄；
　坦坦蕩蕩，雖逆境亦暢天懷。」

---

⑫　同**⑥**，冊二，頁 1141。

　　前句「生時不忘地獄」，即在冬藏之際，能以悔悟忍辱，奮發圖強；另句「逆境亦暢天懷」，則在春生之際，能以硬朗剛健，東山再起。

　　此外，曾文正公在道光廿四年三月初十，也有長信給「溫弟沅弟」，其中指出：

　　「君子之處順境，兢兢焉常覺天之過厚于我，我當以所除補人之不足；君子之處畜境，亦兢兢焉常覺天之過厚于我，非果厚也，以為較之尤畜者，而我固已厚矣。古人所謂境地須看不如我者，此之謂也。」❻❸

　　因此，他進一步提醒諸弟，應有謹慎反省之心，並且對自己住所，取名「求闕」：

　　「兄但求缺陷，名所居曰『求闕齋』，蓋求缺於他事，而求全於堂上，此則區區之至願也。」❻❹

　　因為，曾文正公深知「吉凶悔吝」循環互動之理，「君子但知有悔」，「既凶矣，則由悔以趨於吉」，「今幸未全備，待其全時，則吝與凶隨之矣。此最可畏者也。」

　　這種居安思危的憂患意識，來自易經哲理，對其一生功業影響其大，對其後人影響也很久，因而他的子孫福報很多，家運昌隆，綿延數代而不衰，至今仍深極具啟發性！

---

❻❸　同❻，冊二，頁 1790。
❻❹　同❻，冊四，頁 2301。

八、以誠克僞，以實破虛

很多人認為，政治很可怕，均需勾心鬥角、爾虞我詐，曾文正公一生歷經很多風雨險惡，但仍然堅持應以誠懇篤實為本，不應走入權謀取巧之路。

換句話說，曾文正公即使遭遇很多狡詐欺騙，但仍堅持儒家基本信念，絕不淪入韓非法術權勢之流。

此其所以在咸豐八年二月十七日，「致沅弟（曾國荃）」中特別強調：

「近日憂君獨省，一味向平實處用心，將自家篤實的本質還我真面，復我固有。賢弟此刻在外，亦急須將篤實復還，萬不可走入機巧一路，日趨日下也。」⑥⑤

那麼，如果君子與小人鬥，小人用心狡詐呢？

曾文正公仍然強調：

「縱人以巧詐來，我仍以渾含應之，以誠愚應之；久之，則人之意也消。若鉤心鬥角，相迎相距，則報復無已時爾。」

根據曾文正公，人性畢竟仍有良心未泯，只要能待以誠心，畢竟能日久見人心；否則，如果用人之道還治其身，固然一時可能扳回，但終究仍會升高狡詐程度，反而整體更趨沉淪。

換句話說，曾文正公堅信，如果對敵人用報復，只會以暴制暴、冤冤相報，永無寧日。所以，他寧可用真心至誠，感召敵人、化解敵意。

---

⑥⑤　同❻，冊四，頁 1887。

此即美國富蘭克林所說名言：

「如果你報復敵人，代表你與他同樣層次，如果你對敵人原諒，則代表比他更高境界。」

然而，曾文正公強調「誠愚」之餘，卻也同時堅持「強毅之氣」，稱其「絕不可無」。

這代表曾文正公不是只求自己「誠愚」，而是同時要求自己堅強，能有毅力，能有正氣，才能長久勝利！

但是，他也曾指出，「強毅與剛愎有別」，因為：

「如不慣早起，而強之未明即起；不慣莊敬，要強之坐尸立齋；不慣勞苦，而強之與士卒同甘苦，強之勤勞不倦。是即強也。不慣有恆，而強之貞恆，即毅也。」

所以他提醒世人，「捨此而求以氣勝人，是剛愎而已矣。二者相似，而其流相去霄壤。」

換句話說，「強毅之氣」是自我鞭策，「剛愎之氣」則是氣凌他人。前者是足以不斷自我上進，後者只會不斷得罪他人。從效果言，也有天壤之別。

曾文正公在咸豐十年九月廿四日「致沅弟季弟」中指出：

「大約軍事之敗，非傲即惰，二者必居其一；巨室之敗，非傲即惰，二者必居其一。」

由此可見，曾文正公認為，無論軍事或者政治，除了驕兵必敗，惰兵也必敗。

另外，他在咸豐十一年二月四日致澄弟也強調：

「富家子弟多驕，貴家子弟多傲。非必錦衣玉食、動手打人而後謂之驕傲也，但使志得意滿，毫無畏忌，開口議人短長，即是極

驕極傲耳。」

另外他又指出：

「戒驕字，以不輕易笑人為第一義，戒惰字，以不晏起為第一義。」他常以此，盼望家人能猛省。

另外，他還常引祖父星岡公的家訓：

「爾的官是做不盡的，爾的才是好的；滿招損，謙受益，爾若不傲，更好全了」

所以，對於打仗致勝之道，他也引用此理，曾經指出：

「打仗不慌不忙，先求穩當，次求變化；

　辦事無聲無息，既要精到，又要簡捷。」

換句話說，曾文正公深知「驕兵必敗」，所以要求帶兵必須穩當，去除驕氣，才能步步為營，穩紮穩打；千萬不能輕浮，只想變化，反而根基不穩不厚。

對於厚重，曾公也常引祖父所說，儀表行走，「全在一重字」；他並承認，其行路容止，很注意厚重，即效法其祖父，所以能不慌不忙、從容不迫。無論行走容貌，或者治軍治國，這都代表沉穩之道，能夠準備充分，自然能夠得勝！

因此，也特別提醒其子紀澤：「爾之容止甚輕，是一大弊病，以後宜時時留心。」

他並指出，「無論行坐，均須重厚。早起也，有恆也，重也，三者皆爾最要之務。」

另外，所謂「做事無聲無息」，代表做事低調、不要向人邀功、不要自我宣傳、不要心存作秀，一言以蔽之，就是謙虛。

雖然在民主時代，做事而不宣傳，看似有違現代行銷原理，但

其精神，在於注重篤實踏實，重厚重諾，絕不輕浮輕諾，仍為永恆不破的成功之道。

九、盡其在我，聽其在天

同治四年（1865），曾文正公特別強調他的做人做事與養生之道：「吾於凡事皆守『盡其在我，聽其在天』二語，即養生之道亦然。」可稱其一生的重要作風。

曾文正公在咸豐六年（1856）十月廿七日，曾給紀鴻家信：

「凡富貴功名，皆有命定，半由人力，半由天事。惟學作聖賢，全由自己作主，不與天命相干涉。」

從這句中，可以看出曾文正公一生對於功名，深悟儒家所說「死生有命，富貴在天」的道理。然而他也深知，君子修身以俟天命之道，此即孟子所說「夭壽不貳，修身以俟之，所以立命也。」

道光廿四年八月廿九日，他再提及，「盡其在我，聽其在天，不可稍存妄想。」

由此足證，他很重視「操之在己」部分，此即他所說的「吾人只有進德修業兩事靠得住。」

另外，孟子曾經強調，人生「莫非命也，順以受其止。」代表人生雖然有很多命定之事，但在逆來順受之中，仍應發揮其正面的積極意義。

曾文正公對此很能領悟，所以對於逆境，莫不先強調要逆來順受，藉此磨鍊動心忍性，增益其所不能，從中體會正面的教育意義；如此才能化壓力為動力，化危機為轉機，重新奮發圖強！

此即他所強調「惟學作聖賢，全由自己作主。」與孟子所說「修身」、「立命」之道完全相通。

曾文正公早在道光二十二年（1842）致諸弟信中，即曾指出「科名有無遲早，總由前定，絲毫不能勉強。」❻

當時他才三十一歲，即能知道樂天知命，認定一個人的科名官位，到底有多大？或什麼時候能升官？均由前生命定；若是有，跑不掉，若沒有，也爭不到！絲毫不能勉強。所以無需患得患失，他透過聖賢之學，加上本身閱歷，能達到這種豁達胸襟，的確很有重大的啟發性。

但他也並非宿命論，更不是消極待命而已。他仍強調，應該先盡人事，盡其在我的努力，至於能否成功，才聽天命。

所以他在咸豐十年（1860）的家信中，曾經明確指出：

「名位大小，萬般由命不由人。」

只不過，他也知道，雖然這是他的豐富閱歷所得結論，但對於一般人，如此說法，卻容易有副作用；因此他又強調：

「特父兄之教家，將帥之訓士，不能如此立言。」❼

他的意思，對於教育子女以及訓誡士兵，仍應盡心盡力，盡其在我，但問耕耘，不問收穫，只是不要對名位患得患失。

所以他指出：

「君子之立志也，有民胞物與之量，有內聖外王之業，而後不忝於父母之所生，不愧為天地之完人。」

---

❻　同❻，冊二，頁 753。
❼　同❻，冊二，頁 425。

因而，君子若有憂慮，絕不在憂慮個人科名權位，而在「其為憂也，以德不修，學不講為憂也。」

當他年事更長，閱歷更多，對此說得更加清楚。

咸豐十一年（1861）曾文正公在致九弟信中，再次提到：

「凡辦大事，半由人力，半由天事。」❻⑧

同治二年（1863），曾文正公寫給九弟信中，甚至強調：

「古來大戰爭、大事業，人謀僅占十分之三，天意恆居十分之七。」

這與臺灣流行民歌「愛拚才會贏」中所說，「三分靠命運，七分靠打拚」，比例正好相反。

臺灣民歌所說，是指一般民眾的人生閱歷，曾文正公所指，則為「古來大戰爭、大事業」，性質有所不同。

當然，此中比例，也只是大概而已，很難用科學方法印證；只是這些心得，均為曾文正公在其親歷的「大戰爭、大事業」中，有感而發的真心話，所以仍然值得後人重視與體認。

另外，曾文正公更曾進一步指出：

「往往積勞之人，非即成名之人；成名之人，非即享福之人。」❻⑨

所以他說，九弟國荃在軍事上攻克數城，「積勞者即是成名之人，在天意已算十分公道，然而不可恃也。」

因此，他的結論「吾兄弟但在積勞上著力，成名二字則不必問

---

❻⑧　同❻，冊二，頁 2053。

❻⑨　同❻，冊三，頁 1298。

及，享福二字則更不必問矣。」（同上）

同治二年（1866），曾國藩五十五歲，曾經致國荃信指出：

「凡辦大事，以識為主，以才為輔；凡成大事，人謀居半，天志居半。」

另在十月廿九日，他在寫給九弟曾國荃信中也說：

「古來成大事者，半是天緣湊泊，半是勉強遷就。」

另外，同治八年（1869），曾文正公因為孫女夭折，寫信給兒子紀澤安慰：

「君子之道，以知天命為第一要務，不知命無以為君子也。」❼⓪

凡此種種，均可看出，他心中仍篤信儒家所說「死生有命，富貴在天」，也如孟子所說「夭壽不貳」，只能修身以俟之。

事實上，《易經》很早即已提到：「在天成象，在地成形」。代表人生劇本，在天上已經寫好，完成其象；然後在地成形，加以實踐。這與孟子所稱「踐形」，也很相通。

這就提醒人們，人生重大事情已經命定，但人也不能妄自菲薄，仍應就「操之在己」的部分，盡心盡力；然後才能透過盡其在我，完成生命潛能，並且參贊化育，頂天立地！

另外，曾文正公對風水很重視，這來自他的親身印證。

所以他曾經在道光二十七年（1847），致諸弟信中說，祖母風水很好，「萬萬不可改葬」：「祖母大人葬後，家中諸事順遂。祖父之痛已好，予之癬疾亦愈，且驟升至二品，則風水之好可知，萬萬不可改葬，若再改葬，則謂之不祥，且大不孝矣。」

---

❼⓪　同❻，頁 1411。

到一八四九年，他致諸弟信中，雖然口頭上說不信風水，但因為家中諸事均吉，所以「但于朱子所云：『山環水抱』、『藏風聚氣』二語則篤信之。」

同治三年（1864），曾文正公勸勉九弟國荃，

「事事落人後者，不必追悔，不必怨人，此等處總需守定『畏天知命』四字。」❼

然後他再進一步說明：

「天於大名，吝之惜之，千磨百折，艱難拂亂而後予之。」

此時他舉老子「不敢為天下先」，說明此即「不敢居第一等大名之意」，勉勵其弟心胸豁達，要能「畏天知命」，對政治人物很有啟發性。

另外，他在咸豐九年（1859）致諸弟信曾強調：「改葬先人之事，須將求富求貴之念消除淨盡，但求免水蟻以安先靈，免凶煞以安後嗣而已，若存一絲求富求貴之念，必為造物鬼神所忌。」可見他對「造物鬼神」，仍然篤信其存在。

咸豐八年（1858）十二月廿七日，曾文正公提到一段故事。當年四月，友人在家請乩，得「敗」字，乩稱「九江之事，不可喜也。」他很驚訝，在九江打了勝仗，何以如此？乩回答，「為天下，即為曾宅言」，後來果然三回挫敗，六弟殉難，「正與『不可喜也』四字相應，豈非數皆前定邪？」可見他也相信扶乩之說。

所以他提醒家人：「然禍福由天主之，善惡由人主之。又天主者無可如何，只得聽之，由人主者，盡得一分算一分，撐得一日算

❼　同❻，冊三，頁447。

一日。」⑫

　　因此他也指出，「若運氣不來，徒然慪氣」，足證他也相信卻有「運氣」一事，只是可遇不可求，可靠的仍是盡其在我的努力。

　　所以，曾文正公在咸豐四年（1854）四月廿二日，曾經再次提醒諸弟：

　　「盡人事以聽天，吾唯日日謹慎而已。」⑬

　　同年五月十日，他又再向諸弟訓誡：

　　「人心之壞，又處處使人寒心。吾唯盡一分心作一日事，至於成敗，則不能復計較矣。」

　　他在咸豐十一年（1861），五十歲時，致九弟家信中，也曾再強調：「以余閱歷多年，見事之成功與否，人之得名與否，蓋有命焉，不盡關人事也。」⑭

　　凡此種種，均可證明；曾文正公一生強調，但求盡心盡力，即可心安理得，不必多問功名。

　　陽明先生過世之前，當學生詢問他有何遺言，他只回答「此心光明，夫復何言？」同樣情形，曾文正公在身弱辭世之前，仍在勤讀張載，即因對其教誨，心中深受感動。

　　因為，張載氣魄宏偉，他所強調：「為天地立心，為生民立命，為往聖繼絕學，為萬世開太平」，正是曾文正公一生心儀之理想。曾文正公最後在讀張載書中寧靜而逝，或許也覺「此心光明，

⑫　　同❻，頁 1797。

⑬　　同❻，冊一，頁 449。

⑭　　同❻，冊一，頁 74。

夫復何言？」一代儒將，集勇猛武德與雍容文采於一生，堪稱為「文武合一，剛柔並濟」，做了最佳典範。

曾文正公生平除了重視勤奮，堅忍練兵，更重要的，他很重視精神戰力；試看他以捍衛孔孟先聖先賢為中心思想，藉此號召，跳脫漢滿之界，用更大的民族精神傳統，激勵民心士氣，終能打敗太平天國，便是明顯例證。

本來清朝當時，已有貪腐敗象，所以太平天國起義，也相當得到民心，才能直攻南京，改稱天京，並讓「京師震動」；當時甚至很多外官，還把家眷紛紛送走，外來學士也匆匆返鄉，京城幾乎一空，可見洪秀全原先聲勢很壯。

然而一八五六年，洪秀全內部衝突產生內鬨，因為爭名奪利，發生天京事變。內鬥的結果，楊秀清企圖取代「天王」而被殺，石達開滿門又被韋昌輝殺死；洪秀全再捕殺韋昌輝，並已不再信任石達開，以致石達開負氣帶兵出走，而被清軍包圍殲滅，太平天國至此已元氣大傷。

所以，曾文正公在《對粵匪檄文》中，先特別強調中國正統，在於名教禮義人倫，「自唐虞三代以來歷世聖人，扶持名教，敦敍人倫，君臣父子，上下尊卑，秩然如冠，履之不可倒置」。

然後，他再批評太平天國：「粵匪竊外夷之緒，從天主之教自為偽君偽朝，下連兵率賤徑，皆以呼之；謂惟天可稱父，此外凡民之父，皆兄弟也，凡民之母，皆姊妹也。」

因此，他指斥太平天國「士不能誦孔子之經」，「舉中國數千年禮義人倫，一旦掃地蕩盡，凡讀書識字者，又豈可袖手安生，不思一為所也？」

　　曾文正公奉命，是於一八五三年訓練地方團隊，同時苦練「湘軍」，從一八五九年開始，傾全力再反擊，此中最重要的得勝秘方，就是能激勵軍中精神戰力。

　　正因曾文正公深懂「治兵先治心」，掌握「大本大源」的道理，所以他用中國文化傳統為號召，能讓軍中上下一心，皆明白知道「為何而戰，為誰而戰」，終於練就一支勇猛威武、重情重義的生力軍；而在一八六四年，洪秀全病逝之後，於七月十九日攻克南京城，終能樹立一大戰功。

　　曾文正公晚年，有件引人爭議的事件，即其處理外交，被認過分軟弱。主要是發生在同治九年（1868）的天津動亂事件。

　　在該次事件中，因為天津境內，有小孩被迷拐殺害、拿去製藥的情形；傳說是法國天主教堂內有人誘拐，後來捕獲嫌犯，供認也是如此，引發民眾憤怒，前往法國天主教堂抗議。

　　法國大使拒絕民眾所求，並持槍前往通商署，開槍打死中國隨從，民眾憤而將法國大使及秘書毆斃，並殺害了其他傳教士與外籍人士，而且燒毀法國領事館與教堂等。

　　這種冤冤相報的血案，當然形成嚴重的外交衝突事件，七國向清廷聯合抗議之餘，並將軍艦集結在天津海面，耀武揚威，要求清廷嚴辦，否則就要進攻。

　　清廷此時，深恐會像咸豐十年英法聯軍攻北京，於是將此困難題目交給曾文正公，既要其「懲辦為首滋事人犯」，又要其「迅速持平處理，以順輿情而維大局。」

　　清廷的訊息很清楚，就是朝廷仍要面子，不能在民眾前面示弱，但對洋人又必須交代，註定了要由曾文正公做犧牲品。

　　曾文正公自然也深知此理，所以動身前往天津之前，便曾經交代遺囑，指出「外人性情凶悍，津民習氣浮囂，俱難和解，積怨興兵，恐致激成大變。」他並承認：「於此行反復籌思，殊無善策。」

　　因而，曾文正公抱著必死之快心，奮不顧身，為岌岌可危的清廷，再作生平最後一次的貢獻。

　　當然，外交為內政的延長，清廷內政當時已經腐敗虛弱，尤其經過第二次鴉片戰爭，以及太平天國、捻軍起兵等事，早已經元氣大傷，無力迎戰外國聯軍。曾文正公在沒有實力的情形下，如果再戰，「釁端一開」，必定是「全局瓦裂」。

　　因此，曾文正公抱定了「委屈求全」、「以顧大局」的基本政策，將天津知府與天津知縣革職，並判處「凶犯」死刑二十人，充軍流放者二十九人，賠償近五十萬兩白銀，並且還派特使，前往法國去道歉。

　　他唯一拒絕外國要求的，就是並未殺知府知縣二人。

　　這種處理，勉強擋住了聯軍進攻，但自然引起了民眾不滿，因此有人稱他「賣國賊」，甚至有詩譏諷：

「殺賊功高，百戰餘生真福將，

　和戎罪大，三年早死是完人。」

　　這首民詩，感嘆曾文正公，在外交上「罪大」，若三年前在戰功最高時過世，沒有捲入這淌渾水，則可稱為「完人」。

　　清廷為了平息民怨，果然犧牲曾文正公，將其撤職，後來用李鴻章取代。

　　曾文正公晚年英名，因此受到極大損毀，雖然並非毀於一旦，

但也受傷很重。

然而後來，李鴻章也不過將死刑二十人改成十六人。因為，當時換成任何人都很難做。試看李鴻章後半生，與外國的各種交涉，也莫不被罵成「賣國賊」，便可知道清廷大勢已去，民心失盡，任何人再為清廷賣命，均會被稱為「賣國賊」。

只是，很多民眾只看到官吏委屈求全，而未領悟到是背後清廷無能；這種喪權辱國的悲劇，後來歷經甲午戰爭、庚子賠款等等國恥，終於引發仁人志士普遍不滿，並由孫中山挺身而出，領導革命，才推翻了清廷與二千多年專制，建立了民主共和國，進入新的境界。

十、居家居官，能勤能敬

曾文正公經常將「居家」與「居官」相提並論，並曾多次告誡諸弟以及家人，居家必須勤儉，在亂世尤應如此。而且，只有治家勤儉，家業才能長久，居官才能免於遭嫉。

曾文正公的身體力行，可說為孔子「修身」、「齊家」、「治國」做了很好榜樣，也為官場中人做了最佳示範。

他生前有很多警句，至今都仍有啟發性；對於當今高官子女，動輒名牌、大餐，生活奢侈豪華，出入爭議場所，甚至大打出手，都是很重要的訓勉。

例如咸豐十一年（1861）九月廿八日，他給兒子紀澤信，就曾特別強調：

「居家之道，惟崇儉可長久，處亂世者以戒奢侈為要義。衣服

不宜多製，尤不宜大鑲大緣，過於絢爛。」⑦

　　另外，他在同年十月廿七日，再致紀澤家信強調：「遭此亂世，雖大富大貴，亦靠不住，惟勤儉二字可以持久。」

　　事實上，從命理來看，這也是很好的警示，因為每人一生富貴福份，自有定數，如果奢侈過頭，很快就會用完福份，淪為貧困。從佛教因果論更是如此，曾文正公生平雖然未談佛教，仍以中國的儒家「天理」為主，但仍極具說服力。

　　同治元年（1892）六月廿三日，他寫給紀鴻家信有一段話，非常值得富貴子弟警惕⑦：「凡世家子弟，衣食起居，無一不與寒士相同，庶可以成大器；若沾染富貴氣習，則難望有成。」

　　另外，他在同治元年（1862）九月廿八日，致四弟國璜家信中也特別指出：

　　「盛時當作衰時想，上場當念下場時，富貴人家，不可不牢記此二語也。」⑦

　　這兩句話，前者針對家運，後者針對官運，都很有其智慧，極具警世作用。

　　所以，曾文正公經常提醒其弟：「擔當大事，全在明強二字」，「凡事非氣不舉，非剛不濟，即修身齊家，亦須以明強為本。」這是剛健進取之道，但另一方面，他也同時強調，應重謙遜退讓之道。

---

⑦　同❻，冊四，頁 224。
⑦　同❻，冊四，頁 2261。
⑦　同❻，冊四，頁 2277。

因此，同治二年（1963），曾文正公再次致函九弟國荃強調：

「然處大位大權而兼享大名，自古曾有幾人善其末路者？總須設法將權位二字推讓少許，減去幾成，則晚節漸漸可以收場耳。」

同治二年（1864），曾文正公寫給四弟國璜的信中，也特別提醒家人：

「家門太盛，有復不可享盡，有勢不可使盡，人人須記此二語也。」**⑱**

凡此種種，足證曾文正公深謀遠慮，經常從長遠著想；所以反覆訓誡家人，絕對不可仗勢欺人。

另外，曾文正公在咸豐四年（1854）七月十二日，再度指出：

「無論治世亂世，凡一家之中，能勤能敬，未有不興者。不勤不敬，未有不敗者。至切、至切！」**⑲**

到了同年九月十九日，他再向家人強調：

「凡一家之中，勤敬二字能守得幾分，未有不興；若全無一分，未有不敗。和字能守得幾分，未有不興，不和未有不敗者。」

另外，他也明白指出：

「仕宦之家，不蓄積銀錢，使子弟自覺一無可恃，一日不勤，則將有饑寒之急，則子弟漸漸勤勞，知謀所以自立矣。」

所以，在咸豐五年（1856），他更提醒：

「子孫之貧富，各有命定；命果應富，雖無私產，亦必自有飯吃，命果應貧，雖有私產，多於五馬之中，倍蓰什佰，亦仍歸於無

---

⑱　同**⑥**，冊四，頁 2283。
⑲　同**⑥**，冊四，頁 2027。

飯可知。」

　　尤其，儒家精神居家時，特重「孝」、「悌」，所以曾文正公以身作則，並把「孝」、「悌」結合起來；他在道光二十二年（1842）年，給諸弟的信中，就特別強調：

　　「余欲盡孝道，更無他事，我能教諸弟進德業一分，則我之孝有一分；能教諸弟進十分，則我孝有十分；若全不能教弟成名，則我大不孝矣。」❽

　　從本段話，很可看出曾文正公本身，做為兄長的風範與器宇，他能把本身教諸弟的「悌」，表現為對父母之「孝」，而且真正苦口婆心，認真力行，直到今天，仍然深值後人學習力行！

　　另外，曾文正公，在一八四三年給父母家信中，也曾強調，家和不但萬事興，而且幸福自生。

　　「夫家和則福自生，若一家之中，兄有言弟無不從，弟有請兄無不應，和氣蒸蒸而家不興者，未之有也；反是而不敗者，亦未之有也。」

　　他並曾進一步闡論，對「孝」與「悌」的心得：

　　「為人子者，若使父母見得我好些，謂諸兄弟俱不及我，這便是不孝；若促黨族稱道我好些，謂諸兄弟俱不如我，這便是不弟。」

　　他在這段，能夠跳出自我中心，而為兄弟著想，並且在父母前不爭寵，在族人前不搶功，足證他的胸襟恢宏，難怪從政的格局恢宏，很有精神高度！

---

❽　同❻，冊四，頁 1831。

所以，曾文正公曾經強調：

「吾細思凡天下官宦之家，多只一代享用便盡。」

然後，他進一步說明：

「我今賴祖宗之積累，少年早達，深恐其以一身享用殆盡，故教諸弟及兒輩，但願其為耕讀孝友之家，不願其為仕宦之家。」

所以，他曾明白的訓誡眾兄弟：

「但願兄第五人各各明白這道理，彼此互相原諒，兄以弟得壞名為憂，弟以兄得好名為快。兄不能使弟盡道得令名，是兄之罪；不能使兄盡道得令名，是弟之罪。若各各如此存心，則億萬年無纖芥之嫌矣。」

最後，他更提醒：「兄弟和，雖窮氓小戶必興；兄弟不和，雖世家宦族必敗！」

另外，他針對居官之道，也在五十六歲時，特別強調了「平實」二字。他說：

「近來閱歷萬變，一味向平實處用功。非萎靡也，位太高，名太重，不如是，皆危道也。」

曾文正公除了強調，親人要和諧合作，對於友軍合作，曾文正公也特別關心。所以他在同治六年（1867）指出：

「大約淮湘兩軍，曾李兩家，必須聯為一氣，然後賊匪可以漸平，外侮不能侵。」❽

這也正是易經名言，「二人同心，其利斷金」的至理。

同年，他給四弟國璜信中，再次指出：

---

❽　同❻，冊二，頁 685。

「大約凡作大官，安榮之境，即時時有可危可辱之道，古人所謂富貴當蹈危機也。」

他這段話，既有儒家「居安思危」的智慧，同時也有道家「福禍相倚」的豁達，深深值得後人重視與體認！

同治二年，他在給紀瑞侯信中，再次提醒：

「有福不可享盡，有勢不可使盡。勤字功夫，第一貴早起，第二貴有恆。儉字功夫，第一莫著華麗衣服，第二莫享用僕婢雇工。」

然後他再強調：

「凡將相無種，聖賢豪傑亦無種，只要人肯立志，都可以做得到的！」

同治六年（1867）四月六日，曾文正公勉勵四弟，若遇到百端拂逆，只有先逆來順受，仍以「悔」字「硬」字訣；到四月十一日再強調，不要在敗軍時引退，而要「忍辱負重，咬牙做去」，因為：

「處茲亂世，凡高位、大名、重權三者，皆在憂危之中。」

他並進一步的說明：

「禍咎之來，本難逆料，然唯不貪財、不取巧，不沽名，不驕盈四者，究可彌逢一二。」❽❷

所以，同年六月六日，曾文正公寄信給其夫人，強調居家與居官，均應警惕之道。他說得很中肯：

「居官不過偶然之事，居家乃是長久之計，能從勤儉耕讀上做

出好規模，雖一旦罷官，尚不失為興旺氣象。若貪圖衙門之熱鬧，不立家卿之基業，則罷官之後，便覺氣象蕭索。」

因此，他指出，「凡有盛必有衰，不可不預為之計。」

另外，他也在同年六月，給其九弟國荃家信，再強調「吾兄弟高爵顯官，為天下第一指目之家，總須於奏疏之中加意檢點，不求獲福，但求免禍。」❸

同年七月七日，他在致函四弟國璜中，再次指出「人以極品為榮，吾今實以為苦惱之境」。

同治十年（1871），曾文正公已經六十歲，特別在寄給國璜國荃家信中，明白提醒：「官途險巇，在官一日，即一日在風波之中，能妥貼登峰者實不容易。」❹由此可見，他終身謹慎謙遜的風格，至今對於政治人物，仍然深具警惕作用。

所以，曾文正公曾經在一八六五年家信中指出：「吾不望代代得富貴，但願代代有秀才。」因為，「秀才者，讀書之種子也，世家之招牌也，禮義之旗幟也。」

他並盼兒子，也能奮勉用功，「為人與為學並進，切戒驕奢二字，則家中風氣日厚。」

另外，他也曾在一八六四年家信中強調：

「門弟太盛，余教兒女輩唯以勤、儉、謙三為主。」

由此證明，他不論居官或居家，都是相通，而且始終一致，即使今天，仍然深值後人重視與力行。

---

❸　曾文正公日記，同治六年六月廿二日。

❹　同上，同治十年十二月十八日。

除此之外，同治元年三月，他也在給九弟信中警示：

「富貴功名，皆人世浮榮，惟胸次浩大，是真正受用。」⑧

咸豐八年八月廿八日，他給弟家信又強調，家中要「養魚、養豬、種竹、種蔬」。他認為從這四件事，可以觀察人家興衰氣象。同年九月，他再向三弟指出：

「家中養魚、養豬、種竹、種蔬，皆不可忽。」⑧

此中原因，「一則上接祖父以來相承之家風，二則望其外有一種生氣，登其庭有一種旺氣。」

所以，他在咸豐十年（1860）向四弟指出，「治家之道」大約有八個字，前四個字「書、蔬、魚、豬」，後四個字「早、掃、考、寶」。他並進一步說明：

「早者，起早也；掃者，掃屋也；考者，祖先祭禮，敬奉顯考；寶者，親於鄰里，時時周旋，賀喜弔喪，問疾濟急，是岡公常曰：『人待人，無價之寶也。』」

因而，他常向家人強調：

「家敗，離不得個『奢』字；

　人敗，離不得個『逸』字；

　討人嫌，離不得個『驕』字。」

所以，他曾明確指出，總怕家人習於「驕、奢、逸」三字，至今仍然深深值得重視！

另外，他在咸豐十一年（1861）給四弟信，曾經警示家人：

---

⑧　曾文正公日記，同治元年三月四日。

⑧　同上，咸豐八年九月二十八日。

「富家子弟多驕，貴家子弟多傲。」這對今天很多政界與企業界新生代，也是很重要的警惕！

同年，他並曾提到，他在日記中有「八本之說」：

「讀書以訓詁為本，

　作詩文以聲調為本，

　事親以觀心為本，

　養生以戒惱怒為本，

　立身以不妄語為本，

　居家以不晏起為本，

　作官以不要錢為本。

　行軍以不擾民為本。」

同時，他又講「三致祥」：「孝致祥，勤致祥，恕致祥。」

凡此種種，對於今天居家居官，均具有重要的啟發性！

上述政治哲學與人生哲理，看似平淡，其實極為深刻深邃，也均為曾文正公在艱困中的閱歷所得。天下英才若能知之用之，相信必能同樣成功！

反之，如果人才對此視而不見，或者見不而學，或者學而不行，或者行而無恆心，那麼，就算是天縱英才，也都很難成功！

所以今後中華兒女，凡是有大志的人才，都很值得深深體認曾文正公上述教誨，化為自己奮發努力的座右銘，終生見賢思齊，持之以恆，那才能成就偉大功業！

如果更多仁人志士，都能效法曾文正公這種希聖希賢的大志，並且共同以「振興中華」為己任，相信必然人才濟濟，開創中興氣象，那何只是中華民族之幸，更將是整體的時代之福！

第十章
孫中山先生的政治哲學

一、中山先生的世界性威望

孫中山先生創建了中華民國，長期以來，在臺灣很受敬重，直到近來臺獨當政，才出現稱其為「外國人」的謬論。

但在臺灣，很少人知道，中共也一直很尊崇中山先生，茅家琦等 2001 年出版的《孫中山評傳》，即稱之為「五十年來的一門顯學」，並引述段雲章、馬度忠編的《孫中山辭典》，統計海內外有關孫中山論著及史料總編數，將近有 600 種之多。

大陸對臺灣出版中山先生的著作，最重視吳相湘的《孫逸仙先生傳》，以及傅啟學《國父孫中山先生傳》；對於前者，更認為「資料非常豐富」。

但大陸學者陳福霖也指出：

「吳相湘認為中國人對孫中山的崇敬，是為了他革命的成功。」他對此持不同意見。

因為他認為，孫中山先生領導革命並未成功，他並強調，「孫

中山臨死的時候，也承認了他的革命尚未成功。」❶

所以他說，「孫中山一生最偉大的地方，應該是他在屢次革命失敗的時候，他對救國救民的決心絕不動搖。這種決心，表現了我們中國千年來最可貴的精神。」

但事實上，孫中山先生推翻了滿清，結束了二千多年的帝制，建立了亞洲第一個民主共和國。從這方面來看，他的革命，當然還是有成功的部份。

從「興中會」宣言來看，有四個目標，同時涵蓋民族主義（「驅逐韃虜，恢復中華」），民權主義（「建立民國」），以及民生主義（「平均地權」）。在這四大目標中，他完成了三項。所以，雖然「革命尚未成功」，但也並非完全沒有成功。

另外，從他生前主張的三民主義與遺囑來看，民族主義部分，他的遺志是「廢除不平等條約」，當時尚未完成，後來是在抗日勝利之後，由蔣中正先生完成。

至於民生主義部分，「物質建設」的《實業計畫》，當時仍因軍閥割據，無法開展，後來蔣中正先生北伐成功，曾經有「黃金十年」的建設時光（民 17-27 年），進行了一部份。

隨後，因為日本侵略，無法繼續建設，抗戰勝利後，國共又內戰，蔣中正到臺灣，用三民主義建設，才形成「臺灣奇蹟」。

大陸則因各種政治運動，無法開展經濟建設，文革十年甚至造成空前浩劫，直到四人幫倒臺，鄧小平開始改革開放，中共近年來用孫中山實業計畫為建設藍圖，才開始突飛猛進，日新月異，有了

---

❶ 茅家琦等，《孫中山評傳》（南京：南京大學出版社，2001 年），頁 9。

翻天覆地的進步。證明中山先生的建國方略，確實能夠有用，非常符合中國國情。

此外民權主義部份，因為國共內戰，雙方均未能充分實踐；但蔣公在動亂中，仍將憲法帶到臺灣，並率先實施地方自治基層選舉；唯因時屬戰亂，仍然限制部份人權。直到經國總統晚年毅然解嚴，解除黨禁、報禁，才對於民主改革更加落實。

然而，經國總統過世之後，憲法歷經李登輝六次修改，已完全破壞「責任內閣」的機制，形成總統有權無責，民主倒退，以致對於總統，無法監督制衡。臺灣因而不幸走向貪腐與臺獨，「獨裁」與「臺獨」的兩獨合流，更加速臺灣的沉淪。

在大陸方面，鄧小平強調改革開放之後，提倡「思想解放」、「實事求是」，經濟建設很有進步，但對政治建設仍有很大的開放空間。中共憲法歷經多次改變，從形式看，有關人權自由的清單都很完備，但在執行方面，仍然有待落實。

所以，綜合上述可知，孫中山先生所期望的「革命」，至今確實尚未完全成功。

問題在於，「革命」的時代已過去，今後需要的，是全面力行「改革」，誰能加速政治經濟改革，誰才能真正贏得民心，進而完成統一富強的偉業，才算真正完成中山先生遺志！

在美國論述孫中山的著作中，大陸非常重視鄭竹園（1989 年著作），以及張緒心（1991 年著作），並且特別著重韋慕庭（C. Martin Wilbur）和史扶鄰（Herold Z. Schiffrin）。

韋氏的代表作，是由哥倫比亞大學於 1976 年出版，名為《孫中山：受挫的愛國者》（*Sun Yat-sen: A Frustrated Patriot*），由楊慎之中

譯,中山大學 1986 年出版。大陸介紹這本書的特色:

「廣泛利用前人沒有引用過的外文資料,對第三國際與孫中山的關係問題論述尤多。這對了解孫中山晚年的思想和中國國民黨改組問題頗多啟示。」❷

所以《孫中山辭典》中,論介本著作:

「本書利用大量之外文檔案,文獻資料,力圖勾勒出孫中山坎坷多難的政治生涯。在著者看來,孫自己對於祖國的夢想,與實現他個人的雄心之間的差距,國際政治的實際與國內形勢之間的矛盾,構成孫可悲而坎坷的一生。」❸

然後,文中進一步強調:

「筆者稱讚孫是一個不計個人得失、一心為國家的愛國者,但反對他所認為的『神化』孫的傾向。」

另外,史扶鄰還撰寫了《孫中山——勉為其難的革命家》,1980 年在加拿大出版,1996 由中國華僑出版社印行中譯本。

在本書中,史氏分析孫中山先生的特色:

「在致力革命時,他寧願選擇最少使用武刀的措施達其目的。……他反對鼓勵階級鬥爭,也不願用暴力手段去消除本國的不公平根源。」❹

然後,他又評論中山先生,「他雖具大無畏的精神,但缺乏真正革命家所特有的冷酷。」

---

❷　同上,頁 15。
❸　同上,頁 15。
❹　同上,頁 16。

因此，他的觀察結論：「簡言之，他寧願談判而不從事殺伐，求和解而不想進行曠日持久的鬥爭。這些品質使他上半世紀看起來彷彿是唐吉訶德式的，而不是革命家的奇怪人物。」

從這段評論中，明顯可見，史氏對孫中山來自儒家的「仁愛」、「博愛」思想，幾乎一無所知。

他心目中的革命家，恐怕只有像列寧的冷酷，或毛澤東的「不斷革命論」，要「進行曠日持久的鬥爭」才能算數。但孫中山顯然不是，孔孟也不是，甚至印度甘地也不是，但均無損於他們成為世界性的偉人。

所以，當史扶鄰認為「孫中山的作風令人費解」，其實只說明他本人對孔孟的政治哲學，與孫中山的仁心，瞭解都太膚淺。

因而，茅家琦分析，「孫中山研究」的現象是「繁榮有餘，爭鳴不足」，亦即雖然「量」多，但「質」還不夠，「爭鳴不足」。

這就代表，對於孫中山研究，還不夠多元化，仍不夠「思想解放」與「實事求是」，以致還不能百家爭鳴，百花齊放。這的確是今後還應加強之處。

除此之外，茅家琦曾列舉國際上各國的政界，對中山先生的推崇，證明中山思想對亞洲的社會發展，深具重大影響。

例如，印尼蘇卡諾強調，他從前受別人影響，叫他「不要存有一點點民族主義的意識」，但是在 1918 年，「感謝真主，另外一個人提醒了我，這就是孫逸仙博士！」

因此他說：

「我的心，就從那個時候起，在三民主義的影響下，深深地樹

立了民族主義的思想。」❺

　　另外，越南方面，革命領導人潘佩珠，原先接受康有為、梁啟超君主立憲思想，但到 1905 年，在日本橫濱與孫中山兩次長談後，孫中山「痛斥君主立憲之虛偽」，令潘佩珠頓然醒悟，「胸中含有一番改弦易轍的動機，則自此始」。

　　因此，孫中山先生逝世之後，他的輓聯，非常感人：

　　「志在三民，道在三民，憶橫濱致和堂兩次握談，卓有真神貽後死。

　　憂以天下，樂以天下，被帝國主義者多年壓迫，痛萬分余淚泣先生。」❻

　　還有印度方面，革命黨人多次會晤孫中山，欽佩之餘，稱頌孫中山先生是「亞細亞的精神領袖」，而且，兼具「孔耶佛三者之人格」，可稱推崇備至。❼

　　所以，茅家琦綜合中外評論，明確認為：

　　「孫中山先生是一代偉人。他的偉大在於他推動中國乃至亞洲社會發展方面起了傑出的作用。」❽

　　另外，他又指出：

　　「孫先生的偉大，還在於它具有豐富的人文精神。亦即：

　　㈠尊重人生價值，尊重人生尊嚴；

　　㈡愛國與革命精神發揚光大；

---

❺　同上，頁 868。
❻　同上，頁 868。
❼　同上，頁 869。
❽　同上，頁 866。

㈢重視倫理道德和人權；

㈣力求和平手段解決問題；

㈤以清廉自省。」❾

上述重點，涵蓋了中山先生留給後人的重要典範，雖然並不很完備，但已掌握了很多核心價值。

另外，他也舉出很多中山先生過世後的輿論，證明中國人民對其普遍尊敬。❿

1.上海《申報》報道：

「中山先生真愛國者也，于為國之外，無其他雜念，可謂純潔之愛國者。」

2.上海《商報》也說：

「中山實能熔中國傳統之仁義觀念，與西方之奮鬥精神為一爐；合海國超運的意量，與中原簡毅之體質為一體，不知有身、不知有家、不知有敵人、不知有危害、不知艱難……寢饋食息，必于救國，造次顛沛，不忘鬥爭。」

上海《醒報》更刊出長文稱頌，稱其有三大特色：

一曰「富于革命精神」，「其不屈不撓的精神，洵足廉頑立懦矣。」

二曰「富于犧牲精神」，「不主君土而獨倡共和，毅然打破數千年家天下之陋習，足見其淡于權利思想，富有犧牲精神矣。」

三曰「富于創造精神」，「民主共和之制不妨自我而創，三民

---

❾　同上，頁869。

❿　同上，頁870。

五權之義不妨自我而倡，中華民國之成立，寧非創造精神之賜哉？」

就三民主義的精神而言，茅家琦的推崇也很中肯：

「三民主義也充滿了人文精神：民族主義、民權主義，是為了擺脫中國人民身上的民族壓迫、殖民主義及帝制主義之壓迫。民生主義則是為了預防經濟發展以後，廣大人民可能遇到的新痛苦。三民主義高度重視人生價值和人的尊嚴。」⓫

另外，北京出版社發行《孫中山全傳》，由李凡先生著，成為當時全大陸第四屆十大暢銷書之一，榮獲八項大獎，足證廣受人民的歡迎與肯定。

作者在封面上，明白寫道：

「孫中山先生贏得了當代和後世人們對他的無限敬仰與悵念。不僅是由於他領導人民推翻了二千多年的封建制度，創立了中國歷史上第一個民主共和政體，還因為他有著高貴的道德和偉大的人格。」⓬

另外，作者也指出：

「他是一個具有世界聲譽的頂天立地的偉人，卻一生過著清儉樸實的生活，和保持了平民化的作風。」

然後，作者進一步強調：

「他在歷史的激流中，是一位偉大的革命導師，在做人上，更是堪稱世人的楷模和表率。」

⓫　同上，頁 869。
⓬　李凡，《孫中山全傳》（北京：北京出版社，1996 年），封面。

此外，作者在「出版前頁」開宗明義，也充滿感性的寫道：

「孫中山從革命中走來，在革命中離去，一生僅 59 個春秋，由於他一生為『登中國于富強之域』，『出斯民于水火之中』，不停息地組織革命活動和一生堅守高尚的人格，所以孫中山不僅在歷史上留下了豐功偉績，而且還留下了許多嘉言懿行。」⑬

所以，他很誠心的稱頌：

「其業績，與山河共存，其風節；與日月同輝。他是一位舉世敬仰的偉人！」

事實上，中共領導人從第一代開始，就一直很推崇孫中山先生；如周恩來就曾說：

「孫中山先生的民主革命的思想，不僅在中國前一個革命階段中發生了巨大的影響，而且對亞洲許多實行民族獨立、民主革命的國家，也發生了不少的影響。」⑭

孫中山先生不只在大陸廣受尊敬，在亞洲與世界也廣受敬重，堪稱中國偉人中的第一人！

因此在 1956 年，孫中山先生誕辰 90 周年時，很多國際領袖都紛紛論述中山先生的貢獻。⑮例如：

——柬埔寨西哈努克親王稱：

「他的哲學思想，在所有亞洲國家裡留下深刻印象，孫逸仙將屬於全亞洲。」

---

⑬　同上，出版前頁。

⑭　同上，前言。

⑮　同上，北京。

　　——印尼總統蘇加諾說：

　　「孫中山博士是歷史上的一位偉大人物，他的功績不僅擴及中國人民，也播及全人類。」

　　——印度總理尼赫魯稱：

　　「在我們心目中，他不僅是中國偉大領袖，也是為反殖民統治，爭取獨立和社會進步的一位偉大的亞洲人。」

　　——越南胡志明主席稱：

　　「我們越南人，深切崇敬孫中山先生的奮鬥精神，和崇高道德。孫中山畢生的民族民主革命的活動，曾大大地鼓舞了越南人民爭取獨立和自由的鬥爭。」

　　胡志明把孫中山相片掛他辦公室，早年並曾把三民主義譯成越文，可見推崇之深。

　　——緬甸的人民自由同盟主席吳努也說：

　　「孫中山先生不僅是中國人民一位領袖，同時也是為全世界，特別是為亞洲樹立了榜樣的一位領袖；在我們國家裡，他的名字是人們所熟知的，而且受者深切推崇。」

　　——埃及總統納塞稱：

　　「他的鬥爭，不僅給了他的人民，而且也給予全世界一切被壓迫和覺悟的人民以鼓舞和力量。」

　　——巴基斯坦總統米爾札說：

　　「孫中山在本世紀的上半世紀，是體現了東方各國人民爭取自由願望的先驅。」

　　——丹麥的漢森主席說：

　　「他的名字和事業，永遠鼓舞著各國人民爭取自由不懈的鬥爭

意志。」

綜觀中國歷史的民族英雄中，成吉思汗曾遠征東南亞、中亞與俄羅斯，並統治全球近 30 個國家，凡 30 億人口，佔領土地超過美國與加拿大總和（等於整個非洲），堪稱世界史上第一人，然而，他畢竟是用武力霸道征服，讓人敬畏，但孫中山則是用王道，所以更能贏得普世人民的尊敬。

中山先生畢生革命目的，在於解放人民自由，而非控制人民自由，此中意義與價值更為不同，所以今後仍深值研究與敬重！

二、中山先生對臺灣同胞的感召

中山先生不僅在國際上影響深遠，廣受敬重，即使在被日本殖民統治的臺灣，同樣廣受臺灣同胞敬重，同樣是中國歷史偉人中的第一人。

根據戴傳賢 1927 年在中山大學演講，他曾強調：

「總理逝世前，我在北京侍疾，總理談及了日本有關的二三重要事項。」

然後，他轉述中山先生的願望：

「總理說，『我們對日本應該主張的問題，最少限度有三項，一是廢除日本和中國所締結的一切不平等條約，二是使臺灣和高麗最低限度獲得自治。』」

他並提醒民眾們：

「這是中山先生逝世前對臺灣的遺言，他是臨死不曾忘記被壓

迫統治的臺灣同胞。」 ⑯

　　事實上，孫中山先生在清廷割讓臺灣之後，才下定決心要走革命路線，以推翻清廷為己任，可見他心中對臺灣的重視。

　　如今很多臺灣人民，怨恨清廷割讓臺灣，讓臺灣人民飽受日本壓迫，成為「亞細亞的孤兒」；殊不知，最早用行動為臺灣人民出氣的，就是孫中山先生！

　　孫中山先生以實際革命，推翻了滿清政府，內心很大的動力，就是對臺灣人民的關心、愛護、與同情！

　　他要為臺灣人民「打不平」，這就奠定了他與臺灣人民，擁有深厚長遠的淵源與情感。

　　所以，早在辛亥革命之前，中山先生就曾派陳少白來臺，吸收臺灣本土黨員，共同推動革命大業。他自己並曾多次親自來臺考察，足證對於臺灣的重視。

　　辛亥革命之後，他更派臺灣苗栗人羅福星返臺，策抗日動革命以響應，史稱「苗栗事件」，雖然壯烈犧牲，但同樣為中山先生關心臺灣人民，做了最好的血淚見證！

　　另外，中山先生在同盟會時期，還曾吸收臺灣秘密會員翁俊明等人，其中最有名的，還有後來公認為「臺灣孫中山」的蔣渭水。

　　蔣渭水等人效法中山先生創辦《民報》的精神，也在臺灣創辦《臺灣民報》，成為日據時代第一份、也是唯一的一份民間報紙，最能代表臺灣人民的心聲；他並經常在報上，介紹孫中山先生的革

---

⑯　戴季陶，〈孫中山先生與臺灣〉，引自《國民革命與臺灣》（臺北：近代中國出版社，1980），頁 12。

命事蹟，以及三民主義思想。

在中山先生病危之前，《臺灣民報》曾經多次登出專文，焦急之情躍於紙上，很能證明臺灣人民對他的敬仰。

中山先生逝世後，《臺灣民報》更連續刊出對中山先生的紀念文章，其中的追思與悲痛，也足以此證明臺灣人民的擁戴心聲。

後來，1927 年，蔣渭水甚至效法孫中山先生「中國國民黨」的體制與理念，在臺灣創立「臺灣民眾黨」，黨旗也仿青天白日滿地紅。後因日本人反對「白日」，才將十二光芒改為「三星」，象徵三民主義，足見孫中山先生對臺灣人民，感召多麼深刻！

我們從現存的《臺灣民報》，在中山先生過世前後刊登的文章，便深深可以感到，臺灣人民對孫中山先生的愛戴，真情畢露，發自內心，深深令人感動！

例如，民國 14 年 3 月 13 日，臺灣民報登出〈哭望天涯弔偉人〉，稱頌他是「自由的化身」、「熱血的男兒」、「正義的化身」。文中指出：

「當此廉恥喪盡，天良沉淪之時，只有孫先生與其部下之一部，堂堂掛著三民主義，而奮鬥、而戰爭。他的眼中，只有三民主義，只有正義，他於四十年間，為正義、為主義而戰。」**⑰**

最後，文中寓意深遠的強調：「泰山頂上的鐘聲停止了，但餘響還嘹喨著，酣睡著的人們，也漸漸地醒起來了。」

中山先生在遺囑中指出，要「喚起民眾」；臺灣人民，就是當時被感動而奮起的民眾之一。

---

⑰ 臺灣民報，1925 年 3 月 13 日內容。

　　另外，《臺灣民報》在 1925 年 3 月 16 日，即中山先生逝世後 4 天，再刊登張我軍（一郎）的文章，非常令人動容。

　　此文名為〈長使英雄淚滿襟〉，首先感嘆：

　　「啊！孫先生，你那知遙遠海外之孤島中，也有一個無名的青年，在湧淚痛慟！」

　　然後文中指出：

　　「我想我們弱小民族，只求有人替我們吐露平素的積憤，就能得到無限的安慰了。孫先生實在是我們崇拜的，他是弱小民族之父！」

　　他很欽佩中山先生的一生，「因為，他一生為自由而戰，為正義而戰，為弱小民族而奔走、而盡瘁！」

　　因此，文中最後強調：

　　「唉！現在他已和我們長別了，我們往後當自奮，以報先輩崇高的遺志。」❶❽

　　請聽，這是臺灣本土青年充滿血淚的心聲！同年 3 月 24 日，蔣渭水等人創立的「臺灣文化協會」，在臺北市文化講座，特別為中山先生開追悼會；當天傾盆大雨，天人共悲，會場只能容三千人，卻自動湧進五千人，充分證明臺灣人民對中山先生的敬重！

　　當天晚上，日本警察嚴陣以待，命令工作人員不得宣讀弔詞，也不准任何人演講，更加突顯臺灣人民面臨高壓之下，仍能自動聚集致敬，是何等的令人欽佩！

　　當時，張我軍的弔詞，雖經日本警察禁止宣讀，卻在秘密中流行；至今讀來，仍然令人非常感動！

---

❶❽　〈長使英雄淚滿襟〉，《臺灣民報》，1925.3.16。

文中明確表達：

「唉！

　大星一墜，東亞的天地忽然黯淡無光了！

　我們敬愛的大偉人啊！

　你在三月十二日上午九時三十分這時刻

　已和我們永別了麼？

　四萬萬的國民此刻為了你的死日哭喪了臉了。

　消息傳來我島人五內俱崩，

　如失了魂魄一樣。

　西望中原禁不住淚落滔滔了。」

然後，文中繼續向中山先生泣訴：

「先生！

　你在西紀一八六六年，帶著你

　超群的天才

　滿身的愛國家愛人類的精神，

　革命思想和實行的毅力，

　深入我人類之伍以來，

　前後六十年了。

　你年纔入冠，便委身於救國運動和革命事業，

　你在四十年的中間，

　始終用了你萬撓不屈的毅力，

　你的表示始終一貫的精神，

　來實行你千秋不易的主義。」

另外，文中進一步強調：

「那專制橫蠻的滿清朝廷的迫害，

　　那無惡不為的軍閥的壓迫，

　　那野心勃勃的外國帝國主義的嫉恨，

　　終不能奈何先生！

　　你的精神，你的理想，

　　雖未十分實現，

　　但是，你的毅力志氣，

　　已推翻滿清，建造了民國，

　　嚇壞了無恥的軍閥，

　　和殘酷的外國帝國主義，

　　喚醒了四萬萬沉睡著的人們了！」

　文中緊接著指出：

　「可是啊！

　　三民主義還未實現，

　　中國的革命還未成功，

　　大亞細亞聯盟還未實現，

　　前途正乏導師之時，

　　你殘忍刻薄的死神，

　　你竟把這位千古不獲的導師，

　　奪到死地國度去了！唉！」

　　最後，文中仍然化悲傷為力量，呼籲中國同胞，堅守中山先生遺訓：

　「中國的同胞喲！

　　你們要堅守這位已不在了的導師的遺訓：

革命尚未成功，

同志尚須努力哪！

先生的肉體雖和我們長別了，然而

先生的精神，

先生的主義，

是必永遠留著在人類心目中活現。

先生的事業，

是必永遠留著在世界上燦爛！」

這篇紀念中山先生的悼文，很能證明，臺灣人民對他，是如何從內心深處的敬仰！這種飽受日本鐵蹄迫害的人民心聲，更是如何令人心疼與感動！

同一時間，臺灣青年在北大的留學生，也發表了哀悼文：

「三百萬臺灣剛醒同胞，微先生何人能領導？

四十年祖國未竟事業，舍我輩其誰分擔？」

中山先生逝世週月之際，民國 14 年 4 月 11 日，《臺灣民報》再刊登文章：

「中山先生逝矣！民國之元勳，漢民族的領袖，東亞的大明星，世界的大偉人，這是孫先生可獨享的榮譽。」

然後文中指出：

「孫先生可稱為民國革命的元勳，世界的平和神，弱小民族的救星了。」

另外，當天登〈哀悼孫中山〉的文中則稱：

「中山先生確是中國歷史上第一偉大的人物，為被壓迫者奮鬥的民眾最偉大的領袖，中國貧民的唯一哲學家。」

孫中山先生逝世一週年時，《臺灣民報》繼續登出專文：

「先生是一位排斥滿清專制的鬥士，是一位為中國的自由、平等、為民權、民生而奮鬥四十年的人了。」

文中並指出：

「他乃因救中國而奮起的革命家。」是一位「因要建設一個自由平等的中國，而犧牲而奮鬥的改革者。」

民國 16 年，中山先生逝世二週年，被稱為「臺灣孫中山」的蔣渭水，在紀念會演說「孫先生歷史及主義」，公開呼籲臺灣人民，深深接納孫先生最後的呼聲：

「孫先生臨終時，尚連呼『和平、奮鬥、救中國』數十聲，希望今後出席之人，深深接納孫先生最後的呼聲：『和平、奮鬥、救中國』！」⓳

抗戰勝利之後，臺灣終於光復，民國 35 年 8 月，臺灣當時的第一大老林獻堂，率領臺灣致敬團，到大陸中山陵拜祭。他發表聲明時曾強調，臺灣光復，正是中山先生民族主義的感召：

「臺灣重光是中山先生民族主義感召之力，蔣主席領導抗戰之助，全國軍民奮鬥犧牲結果；本團回歸，此來虔拜中山陵，向最高領袖蔣主席致敬，向全國抗戰軍民致慰問之忱。」

另外，針對臺獨濫用「二二八事件」挑撥分化族群，林獻堂更曾用佛教比喻，有些寺廟和尚不良，不能怪到佛祖（中山先生），更不能怪到佛經（三民主義），可說非常精闢。

此即他所說的：

⓳　《臺灣民報》，1927 年 3 月 27 日。

「寺廟和尚有不良者，但不能因和尚不良，遂怨佛祖不善，佛經不當；故官吏有敗類，儘可非議，但不能因此對祖國，政府之慈愛，三民主義之正確，亦與懷疑。」❷⓿

另外，臺南名醫吳新榮也曾指出：

「我們永久主張，臺灣是臺灣人的臺灣，也是中國人的臺灣，為此我願意犧牲我一生！」❷❶

他並把兒子取名「夏統」，代表「華夏一統」之意，以統一中國為己任，臺灣本土先賢這種精神，非常令人感動！

相形之下，今天臺獨竟然宣稱「臺灣人不是中國人」，甚至扭曲解釋，稱「臺灣人」即為認同「臺灣國」的人，然後誣衊中山先生為「外國人」；這種謬論，既不能真正代表臺灣先民的心聲，更不能代表廣大而明智的臺灣人民心聲！

另外，臺灣本土名作家吳濁流，因為遵奉孫中山先生理念，所以也曾指責部份背離孫中山信念的國民黨員：

「吳濁流衷心遵奉國父孫中山先生，依照憲法的規定行事，用不著你們多嘴，你們身為國民黨員，都是黨的叛徒！」❷❷

他也同時在《黎明前的臺灣》中，語重心長強調：

「什麼外省人啦、本省人啦，做愚蠢的爭吵時，世界文化一點也不等我們，照原來的快速度前進著！」

今天重溫上述內容，令人非常沉痛，因為臺獨執政之後，不斷

---

❷⓿　《林獻堂先生紀念集》（海峽學術出版社，2005 年），頁 42-43。

❷❶　吳新榮，〈1950.6.29 日記〉，見施懿琳，《吳新榮傳》（臺灣省文獻會，1999 年），頁 12。

❷❷　吳濁流，《臺灣翹楚》（臺北：草根出版社，2005 年），頁 42-43。

分裂族群，製造省籍對立，殊不知在這種自我封閉、內鬥之際，世界早已遙遙進步了！

民國18年，中國初步統一，中山先生遺體奉安南京中山陵，《臺灣民報》再登出〈中山先生的奉安——中國曠古大典〉，文中指出：

「三民主義的力量，足使全世界主義者，心寒膽戰，由於據此而奮鬥的中國民族革命發展，而愈加強了世界弱小民族的勢力，同時我孫中山先生的精神與三民主義，也越顯出他的偉大。偉哉，孫中山先生！」

文中並大聲呼籲，大陸「毋忘臺灣」，因為：

「臺灣的民族就是中國的民族，臺灣的大地是中國的土地！」

相形之下，今天臺獨人士竟稱「臺灣的民族不是中國的民族」，並稱「臺灣的土地不是中國的土地」，甚至「臺灣人不是中國人」，我們緬懷《臺灣民報》本土先賢之餘，怎能不深感慚愧呢？怎能不奮起振作呢？

三、中山思想的淵源及演進

中山先生曾經強調：

「中國有一段最有系統的政治哲學，在外國的大政治家還沒有看到，還沒有說到那麼清楚的。」（〈民族主義演講〉）

他所講的，就是大學中所說的「格物、致知、誠意、正心、修身、齊家、治國、平天下。」他並指出：

「那一段話，把一個人從內發揚到外，由一個人的內部做起，推到平天下止。像這樣精微開展的理論，無論外國什麼政治哲學家

都沒有見到，都沒有說出，這就是我們政治哲學的智識中所獨有的寶貝，是應該要保存的。」(同上)

因此，分析中山先生的思想淵源，他自己說的很清楚，一是來自「堯、舜、禹、湯、文、武、周公、孔子」的中華文化傳統，二是吸收西方思想的精華，三是他自己獨創的見解。此中的思想演進，足以證明非常符合人心與時代潮流，對今天也很有啟發性。其中重點，可以分述如後。

孫中山先生在 1901 年的〈太平天國戰史序〉中，已經強調「漢家謀恢復者，不可謂無人。」可見民族主義已有雛型。

到 1902 年，孫中山先生在日本，向留學生演講〈中國應建設共和國〉，強調日本的明治維新，是學習王陽明知行合一，變成富強，但中國自己卻忘了陽明先生；其實，「日本不過四川省大」，卻能一躍成為頭等強國，我們不能妄自菲薄！

另外，他又指出，美國雖然版圖與清同樣大，但人口不過八千萬，而英國不過「區區海上三島」；俄雖挫於日本，土地雖大於中國，然人口卻不如我，至於法、德、義均不如中國。

所以，孫中山先生比較各國形勢後強調，「我們生在中國，正是英雄用武之時」！他並大聲呼籲國人：要能「建一頭等民主大共和國，以執世界之牛耳」！更盼青年能以救國為己任，均可看出他心中立志「振興中華」的民族主義澎湃熱情！

另外，1902 年，他在民報發刊詞〈二十世紀不得不為民生主義之擴揚時代〉中又指出，歐美之進化，夙以三民主義，「曰民族、曰民權、曰民生」，舉政治革命、社會革命，畢其功於一役，證明那時他已有「三民主義」的雛型。

他在〈中國同盟會軍政府宣言〉更指出，「治國大本，革命大經」有四：「驅除韃虜，恢復中華，建立民國，平均地權」，其措施之順序則為：「軍法之治、約法之治、憲法之治」，此時已可看出治國大綱。

到 1903 年〈手訂致公黨新章〉中，孫先生盼華僑，「本愛國保種之心」，「聯合大群，團結大力，以圖光復祖國、拯救同胞」，更可證明他民族主義與愛國主義的熱切。

1906 年，他在東京演講〈三民主義與中國民族前途〉，強調他所講的民族主義，並非排斥不同種族，而是「不許那不同族的人來奪我民族之政權」。他並說，「並不是恨滿州，只恨害漢的滿州人」，已見民族平等與融合之意。

另外，他也同時指出，「革命之事情，是萬不已才用，不可頻頻用之，以傷國民元氣」。可見他仍以和諧建設為主要思想，並不贊成經常濫用鬥爭。

然後，他並強調：「社會黨所以倡民生主義，就是因貧富不均，想要設法挽救」，此時他已強調強調「均富」的重要性。

到 1911 年 4 月，他在上海南京路同盟會，演講「民生主義真義」時，明確強調：

「三民主義者，同盟會唯一政綱也，今滿州政府已去，共和政體已成，民族民權之兩大問題已過，今後吾人之所急宜進行者，即民生主義是」。

他當時並指出，

「民生主義並非反對資本、反對資本家，而是反對少數人之經濟勢力，壟斷社會富源耳。」

由此可見，他已主張「均富」思想，以及社會正義原則。

事實上，1980 年發佈的「布蘭特報告」（Brendt Report），也已指出「南北差異」（The North-South Differences）存在，因為工業發展集中在北半球，南半球除了澳洲，均為貧窮落後集中地區。

因此，全球有志之士在 1983 年的《普遍危機》中呼籲，重視「世界重建的南方－北方合作」（North-South cooperation for World Recovery），堪稱全球均重視「均富」的例證。由此足證中山先生的遠見與仁心。

甚至，哈佛著名經濟學家熊彼得（Joseph Schumpeter 1883-1950），在其名著《資本主義，社會主義，與民主》（*Capitalism, Socialism and Democracy*）中，也不約而同的指出，資本主義因為本身成功發展，後來反而會邁向社會主義形式。

這距離中山先生學說，已經是 30 年後，由此也可看出中山先生「防範未然」的遠見，非常正確與高明！

另如，中國大陸在跨世紀工程中，開始強調「南水北調」（將江南水向北方調），以及「西氣東移」（將西部天然氣移向東方），也證明「均富」的思想，至今仍然廣受重視。

中山先生當時結論如後：

「總之，革命即是為眾人謀幸福，因不願少數滿州人專制，故要民族革命；不願君主一人專制，故要政治革命，不願少數富人專制，故要社會革命。這三樣有一樣做不到，也不是我們的本意，達到這三樣目的之後，我們中國當成為至完美的國家。」

因而，三民主義架構此時已經成形，他將民族革命、政治革命、社會革命並舉，很有其宏觀與遠見；如今事實證明，全世界關

心不出這三大問題，他能三者並進，證明深具智慧與魄力。

另外，對於憲法問題，孫先生當時也指出，「成文憲法，是美國最好，不成文憲法，是英國憲法；英是不能學的，美是不必學的」，因而那時，他已有獨創五權憲法的雛形。

換句話說，孫中山先生在清末民初，很多人仍支持君主立憲時，便明確提出，民主憲政才是中國應有之路，也才是與世界接軌的康莊大道，不能不承認為難得的遠見。他比起康有為、梁啟超等大學者，更具膽識、器識與遠見。

當時很多知識份子，攻擊民主政治缺點，然而，英國邱吉爾1947年對下議院的演講中，說得很中肯：

「除非所有其他的政府形式皆已經得起再三的考驗，否則民主政治仍然是最佳的政府形式。」

孫中山先生在此，早於邱吉爾四十年，就有遠見看出這點，堪稱中國歷史，開創民主憲政的先知。

尤其，他獨創的五權憲法，既能吸收歐美所長，又能擷取中華文化監察與考試的傳統，便形成中國人足以自豪的重要特色。

事實上，希臘名史學家修昔底德（B.C. 471-400），在大政治家培里克斯（B.C. 495-429）的葬禮演講中，宣揚舉世稱道的雅典民主，便曾強調，其特色在於能夠獨創憲法：

「我們的憲法不抄襲鄰國，我們不模仿別人，相反，卻是別人的典範；我們的政府為大多數人設想，而非為少撮人，這就是我們政府被稱為民主政體的原因。」㉓

㉓　《名人演說一百篇》，頁3。

　　中山先生稱其革命為「國民革命」，政府為「國民政府」，就在「為大多數人設想」；他的「五權憲法」同樣也不抄襲外國，甚至更可做為「別人的典範」──例如英國文官體系，即效法中國的考試制度，湯恩比便曾對此大加讚揚。

　　只是很多國人，對此並未深入瞭解，形成陽明所說「拋卻自家無盡藏，沿門托缽效貧兒」！反而只以英美憲法為典範，忘了中山先生早已看出「英是不能學的」，因為很多慣例，有其特殊國情與背景；「美是不必學的」，因其規定太鬆散，漏列了很多重要的體制。

　　到 1911 年的元旦，辛亥革命成功，中山先生在〈臨時大總統就職宣言〉中，更明確的強調「民族之統一」、「領土之統一」、「軍政之統一」、「內治之統一」、「財政之統一」，以五項統一為主要重點。

　　由此可見，「統一」為中山先生的重要核心思想。一直到 1924 年北上前，他均強調「中國應統一，人民才能幸福」，可見「統一思想」，為其民族主義與愛國主義的一貫立場。

　　另外，1911 年 4 月 17 日，他在上海實業界聯合會歡迎會中強調，「興辦實業為救貧之藥劑」；他並指出「我中華之弱，由於民貧，余觀列強致富之原，在於實業」，由此已可看出，他很重視建設實業對於建國濟貧的重要性。

　　同年 4 月 18 日，他在上海對自由黨講，「政黨有相互監督互相扶持之責」。然而，因為「現在我民黨之勢力，尚甚薄弱，恐未能達此目的」。

　　所以他仍強調，各政黨間應該相互分工合作，和諧並進，這對

於今日大陸，仍很有啟發性。

綜觀上述三項重點，「統一」為民族主義，「實業」為民生主義，「政黨」為民權主義，足證中山先生已開始同時宣揚三民主義的具體內容。

到 1914 年，他在廣東女師範，講「女子教育」，強調「民國既已完成，國民之希望正大，然最要者為人格」，「今日回復人格，第一件應從教育始」，「教育既興，然後男女可以平權」，不但可看出他很重視教育，而且很重視男女平等的思想。

同年，他在答覆同盟會女同志，論「男女平權」時，也指出「男女平權一事，文極力鼓吹，而且能率先實行」；另外他也方法，「今後世界提倡教育，必能得助」。

孫中山先生著作中，並未提到看過西方女性主義作品，但他的主張，卻都不謀而合。

例如，美國女性主義之母沃史斯東克拉夫（Marry Wollostonecraft, 1759-1797），在《婦女權利辯》（*A Vindication of the Right of Women*），即已強調婦女應有平等教育的權利，與中山先生完全相通。

只不過，中山先生特別提醒女性同胞，「切勿倚賴男子代為出力，方不為男子所用」，可見得他重視女權平等，但也同時鼓勵女性要能自立自強，非常有遠見，也非常能務實。

法國女性主義者西蒙波娃，在 1960 年代名著《第二性》中，詳細分析女性不應附屬男性，而應有本身的獨立性，也是強調女性要能自立自強，即與中山先生的慧見不謀而合。

1921 年 6 月，中山先生在〈三民主義的具體辦法〉明確指出：

「兄弟所主張底三民主義，實在是集古今中外底學說，順應世界底潮流，在政治上所得的一個結晶品。這個結晶的意思，和美國總統說底：of the people, by the people, and for the people 之話是相通的。」

他並進一步說明：

「這句話的中文意思，沒有適當的譯文，兄弟就把這文譯作：民有、民治、民享，of the people 就是民有，by the people 就是民治，for the people 就是民享。」

然後，他強調：

「林肯所主張的這民有、民治和民享主義，就是兄弟所主張底民族、民權和民生主義！由此可知兄弟底三民主義，在新大陸底偉人，已經是得我心的。」

由此可以證明，中山先生的三民主義，與林肯的理想，完全不謀而合，可稱心心相印，也是今後中國要富強的重要參考內容。

根據中山思想早年英譯，他把 of the people 譯成「民之國也」，by the people 譯為「由民而治者也」，for the people 則譯「為民而設」。

中山先生在 1921 年 12 月 7 日，演說〈三民主義為造成新世界之工具〉，其中也曾說明：「民有的意思就是民族主義」，也就是推翻滿清；另外，「必須把政治上的手段，實在拿到人民手裡來，才可以治國，才叫做民治；這個達到民治的道理，就叫做民權主義」；至於民生主義，「怎麼樣享受生活上幸福的道理，便叫做民生主義」，也就是民享。

今天看來，中山先生當時所提問題，非常完備，任何仁人志士

若要討論中國命運，都必須正視這三大問題。

所以，南京大學近年出版《中國思想家評傳叢書》中，特別印行《孫中山評傳》，其中明確提到：

「半個世紀以來，孫中山先生研究成為一門顯學。」

文中並且指出：

「他是一位偉大的歷史人物，他的思想的理論基礎主要是進化論與互動論。他的哲學閃爍著智慧的光輝；他的政治思想中十分豐富。」❷❹

然後，文中也有批評：

「但經濟思想卻和中國稍稍不足，政治謀略方面重大失誤。」

但事實證明，中山先生的經濟思想，體現在「實業計劃」，已經成為大陸經濟建設的「聖經」，並成功的使大陸經濟起飛中。

至於，政治謀略方面，該書認為中山先生主要有三大侷限，一是不夠冷酷，二是讓位袁世凱，三世晚年主張聯俄容共。

該書並進一步說明：

「在中國歷史上，宮廷鬥爭，六親不認，殺敵相鬥，你死我活，農民起義，血流千里……何來倫理道德？」❷❺

然而，孫中山先生的偉大，也正由此處可見；他提倡博愛、提倡儒家，不願以暴制暴、血流成河，所以希望建立民主政治，能夠長治久安。

該書從中國以往帝制的二十四史分析，認為是二十四部「相

---

❷❹　同❶，《孫中山評傳》，〈內容概要〉，頁9。

❷❺　同❶，頁954。

砍」的書，但忽略了中山先生推翻帝制、建立民國的苦心，就是希望從此政權能夠和平轉移，建立民主制度。該書未及見此，本身才形成一大侷限。

另外，中山先生讓位袁世凱，看似君子與小人之鬥，不夠狡猾毒辣，但從長遠來看，羅馬西賽羅（Cicero）早有名言：「誠實，才是最好的政策」，古今中外皆然。

尤其，袁世凱很快就失敗，就是這個道理。證明政治仍要有崇高理想，從政也要有高尚人格；如果只用詐術玩弄現實政治，縱然成功一時，長久仍會失敗，根本不足為訓！

至於聯俄容共政策，中山先生當時，因為對內歷經軍閥的壓迫，對外飽受列強的欺凌，只有俄國對國民革命表示同情，所以主張「以俄為師」，並主張聯俄容共，自然有其時代背景。

後來，中山先生逝世後，中國國民黨因此而分裂，形成國共的長期內戰，生靈塗炭，也造成很多時代的悲劇。

幸虧今天冷戰時期已過，國共也進入和解與合作，今後自應重新以中山先生的「振興中華」為目標，如魯迅所說，「歷經波劫兄弟在，相逢一笑泯恩仇」，才能共同合作，振興九州！

另外，孫中山指出「非學問無以建設」，並強調「高深的學問，是革命的基礎」，充分證明他對知識份子非常尊敬與重視。

他並認為，「物競爭存之義，已成舊說」，「人類進化，非相匡助，無以自存」，可見他很重視「和諧」、反對鬥爭，稟承中華文化「和為貴」，對兩岸社會的安定進步，都很有啟發性。

綜上所述，可見孫中山先生有很多先進思想，不但對後來創立民國，很有指導作用，即對今後兩岸，都有重大的啟發作用，深值

擴大研究、活學活用，進而共同完成振興中華的神聖使命！

馬克思在《費爾巴哈題綱》（*Theses on Feuerbach*, 1845）中有一段內容，正好可以說明孫中山先生政治哲學最大特色：「哲學家只是用不同的方式解釋世界，但問題在於改變世界。」

孫中山政治哲學的最大特色，就是他的政治哲學，不只解釋了世界，更明顯可改變世界！

他不但改變了中國二千多年的帝制，建立了亞洲第一個民主共和國，也影響了亞洲各國，紛紛走向民族獨立的現代化途徑！

直到今天，中山思想還影響著中國大陸以及臺灣，並影響全球的華人世界；孫中山先生不但是全球華人共同尊敬的偉人，並且持續鼓勵著兩岸，以其遺願做為共同奮鬥目標，邁向富強而統一的新中國！

因此，孫中山先生，堪稱是中國歷史上真正知行合一，能夠改變中國、甚至改變世界的哲學家！他的學說，深深值得大家共同研究與力行。

四、以振興中華為己任

孫中山先生曾強調：「中華民族者，世界最古之民族，世界最大之民族，亦世界最文明而最大同化力之民族也。」

只是，以往中華民族並未覺醒有民族主義。什麼叫民族主義呢？中山先生說明：「即民族之正義、之精神也。」❷❻

---

❷❻　孫中山，《國父全集》（臺北：國防研究院，1960），頁180。

因為民族以往無正義、無精神，所以一次亡於胡元，再次亡於滿清。他稱此為：「此有民族而無民族主義之所謂也。」

他並指出，民族主義之起源很早，發達於十九世紀，盛行於二十世紀。然而，「最文明高尚之民族主義範圍，則以意志為歸者也。」

所以他又指出，推翻滿清，「不過只達到民族主義之一消極目的而已，從此當努力猛進，以達民族主義之積極目的也。」

什麼是民族主義積極目的呢？中山先生明確強調：

「即漢族當犧牲其血統、歷史、與夫自尊自大之名稱，而與滿、蒙、回、藏之人民，相見以誠，合為一爐而治之，以成一中華民族之新主義。」

他並以美國為例，「如美利堅之合黑、白數十種之人民，而冶成一世界之冠之美利堅之民族主義，斯為積極之目的也。」❷⑦

事實上，中華民族若細數各種族，當然不止五族，如今大陸起碼有五十六族，即使臺灣原住民，也至少有九族，所以中山先生先問，「五族云乎哉？」然後語重心長的指出：

「夫以世界最古最大最富於同化力之民族，加以世界之新主義，而為積極之行動，以發揚光大中華民族，吾決不久必能駕美軼歐，而為世界之冠！」❷⑧

因此，他並勉勵國人：「此乃理有當然，勢所必至也。國人其無餒！」

---

❷⑦　孫中山，同❷⑥，文言本三民主義，《民族主義》，頁181。
❷⑧　孫中山，同❷⑥，頁181。

　　所以，孫中山先生定義「三民主義」時，曾經很生動的形容其為「救國主義」、「發財主義」，以及「打不平的主義」。

　　——「救國主義」，就是要救中國，成為富強統一的大國！

　　——「發財主義」，就是要人人都能發財，都能均富！

　　——「打不平主義」，就是要為民族地位打不平，為政治地位打不平，為經濟地位打不平！

　　平心而論，這確是中外古今政治哲學中，最為完備、也最得民心的理念與政綱。

　　西方政治哲學，從古代柏拉圖，到當代羅埃斯（John Royce），都在討論「正義」（justice）的問題，但都有其侷限：

　　一是只講理論，未講「怎麼做」，亦即只講論述，但未成為政黨綱領。

　　二是只講政治，未講經濟與民族，亦即只講民權主義，未及民生與民族主義。

　　三是只講概念，未能融合行動，亦即只講知，未講行，更未提倡「知難行易」的心理建設。

　　相形之下，只有三民主義，才能真正結合人心與中國國情，深入號召群眾，共同以救國救民為己任，並以均富發財為目標，而且以打抱不平為重點！

　　綜合而論，中山先生思想特色，一是傳承文武周公孔孟的政治哲學，加以現代化；二是吸收西方的長處，並加以中國化；三是經由其親身的革命經驗，加以人性化；所以能震古鑠今，形成既能夠救國、又能夠均富、還能夠打不平的政治哲學！

　　公元 2005 年 4 月，當中國國民黨主席連戰，突破兩岸近六十

年隔離與對立，與中共總書記胡景濤進行歷史性會晤時，胡景濤即曾寓意深遠的指出，孫中山先生很早就高舉「振興中華」的大旗，已經公認為全國各族人民一致尊敬的偉人。

胡錦濤很明確的說：

「在當年，中國內憂外患的情況下，中山先生第一個提出了『振興中華』的口號，這理應繼續成為我們兩岸中國人共同的追求和責任。」㉙

然後他進一步強調：

「中山先生為中華民族和中國人民，留下了許多珍貴的精神遺產，值得我們永遠的繼承與發揚！」

值得重視的是，胡錦濤所強調「值得我們永遠繼承與發揚」的，不再是共產主義，而是中山思想，特別是「振興中華」的共同理想！

這種以中山思想為共同語言的開明作法，明顯為兩岸甚至全世界華人，都開啟了令人振奮的民族新生機！

到了 2006 年 11 月 12 日，中共用最高規格，紀念中山先生誕辰 140 週年，胡錦濤更公開的強調，中山先生「始終致力於振興中華，終身追求的就是實現中華民族的完全獨立和中國的民主統一。」㉚

因此，胡錦濤再呼籲大家「重溫中山先生的主張」，等於首次

㉙　胡錦濤，迎接連戰致辭，《連戰大陸行紀實》（北京：九州出版社，2005年），頁 13。

㉚　胡錦濤，孫中山先生誕辰 140 週年紀念談話，2006.11.12。

將「民主統一」訂為明確目標,深值仁人志士共同重視!

　　胡錦濤所說,希望今後兩岸,能共同繼承與發揚中山先生的遺志,可說是兩岸從「一笑泯恩仇」後,最重要的共同目標。就此而言,中山先生的民族主義(大陸稱「愛國主義」,精神均相通),更可稱為兩岸的共同語言與最大公約數,深值今後中華兒女與仁人志士,共同重視與力行!

　　中山先生很早就指出,在中國講「民族主義就是國族主義」,是適當的,但在國外便不適當,因為外國人說「民族」,和「國家」便有分別。

　　在英文中,「民族」的名詞是「哪遜」(nation),但可有兩種解釋,一是民族,一是國家。事實上,英文中的國家,還可稱為 country 或 state,但國家主義又常稱為 nationalism,經常分不清楚。

　　所以中山先生指出,要分清楚最好的方法,便是看「用什麼力造成的。」

　　他並指出,「民族是由於自然力造成的,國家是用武力造成的。」

　　他所謂自然力,包括「血統」、「生活」、「語言」、「宗教」、「風俗習慣」等,簡單的說,就是文化的民族主義。因此,所謂振興中華民族,首需振興中華文化。

　　中山先生在此所說振興中華文化的內容,當然是開放的,不只一端,也不只一族,不是一元論,而是多元論。舉凡儒、道、釋各家思想,應百花齊放,才能成為光輝燦爛的恢弘氣象,也才能將中華民族從根救起。

因此，中山先生曾在〈民族主義〉演講中，兩次提到羅素：

「大的哲學家像羅素那一樣的人，有很大的眼光，一到中國來，便可以看出中國的文化超過於歐美，才讚美歐美。」

然而，他也提醒國人「普通外國人總說中國人沒有教化，是很野蠻的。」因為，當時中國人經常隨地吐痰、公然放屁、留髒的長指甲、不洗牙齒等，都是野蠻的表現。所以，要從人民的文化教養改起，從根本救起，才能恢復民族的精神和地位。

所以，中山先生在〈民族主義〉第三講中，開宗明義就指出：

「民族主義這個東西，是國家圖發達和種族圖生存的寶貝。」

他在〈民族主義〉第一講中，也曾強調：

「我們鑒於古今民族生存的道理，要救中國，想中國民族永遠存在，必要提倡民族主義。」

事實上，德國哲學家費希特在《告德意志民族書》中，所說重點，就是闡揚民族精神。他首先提醒德國人民：

「請大家想像兩種不同的境遇。兩著之中，你們必須擇取其一。」

然後他再強調：

「假若你們仍向愚昧與消沉之路進行，則奴隸生活之一切禍害，如貪乏、羞辱，勝利者之藐視傲慢等等，將來終必光臨，直到你們必犧牲原有的國籍與語文，以易得一個卑賤的生存地位，直到你們的整個民族，由此逐漸消滅而後已。」❸

試看清朝被日本打敗後，被迫割讓臺灣，臺灣人民慘遭日本屠

---

❸　費希特，引自〈西洋政治思想史〉，頁 396。

殺、羞辱、歧視，後來「皇民化」政策更企圖毀滅臺灣人的祖先牌位、國籍與語文等，均可證明東西方專制本質完全相同！

因此，費希特進一步指出：

「反之，假若你們徹底醒悟，一致奮發，則尚能夠過一種尚可忍受而猶是生存的生存。」㉜

他並由此強調：

「不寧唯是，你們將見一個新世代（ein Geschlecht），在你們前後左右生長起來。此新世代有為你們及為德意志人全體取得無上聲名之希望……你們將見德意志民族成為世界新生命的再造者！」㉝

後來，歷史果然證明，因為民族精神的振奮，德國果然一鼓作氣，打敗了法軍，重新獲得民族復興！

所以，中山先生在此內容，非常發人深省。他提醒，中國人雖然多，但「沒有民族精神」：

「實在是一片散沙，弄成今日是世界上最貧弱的國家，處國際上最低下的地位，『人為刀俎，我為魚肉』，我們的地位在此時最為危險。」

那麼，應該怎麼辦呢？

中山先生在此指出：

「如果再不留心提倡民族主義，結合四萬萬人成一個堅固的民族，中國便有亡國滅種之虞。我們要挽救這種危亡，便要提倡民族主義，用民族精神來救國！」

㉜　同上，頁396。
㉝　同上，頁396。

因而，中山先生曾經分析，從前民族何以危亡？

「凡是一種民族征服別種民族，自然不准別種民族有獨立之思想。」

他並舉日本征服高麗為例，指出「日本現在要改變高麗人的民族思想」，因此，其做法是：「高麗學校裡的教課書，凡是關於民族思想的話都要刪去。」

今天日本軍國主義想要利用臺獨，抵制中華民族，所以臺獨人士也用同樣方法「去中國化」，並將中國歷史分裂成「一中一臺」，稱母國是「臺灣」，敵國則是「中國」，甚至還教小孩，稱自己是「臺灣人」，不是「中國人」！

另外，臺獨教育還將學校裡的教科書，列出五百字句，「凡是關於民族思想的話都要刪去」，手法與日本當年，可說完全相同！深深值得共同警惕與改進，今後必須及早「將被顛倒的顛倒過來」，才能撥亂反正，重見光明！

另外，中山先生深知外國列強圖謀中國，所以當時講民族主義時，就強調，要喚起民眾，促進國人「能知」與「合群」：

「我們要恢復民族主義，就要自己心理中知道現在中國是多難的境地，是不得了的時代。那麼已經失去了的民族主義，才可以圖恢復；如果心中不知，要想圖恢復，便永遠沒有希望，中國的民族不久便要滅亡。」（第五講）

若問，如何恢復民族主義？中山先生講得很清楚：

「能知與合群，便是恢復民族主義的方法。」（第六講）

他並比喻，從前失去民族主義，好比是睡覺著，現在要恢復民族精神，就是要喚醒起來；醒了之後，才可以恢復民族主義。

這正如同拿破崙，很早就說：

「中國如同一頭獅子，讓牠繼續睡吧！否則等牠醒後，全世界都會震動！」

然而，中國這頭猛獅，已經沉睡百年，任人欺侮！如今要恢復知覺與活力，本是天經地義的事情，也才是合乎公平正義的事情，怎能再由列強牽制或圍堵？

今天列強經常製造「中國威脅論」，甚至「第二次黃禍論」，將中國污名化，就是一種自我中心、新霸權主義在作祟，也就是只准自己專橫，不准別人甦醒！

所以，中山先生指出，外國只有像羅素這樣的大哲學家，才能知道中華文化的偉大，但是一般列強，仍然輕視中國民族，甚至中國人自己也缺乏自信。因此今後一定要先恢復民族自信心！

英國李約瑟博士，為了替中國的科學成就討回公道，所以費盡終生心血，完成《中國科技文明史》，深深值得敬佩。他為中山先生所說的「能知」，以及恢復中國固有智能、恢復民族自信心，都做了最好響應！

中山先生終生，都為振興中華而奮鬥，他連遺囑中都強調：

「余致力國民革命凡四十年，其目的在求中國之自由平等，積四十年之經驗，深知欲達到此目的，必須喚醒民眾，及聯合世界上以平等待我之民族，共同奮鬥。」

其中核心重點，即在「喚醒民眾」，也就是呼籲民眾，要「能知」、要「合群」，才能進一步發揚固有智能，據此一方面弘揚中華文化，二方面學習歐美長處，才能迎頭趕上列強，並且「濟弱扶傾」，進入「大同世界」，這才是民族主義的真精神！

五、中國統一才能富強

中山先生早在民初時期，就曾多次強調「統一」的重要性。他並明確的指出：

「統一成，而後一切興革乃有可言。」❸❹

他並鼓勵留學生，立大志以報國，「建一頭等民主大共和國，以執世界之牛耳。」❸❺

另外，他也提醒青年，「我們生在中國，真是英雄用武之時。」他並曾經以美國為例，指出「美國之富強，是各邦統一的成果，不是各邦分裂的結果。」

然後，他更進一步指出：

「中國原來就是統一的，便不應該把各省再來分開。」

中山先生並曾說明：

「中國本部形式上向來分作十八省，另外加入東三省及新疆一共是二十二省。此外還有熱河、綏遠、青海許多特別區域及蒙古、西藏各屬地。這些地方，在清朝的二百六十多年中，都是統屬於清朝政府之下的。」

然後，中山先生分析歷代形勢，基本上都是統一的：

「推到明朝的時候，各省也是很統一的。再推到元朝時候，不但是統一中國的版圖，而且幾乎統一歐亞兩洲。推到宋朝時候，各省原來是很統一的，到了南渡以後，南方各省也是統一的。」

---

❸❹　《國父全書》（臺北：國防研究院，1960 年），頁 363。
❸❺　《國父全書》（臺北：國防研究院，1960 年），頁 364。

中山先生更往上推：

「更向上推到唐朝、漢朝，中國的各省也是沒有不統一的，不是分裂的，不是不能統一的；而且統一之時，就是治的，不統一之時，就是亂的。」

到了今天，因為外國勢力不願看到中國富強，所以才用「以華制華」，甚至「以臺制華」的方式，企圖製造分裂。

尤其近年以來，日本軍國主義者如中嶋嶺雄，公開主張「七塊論」，企圖將中國分裂為七塊，還有人提倡「五毒（獨）亂華」，將臺灣、新疆、西藏、內蒙、東北均分裂成獨立國。究其基本動機，都在阻撓中國統一，防止中華民族富強。

這些都是國際反華勢力的陰謀，凡是真正有人性、有良知的中華兒女，眼看中國從前被侵略的慘痛教訓，要奮發圖強、振興中華都猶恐不及，怎能甘心背叛民族大義、淪為民族敗類？

中山先生當時就曾指出：

「中國眼前一時不能統一，是暫時的亂象，是由於武人的割據。這種割據，我們要鏟除他，萬不能再有聯省的謬誤主張，為武人割據做護符。若是這些武人有口實來各據一方，中國是不能富強的。」

他並且進一步強調：

「這種割據式的聯省，是軍閥的聯省，不是人民的聯省。這種聯省，不是有利於中國的，是有利於個人的，我們應該要分別清楚。」

今天情形也很相似，臺獨明顯不利中華民國，也不利於臺灣人民，只有利於李登輝等親日本軍國主義的個人，以及陳水扁等企圖

掩飾貪腐的個人，我們也應「分別清楚」！

另外，臺獨人士今天高倡所謂「臺灣地位未定論」，強調所謂「開羅會議無效論」，甚至納入教科書，企圖對學生洗腦，否定中華民國統治臺灣的正當性，其目的也是企圖分裂中華民族。

殊不知，開羅會議為中、美、英三國領袖共同宣言，中國由蔣中正先生代表，美國由羅斯福總統代表，英國由邱吉爾首相代表，三人公開而明確的指出，日本應將臺澎及附屬小島歸還給中國！

後來，再經〈波茨塔條約〉及〈日本降書〉，對此更加確認；中華民國政府更在盟軍見證下，公開在民國 34 年 10 月 25 日於臺北接受投降，確定統治事實。其後，並由中華民國與日本，另外正式訂約確認，誰能再說臺灣地位未定？

固然，因為國共內戰，中華民國在〈舊金山和約〉中，並未參加，中國大陸也未參加，但隨後 1952 年 4 月 28 日，仍由日本政府正式在臺北，與中華民國政府簽訂「中日和約」，怎能故意抹煞此項事實，怎能企圖一手遮天，掩飾臺灣早已歸屬中國的事實？

臺灣名政論家南方朔，曾在 1980 年的《帝國主義與臺灣獨立運動》中，明白指出：

「臺灣獨立運動擁護者，至今不斷重複的主張，事實上不過是帝國主義的傳聲筒而已。」

時到今日（2007 年），經過 27 年之久，臺獨人士縱然已經執政，但其論述仍然在重複從前老調，仍然只不過是「帝國主義的傳聲筒」而已！

帝國主義支持臺獨有兩種型態，一是日本軍國主義，二是美國霸權主義，迄今沒有死心，仍在使用「以臺制華」的老套，阻撓中

華民族統一富強，利用臺獨做為國際反華勢力的馬前卒。

　　所以，只要臺獨政權想要轉移貪腐，便會不斷炒作臺獨舊調，只是有時為了爭取中間選票，又只得承認臺獨改國號不可行；例如陳水扁也曾公開說，臺獨是「自欺欺人」，「做不到就是做不到」，「李登輝做總統也做不到」！

　　然而，2008 年總統大選前，民進黨為鞏固基本票源，並且轉移貪腐問題，再次大張旗鼓，動用納稅錢，宣傳「以臺灣名義公投入聯」。眾所皆知，聯合國是以國家為單位的機構，若以臺灣名義加入，自然是以「臺灣」為國名，就代表在國際宣佈獨立。

　　只是 2007 年 9 月 30 日，民進黨中執會，仍然不敢通過正式改國號為臺灣，不敢「正式向國際社會宣告臺灣為主權獨立的國家」；只敢籠統稱，早日完成臺灣「正名」，企圖以此矇騙人民。然而，如此自我矛盾，卻還自稱「正常國家」決議文，正如馬英九所批評，民進黨本身才是「不正常」的表現！

　　日本學者矢內原忠雄，曾經分析《日本帝國主義下的臺灣》，明白承認「臺灣本為中國的領土」，因此日本統治臺灣，向來是以製造分裂、把臺灣從中國拉開，而與日本相結合為目的。

　　此即他所說：

　　「臺灣原為中國的領土，中國人的殖民地。像住在臺灣的日本人有其本據一樣，臺灣人在中國有其故鄉，有其共通的語言及習慣；因此，日本的統治臺灣，是把臺灣從中國拉開，而與日本相結合。」㊱

㊱　矢內原忠雄，《日本帝國主義下的臺灣》（海峽學術出版社，2003 年），頁204。

然而，臺灣人民都深具祖國愛，除了極少數的漢奸，或極少數「臺奸」自認「皇民」，絕大部分，都充滿濃烈的中華民族意識，也就是中山先生所說的民族主義。

所以，臺灣本土名作家吳濁流，在《無花果》中曾說：

「臺灣人具有這樣熾烈的鄉土愛，同時對祖國的愛也是一樣的。」❸

按照吳濁流的說法，這樣熾烈的「愛臺灣」、「愛本土」，根本是與「愛祖國」、「愛中國」是同樣的！怎能任由臺獨人士扭曲，竟說愛臺灣等於「反中國」、「去中國」？

另外一位本土作家葉榮鐘，在其回憶錄《小屋大車集》中，也感性的提到，臺灣人民對中華民族的關心：

「他們（日本人）的欺凌，壓迫使我們（臺灣人）對祖國（中國）產生強烈的向心力，正像小孩子被人欺負時，自然而然哭叫母親一樣。」❸

然後，他再進一步指出：

「他們（日本人）的歧視和欺侮，無異給臺灣人的祖國觀念與民族意識的幼苗，灌輸最有效的化學肥料一樣，使它滋長苗壯，而致於不可動搖！」

另外，臺灣本土名臣巫永福本來學醫，後來也因為心繫祖國，轉為著名的作家與民族主義者，他在臺灣光復後的日記，就曾寫到：

---

❸ 吳濁流，《無花果》（臺北：草根出版社，2004年），頁6。
❸ 葉榮鐘，《小屋大車集》（臺中：中央書局，1997年），頁106。

「五十年來為奴隸，

　今日始得自由，今日始得解放！

　自恃黃帝孫，有矜名朝節。

　我祖國軍來，你來何遲遲？

　五十年來破衣冠，

　今日始能拜祖，今日始能歸族！」❸❾

　　他在此引頸翹盼祖國軍隊，並問「你來何遲遲」，而且感嘆臺灣人民做了五十年的奴隸，終能「拜祖」，終能「歸族」！這種真誠的民族主義與祖國愛，誰能抹煞，誰能否認？

　　再如臺南名醫吳新榮，也在 1950 年 6 月 29 日的日記中寫道：「我們永久主張，臺灣是臺灣人的臺灣，也是中國人的臺灣，為此我願意犧牲我一生！」明白就是中華民族的民族主義！

　　這種至情至性，永久主張「臺灣人也是中國人」，臺灣「也是中國人的臺灣」，就是中山先生講的民族精神！

　　相形之下，今天臺獨人士只斷章取義，只說「臺灣是臺灣人的臺灣」，抹煞「臺灣也是中國人的臺灣」，怎能真正得到民心？

　　尤其，林獻堂曾經在臺灣光復後，組團到南京，語重心長的指出：「應知臺灣同胞在過去五十年中，不斷向日本帝國主義鬥爭，壯烈犧牲，前仆後繼，所為何來？簡言之，為民族主義也。」

　　因此，他寓意深遠的呼籲兩岸人民：

　　「永不願再見有破碎的國家，分裂的民族；自行分裂，就是自取滅亡！」

---

❸❾　巫永福，〈歡迎祖國軍來〉，引自《吳新榮傳》，頁 122。

足證當時，真正愛國的臺灣同胞，永遠不願見到中國分裂，更遑論用臺獨運動，去做國際反華勢力的馬前卒！那已公然成為中華民族的叛徒，所有仁人志士都應警惕，並且如同孔子所說：「鳴鼓而攻之」！

中山先生在過世前一年，曾在日本向國際記者提醒：「中國要能統一，人民才能享福；中國不能統一，人民只會受害！」❹

中山先生這種高瞻遠矚，很早就看清楚，中國只有透過統一，才能達到富強境地，人民才能幸福！深值今後兩岸同胞共同奮鬥、互助合作，並且一致對外、反對分裂，才能早日成功！

六、民權政治不能完全仿效歐美

中山先生曾經指出，中國從前守舊時，總是反對外國，「極端信仰中國要比外國好」，等到後來失敗，便不守舊，而去維新，「反過來極端的崇拜外國，信仰外國是比中國好。」但事實上，這兩項都是盲目的，都不足為訓。

所以就民權問題而言，中山先生曾經強調：

「歐美的民權政治，根本上還沒有辦法，所以我們提倡民權，便不可以完全仿效歐美。」

那麼，應該如何態度呢？中山先生指出：

「我們要能夠想出辦法，雖然不能完全仿效歐美，但是要借鏡於歐美，要把歐美以往的民權經驗，研究到清清楚楚。」

---

❹ 孫中山，1924 年 11 月 24 日，向記者講話，同❷，頁 1037。

因此，在民權問題上，中山先生特別舉出「議會政治」與「萬能政府」，深入分析歐美在這兩項的利弊經驗。

中山先生首先強調，「凡是國家的大事都要由議會通過，才能執行；如果在議會中沒有通過，便不能執行。這種政體叫做『代議政體』與『議會政治』。」

但成立這種代議政治之後，民權是不是就充分發達了呢？

中山先生認為並非如此，他提出批評：「外國人所希望的代議政治，以為那就是人類和國家的長治久安之計，那是不足信的。」

他並以中國情況為例：「大家都知道理，在中國的代議士，都變成了『豬仔議員』，有錢就賣身，分贓貪利，為全國人民所不齒。各國實行這種『代議政體』，都免不了流弊，不過傳到中國，其流弊更是不堪聞問罷了。」

因此中山先生強調：

「大家對於這種政體，如果不去聞問，不想挽救，把國事都付託到一般『豬仔』議員，讓他們去亂做亂為，國家前途是很危險的。」

若以今天臺灣情形而論，把國家付託到一般「黑金」議員，與交給「豬仔議員」同樣不堪聞問，絕非真正民權，也對國家非常危險；可見並非在形式上有代議制，就能真正達到民主政治。

至於「萬能政府」問題，人民應如何面對？中山先生特別提到「權能區分」的創見；讓人民有權，政府有能，才是正確的態度。中山先生稱此解決方法，是「世界上學理中第一次的發明」，也是「解決這個問題的一個根本辦法」，充分可見其重要性。

中山先生所說的「權能區分」，曾以司機與乘客為例，乘客如

同人民，有「權」，但自己不開車，委託司機去開；司機有「能」，但要聽命乘客，亦即政府要聽從民意。

如此一來，政府有公權力，但在方向上，不能自作主張，政策必須聽從民意，由人民指示方向，再由政府去執行。

就此而言，中山先生同時區分「政權」與「治權」的不同。

在「政權」中，有選舉、罷免、創制、複決四部，代表人民有權選舉政府，如果無能，即予罷免，如果代議政府不能反映民意，便以直接民權的「創制、複決」補救。

另外，在政府「治權」中，則有「行政、立法、司法、考試、監察」等五種；除了歐美三權分立之外，再從中國傳統的考試與御史制度，演變成考試權與監察權，形成中山先生所獨創的「五權憲法」。

中山先生在中國歷史上，最大的功勞，就是推翻兩千多年的帝王專制，建立了亞洲第一個民主共和國，也開創了中國歷史前所未有的格局。就此而言，他並非任意盲動，而有其民權思想，那就是「民權主義」。

他在文言文的《三民主義》中，提到民權主義，首先提到：「我中國數千年來聖賢明哲，授受相倚，皆以為天地生人，固當如是，遂成君臣主義，立為三綱之一，以來縛人心，此中國政治之所以不能進化也。」可說首次挑戰以往兩千多年的忠君思想，極有過人膽識，貢獻也極為重大！

所以，大陸學者指出：

「孫中山的民主思想，成為近代中國民主發展的第一個高峰，

　　然後，中山先生進一步指出，中國從前雖然有「大道之行，天下為公」，又有「天視自我民視，天聽自我民聽」、「民為重君為輕」、「國以民為本」等言論，然而此不過「一隙之明，終莫挽狂流之勢。」

　　中山先生所說，「終莫挽狂流之勢」，是指從前君權思想，成為歷代狂流主流，雖然民本思想曾有一線曙光，但終究仍未成為主流，也終究還未成為制度。

　　然而，近代以來，民智日開，民主思想崛起，所以中山先生指出，從國民革命開始，因為「富冒險精神之人……至於新天地，以抒其鬱勃不平、積久必申之氣，而興其拓殖事業，宜乎其結果為開發一新政治思潮。」

　　例如，盧梭的《民約論》，孟德斯鳩的《法意》，建立了歐美三權憲法，「為政治之本」，中山先生稱為「民憲之先河，而開有史以來未有之創局」。

　　所以，他引述林肯所說：

　　「『為民而有、為民而治、為民而享』者，斯乃人民之政府也。有如此之政府，而民者始真為一國之主也。國家之元首，長官，始變而為人民之公僕，服役於民矣。」❹

　　因此，中山先生早在 1906 年 12 月《民報》週年大會，即曾明白說明：

　　「平等自由原是國民的權利，官吏都是國民公僕。」

　　中山先生擔任臨時大總統時，也破天荒強調，政府官員只是

---

❹　同❿，頁 181。

中山先生擔任臨時大總統時，也破天荒強調，政府官員只是「公僕」的服務觀念：

「鞏固中華民國，圖謀民生幸福，此國民之公意，確實尊之，以忠予國，為眾服務」。

此所以中山先生特別指出，四大直接民權的重要性，也就是要同時有「選舉、罷免、創制、複決」四種民權。

中山先生當時革命初成，有官僚說，「人民程度不足」，甚至有國民黨人，也附和說，「人民程度不足，不可以直接民權」。中山先生曾經痛加批評：

「嗚呼！是何異為小孩曰：孩小不視字，不可入校讀書也！」

所以他曾強調，今天為人父兄者，能如此講嗎？身為革命志士，既以先知先覺自許，即有教導責任，怎能反而剝奪民權呢？

中山先生更進一步強調，民主時代之中，行政首長各級官吏，都只是「人民公僕」，公僕怎能說，我們主人知識幼稚、程度太低，不可以直接行其主權？

中山先生這種空前的「思想解放」，堪稱中國歷代空前所未見！今天證明，確是先知先覺！當時連其很多幹部都趕不上，以致他常痛斥，「志士、黨人、官僚、政客者，將欲何為也？」

中山先生果然很有遠見，他當時就預判，今後這些人，「其賢必自大者為王莽、曹操、袁世凱之流者，而次者則圖私害民，為國之賊也」！

後來事實證明，果真如此！原先有些黨人因為腐化而變質，到了北洋軍閥，更是圖私害民，均成為「國之賊」！

最後，中山先生並語重心長的指出：

「民國之主人，人員雖幼稚，然民國之名有一日存在，則顧名思義，自覺者必日多，而自由平等之思想，亦必日進，則民權之發達，終不可抑過。此蓋進化自然之六道也。」

然後他講出一段很重要的結論：「世界潮流，浩浩蕩蕩，順之者昌，逆之者亡」！

如今來看，這結論確是深具遠見，一針見血之論！

另外，中山先生認為，美國爭平等的歷史，是「世界歷史中的大光榮」，但平等爭成功之後，把平等兩個字走到極端，「把平等地位不放在立足點，要放在平頭點，那就是假平等了。」

所以，中山先生強調，真平等是「各人在政治上的立足點都是平等」，無論聖、賢、才、智、平、庸、愚、劣，都能在政治地位平等；用現代術語說，就是人人在人權上平等，在機會上平等；而且，人人平等、票票等值，無論莎士比亞，或是屠夫，在民主選舉上都是平等的一票。

中山先生並進一步指出：

「世界人得之之天賦上的才能，約可分為三種，一是先知先覺，二是後知後覺的，三是不知不覺的。先知先覺的是發明家，後知後覺的是宣傳家，不知不覺的是實行家。」

他強調，這三種人要「互相為用，協力進行，然後人類的文明進步，才能夠一日千里。」

這正如同柏拉圖所稱，人可以分金銀銅三種天賦才能，如同人的身體有頭腦、胸腹與下身，分別以智慧、氣概與慾望為特色；但三者缺一而不可，必須互相為用才行。

所以中山先生指出，「天之生人，雖然有此聰明才力此三種不

平等，但是人心必欲使之平等，這是道德上的最高目的，人類應該努力進行。」

那麼，如何進行呢？如果以強欺弱，以智欺愚，以大欺小，變成以私心奪取為能事，就會社會大亂，也無公義可言。

因此，中山先生特別提出他的創見，「服務的人生觀」：

「聰明才力愈大的大，當盡其能以服千萬人之務，造千萬人之福；聰明才力略小的人，當盡其能力而服十百人之務。」

另外，「至於今無聰明才力的人，也應該盡一己之能力，以服一人之務，造一人之福。」

根據中山先生，要能調和這三種人，人人以「服務」為目的，不以「奪權」為目的，才是真正的平等：

「照這樣做去，雖天生人之聰明才力，有三種不平等，而人類由於服務的道德心發達，必可使之成為平等了。這就是平等的精義。」

這種人人盡其在我的服務觀，不分聰明才智、不分尊卑富貴，都能對自己份內工作盡心盡力，堪稱最為切實可行，也最為符合平等，深值大力弘揚與推動！

英國海軍名將納爾遜（Nelson）有句名言：「英國盼望每個人都能盡其責任。」（England expects every person to do his duty.）

這是他在打敗拿破崙海軍後，光榮殉職前所留的遺言。看似很簡單，卻很重要，只要人人力行，處處力行，就能振興國運！這也正是中山先生「服務的人生觀」同樣精神！

英國以小小三島，當時只有二千多萬人，大家憑藉這一種人生觀，人人盡心盡力，竟能成為十九世紀第一強國，號稱「日不落

若能人人盡其在我,以中山先生「服務的人生觀」自勉自勵,盡心盡力,怎能不成為世界第一強國呢?

七、民生應求均富

中山先生在文言文的《三民主義》中,論述民生主義,首先就開宗明義稱,「民生主義者,即社會主義也。」然後分述「土地」及「資本」,以及民生應解決的兩大問題。他強調,一定要對此先防患未然,否則將會形成嚴重的貧富懸殊,甚至發生社會大革命。

所以中山先生指出:「中國社會主義者,要使用歐洲的生產方式,使用機器,但是要避免其種種弊病。」

換句話說,民生主義擷取歐洲資本主義「求富」的長處,但避免其「貧富不均」短處,同時擷取社會主義「求均」的長處,但避免其「均貧」的短處,所以形成「均富」的重要特色。

大陸學者王興業稱,民生主義「是孫中山為代表的先進中國人,突出的一個試圖解決中國經濟問題的方案。」可說相當中肯。[42]

筆者也曾經親自問過中共重要領導人,什麼叫做「有中國特色的社會主義?」

他答覆八個字:「市場經濟加社會正義。」前者正是資本主義的長處,後者則是溫和的社會主義長處。

---

[42] 王興業,《孫中山與中國近代化潮流》(北京:人民出版社,2005 年),頁230。

的長處，後者則是溫和的社會主義長處。

所以，我曾再問，這是否即為孫中山先生的「民生主義」？

他明確點頭，稱「就是」！

所以，王興建在此分析，就明顯有所不及。

「民生主義是以空想社會主義為標志，以發展資本主義為內容之資產階級經濟綱領。」

因為這種用語，仍然停在形式的馬克思主義窠臼，思想還未解放。事實上，溫和漸進的社會主義，未必就是「空想」；另外，稱民生主義是資產階級經濟綱領，也是並不正確。

但王建興所說，民生主義「和民族、民權、兩大主義一樣，是符合中國歷史發展方向的，是進步的。」則為中肯之論。

因為，根據中山先生看法，中國歷史發展，一直存在貧富不均的問題：

「得有土地及資本之優勢者，竟成暴富；而無土地及資本之人，則將因之謀食日艱。由是富者愈富，貧者益貧，則貧富之階級日分，而民生問題起矣。」

所以，中山先生很早就強調：

「中國之行民生主義，即所以消弭社會革命於本然也。」

那麼，中山先生如何消弭呢？

其主要方法，就在「節制私人資本」，並且「善用國家資本」。對於全國性的事業，即由國家經營，避免私人壟斷。

另外，對於土地，他主張井田制度的現代版—「平均地權」，亦即「漲價歸公」，或「低價收買」，讓土地增值成為全民所用。

兩者合而論之,其共同的精神即為「均富」。

中山先生當時明白指出,「我中國尚未經實業革命,資本發達之階段,未雨綢繆,時機勿失」;就此而言,他很清楚的特別提醒國人,「當懍歐美前車傾覆之鑑」,並且強調,「不可學俄人之焦頭爛額也」。

這是中山先生的遠見,在民生問題上很早就警惕國人,「不可學俄人」,否則會「焦頭爛額」!

試看蘇聯解體前後,民生經濟極為落後,便證明中山先生很有高瞻遠矚。中國大陸幸虧鄧小平,及早確定「改革開放」政策,將計畫經濟逐步開放成為市場經濟,否則可能至今仍在貧窮落後!

既然中山先生稱「民生主義即社會主義」,何以又不用「社會主義」這名詞呢?

中山先生指出,「這是很有道理,我們應該要研究的。」

中山先生在此說明,「社會主義有五十七種,究竟不知哪一種才是正確」,可見普通人對於社會主義,「真是無所適從的心理了」。

另外,中山先生又曾分析:

「馬克斯以物質為歷史的重心是不對的,社會問題才是歷史的重心;而社會問題中又以生存問題為重心,那才是合理。」

換句話說,中山先生認為,社會問題包括物質生活,但不只是物質生活;生存問題包含物質需要,但也不僅是物質需要。否則很多富人就不可能自殺或自殘。

因此,中山先生為了分辨清楚,才用「民生主義」,未用「社會主義」。其相同處,都用人道精神追求平等,動機與目標相通,

所以，中山先生曾一針見血的指出：

「中國如今是患貧，不是患不均。」

他並很客觀的分析：

「在不均的社會，當然可以用馬克思的辦法，提倡階級戰爭去打平他。但在中國實業尚未發達的時候，馬克思的階級戰爭和無產階級專制便用不著，所以我們今日師馬克思之意即可，用馬克思之法則不可。」❹

因為，馬克思的心意，具有人道精神，這是可取的；但是馬克思用階級鬥爭的方法，卻剛好違反人道，所以不可取。

另外，中山先生也曾分析：

「馬克思研究社會問題所有的心得，只見得社會進化的毛病，沒有見到社會進化的原理。所以馬克思只可說是一個社會病理家，不可說是一個社會生理家。」❹

他並舉從前在廣州做學生的例子為證，指出廣州冬天本來用不著穿皮衣，但有富家子弟，在每年的冬天，「總要穿皮衣，表示他們的豪富。」等到天氣忽然變暖，他們便說道：「現在這樣的天氣，如果不翻北風，便會壞人民了！」

所以他進一步說明：

「我們主張解決民生的問題和方法，不是說先提出一種毫不合時用的劇烈辦法，再等到實業發達以求適用，是要用一種思患預防的辦法，來阻止私人的大資本，防備將來社會貧富不均的大毛

---

❹　孫中山，《民生主義》第二講，同❷，頁271。
❹　孫中山，《民生主義》第二講，同❷，頁261。

病。」

他並明白強調：

「這種辦法才是正當解決今日中國的方法，不是先穿起大毛厚衣，再來希望翻北風的方法。」㊺

因此，中山先生也曾指出：

「我們講到民生主義，雖然是很崇拜馬克思的學問，但是不能用馬克思的辦法，到中國來實行。」㊻

然後，他具體的提到：

「這個理由很容易明白，就是俄國實行馬克思主義的辦法，革命以後，行到今日，對於經濟問題還是要改用新經濟政策。」

他並且務實的提醒：

「俄國之所以要改用新經濟政策，就是由於他們的社會經濟制度，還比不上英國、美國、美國那樣發達，還是不夠實行馬克思的辦法。」

因此，他最後強調：

「俄國的社會經濟制度，尚且比不上英國、美國，我們中國的社會經濟程度，怎麼能夠比得上呢？又怎能夠行馬克思的辦法呢？」

所以，中山先生指出結論：「照馬克思的黨徒，用馬克思的辦法來解決中國的社會問題，是不可能的。」

如今事實證明，中山先生預判完全正確！由此可見，中山先生

㊺　孫中山，《民生主義》第二講，同㉖，頁270。
㊻　孫中山，《民生主義》第二講，同㉖，頁270。

的民生主義，最主要的方法，是根據事實需要、根據實踐成果，不是單憑理論，更不能以僵硬的意識型態治國。所以他明白強調：

「我們解決社會問題，一定要根據事實，不能單憑學理。」

換句話說，中山先生強調，解決社會問題，不能只講抽象的學理，也不能只靠臆測的推論，更不能只用浪漫的情緒。中山先生這種注重「實踐」的精神，與鄧小平所稱「實踐是檢驗真理的唯一標準」，兩者非常相通。

另外，中山先生很有胸襟的肯定：「相信馬克思主義的一般青年志士，他們的用心是很好的」甚至說，「民生主義就是社會主義，也就是共產主義，不過辦法各有不同罷了。」以此鼓勵青年，可以學馬克思的心意，但不可以用馬克思的方法。

亦即先讓部份人能富裕，再用溫和的方法，進行均富政策，防止貧富不均，這對大陸很有啟發性。

因此，公元 1921 年，中山先生發表英文版的《實業計畫》，其最大的特色，即在呼籲國際，「共同發展中國實業」。

中山先生曾在序言中指出：

「中國富源之發展，已成為今日世界人類至大問題，不獨為中國之利害關係而已也。惟發展之權，操之在我則存，操之在人則亡，此後中國存亡之關鍵，則在此實業實業發展之一事也。」**❼**

由此可見，中山先生對發展中國實業有兩大主張，一是向全世界開放，二是堅持主權在我，其他一切均可自由化。

王興業在《孫中山與中國近代化潮流》中，也曾經特別指出，

---

❼　孫中山，《實業計畫》，同**㉖**，頁39。

王興業在《孫中山與中國近代化潮流》中，也曾經特別指出，「孫中山把發展近代化經濟振興中華作為一種新的追求目標」❹，並以「規模宏大的實業計劃」為內容，可稱非常中肯。

中山先生當時就已提醒，有四項原則須注意：

「一、必照最有利之途，以吸外資。二、必應國民之所最需要。三、必向抵抗之至少。四、必擇地位之適宜。」

就此而言，目前中國大陸確已做到相關原則；如今成效，中國大陸吸納全世界的資金，已躍居全球第一名；外匯存底到 2007 年，也已經突破一兆三千億美元，同樣高居世界第一！

同時，今天中國大陸也被稱為全世界的最大市場、最大工廠，與最大商場。不但全球用鋼量第一（1/3），甚至成為全球最大鋼琴、小提琴、與吉他生產國；象徵其除了硬體建設，有關音樂等軟體建設，也在蓬勃發展中。

另外，中國大陸在改革開放之後，很多經濟建設，也是根據中山先生《實業計劃》；例如，世界最大的三峽水壩、世界最大的洋山港（東方大港）、最長的杭州跨海大橋，世界最高的青藏高原鐵路（西部高原鐵路），均清楚寫在中山先生的《實業計劃》之中。

再如，跨世紀工程中將長江水「南水北調」，並將西部的自然氣「西氣東移」，以求均衡發展，也均來自中山先生均富精神。

另如，中山先生主張「老城翻修」，現在已於大陸各個城市大興土木，欣欣向榮，甚至稱大型起重機為「國鳥」；很多地方隔個三月，即需新換地圖，因為日新月異，舊地圖不能用。

---

❹　王業興，《孫中山與中國近代化潮流》（北京：人民出版社，2005 年），頁 231。

　　除此之外，中山先生也主張對蒙古、新疆的沙漠灌溉與綠化，並且「移民於東三省、蒙古、新疆、青海、西藏」，如今也在大陸逐次推動。這些政策的基本精神，一言以蔽之，正是「均富」，堪稱民生主義的一貫特色。

　　所以，《天下雜誌》深入採訪大陸之後，2006 年出版《面對中國》，曾經有項重要結論：

　　「實業計劃：國父創造，中共執行。」❹

　　文中如此形容：

　　「一本空躺圖書館多年的孫中山著作，翻身成了中共推動重大建設的聖經。」❺

　　該文題目並且定為：「發現孫中山」，可說非常傳神！

　　事實上，中山先生很早就曾經指出：

　　「自美國工商發達以來，世界已大受其益。此四萬萬人之中國，一旦發達工商，以經濟的眼光視之，何嘗新闢一世界！而參與於此開發之役者，亦必獲超越尋常之利益，可無數也！」

　　今天重溫中山先生本段內容，雖已相隔八十多年，但仍能證明其眼光遠大；尤其，當初中國仍為四億人口，現已增為十三億，憑藉中國人的聰明與苦幹，加上改革開放的環境，自然必定能夠突飛猛進！

　　所以展望今後，只要能夠根據這種精神，改革開放，持之以恆，假以時日，相信中國必能更加繁榮富強，終必成為世界第一強

---

❹　《面對中國》（臺北：天下出版社，2006 年），頁 85。

❺　同上，頁 85。

國！

當然，中國大陸面對經濟快速發展，也必須同時解決很多副作用，諸如貧富不均、失業嚴重、心靈空洞、政治腐敗等等。

其實所有這些問題，均曾在中山先生著作中提到，並且一一指出預防之道，深值大陸相關部門認真研究，並且力行，才能發展既繁榮又公平的光明社會！

綜觀中山先生的《實業計劃》，共分六大部分，舉凡各大港口、各大河流、各大鐵路公路、民生工業、各種礦業農業、以及各種城市建設，從中央到地方，鉅細靡遺，均極具創見與遠見。

尤其可貴的是，整本實業計畫，充滿了愛國精神、救國情操、與建國熱力，深深值得後繼體認效法，進而結合實際環境，全力以赴，相信必能為中華民族創造更大光明盛世！

《面對中國》中的專文，並且指出：

「過去十五年來，中國修建的公路可繞地球十九圈，未來四年，還要興建可繞地球十圈的公路。從鴉片戰爭的屈辱中醒來，中國要以火熱驚人的建設速度重回世界中心。」㊿

文中並稱此為「翻天覆地新建國運動」，追根究柢，就是因為能效法孫中山先生的遠見與魄力。所以，民生主義如果成功的結合民族主義，就能如虎添翼，更加快速發展，成為全世界刮目相看的經濟大國！如今大陸股市已從 2006 年的一千多點，躍升到 2007 年的五千多點，證明全世界看好大陸前景，全世界都在為之震動！

正因中山先生強調「行」的重要性，所以他很虛心，在三民主

㊿　同上，頁85。

義的自序中，特別強調，盼望同志讀者，「本此基礎，歸類引申，匡補闕遺，更正條理，使成為一完善之書。」

在《實業計劃》序中，他並強調，盼能「有種種之變更改良，讀者幸毋以此書為一成不易之論。」

可見中山先生思想，絕非教條主義，也絕不會自命真理，更非封閉優化的系統，而能實事求是，以實踐來檢驗真理。這種注重「實踐」的風格，與反省的精神，深值今後兩岸共同效法力行，才能真正造福人民！

中山先生為了糾正國人認為「知易行難」的思想，缺乏力行的實踐精神，所以特別主張「行易知難」。他甚至以此稱為「孫文學說」，可見其重視的程度。

另外，他並稱此為「心理建設」，因為「國者人之積，人者心之器」，必須要有信心，才能建國成功；他說：

「吾心信其可行，則移山填海之難，終有成功之日，吾心信其不可行，則反掌折枝之易，亦無收效之期也。心之為用大矣哉！」

然後，他並進一步指出：

「夫心也者，萬事之本源也；滿清之顛覆者，此心成之也；民國之建設者，此心敗之也」

因此，他曾經分別以飲食、用電、作文、建屋、造船、築城、開河、電學、化學、進化學等，總共前後十事為例，證明「知難行易」的道理。

他為強調「行」的重要性與必要性，還特別強調「能知必能行」，「甚至不知亦能行」，以及「有志竟成」；可見他對建國未成，心中很有緊迫感，認為必須先從心理建設，凝聚信心才行。

　　因此，他也曾對陽明先生「知行合一」加以分析，既肯定其「勉人為善之心，誠為良苦」，但也認為「彼亦以為知之非艱，行之惟艱」，因而對其不以為然。

　　事實上，中山先生所稱的「知」，以上述十例證內容來看，是指知識的知，當然每人無法掌握所有知識，在學有專攻的情形下，分工愈細，自然「知難行易」。

　　這正如同很多人，不必學習汽車所有專業知識，但也能夠開車，不必瞭解電腦所有專業原理，但也能使用一樣。

　　然而陽明先生所說的「知」，卻是「良知」，這是人人具有的內在良知良能；所以，人人均能「致良知」，正如陽明先生所說：「人人心中有仲尼」。

　　由此可見，因為「知」的定義與內容不同，所以陽明先生所稱「知行合一」，與中山先生所說「知難行易」，結論看似不同，但其實本質都在行善，並未衝突。

　　尤其，中山先生最後強調「有志竟成」，訴諸精神意志的內在力量，與陽明先生更是完全相通。

　　更何況，中山先生革命，歷經十次失敗，終能成功，證明其愈挫愈勇的毅力，完全來自精神意志；陽明先生歷經各種冤屈貶抑，甚至還曾坐牢、遭受小人追殺，但是仍能在龍場中創造「心學」，同樣也是來自堅毅不拔的精神意志。

　　由此可見，兩人在「有志竟成」上，都有相同的肯定，這才是最重要的核心關鍵，深值後人重視與力行！

八、以道德治黨國

中山先生生平，非常重視以倫理道德治國，所以他曾強調：

「有了很好的道德，國家才能長治久安。」

這種「以德治國」的思想，明顯來自儒家。

因此，中山先生極力主張，「互助」才是人類進化的動力，反對鬥爭哲學，主張「和諧社會」，均是來自儒家思想。

另外，他又強調「服務的人生觀」，反對掠奪的人生觀，同樣來自儒家「己立立人，己達達人」的服務精神。

所以他曾指出，他的思想傳承「堯、舜、禹、湯、文武、周公」，可說一脈相承，屬於中國正統的儒家命脈。整部三民主義，堪稱就是孔子思想的現代結晶。

因此他也強調，中國政治哲學，從正心、誠意、修身、齊家、治國、到平天下，如此從內而外，精微開展，在全世界都沒有看過！

所以他也特別指出：

「因為我們民族的道德高尚，故國家雖亡，民族還能夠存在，不但是自己的民族能夠存在，並且有力量能夠同化外來的民族。」

此即孔子所說「言忠信，行篤敬」之理，即使到蠻夷之邦，都能行遍天下。

中山先生就此核心價值，特別強調：

「窮本極源，我們現在要恢復民族的地位，除了大家聯合起來做成一個國族團體以外，就要把固有的舊道德先恢復起來。有了固有的道德，然後固有的民族地位才可以恢復。」

由此可見，中山先生深深相信，道德力量足以喚醒人心，足以振興國魂，因而形成恢復民族的主要動力！

那麼，什麼叫中國固有的道德呢？

中山先生分析：

「講到中國固有的道德，中國人至今不能忘記的，首是忠孝，次是仁愛，其次是信義，其次是和平。這些舊道德，中國人還講的。」❷

由此充分證明，國父說的道德，不是空洞的理論，也不是籠統的口號，而是能融入生活普及全民，成為振興民族的精神動力。

試想，如果人民都能注重「忠孝」，既忠於國家，心中充滿愛國精神，又孝順父母，整個家庭祥和，國家怎能不強盛？

國家強大之後，若有「仁愛」做為政策，那就不會侵略他國，也不會蠻橫稱霸，欺負其他小國。

另外，若能在國際間講究「信義」，自然會受到各國尊重，成為世界和平的主要力量，促進世界走向大同！這是多麼可行而又可敬的「以德治國」！

中山先生除了強調「以德治國」，因為民主政治也是政黨政治，所以他同時強調「以黨治國」，同時重視「以德治黨」，重視黨德黨魂，很有現代的啟發性。

孫中山先生當時曾指出：

「以黨治國，並不是用本黨的黨員治國，是用本黨的主義治國。」

有些大陸學者認為，「以黨治國，必然導致黨國一體之黨化國

---

❷　同❷，頁209。

家,即占有國家權力的政黨,對於國家一切權力的壟斷。」其實這只是片面的推論。因其以為「以黨治國」,是用黨員治國,才會產生這種誤解。但如果是以黨義、黨綱治國,則是以政策取向,就不涉及人事任用,以及權力壟斷問題。

另外,大陸學者所稱,「以黨治國的理念,難以阻止以黨領政、黨政不分,以及一黨專政局面的出現。這是孫中山等賢良先哲們所未能完全料想到的。」也是忽略了中山先生是「以德治黨」,所產生的誤解。

因為,只要能夠力行「以德治黨」,自然「以黨治國」,就能公正處事,如中山先生當時,就不會有任何偏差或腐敗問題。

反之,如果不能以德治黨,也不能以德治國,自然就會因為黨政不分,而產生腐敗。

簡單的說,黨政不分的根本毛病,仍來自於黨領導人缺乏道德;如果黨領導人有道德,能夠知所分寸、自我節制,就不會產生公私不分的種種問題。

反之,如果黨的領導人無道德,那即使形式上黨政已經分開,但仍會用公款謀一黨之私;如民進黨用國家經費,到處宣傳其政黨「公投入聯」的問題,以及慷人民納稅錢之慨,均為一黨之私,即為明顯的例證。

尤其,中山先生主張採用政黨政治,做為民主指標,也就是同意政黨輪替,贊成良性競爭;這就可以從民意與選舉檢驗,黨是否得民心。這才是真正問題癥結,也是大陸學者未及看到之處。

此即中山先生所說:「黨爭為文明之爭,能代流血之爭也。」

他並強調:「天下事非以競爭不能進步。」重要的是「爭而出

於正當，可以富民利用；爭而出於不正當，則遺禍無窮。」所以，
「黨爭有一定之常軌，苟能嚴守文明，不為無規則之爭，便是黨
德。」❸

事實上，美國國父華盛頓早在 1796 年退休演講時候，也曾經
明白的提醒世人：

「我曾明白告訴我們，在國家內部存在各種派別的危險，尤其
是那種基於地域偏見而形成的不同派別。」

然後，他進一步強調：

「現在，讓我以考慮更全面的觀點，以最鄭重的態度，概括地
提醒你們：注意黨派私心的有害影響。」

他甚至明確指出：

「在民主型式的政府裡，它（黨派私心）滋生蔓長，確實成為危
害政府的最大敵人。」❹

他並曾苦心的分析：

「派系紛爭自然產生報復情緒，這在不同國家、不同時代，曾
造成可怖的暴行。」

因此，他特別提醒大眾：

「黨爭不能有情緒化仇恨在內，否則冤冤相報，永無寧日，反
而因為動盪苦難，令人民厭倦，最後導致永久性獨裁的暴政。」

這段內容，語重心長，深深值得後人警惕！

另外，美國開國元勳傑弗遜（Thomas Jefferson, 1743-1826），也曾

---

❸　孫中山，同❷，〈黨爭乃代流血之爭〉，頁 565。
❹　《名人演說一百篇》（臺北：商務印書館，1988 年），頁 105。

延續華盛頓的同樣理念，批評政黨惡鬥以及派系分裂，認為這些對立衝突，將會無情的撕裂社會，破壞人心團結！

不幸的是，今日臺灣不成熟的民主，正在上演這種悲劇，深值朝野有識之士共同努力，分別恢復「以德治黨」，回到君子之爭，才能從根本撥亂反正。

中山先生在此很有遠見，所以他明確主張，競爭手段必須「出於正當」；他若今天再世，肯定不會允許在政黨競爭中，出現假公濟私的情形；例如，黨政軍均應退出媒體，應該軍隊中立、司法獨立、行政中立、學術獨立，不能用國家資源，用於任何一黨之私！

但試看民進黨，當其在野時，批評國民黨「黨政不分」，黨應該退出上述領域，但當其執政後，表面上號稱黨政分離，實際上卻仍用各種技倆假公濟私，「以黨員領政」，就形成更壞的示範！

因此，中山先生強調的很重要：

「政黨的發展，不在乎勢力之強弱，以為進退，全視乎黨人智能道德之高下，以定結果之勝負；使政黨之聲勢雖大，而黨員之智能道德低下，內容腐敗，安知不由盛而衰？若能養蓄政黨具應有之智能道德，即使勢力薄弱，亦有發達之一日。」❺❺

然後他再分析：

「如但求本黨之勝利，不惜用卑劣行為、不正當手段，讒害異黨，以弱本黨之政敵，此中政黨，絕無黨德。無黨德之政黨，聲望必墜地以盡，國民必不能信任其政策，何能望其長久存在呢？」

這話對民進黨，可說是最深刻的批評；因為民進黨為勝選，常

---

❺❺ 孫中山，同❷❻，頁556。

用各種「卑劣行為」與「不正當手段」，從「兩顆子彈」到馬英九冤案，經常操控司法、製造分裂，更經常迫害異黨、打壓忠良，有各種的「奧步」，人民怎能容其長久囂張呢？

所以，中山先生在此說得非常中肯：

「吾黨以德服人，非以武力服人；大家要知武力實不足恃，惟德可以服人。」❺❻

然後，他再擴而充之說明：

「要維持民族和國家的長久地位，還有道德問題，有了很好的道德，國家才能長治久安。」❺❼

由此可見，國父所提這些道德，正是承自儒家「以德治國」的重要精神。今天大陸也在強調「以德治國」，唯有真正貫徹始終，才能去除各種腐敗，剷除不公不義，也才能得到人心。

所以，中山先生也曾強調，應當「以人民之心力為吾黨之力量」。他呼籲所有國民黨員：要能「人格高尚，行為正大，不可居心發財，想做大官。要立志犧牲，想做大事，使全國佩服，全國人都信仰。」❺❽

因此，他特別強調，要「立志做大事，不要做大官」，並且黨員不可以有「暮氣」：

「本黨自成立以來，在國內進步很慢，在海外進步很快。但是到民國之後，就是海外進步也不很快。這是什麼緣故呢？就是由於

---

❺❻　《孫中山全集》（廣東中山大學等編，中華書局出版，1986 年），第 5 卷，頁 628。

❺❼　同上，第 9 卷，頁 242。

❺❽　《孫中山選集》下卷（北京人民出版社，1981），頁 463。

一般黨員，自以為革命成功，我是黨員，應該得官做，如果得不到官做，便心灰意懶，失卻原來奮鬥的精神。」

事實上，這種情形，也一直是國民黨的毛病，在大陸時失去政權，固然因為如此，甚至在臺灣失去政權，也是因為如此。一言以蔽之，就是黨員失去道德，也失去理想性，只想爭官奪利，而忘了救國救民。

因此，中山先生特別批評：

「我們要除去現在的暮氣，恢復朝氣，便要諸君恢復從前為黨奮鬥之精神，要存心做大事，不可存心做大官，然後本黨才可望蒸蒸日上，不致失敗。若長此心態，本黨前運便很危險，便要失敗。」

這對今天國民黨所有黨員，仍然是很重要的暮鼓晨鐘！

另外，中山先生並曾指出：

「如果黨員的存心都以為要用黨人做官，才算是以黨治國，那種思想便是大錯。」❺❾

所以他再強調：

「為黨員者須一意辦黨，不可貪圖做官，並當犧牲一己之自由，以謀公眾之自由。」

因為，中山先生認為，「國家的興盛強弱，其樞紐全在代表國民的政黨」。

所以他分析，政黨若要保持其尊嚴地位，達到利國福民目的，應重視兩大特色，一是「所持黨綱，當應時勢之需要，以合乎世界之公理。」二是「政黨自身之道德，尤當首先注重，以堅社會之信

---

❺❾　同❺❻，第 8 卷，頁 281。

仰心。」

他並指出，國家發展「應以民為本位，而人民之憑藉則在政黨」，前者可稱「民有」（of the people），後者代表人民，透過政黨選舉而參政，即屬於「民治」（by the people）。

孫中山先生非常「重視天下未來的英俊」，所以強調黨的作用，即在「有權推薦人才，政黨應量才人優器使」。

因此他要求，「最誠信可靠之同志」應加入黨，並且立約宣誓，「以犧牲一己之生命、自由、權利，而圖革命成功。」

對中山先生言，黨員代表情感道義、理念理想的結合，也代表犧牲奉獻，因而應該先天下憂而憂，後天下之樂而樂。

所以他強調，既然中國國民黨為「救國的政黨」，就「應為中國主權而奮鬥，應為國民之利益而奮鬥，為全體國民脫離軍閥壓迫而奮鬥。」❻

因此他提醒所有黨員，「絕不可借革命來圖一個人的私利，借革命來做終南捷徑，來升官發財。」

他並批評，革命成功之後，黨內風氣「官僚之勢力漸張，而黨人之朝氣漸綏，只因保守既得之地位，而驟減冒險之精神」，甚至成為「自私自利、陰謀百出、詭詐恆施、廉恥喪盡、道德全無、真無可齒于人類」！

試看中國國民黨的興衰，每當上述黨人充斥，就是失敗之際，只有重新振作黨德黨魂，才有可能成功。所以中山先生這段殷切的警語，直到今天，仍然很有反省作用。

---

❻　同上，第10卷，頁59。

另外，中山先生很早就期勉黨員：

「要能夠犧牲世界一切權利榮華，專心為黨奮鬥，如果各位同志，能夠這樣存心，能夠這樣為黨來奮鬥，我們的事業便能大告成功。」(61)

然後，他很感慨的指出：

「國民黨員有中國最優秀的人，也有最卑鄙的人。最優秀的人，為黨之理想與目的而參加黨，最卑鄙的人，為了黨是升官的踏腳石，而加入我們這一邊。假如不能清除這些寄生蟲，國民黨又有什麼用處呢？」(62)

中山先生在此，很有先見之明，當國民黨北伐之前，黨內朝氣勃勃，人人認同黃埔軍校門口兩句名言：「想做官的莫進來，要發財的請出去」！因而能夠深得民心，革命成功。然而，隨著北伐與抗戰勝利，很多人沖昏頭，貪污腐化日漸嚴重，造成暮氣沉沉，後來終於失去大陸，完全被中山先生不幸而言中！

等到臺灣之後，中國國民黨經過痛定思痛，切實改過，重新反省復興，才能創造「臺灣奇蹟」，以彈丸之地成為「亞洲四小龍」；然而，當經國先生過世、李登輝繼任後，又因黑金政治導致快速腐化，加上缺乏中心思想，任由臺獨猖狂，結果竟然敗給小小的民進黨！

近年以來，因陳水扁倒行逆施太失民心，人民殷切盼望變天，而在 2008 年大選，再給國民黨機會。深盼今後國民黨人，能夠好

---

(61) 同上，第 10 卷，頁 351。

(62) 《孫中山集外集補編》（上海人民出版社，1990），頁 355。

好重溫中山先生的教誨,真正「以德治黨」,戒惕謹慎,從自我革心做起,到全面革新,才能真正從浴火中重生!

九、一生清廉勤儉

中山先生終身清廉自持,不置私產,而且平易近人,不占特權,稱總統為「公僕」,為中國民主化,奠定了最好的身教。

所以他曾明確指出:

「文十餘年來,持平民主義,不欲社會上獨占特別階級。」❻❸

中山先生當選大總統後,無論食、衣、住、行,都仍保留平民化的作風,至今仍然令人津津樂道,進而衷心敬佩。

例如,當時總統府內,一般人每餐菜金在 3 元以上,孫中山先生卻只吃的是 4 錢左右,是豆芽之類的素菜。

有一次,伍廷芳、唐紹儀到府中,談到夜間。孫先生就留他們吃飯,只有普通的幾碟菜。唐當時生活奢華,每日菸酒費就 2、30元之多,見此粗菜,竟然無法下筷!❻❹

孫中山先生上任臨時大總統之後,一掃官僚排場和陳規陋習,尤其發明了「中山裝」,至今仍然流行,廣受一般民眾歡迎。所以,大陸學者李凡即曾指出:

「包括大總統在內,無論官階大小,都著同樣制服,即流行至今的中山服。由於中山先生倡導這種平民化的作風,在南京政府中

---

❻❸　同❶,頁 877。
❻❹　同⓬,頁 242。

開創了一種過去官場所沒有的新風氣。」**⑥**

　　對於南京新政府的建築，中山先生也曾指出：

　　「南京新政府無需建設華麗宮殿，昔日有在曠野樹下組織新政府者。今吾中華民國如無合宜房宇組織新政府，則蓋設棚廠以代之，亦無不可也。」**⑥**

　　因此，南京臨時政府，就設在原總督衙門，東側的一排平房內；很多海內外民眾，今天參觀孫中山先生的「大總統府」，親自看到其中簡樸木房，都很難相信，這就是「大總統」的辦公室！

　　尤其，在大總統辦公室中，只有一張辦公桌、兩把木椅，一個小書櫃和小沙發，另有一張舊式床。如今公開展示之後，令人不能不嘖嘖稱奇，也不能不衷心欽佩！

　　中山先生即使過世，在「家中遺囑」也指出：「余因盡瘁國事，不治家產，所遺之書籍、衣物、住宅等，一切均付吾妻慶齡，以為紀念。」

　　中山先生一生不置家產，所謂「住宅」，還是三位加拿大僑領集資，為他在上海所購買。由此可見他的清廉，非常人所能及。

　　尤其，中山先生生前到海外募款時，所得全部用於革命與國事，自己都只住簡陋小房，更令華僑至今都很敬仰！

　　筆者 1986 年在波士頓大學擔任客座教授期間，曾經由華僑引導，參觀中山先生從前在唐人街所住的小房間，竟然只夠放一張行軍床、小桌椅各一張；令人驚訝，其簡樸生活與貧民沒有兩樣！連

---

⑥　同**⑫**，頁 240。
⑥　同**❶**，頁 877。

一般平民都比他住得舒適，更令人欽佩他這種風範。

所以，熊希齡曾經綜合回憶：

「孫先生力行革命，四十多年毫無懈怠，故能使全國人士，一致欽佩，足見公道自在人心，孫先生做過大總統，僅遺留數箱破書籍與宋夫人，其持身清廉，非其他偉人所能及。孫先生治喪費，僅用三萬餘元，尤足徵治喪處諸公，善體孫先生廉介之至意云。」

正因中山先生堅持樸素，所以民國初建，政風氣象為之一新！

中山先生謙讓總統大位之後，袁世凱想授「大勳位」，中山先生更為堅辭，所說內容既有風骨，更有情義：「若文僅圖一己之殊榮，則歷年共事之人，死者不計，生者尚多，流離失所者，文將何以對之？此文不敢受此勳位也。」⑰

另外，中山先生用人唯才，絕對不肯循私，所以曾經婉拒廣東同鄉希望他用親哥哥孫眉，擔任廣東都督。因而更能形成清廉政風，留傳公私分明的佳話。

尤其，如今兩岸政壇，常見高官貪污腐化，生活奢侈，並且只知任用私人，均應共同效法中山先生風範，才能真正造福民眾！

另外，中山先生一掃帝制，認為人人都是皇帝；他把總統定位，只是「國民公僕」，所以從很多小地方，即可證明他平民化作風。即使民主如美國，也都自嘆弗如。例如：

——他要求同志均稱他為「先生」，不稱大總統，不像美國，仍會要求稱「總統先生」。

——中山先生出席各種會議，絕不坐在臺上，而只坐在臺下前

---

⑰　同❶，頁877。

列；不像美國總統，仍高高在上，坐在臺上。

——中山先生做大總統之後，華僑仍可直呼其名——孫文，他也從不以為意。

——華僑們偶有爭議，在大庭廣眾前，可以放言批評，他都處之泰然。

民國元年三月三日，中山先生出席全體代表大會，因為穿便裝步行，被門口警衛擋住，並向他說：

「今天孫大總統來此，無關的人不准進去。」

中山先生回答：

「孫大總統不也是普通人嗎？他只不過是國民的公僕！」

然後拿出名片，點頭一笑進場。

另外，他有天到外地出巡，視察砲臺，一看到城裡掛滿歡迎旗幟，立刻強調，他的個人行徑，絕不能驚動地方！

因此，大陸學者張軍民，在《對抗與衝突》的結論非常正確：

「孫中山是中華民族歷史上共同的英雄，不可將其視為一階段、一黨派、一地區鄉鎮宅之寶而能匿之，其思想是中華民族彌足珍貴的歷史遺產，所有中國人都有權利和義務繼承發揚之，並求同存異，去偽存真。」❸

然後他再強調：

「毫無疑問，在新的歷史時期，努力實現中華民族的偉大復興，是對孫中山未竟事業的最好繼承，也是對他那不朽靈魂最好祭奠！」

---

❸ 張軍民，《對接與衝突》（天津：天津古籍出版社，2005 年），頁 202。

這段內容，對如何紀念中山先生的方法，做了最好的解說，深深值得兩岸仁人志士，共同的重視與力行！

十、臺灣的孫中山

孫中山先生對於臺灣人民，有很深的號召力，不但是在理想上，而且是在行動上，很能號召人心。

最著名的兩位，一位是公認為「臺灣孫中山」的蔣渭水，另外一位則是「臺灣的林覺民」羅福星。

羅福星曾經參加黃花崗之役，負傷之後，奉命回到臺灣，發起一連串的抗日運動，後來壯烈犧牲，過世時才三十一歲。

他在就義前，曾經豪氣萬丈的強調：

「殺頭相似風吹帽，敢在世中逞英雄。」

另外，他並留下很多感人的詩詞，也對妻子留下深情遺囑，字字血淚，令人感動，堪稱「臺灣的林覺民」。

至於「臺灣的孫中山」——蔣渭水，除了堅定抗日，他很早就努力弘揚中山先生思想，廣得臺灣人心，足以證明中國國民黨在臺灣絕非「外來政權」，日本侵略才是外來政權！

蔣渭水對於臺灣的貢獻，最具體的有三項重點：第一個就是創立「臺灣文化協會」，第二個是創立「臺灣民眾黨」，第三個則是創立「臺灣農民組合」。

總計在日據時代，臺灣民間一共有四大團體，代表臺灣人民的心聲，前面三大團體都是由蔣渭水所推動（第四項有關臺灣的工人，也有他的參與）。每項宗旨，均與中山先生的號召息息相關。

今天因為臺獨當政，篡改歷史，很多人淡忘了臺灣先賢抗日愛國的歷史；特別臺獨人士，想要分裂中華民族，企圖把臺灣與大陸分裂，甚至宣傳「臺灣人不是中國人」，深深值得重溫蔣渭水的生平奮鬥事跡，做為反省醒悟的榜樣！

蔣渭水為日本總督醫學院（臺大醫學院前身）第二名畢業，所以跟孫中山先生原來學醫，後來革命，有相似的背景。

公元 1921 年 11 月 30 日，蔣渭水在《臺灣民報》上，刊登一篇〈臨床講義〉，文中把臺灣當作病人，分析臺灣病情。

醫生通常照例，要對病人做血液檢查，所以他的診斷書中提到，臺灣人民的血統「遺傳」，來自黃帝、周公、孔子、孟子等的血液[69]，這一點清清楚楚的強調，臺灣人民就是中國人民，而且血脈相連，不容任何人分裂！

這對臺獨人士，實在具有重大的警惕與啟發作用！

那麼，「臺灣」這個病人，當時得了什麼病呢？

蔣渭水提到，歸根結柢，就是得了「知識營養不足症」。

因為，臺灣人民被日本統治，缺乏對中華文化的認識，所以他創立「臺灣文化協會」，做為傳承中華文化的橋樑。這份心志，至今仍然非常令人欽佩，更足以令企圖「去中國化」的臺獨人士猛省！

後來，因為「臺灣文化協會」內鬨，分裂成左右派，所以他另外在 1927 年創立「臺灣民眾黨」，成為臺灣的第一個民主政黨，堪稱「中國國民黨」的臺灣版。

---

[69] 引自蔣渭水，〈臨床講義〉，《臺灣民報》，1921.11.30。

他所成立的「臺灣民眾黨」，黨旗原來也是「青天白日滿地紅」，後因日本反對，才將「白日」改為「三星」，象徵「三民主義」，更可看出他對中山先生的崇敬！

後來，蔣渭水因為長期被日本人迫害，入獄有十餘次之多，身體不堪折磨，而以 40 歲的英年，病死獄中。他臨終還叮嚀，要以這面酷似中國國民黨的黨旗覆體，更可看出他對中山先生「生死以之」的一貫崇敬精神！

根據蔣渭水所提，「臺灣民眾黨的指導原理與工作」，有三方面重點：

一、「確立民本政治，就是要解除政治上的束縛」，這可說是民權主義的精神。

二、「建設合理的經濟組織」、「提高農工階級的生活程度，使貧富趨於平等」，這明顯是民生主義的精神。

三、「改革社會制度之缺陷」，「實行男女平權」，「確立社會生活的自由」；相對於「皇民化政策」，他更主張「壓迫殖民地民眾的諸惡法，要即時撤廢」，可稱民族主義的精神。

由此充分證明，蔣渭水「臺灣民眾黨」的理念，本質上脫胎於中國國民黨，正是孫中山先生在臺灣最忠實的信徒！

另外，蔣渭水曾經在〈政治哲學概論〉一文中明白強調，如果有多數群眾的反抗，再大的權力也沒有用。所以他呼籲群眾，能夠團結起來反抗日本統治，「同胞須團結，團結真有力」。連日本總督都公開承認，他是「臺灣第一反」！可見他對臺灣的貢獻，以及受中山先生的影響。所以，他雖已經過世很多年，臺灣各界仍很懷念這位本土的革命家。

　　公元 2007 年，為「臺灣民眾黨」成立八十週年，連民進黨人也正式追念蔣渭水，另不過斷章取義，只片面講他的「反抗精神」，而不講他是「抗日」的民族大義，以及崇拜孫中山先生的精神，明顯有違尊重歷史的基本風範。

　　蔣渭水曾在《臺灣民報》中，用長文介紹戴季陶論述的孫文主義，並引述戴季陶所著的《孫文主義哲學基礎》，強調兩個重點，非常能夠掌握中山先生的精神核心❼：

　　「中山先生的思想，完全是中國的正統思想，即從堯舜至孔孟中斷的仁義道德思想」。

　　所以蔣渭水稱：

　　「從這點上，我們應該承認，中山先生是二千年來中斷的中國道德文化的恢復。」

　　蔣渭水身為日本人統治下的臺灣同胞，能夠有此體認，非常令人敬佩！

　　他並曾引述，中山先生自述的思想基礎：

　　「中國有一個正統的道德思想，從堯、舜、禹、湯、文、武、周公至孔子而斷絕，我們的思想，就是繼承這個正統思想，使之發揚光大。」

　　蔣渭水對此，完全同意與敬重，他並且認為：

　　「孫文先生的國民革命，立足中國國民文化復興，復活中國國民的創造力，強調中國文化的世界價值，以創造世界大同的基

---

❼　《蔣渭水全集》（臺北：海峽學術出版社，2005 年），頁 574。

礎。」⑦

蔣渭水的體認，到今天更證明非常中肯！

胡錦濤在 2006 年 4 月訪美，公開向全世界宣示，要「發揚中華文化」；他與連戰 2005 年會談時，也特別強調，要以孫中山先生「振興中華」的遺志為共同目標。

由此也可證明，蔣渭水當時就能領悟「中國文化的世界價值」，眼光確實非常遠大！

因而，當時連日本統治者都承認，蔣渭水是指導臺灣「島內民族運動」，以及「推行臺灣人啟蒙運動」的先驅！

日本總督府出版的《警察沿革志》中，把他列為「黑名單」的第一人；究其行動的指導根源，即為中山先生思想與精神。後來日本警察所記內容，正好證明蔣渭水的英雄事蹟：

「在臺灣島內這種的先驅者，為組織團體奔走最致力的人，是臺北開業醫師蔣渭水。他拉攏了總督府醫學專門學校學生及畢業生，以及各中等學校高年級生，其他知識份子、青年等，早在大正九年十一月左右，就曾經設立文化公司，從事戰後思想、文化研究，並購入供給資料的報刊圖書。」⑫

日警並且承認：

「臺灣人的民族意識之根本問題，實繫於他們原是屬於漢民族的系統；本來漢民族經常都在誇耀他們有五千年傳統的民族文化，這種民族意識可以說是牢不可破的。」

---

⑦　同上。

⑫　王詩琅譯，《臺灣社會運動總史》（臺北：稻香出版社，1988），頁 250。

日本警察還進一步指出：

「蓋文化協會經常宣傳的要旨，究竟起來是說：『漢民族是保有五千年光榮文化的先進文明人，不該屈服在異民族的統治下，日本的統治方針，乃在消滅漢民族所有的文化和傳統，把她作為經濟榨取的對象，完成為日本的隸屬民族，或作為被壓迫民族，加以壓迫拘束。我們應喚起漢民族的民族自覺，把臺灣作為我們的臺灣，自行統治，排除屈辱，站起團結起來。』」

日本東京帝大教授矢內原忠雄，曾出版《日本帝國主義下的臺灣》，本書曾經被日本人查禁，他並因此被東京大學解聘；可見書內有些內容，不見容於日本當局，但也正好藉此瞭解真相。

例如，在本書中，他曾經中肯的指出：「文化協會很久成為唯一而且全部臺灣人民族運動的團體。」等於承認「文化協會」在臺灣文化運動的領導地位。

另外他也強調，「臺灣民眾黨」是「以民族運動為第一義」，很可證明當時抗日的影響力。

此外，他也曾分析，「臺灣文化協會」及「臺灣民眾黨」是「臺灣人解放運動的唯一擔當者」，因為他們種種活動，「使臺灣人民，對於總督府施政的政治批判具體化」。

因此，綜合而論，「臺灣文化協會」、「臺灣民眾黨」及「農民組合」，均在蔣渭水領導下，做的有聲有色，可歌可泣！由此更可以印證，蔣渭水在日據時代的抗日領袖地位。

在臺灣本土政治人物中，黃煌雄雖然屬於「黨外」，但在2006 年新版的《蔣渭水》傳中，也曾經很明確指出，孫中山先生廣受臺灣人民懷念與尊敬：

「孫中山四十年如一日的革命精神與革命毅力，他對主義堅持與忠實；對弱小民族的鼓舞與支持，加上孫中先生為漢民族的世界性偉人，民族認同使臺灣人民引孫中山為榮，並奉孫中山為精神鼓舞者；孫中山乃成為日據時代中國人士之中，最受臺灣人民懷念與尊敬的政治領袖。」❼❸

然後，他更進一步指出：

「在臺灣同胞之中，受孫中山影響最深、最勤於研究孫中山思想，並活用其主張的，便是蔣渭水。」

後來，他再明確強調：

「對孫中山的認同，最後也使蔣氏在臺灣近代民族運動所佔的歷史地位，有如孫中山在領導中國近代民權運動所占的歷史地位一樣，而使蔣氏變成為『臺灣的孫中山』。」❼❹

尤其，黃煌雄指出，蔣渭水融合了「民族正氣」與「臺灣精神」，對今後臺灣仍有重大的啟發性：

「在臺灣近代民族運動史上最具影響力，最能刺痛日據當局，並最能喚醒寂靜的民族與社會良知，1943 年逝世時被臺灣人民尊稱『臺灣人的救主』、『臺灣政治社會運動第一指導者』的蔣渭水，所代表的『民族正氣』與『臺灣精神』，經由歷史的烊鍊，正好得以『臺灣孫中山』這一歷史身份，銜接這一歷史連結。」

換句話說，「臺灣的孫中山」，代表孫中山精神在臺灣的傳承，也代表中華文化與臺灣文化，兩者血脈相連的例證，更代表了

---

❼❸　黃煌雄，《蔣渭水傳》（臺北時報公司，2006 年），頁 20。
❼❹　同上，頁 261。

民族正氣、結合臺灣民心的具體象徵！

　　因此，從蔣渭水的生平與思想，更可證明「本土化」與「中國化」，非但沒有隔閡，而且互補互濟，可以相得益彰！

　　這對當今臺獨人士，企圖假「本土化」之名，而行「去中國化」之實，堪稱極為重要的省思典範！

　　今後，深盼臺灣本土政治人物，都能真正深研蔣渭水的生平與作品，並且體認他在孫中山先生過世二週年時，在紀念大會上的呼籲──希望臺灣人民「深深接納孫先生最後的呼聲：『和平、奮鬥、救中國』！」

　　孫中山先生曾在民國 12 年 11 月 25 日，於廣州大本營，分析「國民黨過去失敗之原因與今後努力之途徑」，至今仍然有重大的啟發性！

　　中山先生當時強調：

　　「吾黨想立於不敗之地，今後奮鬥的途徑，必先要得民心。」

　　然後，他再度指出千古不滅的道理：

　　「得其心者，得其民；得其民者，得其國。」❼❺

　　綜觀中國國民黨的歷史，能得民心之時，就是勝利成功之際。反之，不得民心之時，就是失敗下野之際；無論從大陸到臺灣，都是同樣的例證。

　　因此，今後國民黨的領導人，與全體黨員，均應真心誠意，根據中山先生遺訓，全力爭取民心，人人以「振興中華」為己任，個個以「服務的人生觀」為志業，那才能創造更多的輝煌成果，無負

---

❼❺　同❷❻，頁 936。

中山先生在天之靈！

　　換句話說，今後仁人志士，只要共同以中山先生之心為心，以中山先生之志為志，伸張民族大義，弘揚中山主義，相信必能共同創新國運，進而振興中華，那就何只是兩岸人民整體之幸，更是整體中華民族全體之福了！

第十一章
中華聖哲的政治風範

※　　　　　※　　　　　※

中國歷史淵遠流長，歷代均有很多聖哲英雄，足以成為今人效法的榜樣。

文天祥在《正氣歌》內，曾經列舉很多正氣人物的典範，用他們的具體事蹟，證明「時窮節乃見」，然後強調：「是氣所磅礴，凜冽萬古存。」形成中華民族正氣的傳統。

他並且提醒後世，「哲人雖已遠，典型在夙昔」，應以這些哲人，作為修身學習的對象。

這些典範，蔚成中華民族的精神特色，深深值得後人學習與力行，才能促使中華文化更加發揚光大，中華民族更加昌隆興盛！

到了曾文正公，更是歷史空前第一遭，整理歷代聖哲的重要言行，列出三十三人畫像，做為後人見賢思齊的對象，可說用心良苦，同樣深值重視！

曾文正公本身，也堪稱一代英豪的典範；他這個典型，也是在困知勉行中，效法很多英雄人物而成，更是在堅忍奮發中，學習很

多先聖先賢而成；所以從他所推崇的中華聖哲言行，很能彰顯成功之道，成為自己做人做事的榜樣，更可成為所有仁人志士「振興中華」的共同動力！

當前中國大陸，很多政府部門，為了弘揚中華文化，也紛紛整理歷代「名君、君臣、名將」的重要言行，據以激勵中華兒女奮發上進的精神，很值得重視。

其中以華藝出版社的《華夏津梁》最為出色，包括歷代的聖君詔批、良相奏表、名將韜略，極具參考價值。看完之後，更能增加中華兒女對民族文化的體認，並且可以進一步立定大志，效法先賢，增益愛國精神與奮鬥意志。

曾文正公在咸豐十年（1860），閏三月十九日的日記中，寫得很中肯：

「凡做好人，做好官，做名將，但要有好師、好友、好榜樣。」

因此他認為，做人之道，「宜專學一人，或得今人之賢者而師法之，庶易長進。」

所以，他把平日抽空研讀歷史感想，心中最敬佩的「好師、好友、好榜樣」，從古到今列舉三十三人，並令兒子曾紀澤為他們每人畫相，掛在自己辦公室中；經常激勵自己，效法古今英豪，也同時勉勵弟子，效法歷代聖哲。

綜觀這三十三人，堪稱中華民族最具指標性的英雄聖賢，他們的精神人格，共同形成了中華民族正氣，他們的政治哲學，也共同鑄造了中華民族的國魂；他們的胸襟恢宏，氣度雍容，更深深值得所有中華兒女共同引為榜樣，並且身體力行！

本文重點，即以曾文正公慎選的 33 位聖哲為基礎，根據每人年代順序，分析生平特色，並根據曾文正公的評論，輔以相關文獻，申論這 33 位中華聖哲的精神，以及政治家的風範，做為中華兒女的共同典範。凡是有雄心、有壯志、有血性、有正氣的仁人志士，若能共同見賢思齊，奮發團結，相信必能早日振興中華，勝利成功！

(一)周文王（姓姬名昌，生卒年不詳。）

曾文正公在其文集《國朝先正事略序》中，稱頌周文王說：

「自古英哲非常之君，往往得人鼎盛。若漢之武帝，唐之文皇，宋之仁宗，元之世祖，明之孝宗⋯⋯然考其流風所被，率不過數十年而止。惟周文王暨我聖祖仁皇帝，乃閱數百載而風流未沫。」

他並指出原因：

「周自后稷十五世，集大成於文王，而成康以洎東周，多士濟濟，皆若秉文王之德。」❶

他對文王推崇的是「文王之德」，既包括他的品德，也包括他的德政。

在文王的品德中，曾文正公認為，他的「勤政」為最重要。因此，他在《雜著》漢文帝中指出：

「吾嘗謂為大臣者，宜法古帝王者三事：舜禹之不與也，大

---

❶ 吳江、袁敏琴，《曾國藩成功人生 33 個楷模》（北京：中國華僑出版社，2002 年），頁 14。

也;文王之不遑也,勤也;漢文之不稱也,謙也。師此三者而出於至誠,其免於戾矣乎。」❷

另外,根據《史記·周本紀》,周文王很重視訪才,說他「禮下賢者,日中不暇食以待士,士以此多歸之。」

所以,曾文正公評論周文王時,特別強調,成功必定來自於平日一點一滴的努力:

「古之成大業者,多自克勤小物而來。百尺之樓,基於平地;千丈之帛,一尺一寸之所積也。萬石之鐘,一銖一兩之所累也。文王之聖,而自朝至於日中昃,不遑暇食。」❸

他並指出:周文王為古君子的代表,生平所憂與所樂,都以天下為己任,不會為了私心私利而憂而樂。他說:「古之君子,蓋無日不憂,無日不樂。道之不明,已之不免為鄉人,一息之或懈,憂也。」❹

然後,他進一步稱頌周文王的風範:

「自文王、周(公)、孔(子)三聖人以下,至於王(夫之),莫不憂以終身,樂以終身,無所於祈,何所為報?己則自晦,何有於名?」

這種精神,只以政治清明為念,生平但求頂天立地,不求個人名利,至今仍為重要的政治風範。

尤其,文王曾經因紂王政治迫害,而蒙難入獄七年,《易經》

---

❷ 同上,頁 3。
❸ 同上,頁 8。
❹ 同上,頁 12。

中明夷卦，即以周文王為例，指出當時光明落地，形成黑暗時代。但文王在蒙難中，仍然堅忍自強，化悲憤為力量，苦撐待變，形成歷代政治受難者，自我激勵的最早典範！

此即「明夷」卦的象傳所說：「明入地中明夷；內文明而外柔順，以蒙大難，文王以之。」至今仍深具重要的啟發性！

㈡周公（按：姓姬名旦，？－公元前1105）

曾文正公在道光二十二年十月廿六日，致諸弟函中說：

「君子立志也，有民胞物與之量，有內聖外王之業，而後不忝於父母之生，不愧為天地之完人。故其為憂也，以不如舜不如周公為憂也，以德不修學不講為憂也。」❺

由此可見，曾文正公非常重視效法古今完人，並以舜與周公為其榜樣。因為要效法乎上，才能得法乎中，所以一定要用最高標準——舜與周公，做為其心目中的學習對象。

公元前 1027 年，武王伐紂時的〈牧誓〉，即由周公起草，激勵士氣很大。

但武王在克殷第二年即病故，周公從旁攝政七年，平定「三監」之亂，並分封諸侯、制禮作樂，將國家視為教化園地，貢獻更為重大，影響也很深遠。連孔子都曾感慨「久矣，吾不復夢見周公」，可見周公文化理想的重要性。

周公最有名的故事，就是治國期間「一沐三握髮，一飯三吐哺。」他連洗個頭，都會三次中斷，握著頭髮出來見客；連吃個

---

❺　曾文正公家信，道光 22 年 10 月 26 日。

飯，都會三次吐出來，先去會客。

這充分證明了，周公絕不讓部屬對人民擋駕，他很有親和力，絕不擺官架子；而且，寧可自己勞累，吃不好、睡不好，也要盡心盡力，為國為民！

然而，即使如此，周公攝政也飽受流言攻訐，誣指他企圖篡位；所以他除了要任勞、任怨，還要任謗！成大事的人，心中一定要能有忍辱負重的精神毅力，這種意志力，對於能否最後勝利成功，是很重要的關鍵。

事後證明，成王年長之後，周公立即還政於成王，並且恭敬守分，以臣自居，形成歷史佳話。

經國先生生前，曾經親口告訴筆者：他的經驗，在「忍辱負重」中，「負重容易，忍辱難」，但是，不能「忍辱」，就不能「負重」；同樣情形，「任勞容易，任怨難」，但是，不能「任怨」，就不能任勞。周公能忍別人之所不能忍，所以終能成功的負擔重任，並且激發更大的決心與潛能，用更勤奮的努力，創造周朝盛世。此中奮鬥精神，深深值得後人學習與力行！

綜觀周公生平，也深具政治膽識與智慧；例如，他平亂前發布《尚書》中的〈大誥〉，號召內部團結，一致對外；另外太平之後，在〈康誥〉強調「明德慎罰」，恩威並重；他的治國，從制禮作樂開始，並用文化理想提昇政治品質，都對今天政界，深具啟示作用。

另外，他還曾以「敬天保民」、「以德配天」，做為政治哲學根源，如此從人心根本處，提昇政治人物的靈性，到達「敬天」、「配天」的境界，至今仍然深具重要的現代意義！

㈢孔子（公元前 551－479，山東曲阜人）

曾文正公在同治九年正月，復劉蓉的信中，特別提到，文運與世道能否興盛，都有天命在內，人生雖然對於天命無可奈何，但學聖賢卻可操之在己，也可勉力而行：

> 「文之興衰，道之能行能明，皆有命焉存乎其間。命也者，彼蒼尸之，吾之所無如何也，學也者，人心主之，吾之所能自勉者也。」

然後他緊接著強調：

> 「自周公而下，惟孔孟道與文俱至，吾輩欲法孔孟，固將取其道與文而並學之。其或體道而文不昌，或能文而道不凝，則各視乎性之所近。」❻

曾文正公認為，一個人的生涯運道，有天命的成份，也有操之在己的成份；對於天命，只能順天知命，但對於治學與行道，則可操之在己，更可盡其在我。

他並指出，孔孟是「道與文俱至」，所以深值共同學習。他把孔子與周文王、周公相提並論，稱為中國「三聖人」，若是與佛教的「三聖」比較，可以看出更重人文教化，以及內聖外王之道。

因此，曾文正公家信與文集中，經常引用孔子名言，做為勉人自勵之道。例如在日記中，他寫要學習孔子「發憤忘食，樂以忘憂」的精神；並以孔子所說「欲速則不達」自我警惕。又如家信中指出：「我欲為孔孟，則日夜孜孜，唯孔孟是學，人誰得而御我

---

❻　同上，同治 9 年。

哉？」均為明顯例證。

另外，他生平強調剛健「倔強」之氣，認為此即孔子所說「貞固」。他並要求兒子效法孔子「己立立人，己達達人」的精神，還希望弟弟能學習孔子「泛愛眾而親仁」；凡此種種，均可證明，曾文正公深深心儀孔子的風範。

曾文正公生平治軍帶兵，經常不厭其煩的教誨，對部屬與士兵施行精神教育，他認為「督撫之道，即與師道無異」，即從孔子「誨人不倦」的精神而來。

另外，曾文正公也常引孔子所說：「言忠信、行篤敬，居蠻貊之邦行矣」，並且訓誡弟弟在外，要能「一切如此」。他經常指出，生平為人為官，重在忠義二字：「吾輩所忝竊虛名，為眾所附者，全憑忠義。」也來自孔子的精神感召。

甚至，他在對外關係之中，也指示李鴻章，要切記孔子之道。他曾在信中強調：

「夷務本難措置，然根本不外孔子忠、信、篤、敬四字。篤者，厚也；敬者，慎也；信，不說假話耳，然卻極難，吾輩當從此一字下手。」❼

當然，國際關係多以利害為主，在「叢林法則」下弱肉強食，爾虞我詐；曾文正公以孔子的君子之道，能否適應，自屬見仁見智。但他同時強調，應以實力為後盾，再以忠信篤敬為風度，以展現泱泱大國風範，贏得外國尊敬，也有其道理在。

因為，如果自己沒有實力，不能自強，當然就會被外人欺壓；

---

❼　同註❶，頁 42。

孔子對此也很明白，所以孔子在《易經》中強調，「君子以自強不息」，孔子生平也很注重武備，可見並不是空想家。

曾文正公分析孔子生平，特別欽佩其「精誠」：

「大聖固由生知，而其生平造次，克念精誠，亦迥異於庸眾。聞《韶》盡善，則七味至於三月；讀《易》寡過，則韋編至於三絕。文王則如見於琴，周公則屢入於夢，至誠所積，神奇應焉。」❽

曾文正公一生無論治學或待人，均能出以精誠，深得孔子精神真諦，堪稱孔子真正知己。

㈣孟子（公元前 390－305，山東鄒縣人）

曾文正公對孟子，曾經評論：

「思夫人皆為名所驅，為利所驅，而尤為勢所驅。當孟子之時，蘇秦、張儀、公孫衍輩，有排山倒海、飛沙走石之勢，而孟子能不為所搖，真豪傑之士，足以振勵百世者矣。」❾（咸豐九年五月十四日　日記）

由此可見，曾文正公最欽佩孟子的，就是他的「浩然之氣」，並有「大丈夫」精神：真正做到「富貴不能淫，威武不能屈，貧賤不能移」，不為利誘、不為勢劫；事實上，這些也都成為曾文正公終身的座右銘。

所以，曾文正公還曾將孟子，與周文王、周公、孔子並列，合稱「四聖」。

---

❽　同上，頁33。
❾　曾文正公家信，咸豐9年5月14日。

他並強調：

「秦漢以來，孟荀蓋與莊、荀並稱。至唐，韓氏獨尊異之。而宋之賢者，以為可躋之尼山之次，崇其書以配《論語》。後之論者，莫之能易也。兹以亞於三聖人後云。」❿

另外，他並認為，治學應先從《孟子》入手，因為孟子的浩然之氣，強調剛正耿直，比起孔子的圓融通達，更加容易學習。曾文正公對孟子「養氣」也很有心得，常在日記提到，如何在「二更後溫孟子」，可見用功很深。他在日記寫道：

「高誦（《孟子》）養氣章，似有所會，願終身私淑孟子。雖造次顛沛，皆有孟夫子在前，須臾不離，或到死之日可以仰希萬一。」

由此可見，曾文正公願「終身私淑孟子」，生死以之，均以「善養浩然之氣」自勉，足證對孟子，是非常的崇敬。

曾文正公生平，經常強調「倔強」的硬頸精神，他也指出，這與孟子所謂「至大至剛」的浩然之氣，兩者完全相通！

孟子與曾文正公，都是飽經憂患，所以都很認同「天將降大任於斯人也，必先苦其心志，勞其筋骨，餓其體膚，空乏其身，行弗亂其所為」，都很能夠化悲憤為力量，化吃苦為進補！

另外，因為兩人也飽經風霜，所以也都認為，人生有命。

所以孟子曾稱：「莫非命也，順受其正」。只是，孟子並非宿命論者，而是把逆境看成磨練，在逆來順受中，更加激發正面的啟發意義！

---

❿　同註❶，頁 45。

曾文正公也有同樣精神。他認為：「事功之成否，人力居其三，天命居其七。」也就是說，謀事在人，成事在天；人生命運，部份靠努力，部份也靠天意。更重要的是，自己對於「操之在己」的部分，只要盡心盡力，即能無愧無憾。這對很多功名中人，紓解心中壓力，避免患得患失，能有很大幫助。

尤其孟子強調，名位多有天命，或操之在別人，「趙孟之所貴，趙孟能賤之」；所以只要自己心中善養天地正氣，頂天立地、寓理帥氣，無欲則剛，就可以「說大人則藐之」！

另外，曾文正公對孟子的「仁政」與「王道」極為認同，所以他在治軍中，也曾引《孟子》說：

「用恩莫如仁，用威莫如禮。孟子曰：『君子以仁存心，以禮存心。』守是二者，雖蠻貊之邦可行，又何兵勇之不可治哉？」

曾文正公也非常注重立志，此即孟子所說，「君子貴其所立者大」。因此曾文正公曾強調：

「人苟能立志，則聖賢豪傑何事不可為？……我欲為孔孟，則日夜孜孜，惟孔孟之是學，人誰得而御我哉？」

從上述所論，充分可見曾文正公希聖希賢之心，以及「欲為孔孟」之志，難怪他能克服種種困難，並且能夠盡其在我，全力以赴，終於完成了中興大業！

㈤莊子（公元前 368－286，河南商丘人）

曾文正公一生歷經各種滄桑，飽受各種創傷，但都能一一克服，還有項重要原因，就是因為他深通莊子的豁達精神，深具恢宏胸襟與飄逸修養；所以才能度過各種困境難關，深具抗壓的能力，

也深具倔強的意志。

所以大陸學者吳江，在此評論非常中肯：

「曾國藩一生中有三次重大變化，最後一次，也是最重要的一次就是由申韓之學轉變為老莊之學。」他並指出：

「咸豐七年，他遭遇到仕途中最大的一次挫折，多虧研讀《莊子》，才實現了對自己人生道路的準確調整，度過了危機，不久東山再起，青雲直上。後來曾國藩在為人處世上愈來愈圓通，主要的智慧都來自於莊子。」⓫

曾文正公在同治二年三月初一，復郭嵩燾信中，就曾說：

「敝處更事日多，非確有所見，亦不敢輕於保奏。如某某者，亦曾似心汲引，今則多方掣肘，隔閡萬重。但悔不能熟讀莊生〈人間世〉篇，於人何尤？」

由此可見，他在人事糾紛與世事困擾中，每以莊子精神自我超越，足證莊子對他的影響很大。

另外，曾文正公在同治二年三月二十四日，致曾國荃信中，也曾經明白指出：

「吾好讀《莊子》，以其豁達足益人胸襟也。去年所講生而美者，若知之，若不知之，若聞之，若不聞之一段，最為豁達。推之即禹舜之有天下而不與，亦同此襟懷也。」⓬

曾文正公給曾紀澤信中，也曾稱：「十三經外，所最宜熟讀莫如《史記》、《漢書》、《莊子》、韓文四種。余生平好此四書，

⓫　同上，頁 59。
⓬　同上，頁 60。

嗜之成癖，恨未能一一詁釋箋疏，窮力討治。」**❸**

此外，曾文正公也很欣賞莊子的文采與意境。所以他曾強調：「嘗學陽剛者約得四家：曰莊子，曰揚雄，曰韓愈，柳宗元。」他在《雜著》中，還很推崇莊子的文風：

「造句約有二端：一曰雄奇，一曰愜適。雄奇者，瑰瑋俊邁，以揚馬為最；詼詭恣肆，以莊生為最。」

然後他更進一步指出：

「雄奇者，得之天事，非人力所可強企……學者之識，當仰窺於瑰瑋俊邁，詼詭恣肆之域，以期日進於高明。」

所以，他在給曾紀澤的信中，要求長子多學習《莊子》以提高自己的文采與氣魄，足以深宏而肆，培風而行，獨與天地精神往來，他能有此慧眼欣賞莊子，確實相當難得。因此他曾說：

「余近年頗識古人文章門徑，而在軍鮮暇，未嘗偶作，一味胸中之奇。爾若能解《漢書》之訓詁，參以《莊子》之詼詭，則余願償矣。」

當然，司馬遷也曾批評莊子，為文如天馬行空，「大抵率寓言」，「空語無事實」，「其言洸洋自恣以適己」，這是因為從歷史學家訓練，認為應有事實為基礎，並以直接評論為方法。

然而，曾文正公反而具有更恢宏的胸襟；因此他在同治元年（1862）十二月信中，就很推崇莊子：「《莊子·內篇》文字，看似放蕩無拘檢，細察內行，炭炭若天地不可瞬息。」

換句話說，曾文正公因為胸中，廣納歷代聖哲各方思想，反而

---

❸　同上，頁63。

很能欣賞莊子提神太虛、馳神無礙的特色；也很能體悟其中的宕蕩雄奇與豁達胸襟。這種胸襟，對於看透人生逆境、看開世間困境、看穿名利空境，均有極大的功用。只可惜司馬遷，雖然也想能「究天人之際」，但畢竟重點仍只放在古今歷史事實，對於天人靈修之學，畢竟仍有隔閡。

曾文正公對於莊子〈逍遙遊〉背後的深意，其實非常瞭解，所以他曾說：

「莊子自以為游方之外，不嬰世網。余讀〈養生主〉、〈人間世〉等編，其持身涉世，用心何其苦也！……反覆言之，豈誠忘機哉？使誠忘機，則不復言機矣。」

這充分說明，曾文正公很能體會，莊子在嘻笑怒罵背後，很有其救世的苦心。

另外，曾文正公也曾經在日記中警惕自己：

「讀古書以訓詁為本，作詩文以聲調為本，事親以得歡心為本，養生以少惱怒為本，立身以不妄語為本，治家以不晏起為本，居官以不要錢為本，行軍以不擾民為本。」

其中，「養生以少惱怒為本」，就是以莊子為榜樣；因為，唯有多效法莊子的超越精神，壁立萬仞，放曠慧眼，流眄萬象，看開一切世事，才能善養生機，爭氣而不生氣。

所以，他並曾說：

「以才自足，以能自矜，則為小人所忌，亦為君子所薄。老莊之旨，以此為最要，故再三言之而不已。」

因此，他常以莊子為例，強調無論做人做事，或者居官持家，都要能低姿態，禮賢下士，才能廣得人心：

「莊生尤數數言此，吾最愛〈徐無鬼〉篇中語曰：『以賢臨人，未有得人者也；以賢下人，未有不得人者也。』」❹

另外，他在日記中還寫道：

「思聖人有所言，有所不言……吾人當以不言者為體，以所言者為用；以不言者存諸心，以所言者勉諸身，以莊子之道自治，以荀子之道自克，其庶為聞道之君子乎！」

由此可見，曾文正公是「以莊子之道自治」，這個自治，多是以「治心」為主，具有三種特性，至今仍然很有啟發：

一方面，能夠「心齋」，放空自己，能有「真宰」，如此才能頭腦清楚，判斷正確。

二方面，效法「神人」，臨危不亂，處變不驚，如此才能臨陣從容，深具大將之風。

三方面，能夠「逍遙」，提神太虛，曠觀萬物，如此才能掌握大局，深具遠大宏觀。

(六)張良（公元前？－189，安徽人）

曾文正公生前很欣賞張良，還曾經特別為他寫〈如山投文賦〉，其中稱頌他「量如海」，「功補天」，可見非常推崇：

「惟良也，進忠有術，握算無遺。言者躍足，聽者解頤。明於照燭，快於轉規。量如海而同大，功補天而爭奇。繫萬鈞於一語，涵千頃於片辭。他山可借，虛谷能卑。」

曾文正公在此強調「他山可借，虛谷能卑」，明顯是以張良處

---

❹　同註❶，頁71。

亂世之道為鏡,並願虛心向他學習,足證他對張良很重視。

張良在年輕時,曾與大力士合作,用椎刺殺秦王,事敗被通緝,隱居下邳長達十年。可見他很勇敢,又能在危境中,機警待時。後來據稱他得黃石公精研《太公兵法》,從此智慧大增。

李白曾經作詩〈經下邳懷張子房〉,強調「懷古欽英風」。足證平日眼高於頂的詩仙,對張良也很崇拜。

公元前 202 年,劉邦戰勝項羽之後,也曾稱讚張良:

「運籌帷幄之中,決勝千里之外,我不如子房。」

可見張良長處,是其深具智謀與遠慮。

因此,曾文正公瞻仰留侯廟時,曾經特別題詩稱頌:

「小智徇聲榮,達人志江海。

　咄咄張子房,身名大自在。」

尤其,張良深知「功高震主」的道理,所以在劉邦死後,張良立即托詞,要隨赤松子仙遊,不再當官;看似故弄玄虛,實為明哲保身。司馬光就很讚嘆他的智慧:

「以子房之明辨達理,足以知神仙之為虛偽矣。然其欲從赤松子游者,其智可知也。」

然後,司馬光進一步指出:

「夫功名之際,人臣之所難處。如高帝之所稱者,三傑而已。淮陰誅夷,蕭何繫獄,非以履盛滿而不止也?故子房托於神仙,遺棄人間,等功名於外物,置榮利而不顧,所謂明哲保身者,子房有焉。」**❻**

---

❻ 同上,頁 186。

　　劉邦勝利之後，韓信、蕭何雖為開國功臣，但韓信被滅族，蕭何被入獄，只有張良，因為托病不問政事，反而能夠明哲保身。司馬遷稱其「無智名，無勇功」，反而得以全身而退。

　　曾文正公同樣深知，他在擁兵攻下南京之後，同樣必會受清朝猜忌，所以立刻自請裁軍，並要得勝的弟弟曾國荃，也能稱病避免遭嫉；此中政治智慧，與張良很有異曲同工之妙。

　　另外，劉邦晚年要想廢太子，呂后深感惶恐，再三請託張良幫忙，張良本身知道，不能強出頭去關說，只能建議呂后，延請四位大老輔佐太子。當劉邦看到四位白髮大老，跟在太子左右，也只好感嘆太子氣候已成，不能再動。

　　由此也可看出，張良解決問題之道，必以智取，絕不硬拼。這種柔性的方法，反能成功；對於政治人物，也很發人深省。

(七)司馬遷（公元前 145－？，陝西左馮翊夏陽人）

　　曾文正公一生都愛讀歷史，並從歷史中吸取很多教訓，成為他治軍與從政的很大借鏡。

　　因此，他對司馬遷非常推崇：

　　「蓋司馬氏（司馬遷）創立紀傳，以為天地之所以不敝者，獨賴有傳人焉以經緯之。故備略載聖君賢相、瑰智瑋材。謂若而人者，皆以倫次乾坤，法戒來葉。」❶（《文集・曹穎生侍御之繼母七十壽序》）

　　另外，對於司馬遷的文采，曾文正公也很欽佩：「自漢以來，

---

❶　同上，頁 74-75。

為文者莫善於司馬遷。遷之文，其積句也皆奇，而義必相輔，氣不
孤伸，彼有偶焉者存焉。」甚至強調：「司馬遷，文家之王都
也。」（《文集·送周荇農南歸序》）

司馬遷身逢奇冤，並遭奇恥大辱，面對這種空前逆境，他的回
應，就是化悲憤為力量，並且列舉各種歷史例證，說明歷代聖賢，
都是深具精神毅力，所以他說：「周文王拘而演《周易》；仲尼厄
而作《春秋》；屈原放逐，乃賦《離騷》；左丘失明，而著《國
語》；孫臏受刑，而論《兵法》。」

另外他更指出：「不韋遷蜀，世傳《呂覽》；韓非囚秦，《說
難》、《孤憤》。」最後結論更是「《詩》三百篇，大抵聖賢發憤
之所為作也！」

所有這些歷史故事，如同文天祥《正氣歌》，均用真人真事做
為典型，對於曾文正公影響很大；對於今天在逆境中的政治人物，
啟發也都很大。

所以，曾文正公一生在困境中，每能愈挫愈勇、轉敗為勝，並
自稱「打落牙和血吞」，均與他讀《史記》「嗜之成癖」，有很大
的關係。

例如，他在道光二十三年（1843）對諸弟信中說：「予論古
文，總須有倔強不馴之氣，愈拗愈深之意。故太史公之外，獨取昌
黎、半山兩家。」由此可見，他對「倔強」的不服輸精神，生平首
推司馬遷。

正因司馬遷能有這種倔強不馴之氣，所以當其身逢奇冤，能夠
以發憤取代悲憤，完成千古不朽的著作！

在近代大政治家中，邱吉爾的英文不僅流暢，而且深具雄健之

美與剛正之氣，主因也來自倔強之氣，在此可稱完全相通。

　　試看邱吉爾在二戰英國飽受轟炸時，仍稱最黑暗時期為「最美好時光」，面對德國納粹的暴政侵略，他更大聲呼籲：「我們要在灘頭作戰，在登陸地作戰，在田野、在山上、在街巷作戰；我們永不投降！」很能證明其魄力，同樣充滿倔強不馴的精神！

　　另外，曾文正公也看出司馬遷，「常以不可知者，歸之天命」，「故時時以『命』字，置諸喉舌之間」。

　　人生是否有「天命」？曾文正公因為本身經過很多驗證，所以相當的程度肯定是有，這對歷代功名不遂、或懷才不遇的政治人物，也是很值得重視的精神寄託。

　　另外，在咸豐九年（1859）三月二十四日的日記，曾文正公寫道，他從司馬遷的著作中，連想到「將帥之道」：

　　「溫〈南越傳〉、〈循吏傳〉。太史公所謂循吏者，法立令行，能識大體而已。後世專尚慈惠，或以煦煦為仁者當之，失循吏之義矣。因思為將帥之道，亦以法立令行、整齊嚴肅為先，不貴煦嫗也。」❶❼

　　他能從《史記》中，體認出「將帥之道」，在於「法立令行」，樹立軍威，才能「整齊嚴肅」，不致於成為老婦人之仁。只此一例，便可看出，他心中是「帶著問題看史記」，並以解決問題為宗旨，並不是只為了消遣才看史記。這種經世致用的精神，是曾文正公生平極大特色，值得特別注意。

---

❶❼　曾文正公，咸豐 9 年 3 月 24 日記。

㈧劉向（公元前 77－公元 6，按：今江蘇沛縣人）

曾文正公對於漢代劉向，特別敬重他「忠愛」二字。劉向在〈極諫用外感封事〉文中，曾經極力分析春秋以來，下臣專權、外戚專政的種種弊端；他曾經引《尚書》所說：「臣之有作威作福，害於而眾，凶於而國。」然後並引孔子名言：「祿去公室，政逮大夫。」**⓲**

他由此強調，皇帝如果大權旁落，即為「危亡之兆」。

他在密奏最後，再引《易經》所稱：「君不密，則失臣；臣不密，則失身；幾事不密，則害成。」一方面強調保密的重要性，二方面突顯本身忠於漢室，再次可見他「忠愛」的特色。

所以曾文正公明說：

「余尤好劉子政忠愛之忱，若有所甚不得已於中者，足以貫三光而通神明。」

另外，他也曾指出，他敬佩劉向的原因：

「是故識精而不炫，氣盛而不矜，料王氏之必篡，思有以早為之所，而又無誅滅王氏之意。宅心平實，指事確鑿，皆本忠愛二字，彌綸周浹而出。吾輩欲師其文章，先師其心術，根本固，則枝葉自茂矣。」**⓳**

曾文正公本身在攻陷南京時，很多部屬認為，他擁有半壁江山，應該自己為帝；他非但沒有同意，而且還自請裁軍，等於自廢武功，以此展現忠君愛國之義，即與劉向風格相同。

⓲ 同上，頁 180。
⓳ 同註**❶**，頁 9〈劉向〉。

　　雖然後人對此，見仁見智，但是證明曾文正公推崇劉向，並且用行動效法，有其重要脈絡可循。

　　此外，曾文正公也很欽佩，劉向明明看出，外戚王莽等人必定篡漢，但仍然心存宅厚，只是建議皇帝認清其真面目，削其權勢，但並沒有趕盡殺絕、誅滅九族之意。

　　此即曾文正公所說，肯定劉向「識精而不炫，氣盛而不矜」，而且「宅心平實，指事確鑿。」這種忠厚仁愛的思想，是中國美德，劉向生死以之，曾文正公也生死以之。

　　所以，曾文正公也曾經以此自勉自勵：

　　「獨賴此精忠耿耿之寸衷，與斯民相對於骨獄血淵之中，冀其塞絕橫流之欲，以挽回厭亂之天心。」[20]

　　另外，曾文正公選用人才，也特別注重有「忠義樸誠之氣質」，均可證明其來有自，就是要以忠愛赤忱，遏止驕兵悍將的私欲橫流，也避免人民因為內戰，而陷於骨獄血淵之中。這種仁心與遠見，也很值得重視與效法。

　　此外，曾文正公也很推崇劉向的文學與氣勢，他稱：

　　「西漢文章，如子雲（揚雄）、（司馬）相如之雄偉，此天地道勁之氣，得於陽與剛之美者也，此天地之義氣也。劉向、匡衡之淵懿，此天地之溫厚之氣，得於陰與柔之美者也，此天地之仁氣也。」[21]

　　由此可見，曾文正公篤信「人如其文」的道理，並認為劉向文

---

[20]　同上，頁95。
[21]　同註❶，頁101。

章有溫厚之氣，屬於「天地之仁氣」，與揚雄、司馬相如的雄偉遒勁之氣不同，後者因為那屬於「天地之義氣」。由此可見，曾文正公經常用天地之氣比喻文氣，本身就很有靈性，而且大氣磅礴；深具政治家應有的恢宏胸襟。

㈨馬援（公元前 14－公元 50，扶風茂陵人）

曾文正公對於馬援的英雄事蹟，非常推崇，並且稱他為「曠代英杰」；因為馬援沒有任何背景，完全靠本身奮發圖強，正是「英雄將相本無種」的例證。

曾文正公對此評論說：

「伏波將軍馬援，亦曠代英杰……謙謹自將，斂其高遠之懷，即於卑邇之道。蓋不如是，則不足以自致於久大。藏之不密，則放之不准。」㉒（《雜著·英雄誡子弟》）

曾文正公在輓劉隱霞時，曾經提到馬援：

「五載共兵戈，地下知心王壯武；

　萬年歆俎豆，沙場歸骨馬文淵。」

另外，他在輓謝春池的對聯中，也曾旁及馬援：

「春草繫詩懷，有人慟哭謝康樂；

　秋風埋戰骨，無計招魂馬伏波。」

由此可知，他多次引馬援為例，均是稱頌忠誠之風，可見他對馬援的敬重。

尤其，馬援豐功偉業，很令曾文正公心儀，他等於白手起家，

㉒　同上，〈雜著〉，頁 187。

全靠自己在艱困中奮發圖強，然後卓然有成，這是最讓曾文正公惺惺相惜之處。

另外，馬援很有識人之明，他拜見劉秀之後，向隗囂說明他對劉秀的印象，認為「劉秀不如劉邦」；因為劉邦能用人的長處，本身只管大事，但劉秀對小事也不放過，便可能越權干預。❷❸

這充分證明，馬援很能觀察細節，並能從小見大，從中領悟用人的特色。這也正是曾文正公的專長，由此可見，兩人在志氣與興趣上，均很能相通。

所以，曾文正公曾經分析：

「辦事不外用人，用人必先知人。知人之道總須多看幾次，親加察看，方能得其大概。」❷❹

曾文正公後來，培養出很多的重要人才，如左宗棠、胡林翼、李鴻章、劉銘傳、彭玉麟等等，都成為方面大才。

他本身平日，也很注重識才，並且常要眾弟以及部屬，用心登記人才、訪求人才，並且羅致人才，所以終能成就中興大業；這就證明，中興必以人才為本，對今天兩岸，都很有啟發性。

(十)班固（公元 32－92，陝西咸陽人）

曾文正公對於漢代史學家班固，也很欽佩；他說：

「余生平於古人四言，最好韓公之作……自韓公而外，則班孟堅《漢書·敘傳》一篇，亦四言中之最雋雅者。」

---

❷❸　同上，頁 192。
❷❹　同上，頁 193。

他並進一步說明：

「班氏閎識孤懷，不逮子長遠甚。然經世之典，六藝之旨，文字之源，幽明之情狀，粲然大備。豈夫與斗筲者爭得失於一先生之前，姝姝而自悅者哉！」㉕

換句話說，曾文正公強調，班固最可稱道之處，在於凡事能從深處、遠處、高處、與大處著眼；所以對於「經世之典，六藝之旨，文字之源，幽明之情狀」，能夠「粲然大備」，這都來自其深厚高明的史識，很值得後人學習。

另外，曾文正公也很重視文字的「珠圓玉潤」，因為這代表才氣縱橫，逸趣橫生，充滿生命力。他認為，班固可稱其中的佼佼者。所以他說：

「無論古今何等文人，其下筆造句，總以珠圓玉潤四字為主。」

然後他進一步指出：「世人論文字之語圓而藻麗者……溯之東漢班固」。因為這種「珠圓玉潤」，也能夠代表處世通達圓融，能明大義、識大體，因此深得曾文正公重視。

班固父親班彪，曾經完成《史記後傳》六十五篇，為班固撰寫《漢書》的基礎；其弟班超，為「投筆從戎」出使西域的名將；其妹班昭，也幫班固續寫《漢書》，是中國第一位女史學家。

班家能夠滿門人才、文武俱全，主因即以儒學與忠厚傳家，澤及後人，這對曾文正公有很大啟發。因而他經常訓誡諸弟與後人，要能對儒學多用功，並且要求身體力行。

㉕　同上，頁 106。

公元 94 年，漢和帝公開詔命，表揚班超其在西域的功業非凡：

「出入二十二年，莫不賓從。改立其王，而綏其人。不動中國，不煩戎士。」

文中從民族大義的立場，肯定班超捍衛領土的貢獻，這種民族精神，正是班家最重要的家風，後來也成為班固的重要史觀。

事實上，班固祖先班壹，因為避秦而到西北畜牧，由此致富，「致牛馬數千群」；所以班固祖傳淵源，也很重視工商經濟發展，並認為應將「食」與「貨」，由國家控制經營。

他並曾引述《易經》、《尚書》以及《孟子》、《管仲》等人，將經濟結合政治，認為經濟應納入國家重大政策。

凡此種種，都證明他是很務實的儒者，強調經世致用，因而與曾文正公生平特色很相通；曾文正公，治軍、治學、與治國，都很重視務實與致用，在此精神完全相同。

㈣諸葛亮（公元 181－234，生於山東）

曾文正公生平非常推崇孔明，除了欽佩他的高瞻遠矚，對於他「克勤小物」的踏實精神，也非常讚嘆。他說：

「古之成大業者，多自克勤小物而來。百尺之樓，基於平地，千丈之帛，一尺一寸之所積也；萬石之鐘，一銖一兩之所累也⋯⋯諸葛忠武為相，自杖罪以上，皆親自決⋯⋯為政者亦凡百不由銖積寸累，而克底於成者也。」❷

---

❷　同上，頁 121-122。

他在文中舉例，孔明作了宰相，仍然「自杖罪以上，皆親自決」，代表對任何關鍵細節，均很重視而要親斷。

這是因為，張飛後來不幸被部屬所害，即緣自部屬酒後被張飛杖刑，心中不服；所以孔明吸取教訓，寧可鞠躬盡瘁，也要避免犯錯。此即西洋名言「細節中出惡魔」的同樣道理。

周恩來作總理，經常強調「外事無小事」，並經常會過問細節，毛澤東評其為「舉輕若重」（與鄧小平「舉重若輕」各屬不同作風）。因為周恩來待人處事，非常細膩周到，所以在國際上也廣受推崇。

諸葛亮在〈治軍〉一文中，曾經特別強調：「用兵之道，先定其謀，然後乃施其事。」❷⃝

這些領導風格與行事作風，都對曾文正公很有影響。

例如，曾文正公，曾經在雜著的〈赦〉字章中指出：

「諸葛武侯治蜀，有言公惜赦者。答曰：『治世以大德，不以小惠。故匡衡、吳漢不願為赦，先帝亦言：「吾周旋陳元方、鄭康成間，每見啟告治亂之道悉矣，曾不語赦也。若劉景升、季玉父子，歲歲赦宥，何益於治？」』蜀人稱亮之賢。」

然後，他再以古喻今：

「國藩嘗見家有不肖之子，其父曲宥其過，眾子相率而日流於不肖。又見軍士有失律者，主者鞭責不及數，又故輕貰之，厥後眾士傲慢，常戰侮其管轄之官。故知小仁者，大仁之賊，多赦不可以治民，溺愛不可以治家，寬縱不可以治軍。」

---

❷⃝　同上，頁 172。

　　因此，曾文正公強調，治軍或治家，都不能溺愛，不能寬縱，否則無法治家治軍。

　　所以，他在〈勸戒州縣四條〉中說：「子產治鄭，諸葛治蜀、王猛治秦，皆用嚴刑，以致義安。」

　　可見他除了儒家，也同時融入法家「亂世用重典」的道理。

　　尤其，諸葛亮在〈出師表〉中，面臨危急存亡之秋，絕口未提本身的辛苦，反而念念以國事為重，提醒後主，應該「恢宏志士之氣」，並且應該刑賞公平、不宜偏私，以昭「平明」之治；凡此種種，均給曾文正公極大的啟發。

　　因為諸葛亮的〈出師表〉句句真情，字字忠義，所以曾文正公讀後，慨然寫出心中感想：

　　「古人絕大事業，恆以精心敬慎出之。以區區獨漢一隅，而欲出師關中，北伐曹魏，其志願之宏大，事勢之艱危，亦古今所罕見。」

　　然後，他進一步指出：

　　「此文不言其艱巨，而言志氣宜恢宏，刑賞宜平允，君宜以親賢納言為務，臣宜以討賊進諫為職而已。故知不朽之文，必自襟度遠大、思慮精微始也。」❷❽

　　由此他在文中體認，不朽之文，必自「襟度遠大、思慮精微始也」，這充分代表孔明「大處着眼，小處着手」的特色，正是曾文正公本身的最佳寫照。

(士)郭子儀（公元 697－781，陝西華縣人）

曾文正公曾經稱頌唐代郭子儀，為「千古一郭汾陽」而已，可見他重視的程度。

為什麼他如此重視呢？因為兩人生平背景，很有相似之處：

1. 兩人都是衰世的中興大臣，堅忍不拔；
2. 兩人都很得軍心，剿匪有功；
3. 兩人都能謹慎因應政局，雖然歷經猜忌，仍能善終；
4. 兩人都很重視家訓家風，所以家族都能昌盛。

同治元年七月廿八日，曾文正公在家信中說：

「古來成大功名者，除千古一郭汾陽外，恆有多少風波，多少禍難，談何容易！願與吾弟兢兢業業，多懷臨深履薄冰之懼，以冀免於大戾。」❷⁹

他在告誡眾弟的這段話中，特別指出，千古以來成就功名，除了一個郭汾陽外，「恆有多少風波，多少艱難，談何容易」！因此他特別提醒諸弟，平日要能「兢兢業業」，如臨深淵，如履薄冰；可見他從郭子儀生平，得到很多的啟發。

曾文正公在咸豐十一年（1861），看到清朝內部政爭，怡親王載垣和肅順等大臣，都被慈禧整肅，心中非常警惕；所以他曾在日記寫道：

「權太重、位太高，虛望太隆、悚惶之至！

余近浪得虛名，亦不知其所以然便獲美矣。古之得虛名而值時

---

❷⁹　曾文正公，同治元年 7 月 28 日記。

艱者，往往不克保其終。思此，不勝大懼！將具奏摺，辭謝大權，不敢節制四省。」

這也正是郭子儀，擁兵致勝之後的同樣心情。

所以曾文正公在同治五年（1866）十二月，給家人的信中，曾特別指出，手握兵權的人，不能犯三種忌諱；否則，重者會害國，輕者會敗家。這三個忌諱是：

1.文臣為了匡正皇帝，可以直言極諫，但將帥卻不可，因為這樣會近似炫耀武力，令皇上不安。

2.文臣可以彈劾權奸，清除君王身邊的小人，但將帥卻不可清君側，因為這樣就像東晉時的王敦，令君王同感威脅。

3.文臣可以一意孤行，不聽人勸，但將帥不可，因為這會讓皇帝很為難。

曾文正公這些內容，在提醒將帥，本質上與文人不同，所以應特別警覺，否則很容易遭到猜嫉。

郭子儀生平深知此理，所以雖然軍權在握，但絕不向皇上輕言除奸，也絕不仗著軍權而極力進諫。他凡事儘量寬大謙和，所以既能化解百官嫉恨，也能為自己善留餘地。

甚至郭子儀晚年時，祖墳被人盜挖，他也只是引咎自責，不予追究，讓朝廷鬆了口氣。曾文正公稱讚他是「名臣之度量也」❸。即此一例，即知曾文正公與郭子儀特色，均在「能忍人之所不能忍」，可稱古今呼應，一脈相承！

另外，郭子儀生平很重誠信，並以此與回紇結交朋友，逐漸化

---

❸　同❶，頁 209。

敵為友。他在永泰之年（765），毅然以單騎入敵營，置本身安危於不顧，令回紇首長們震驚折服，傳為千古美談。

這也正是曾文正公的作風，所以他帶兵一向強調誠信，並且嚴禁擾民。他曾經對比，隋朝楊素與五代朱溫，雖然百戰百勝，前者貴為宰相，後者更為天子，但因殘害百姓，所以「千古罵之如豬狗」；反觀關羽、岳飛等，雖然爭城奪地不多，但二人忠主愛民，就能「千古敬之如神靈」！

由此可見，曾文正公很重視歷史評價，並且很有遠見，能夠行仁政，愛人民，故能常保歷史令名，成為古大臣的良好風範。

(圭)李白（公元 701－762，祖籍甘肅，隨父遷居四川）

針對李白這位超拔飄逸的詩仙，曾文正公很欽佩他的胸襟豁達，器度恢宏。曾文正公強調：

「自古聖賢豪傑、文人才士，其志事不同，而其豁達光明之胸大略相同。」

他並舉出例證：「以詩言之，必先有豁達光明之識，然後有恬淡沖融之趣，如李白。」他認為李白「則豁達處多」，並且很得莊子精神：「吾好讀《莊子》，以其豁達足益人胸襟也。」

曾文正公很推崇李白，心嚮往之，身效法之，大陸學者吳江、表敏琴等分析，二人在風格上很接近，頗能把握核心：

1.「傲氣不可有，豪氣不可無」，兩人均有同樣豪氣；

2.「天生我材必有用」，兩人均有此同樣的大志！

3.「豁達光明之胸襟略同」，兩人志事雖然不同，但均有同樣的胸襟。

　　另外，李白曾經自述其詩品靈感，來自天地造化的同樣創造力：「攬彼造化力，持為我神通」。這與曾文正公經常強調，要能養氣持志，與天地精神相往來，在創作根源處完全相通。

　　所以，曾文正在他挑選的三十三位聖哲英豪中，也特別挑了大文豪李白。因為在他心目中，李白文章不只是雕蟲小技，而是深具恢宏大氣，精神超脫解放，馳騁無礙，卓爾不群，正如杜甫所稱：「白也詩無敵，飄然思不群。」非常值得後人欣賞與效法。

　　尤其，李白的詩品，氣象恢宏瑰偉，充滿勁氣；文風雄奇豪邁，充滿真力；境界飄逸瀟灑，充滿俊氣，均能令人回味無窮。試看他寫的「西風殘照，漢家陵闕」，短短八個字，卻能蘊含了古今多少英雄淚！

　　所以，曾國藩在給兒子紀澤兩封信中，曾經特別提到，要多看李白、杜甫、韓愈、蘇東坡的文章：

　　「李、杜、韓、蘇四家之七古，驚心動魄，曾涉獵及之否？」

　　然後，他再指出：

　　「讀書之法，看、讀、寫、作，四者每日不可缺一……李杜韓蘇之詩……非高聲朗誦，則不能得其雄偉之概，非密詠恬吟，則不能探其深遠之韻。」❸❶

　　由此可見，曾文正公認同「文如其人」，要從李白等人作品中，學習雄偉氣概與深遠神韻，才能訓練自己，成為雄健進取的創造性人才。

　　另外，曾文正公也曾提過：

---

❸❶　同❶，〈李白〉，頁341。

「唐人如（李）太白之豪……，往往多神到、機到之語。」

因為曾文正公本身適逢衰世，歷經滄桑與人事鬥爭，所以更加能體悟，心胸寬大與器宇恢宏的重要性。

所以，他在同治元年（1862）曾說：

「至於開拓心胸，擴充氣魄，窮極變態，則非唐之李杜韓白、宋金之蘇黃陸元八家，不足以盡天下古今之奇觀。」❸❷

可見他很清楚，在政治官場中，若想要能心胸開闊，那就必從莊子、李白等人，吸取其中無窮的生命力才行！

事實上，韓愈曾經稱頌李白：「李杜文章在，光焰萬丈長。」主因即在他們作品，充滿璀璨的生命活力，足以濟焦潤枯，充實心靈，這對平日忙碌疲累的政治人士，當然是很重要又有效的充電方法，深值重視與力行！

李白在年輕時，曾經行萬里路，遍歷名山大川，留下很多寶貴詩作。他也曾經寫信給韓荊州，因為聽說「生不用封萬戶侯，但願一識韓荊州。」所以自我推薦，形容自己「雖長不滿七尺，而心雄萬丈。皆王公大人許為義氣。」

李白並且推崇韓荊州，「君侯制作侔神明，德行動天地，筆參造化，學究天人。」從上述內容，很可看出李白文筆洗鍊，行神無礙，可惜，後來仍未被重用。他直到過世前，仍然寫〈臨路歌〉，以表壯志未酬的心意：

「大鵬飛兮振八裔，中天摧兮力不濟。」

李白生前有心從政，但都未能如意，直到四十二歲，才有機緣

---

❸❷ 同❶，頁 348。

因吳筠推介見唐玄宗，擔任翰林學士；但又因不願委屈，三年後被誣陷而去職，其後即漂泊各地。終其一生，在政界不順利，在文學界反能大放異彩，甚至被尊稱為「詩仙」。

李白曾在詩中，痛斥貪腐官僚「沐猴而冠不足言」，並且自稱「安能催眉折腰事權貴，使我不得開心顏。」杜甫更曾經用詩形容李白「長安市上酒市眠，天子呼來不上船，自稱臣是酒中仙。」以他這種名士作風，自然很難適應政治官場。

但從李白的例證，清楚可見，從政不是一切，「天生我才必有用」，這代表自信，也代表自勉。他深深看破「古來聖賢皆寂寞」，所以把做官的不如意，化為作詩的生命力，加上本身天才橫溢，終能成就千古不朽的詩名！

試看李白當年求官的對象——韓荊州，如今誰知道？試看歷史上至今，帝王將相有多少？如今誰知道？誰能夠如同李白詩名，永垂不朽？歷史事實證明，經過千古考驗之後，正如李白自己所說，「唯有飲者（李白）留其名」！

這給後人很大啟發——人人頭上一片天，行行都能出狀元！從政不是人生唯一的出路，人人都能自我創造天地！只要認識自己潛力，充分促其實現，就對社會能有重大貢獻，這在今天多元社會中，尤其很有啟發性！

王國維在《人間詞話》中曾經說：「《詩·蒹葭》一篇，最得風人深致，晏同叔之『昨夜西風凋碧樹，獨上高樓，望盡天涯路』，意頗近之。但一灑落，一悲壯耳。」

事實上，李白一人即兼具兩種特色，既灑落，也悲壯；有時豁達，有時落寞；這也正是心存從政無可避免的命運。

　　但是，李白終究能以憑高眺遠的超拔精神，克服黯然神傷，仍然能夠在鬱悶中遨翔太虛，與造物者同遊。這種恢宏氣魄，與磅礴氣勢，仍是很多政治人物深值領悟與效法之處！

㈢杜甫（公元 712－771，河南人）

　　曾文正公對杜甫的推崇，主要在其恢宏器識與憂患意識。他在同治七年曾寫信給李鴻章，盼望他能多讀杜甫等人的詩，據以調氣與養生，因為他所領悟的杜甫：

　　「詩中有一種閒適之境，專從胸襟看功夫。讀之但覺天機與百物相弄相悅，天宇奇寬，日月奇閒，如陶淵明之五古、杜工部之五律、陸放翁之七絕，往往得閒中之真樂。」❸❸

　　由此可見，曾文正公除了軍事修養，也很有文采，並深具詩詞學養，所以能從各種詩品中自得其樂，享受心靈的愉悅。

　　咸豐九年（1859）三月，曾國藩寫信給吳坤修，特別推崇杜甫的〈可嘆〉一篇，因其最有「樸拙」的特色，這很符合曾文正公「寧拙毋巧」的人生哲學與政治哲學。

　　事實上這種精神，也很得莊子的特色：「覆載天地，刻雕眾形而不為巧。」❸❹這種「眾拙之美」與「樸素之美」，看似很平淡、平易，其實很深遠、深邃。試看杜甫名詩便知：

　　「天上浮雲如白衣，斯須改變如蒼狗。

　　　古往今來共一時，人生萬事無不有。」

---

❸❸　同❶，〈杜甫〉，頁363。

❸❹　莊子，〈大宗師〉。

　　黃庭堅曾經評論杜甫詩品，「平淡而山高水深」，非常中肯，堪稱入木三分：

　　「但熟觀杜子美到夔州後古律詩，便得句法簡易，而大巧出焉。平淡而山高水深，似欲不可企及。文章成就，更無斧鑿痕跡，乃為佳作耳。」

　　曾文正公為人平實、生活平淡、作風平易，因此他特別欣賞杜甫的樸拙之美，兩人可說心心相印。

　　杜甫留下詩作一千四百多首，多半在唐代安史之亂所寫，當時他一方面記載了多災多難的時代背景，二方面也顯示了他憂國憂民的心中悲憫，因此同時被公認為「詩史」與「詩聖」。

　　杜甫本來也心懷大志，想要透過從政，實現人道理想，拯救民眾疾苦，所以在〈茅屋為秋風所破歌〉中，看到秋風吹破了自己的茅屋，仍然連想到天下百姓的痛苦，因而希望「安得廣廈千萬間，大庇天下寒士俱歡顏」！

　　然而他的生平，卻因唐玄宗重用奸相李林甫，而多次被阻擋。他也因此終生無緣從政，雖然勉強做過小官，卻無權改革，也無力救民，反而自己生活非常窮困，甚至幼子還因為飢餓而夭折，更讓他深深感嘆民間的痛苦！

　　因此，他的悲憤與孤忠，只有從詩品中抒發出來；像〈麗人行〉，明講「炙手可熱勢絕倫，慎莫近前丞相嗔」，就是清楚指楊貴妃與宰相楊國忠，可見他生平很有正義感，深具道德勇氣，令人十分欽佩。

　　另外，他在〈兵車行〉中，也深入的描繪了兵荒馬亂之中，人民的痛苦與無奈，令人不忍卒讀：「君不見青海頭，古來白骨無人

收。新鬼煩冤舊鬼哭，天陰雨濕聲啾啾」！

　　他著名的詩史名篇〈三吏〉、〈三別〉，更道盡了歷史悲慟與時代悲劇，留下他為民請命、永恆不朽的千古心聲！

　　例如，在〈三吏〉中，他描寫政府強行拉伕，滿街喧鬧哀號的情景：

　　「白水暮東流，青山猶哭聲；莫自使眼枯，收汝淚縱橫。眼枯即見骨，天地終無情！」

　　另外，在〈石壕吏〉中，他透過一個孤苦老婦，對官吏哭訴，表示家中三個兒子，已有兩個戰死，要求不再征兵，否則家中只剩哺乳中的嬰兒：「室中更無人，惟有乳下孫！」

　　這位老婦甚至哀求，自己願意代子從軍，幫忙軍中作炊，聞之令人心痛：「夜久語聲絕，如聞泣幽咽」！

　　此外，杜甫著名的〈三別〉，同樣道盡民間的痛苦與悲憤。

　　第一首「新婚別」，是新娘送新郎去當兵的心境，自覺連個路旁棄草都不如：「嫁女與征夫，不如路邊草」，哀痛可想而知。

　　第二首「垂老別」，敘述一位老人也被征當兵，與老伴揮淚告別，「投杖出門去，同行為辛酸」的情景。他本身的子孫都已紛紛陣亡，此去也必定無法回來，看到「積尸草木腥，流血川原丹」，不禁感嘆：「何鄉為樂土，安敢尚盤桓」？

　　這些真是字字血淚，令人聲聲嘆息良久！

　　第三首「無家別」，同樣慘絕人倫；一位士兵從戰場回家，竟然發現家中所有親人，都已在戰爭中死去；然後他又突然奉命，要再離家出征，此時居然發現無人可以告別，因而深深感嘆：「人生無家別，何以為蒸黎！」

　　杜甫這些作品，將自己生命與心血，完全融入人民的痛苦心中，再用他沉鬱頓挫的詩品，寫出充滿人道精神的呼聲，以及悲憤不平的心聲。任何有良心有血性的人看了，都會熱心沸騰，產生極大的感動與共鳴！

　　所以，當杜甫聽到安史之亂終於平定時，興奮之餘，寫下〈聞官軍收河南河北〉，直言「劍外忽傳收薊北，初聞涕淚滿衣裳」！然後，杜甫將心中無法實現的政治理想，投射到歷史上大政治家，用詩品推崇諸葛孔明，對其壯志未酬表達無限同情：「出師未捷身先死，長使英雄淚滿襟」！

　　綜上所論，證明杜甫生平很多作品，都是用血為墨，充滿血淚，氣魄非常雄偉，意境卻又非常沉鬱；既反映了人民的心聲，也反映了時代的呼聲，更充滿人道主義與愛國精神！

　　曾文正公生前對杜甫特別尊敬，因為杜甫詩中代表的仁愛精神，也形成中華民族的人道特色，深深值得今後弘揚光大！

(去)陸贄（公元 754－805，蘇州嘉興人）

　　陸贄是唐代大臣，生平際遇與曾文正公很相近，因為德宗時期叛軍作亂，他在亂世中，靠本身努力與才華，做到了宰相。

　　公元 784 年，陸贄特別上書德宗，希望朝廷以民心為念，不要只顧皇帝私人財產，而能將田地財產散給人民。

　　所以他特別強調：「夫國家作事，以公共為心者，人必樂而從之，以私奉為心者，人必拂而叛之」。

　　另外，他並引述《大學》的警句：「財散則民聚，財聚則民散。」提醒德宗應以民心為主。很有智慧遠見，也有勇氣直諫。

　　陸贄在 794 年，因為體恤民間疾苦，為了「均節賦稅恤百姓」而向德宗上萬言書，充分可見他為民請命的仁心與勇氣。

　　然而，陸贄也是遇到多疑的君主，部屬又多悍將，歷經各種困境，面臨問題與曾文正公很接近，但他仍然堅忍奮發，愈挫愈勇。所以曾文正公很欽佩他：

　　「陸敬輿事多疑之主，馭難馴之將，燭之以至明，將之以至誠，譬若御駑馬登峻坂，縱橫險阻而不失其馳，何其神也！」❸❺（《文集·聖哲畫像記》）

　　另外，曾文正公對陸贄的文章風格，也很欣賞。他認為文章之道，以「氣象光明俊偉最難而可貴」。他並舉三個例子，一是「雨後初晴，登高山望廣野」，二是「獨坐高樓，倚明窗眺大江」，三是「英雄俠士，衣貂裘從遠來」。

　　他並感嘆，除了孟子、韓子之外，惟有賈生（賈誼）及陸輿、蘇子瞻（蘇軾），得此氣象最多。❸❻

　　此外，曾文正公對陸贄的奏文，最為推崇；所以他說：

　　「退之（韓愈）本為陸公所取士，子瞻奏議，終身效法陸公。而公之剖析事理，精當不移，則非韓、蘇所能及。」❸❼

　　事實上，朱熹也曾指出：

　　「陸宣公奏議極好看，這人極會議論，事理委屈說盡，更無滲漏，雖至小底事，被他處置得亦無不盡。」❸❽

---

❸❺　同❶，〈陸贄〉，頁 134-135。

❸❻　同上，頁 146。

❸❼　同上，頁 146。

❸❽　同上，頁 147。

在曾文正公心目中，他最推崇陸贄的政論，稱為「極品」：

「陳善責難累數萬言，論是非則持其平，講制度則求其當，達閭閻顛連之隱狀，顯軍中倚伏之秘謀，高而不戾於今，卑而不違夫古，豈非敷奏之極軌也？」

由此可見，曾文正公本身也非常重視簽呈內容，不但論理要很清晰，而且要能正反俱呈，分析利弊非常透徹；這對今天論述政治以及溝通辯論，都有重大的啟發性。

另外，曾文正公本身奏章、論述、甚至墓銘，都很講究文情並茂，氣勢磅礴，感性動人，而且從來不寫空話。所以在〈湘鄉昭忠祠記〉中，他形容湘軍作戰的犧牲慘烈，以「一縣之人，征伐遍於十八行省」，更用種種戰場的實際情形，與「老母寡婦」的悲情，襯托戰士的「忠誠」精神，令人非常感動：

「一縣之人征伐遍於十八行省，近古未嘗有也。當其負羽遠征，乖離骨肉，或苦戰而授命，或邂逅而戕生，殘骸暴於荒原，凶問遲而不審。老母寡婦，望祭宵哭，可謂極人世之至悲。」

他在描繪完湘軍的奮勇犧牲後，立刻筆鋒一轉，指出「忠誠」二字，做為鼓舞人心士氣的重點，也堪稱紀念忠烈中的極品：

「然而前者覆亡，後者繼往，蹈百死而不辭，困扼無所遇而不悔者，何哉？豈迫於生事，逐風塵而不反歟？亦由前此死義數君子者為之倡，忠誠所感，氣機鼓動，而不能自已也。」❸❾

他親自撰寫本文，不只文體效法陸贄的駢文，連論述方式也學習陸贄的完備周到；再加上他本身發自內心的感性訴求，用真摯的

---

❸❾　同上，〈湘軍紀念文〉，頁 147。

血淚，描繪犧牲的慘烈，全文至情至性，也至忠至誠，所以終能使此「忠祠記」感人無數，並且流傳千古，更令湘軍的忠誠精神，永恆不朽於世。由此可知，曾文正公源自陸贄的影響，至今仍然很有啟迪作用。

㈥韓愈 （公元 768－824，河南洛陽人）

曾文正公生平非常敬佩韓愈，所以他曾稱：「古人雄奇之文，以昌黎為第一。」他並說：

「余生平於古人四言，最好韓公之作，如〈祭柳子厚文〉、〈祭張署文〉、〈進學解〉、〈送窮文〉。」

曾文正公最欽佩的，是他行氣雄奇。他曾經告訴曾紀澤：

「讀書不可不多，而看書不可不有所擇。以韓退之為千古大儒，而自述其所服膺之書，不過數種。」

所以，曾國藩最景仰的，是韓文有一種雄奇倔強的氣勢。

曾國藩認為，文章有陽剛之美、陰柔之美兩種境界，其中韓愈被他奉為陽剛之美的代表。

因為，韓愈能夠「文起八代之衰，道濟天下之溺，忠犯主人之怒，而勇奪三軍之帥」。曾文正公本人風格，經常剛強倔強，認為「男兒懦弱無剛為大恥」，因此特別推崇韓愈。

曾文正公在咸豐九年（1859）十二月，給好友吳嘉賓的信中表示：「弟夙昔好揚雄、韓愈瑰瑋奇崛之文。」後來又說：「韓退之之文比卿（司馬相如）雲（揚雄）更高一格。」顯然他最服膺的，還是韓愈。

韓愈不但文如其人，他的帶兵之道，也是強調雄健進取，而且

重賞重罰；所以在公元 815 年的〈論淮西事宜狀〉中，他明白主張：「兵之勝負，實在賞罰，賞厚可令廉者心動心，罰重可令凶人喪魂。」這與曾文正公的風格也極接近。

另外，曾文正公曾說：「行氣為文章第一。」因為雄奇的文氣來自心中的正氣，尤其來自於行氣。此即孟子所稱「浩然之氣」，能上下與天地同流，故以「行氣」為上。

因為韓愈文風，規模宏大，意蘊深遠，尤其勁氣充周，行氣如虹，所以深受曾文正公欣賞。

曾文正公曾進一步分析：

「雄奇以行氣為上，造句次之，選字又次之。……是文章之雄奇，其精處在行氣，其粗處全在造句選字也。余好古人雄奇之文，以昌黎為第一，揚子雲又次之。」❹

另外，他在〈韓齋為孔舍人題〉詩中，也曾寫道：

「天不喪周孔，使人續謦咳。韓子興中原，聖言始有賴。」

他稱讚韓愈，不但能延續文化生命，而且足以弘揚孔子的文化使命，可見推崇的程度很高。

韓愈生平以復興儒學為己任，雖然在公元 819 年〈論佛骨表〉排佛言詞非常激烈，而且用壽命長短，論斷信佛不一定有用，明顯過於膚淺，堪稱行氣剛強有餘，認知圓融不足，但其用心仍在維護儒學主流地位，可以理解；曾文正公於此有同樣精神。

曾文正公當時看到洪秀全等人，用西方宗教批孔排孔，心中深處的文化使命感油然而生，因此高舉復興中國儒學，號召天下知識

---

❹　同❶，〈韓愈〉，頁 279。

份子，因而更能得到民心；兩人在此精神也極相通。

另外，韓愈曾用寓言文體寫〈毛穎傳〉，很能發人深省。他被貶官之後，心情鬱悶，所以假借為兔毫毛筆作傳，「以發其鬱積」；文中指出，秦王透過蒙恬，俘虜了毛氏家族，以此象徵蒙恬發明毛筆，但是用久以後，筆心禿掉，就被君王遺棄，這正是毛筆盡心的結果（「臣所謂盡心者」）。他用此文諷刺「秦真少恩」，用完就丟；語重心長，直到今天還能令人共鳴。

韓愈這種激憤文章，行氣非常尖銳，寓意更為深遠，以此抒發心中鬱悶，也可說是抒懷洩憤的方式。

只是，如此自然更容易得罪人，所以曾文正公對此並未效法。但若從論論時政而言，則仍然有其重要性。

另外，韓愈在〈祭鱷魚文〉中，同樣曾以擬人化手法，來抒發心中的憤慨。

他在被貶潮州之後，聽到當地百姓說，溪中鱷魚危害人民極大，所以他在文中，列舉鱷魚種種罪狀，影射種種惡勢力，然後再痛加斥責，強調不能容許牠們在轄區作惡，勒令限期遷出，否則「與冥頑不靈而為民物害者皆可殺」！

從本文中，再次可以看出他的剛正風格，以及除惡務盡的決心。曾文正公在此也很接近，若從為國除奸、為民除害來講，這種氣魄很值得肯定。

(古)柳宗元（公元 773－819，山西運城人）

同治八年（1869），曾文正公為了安慰曾紀澤三女兒的夭折，曾經寫信寬慰兒子，強調君子以「知命」為第一要務，他先表達同

情：「知三孫女乾秀殤亡，殊為感惱，知爾夫婦尤為傷懷也。」然後指出：「君子之道，以知命為第一要務，不知命無以為君子也。」

緊接著，他進一步提醒：

「吾觀鄉里貧家兒女，愈看得賤愈易長大，富戶兒女看得愈驕愈難成器。爾夫婦視兒女過於嬌貴。」❹

然後，他即引述柳宗元，指出「養樹通於養兒」：

「柳子厚〈郭橐駝傳〉所謂旦視而暮撫、爪膚而搖本者，愛之而反害之。彼謂養樹通於養民，吾謂養樹通於養兒。爾與家婦宜深曉此意。」

因此，曾文正公在養生方面，認為應該效法柳宗元思想，主張順其自然，不要任意診治，或終年進補。

他在給兒子紀澤、紀鴻的信中，再引柳宗元，告誡他們說：

「爾雖體弱多病，然只宜清淨調養，不宜妄施診治……柳子厚所謂名為愛之其實害之……皆此義也。」

所以他進一步強調：

「以爾之聰明，豈不能窺透此旨？余教爾從眠食二端用功，看似粗淺，卻得自然之妙。爾以後不輕服藥，自然日就壯健矣。」

由此可知，曾文正公學習柳宗元的心得很多。

柳宗元在〈梓人傳〉中，曾經分析一位建築師應有的品德能力，然後再與宰相的品德能力比較，認為「物莫近乎此也」，至今也很有啟迪作用。

---

❹　同❶，〈柳宗元〉，頁 303。

他先指出，建築師指揮工人，有的拿斧子、有的拿鋸子，根據他繪製的圖樣，建築大廈；不能勝任的立刻辭退，沒人會抱怨。等建完之後，在樑上寫某人修建，但工人們都不列名。

他以此作比喻，強調宰相就如同建築師，應該知人善任，讓百官分工合作，並調和各方，共成大業，「猶梓人善運眾工而不伐藝也，夫然後相道得而萬國理矣。」❷

但是，不懂為相之道的人，則反其道而行，侵犯百官職權，越級干預政事，「侵眾官、竊取六職百役之事」，因此「遺大者遠者焉」。這種「見小不見大」的毛病，以及「見樹不見林」的流弊，對政治家是重要的毛病。

另外，柳宗元被貶為永州司馬後，曾經寫了〈始得西山宴遊記〉，描繪西山大自然的景色，很得道家莊子之風；很可看成政治家失意時，必需有的超越精神，以免抑鬱以終，或者怨天尤人；此時最好能寄情山水，遨遊自然，反能善養精神，以待東山再起。

所以他在攀登西山之後，頓然領悟「凡數州之土壤，皆在衽席之下」，在展望萬仞之餘，可以窮目千里，馳神無礙，「悠悠乎與灝氣俱，而莫得其涯；洋洋乎，與造物者遊而不知所窮！」

這種精神上的提昇，足以看破世俗得失，也足以超越政治鬥爭，而與大自然融為一體，胸襟開闊，同樣深值政治人物參考。

㈥范仲淹（公元 989－1052，江蘇吳縣人）

曾文正公對范仲淹很敬重，他說：

---

❷　柳宗元，《名臣奏表》（北京：華藝出版社，1992），頁 362。

「同朝名士若杜、范、韓、富諸公，或決策廟堂，或效力戎馬，靡弗竭忠盡慮，奮不顧身。」（《文集·黃田章氏譜序》）

另外，他也強調：

「近年得一二良友，知有所謂經學者、經濟者，有所謂躬行實踐者，始知范、韓可學而至也，馬遷、韓愈亦可學而至也。程、朱亦可學而至也。」❹❸（〈道光二十三年正月十七日　致諸弟〉）

事實上，毛澤東對范仲淹和曾國藩，曾經做個比較，他說：

「有辦事之人，有傳教之人。前如諸葛武侯、范希文，後如孔孟朱陸王陽明等是也。宋韓范並稱，清曾左並稱，然韓左辦事之人也，范曾辦事而兼傳教之人也。」❹❹

毛澤東在此，將范仲淹與曾文正公並論，認為是同時能「辦事」與「傳教」之人，能深入看到二人共同點，可說非常中肯。

范仲淹的胸襟開闊，志節高尚，尤其強調「先天下之憂而憂，後天下之樂而樂」，對曾文正公影響很大。

他曾在輓聯中，讚揚范仲淹：

「范希文先天下而憂，曾無片時逸豫。」

所以，他也在家書中告誡子弟，即使身處逆境，也要如同范仲淹，挺然獨立，做第一等人物：

「不如安分耐煩，寂處里閭，無師無友，挺然特立，作第一等人物。」

曾文正公和范仲淹，還有一個共同特色，就是文人領軍，卻都

---

❹❸　曾文正公，道光 23 年正月 17 日記。

❹❹　同❶，頁 153。

很成功。

因為兩人，都很注重務實，也很注重細節，都從一點一滴身體力行作起，並且要求腳踏實地、實事求是。

所以，曾文正公曾經強調：

「天下事在局外吶喊議論總是無益，必須躬身入局，才能有改變的希望。」

范仲淹在宋代，是公認的政治改革家，他因為痛心宋朝國事日非，「官壅於下，民困於外，疆場不靖，寇盜橫熾，不可不更張以救之。」❹ 所以范仲淹提出「論十事疏」，直率強調「大十改革」；由此很可看出其憂國憂民之心，更足證其救國救民之志。

這十項改革內容，均從根本做起，並且非常切實可行，這種「務本」與「務實」的作風，對曾文正公的影響均很大。

范仲淹的「十大改革」，重點如後：

「一曰明黜陟，二曰抑僥倖，曰精貢舉，四曰擇官長，五曰均公田，六曰厚農桑，七曰修武備，八曰減徭役，九曰覃恩信，十曰重命令。」

這十項內容，依序在強調賞罰分明、抑止僥倖升遷、改革考試制度、謹慎任用官員、平均分配公田、發展農業生產、整頓軍事訓練、減少征稅吏、擴廣恩惠誠信、重視頒布號令等等。凡此種種，直到今天仍有極大的重要性。

經國先生擔任行政院長期間，同樣提出「十大行政革新」，內容更加具體，也更加切身可行，果然頒布之後，人心一振，風氣一

---

❹　同❶，頁 483。

新；足證改革與革新，均應切合需要，切實可行，才能產生大用。

　　曾文正公同治元年（1862）五月初九，在日記中寫道：「閱《范文正公集·近名論》，與余之所見相符。」說明兩人思想非常接近，主因就在兩人都是生於衰世，亟圖中興改革，事後證明也都相當成功。

㈩歐陽修（公元 1007－1072，江西吉安人）

　　曾文正公生平，對歐陽修非常敬重，尤其在知人用人方面，學習很多。歐陽修門下有蘇東坡、王安石等人才，曾文正公同樣擅長選才用才，門生也有很多名將大臣，如左宗棠、李鴻章、劉銘傳等。兩人重用人才的風範，到今天均深值效法。

　　蘇東坡在進士考題，是〈刑賞忠厚之至論〉，全文論述以仁治國的思想，深受主考官歐陽修的賞識，他說「老夫當避此人，放出一頭地也，可喜可喜」。後來證明，他識人的眼光果然非常正確。

　　因此，曾文正公曾經提到：

　　「余好讀歐陽公〈送徐無黨南歸序〉，乃知古之賢者，其志趣殊不願以文人自命。」

　　然後他又強調，歐陽修為人與為文，都比較平和，值得學習：

　　「僕觀作古文者例有傲骨，惟歐陽公較平和。此外皆剛介倔強，與世齟齬。足下傲骨嶙峋，所以為文之質，恰與古人相合，惟病在貪多，動致冗長。」（〈咸豐八年十月初一日　致彭玉麟〉）

　　然而，歐陽修也曾寫過〈與高司諫書〉，批評宋仁宗時司諫大臣高若納等人，「不復知人間有羞恥事」，因此被昏君仁宗貶為夷陵令，可見他平日溫和，但逢大是大非，也有耿直忠烈的一面。

另外，歐陽修在 1043 年寫〈朋黨論〉，強調「君子與君子，以同道為朋；小人與小人，以同利為朋」，至今仍然深具啟發性。

曾文正公生前廣納天下英才，以忠義血性相結合，並且以情感道義相互勉，成為中興重要力量，精神理念與此極為相近。

所以，蘇軾在〈六一居士集敍〉中，曾稱頌歐陽修：

「自漢以來，道術不出於孔氏，而亂天下者多矣。晉以老莊亡，梁以佛亡，莫或正之，五百餘年而後得韓愈……愈之後二百有餘年，而後得歐陽子，其學推韓愈、孟子以達於孔子，著禮樂仁義之實，以合於大道。」

當然本文之中，對老莊與佛學均有誤解，但蘇東坡本意在突顯歐陽修的儒學，合於大道，動機還可理解；試看他本人生平，即深受老莊與佛學薰陶，便知他並非真正反對老莊與佛學，而是意在強調儒學為主流思想。

另外，蘇東坡曾形容歐陽修：「論大道似韓愈，論事似陸贄，記事似司馬遷，詩賦似李白。」並強調「此非予言也，天下之言也。」可見歐陽修當時，在「天下」地位之崇高。

歐陽修在〈為君觀論〉之中，曾論述皇帝應該如何用人，並且善於聽諫言，至今仍然非常發人深省。

首先他指出，做為君主，什麼最難？「莫難於用人」。

然後他強調：

「夫用人之術，任之必專，信之必篤，然後能盡其材，而可共成事。」

然後他指出，如果用人不當，卻又對其「偏信」，對眾人「詎諫」，那就會衰敗，「雖悔而不可及，此甚可嘆也！」

所以他舉出很多例證，指出「前世為人君者，力拒群議，專信一人，而不能早悟，以及於禍敗者多矣！」

最後他更提醒君主，最糟糕的就是，天下人都知道此人不能用，但只有君主不知道：

「夫用人之失，天下之人皆知其不可，而獨其主不知者，莫大之患也！」

因此他很感慨，「前世之禍亂敗亡，由此者不可勝數也。」

這種君主被蒙蔽的現象，從古到今，從中到外，可稱比比皆是，至今仍然深具警惕性！

試看李白時代，很多「宦官外戚佞臣」貪腐亂紀，「天下之人，皆知其不可，而獨其主不知」，同樣造成人心盡失，不能不令人感嘆！

尤其，歐陽修其實是心存忠厚，只稱「其主不知」，其實有很多情形，「其主明知」，但仍縱容，甚至幕後指令；這就並非「昏君」，而是共犯首犯，特別需要依法懲治，才能符合公平正義，也才能符合民心！

㈦司馬光（公元 1019－1086 生於河南，原籍山西人）

中國歷史在曾文正公之前，還有一位諡為「文正」，即宋代司馬光，也稱「溫國文正公」；他所編的《資治通鑑》，分析各朝興亡之道極為中肯，為歷代的領導人必讀的作品。曾文正公也不例外，他生平最喜歡讀的書，即為《資治通鑑》：

「竊以先哲經世之書，莫善於司馬文正公《資治通鑑》。其論古皆折衷至當，開拓心胸。」（〈咸豐八年九月〉）

尤其，司馬光在《筆記十二篇》的〈才德〉篇中，對於選才標準，曾經特別強調：

「才德全盡，謂之聖人；才德兼亡，謂之愚人，德勝於才謂之君子，才勝於德謂之小人。」

曾文正公一生用人標準，基本上與此極為吻合。

司馬光四十歲時，開始動筆寫《資治通鑑》，八年後，先寫出了秦朝以前的八卷，呈給英宗。英宗非常賞識，令他繼續編修，書的內容也規定要「關國家盛衰，繫生民休戚」。

宋神宗認為，司馬光的內容「有資於治道」，所以賜名為《資治通鑑》。司馬光在本書上起戰國，下終五代，凡 1362 年，可稱窮畢生的精力完成。

司馬光於 1084 年完成後，向宋神宗進表，建議神宗透過本書「鑒前世之興衰，考當今之得失，嘉善矜惡，取合是非。」曾文正公生平最推崇的即為本書；至今仍然深具重大的啟發性！毛澤東更稱可以「從中吸取經驗教訓」❹，至今仍為治國重要寶典！

例如，在《資治通鑑》卷七中，司馬光論著名的秦國伐楚之戰，便非常的生動精彩。

這場戰役，是秦滅六國的最大規模決戰，先由年輕的李信率兵，因為輕敵，認為只需二十萬兵，結果導致失敗。秦王只好重新起用老將王翦，增兵為六十萬人。

王翦老謀深算，沉穩持重，步步為營，最後終獲全勝。

司馬光在文中，將秦王猜疑成性，以及王翦的深謀遠慮，刻劃

---

❹　同❶，頁 172。

得栩栩如生；對君臣之間的互動，也極有深入的論述，至今仍然很令人深省。

另外，司馬光曾經在〈唐記〉中，敘述名將李愬夜襲蔡州一戰，分析他冒雪奇襲，有勇有謀、有膽有識，終能獲得勝利。形成中國對藩鎮戰爭的重大成就，也是中國戰爭史上，有名的奇襲戰例。

他形容李愬平日，「儉於奉己而豐於待士，知賢不疑，見可能斷，此其所以成功也。」**㊼**

全文生動的分析李愬成功因素，要言不繁；足證司馬光的文筆流暢，學力深厚，才能把中華英雄事蹟，說得有聲有色，也讓後人能夠清楚掌握成功之道。

另外，司馬光還分析了唐代名將張巡，勇敢而有智謀的種種表現，用草人借箭，擊退叛軍，並敘述他的忠義精神，同樣值得重視。

除此之外，司馬光也曾評述唐代名將郭子儀，隻身空手退回紇的故事，非常發人深省。

郭子儀當時孤身深入敵營，用其膽識與精神感召，而能讓回紇退兵，至今仍然非常膾炙人口。

司馬光說，當時有人勸他別去，並且稱「彼，虎狼也；大人，國之元帥，奈何身為虜餌？」

郭子儀沉穩的回答：

「今戰，則父子俱死而國家危；往以至誠與之言，或幸而見

㊼ 《名將韜略》（北京：華藝出版社，1992），頁298。

從，則四海之福也；不然，則身沒而全重。」

這段內容，很能看出郭子儀判斷事理的正確，以及寧可犧牲小我的勇氣與膽識。

凡此種種感人故事，均可證明司馬光論史實，很能突顯中華英雄成功之道；就此而言，「曾文正公」也與「司馬文正」心心相印，均能從中國歷史興亡之道吸取經驗，也均能為中華民族留下偉大的精神遺產，對中華民族貢獻很大。

㈡王安石（公元 1021－1087，生於江西）

王安石以改革家著稱，有成功有失敗，曾文正公從中學到「務實」，並應結合人心需要。所以他說：

「自王介甫以言利為正人所詬病，後之君子例避理財知名，以不言有無、不言多寡為高。實則補救時艱，斷非貧窮坐困所能為力。」❹

王安石曾在 1060 年，上仁宗奏表中強調：「人之才，未嘗不自人主陶冶而成之者也。」提醒人主，應多培訓人才。到今天仍有很大啟發性。

王安石並說明，什麼叫做「陶冶而成之者」？就是「教之、養之、取之、任之有其道而已。」也就是對於教育、培訓、養成、取才與用才，都要有方法。

那麼，什麼方法呢？王安石說得很中肯：

「饒之以財，約之以禮，裁之以德。」

---

❹　同❶，〈王安石〉，頁321。

　　也就是說，先讓人才薪資優厚，足以養廉，沒有後顧之憂，甚至對家人子孫與朋友「皆無憾」，才叫「饒之以財」。

　　然後，要能讓其從內心，以禮自我約束，以德做為標準，才能真正成為人才。

　　然而，王安石的改革，並不算是成功，而且很受同仁抵制，甚至與司馬光、韓琦、歐陽修等賢臣，均無法相處共事。這些挫敗經驗，也給曾文正公很大警惕：他一生經常在挫敗中更加奮發，並且經常強調堅忍以及人和，都與觀察王安石的成敗，有著密切關係。

　　另外，王安石在 1086 年，向神宗強調改革的重要性時，的確很有其銳氣；他當時指出，雖然宋朝「享國百年，天下無事」，但是由於「累世因循末俗之弊」，以致「民不富」、「國不強」，形成苟安局面。

　　所以王安石提出：「天助之不可常恃」，建議神宗能變法改革。

　　王安石提倡改革時，甚至放出狠話：

　　「天變不足畏，祖宗不足法，議論不足恤。」

　　然而，這些話固然有魄力，卻因剛狠有餘，人和不足，終於造成很多阻力，形成很多對立，犯了政治大忌。人不和，自然政不通，曾文正公將其同時視為正面與反面教材，反而得益很多。

　　曾國藩在道光二十三年正月，給眾弟的信中，評論其六弟個性：「矯健之風像韓愈，剛狠之氣像王安石」**㊾**，他把「狠」二字與「王安石」結合起來，可見對王安石的形象，有褒有貶。

────────────

㊾　同**❶**，頁 331。

褒者，他認為王安石有倔強風格，貶者，即不夠通達。因此，他從中吸取教訓，盼能兩者兼備，的確相當成功，也很值得後人省思與力行。

然而，王安石改革時，仍然很重視「任賢」，他在〈興賢〉文中，強調用人的重要性，至今仍然很有啟發性。

本文開宗明義，即曾指出：

「國以任賢使能而興，棄賢專己而衰，然二者必然之勢，古今之通義，流俗所共知耳。」

然後，他進一步詢問：

「何治安之世有之而能興，昏亂之世，雖有之亦不興？蓋用之與不用之謂矣。有賢而用，國之福也；有之而不用，猶無有也。」

換句話說，有人才不會用，或不願用，或不能用，或不知用，都等於沒人才！這話至今仍很有重要性！

緊接著，他列舉歷史的例證，指出「商之興也，有仲虺、伊尹」，其衰也有三人，即微子、箕子、比干，只是未用而已。

另外，他也提醒：「周之興也，同心者十人，其衰也亦有祭公謀父、內史過」。

至於兩漢之興，「有蕭（何）、曹（參）、寇（恂）、鄧（禹）之傳，其衰也亦有王嘉、傅喜、陳蕃、李固之眾。」

然後，「魏晉而下，至於李唐，不可遍舉，然其聞興衰之世，亦皆同也。」

王安石最後結論，「今猶古也，今之天下亦古之天才」，所以能否任用人才，仍然是天下興衰的主要原因！

因此，他特別提醒君王，一定要能用人才：

「博詢眾庶，則才能者進矣；不有忌諱，則讜直之路開矣。不邇小人，則諂諛者自遠矣；不拘文牽俗，則守職者辨治矣。」

雖然王安石因為不夠圓融而失敗，但是這些原則，至今卻仍然深深值得重視！

(三)程顥 （公元 1032－1085）

(三)以及程頤 （公元 1033－1107，生於湖北黃陂）

曾文正公對於二程非常欽佩，尤其二程重視聖人之道，對名利權位都非常淡泊，給他很大影響。

他也曾經強調，小程子對科舉弊端的批評，非常中肯。他先引述小程子所說：

「科舉之學，不患妨功，但患奪志。」

然後曾文正公指出，很多青年學子在準備科舉時，也未嘗沒有求聖求賢之志，但後來因權力慾薰心，對外只看到官印，對內只學會逢迎，如同用小餌釣大魚，釣到之後，連同釣竿統統都丟掉了！

此即他所感慨：

「蓋學者之始業於科舉之文也，未嘗不稽經辨義，求肖於聖人之言，以得有司之一當。其志猶射者之在鵠，無惡於君子也。其後薰心仕宦，外以印綬屬其心目，內習一切苟得之術。猶挾寸餌以釣巨魚，既得則并其綸竿而棄之。」

換句話說，曾文正公提醒世人，如果科舉之學，只成利祿之門，而失聖賢之志，所選人才只成俗儒，甚至腐儒、陋儒，就絕非國家之幸，那就必需改革！

　　試看今天臺灣考試取才，很多公務員的考試，在「去中國化」下，早已失去聖賢之志，頂多只考專業、不考通識，甚至考題中以各種技巧，探測考生的政治立場，同樣有待大力改革。

　　另外，曾文正公也曾指出，他的經驗心得：

　　「竊想程朱聖賢讀書，其切不過取一二經語，切守力行，其後乃覺語語皆可踐守，由是日見親切，而德日不孤耳。」

　　由此可見，曾文正公讀書，必定強調力行實踐，「語語皆可踐守」，以此做為標準；所以他能從儒家學到更多立身處世之道，至今仍然深具啟發意義。

　　另外，小程子非常重視「格君心之非」，認為這才是政治清明根本之道，即使在今天也極重要。

　　所以他曾強調，「從本而言，惟從格君心之非，正心以正朝廷，正朝廷以正百官。」（《河南程氏遺書》卷15，《二程集》頁165）

　　因為，即使在今天民主時代，領導人如果心術不正，上樑不正下樑歪，必然會有很多部屬，逢迎上意，違法亂紀，形成重大貪腐與濫權危害。

　　更何況，臺灣目前憲法中的監督機制，幾乎破壞殆盡，成為「帝王憲法」，總統本身如不能自制，各種貪腐濫權，社會更加嚴重貽害深遠，「不勝救矣！」

　　所以，程頤又說：「君仁莫不仁，君義莫不義，天下之始亂，繫乎人君仁不仁耳。」深深值得今天警惕與重視！

　　另外，他又進一步指出：

　　「政事之非，用人之非，知者能更之，直者能諫之。然非心存焉，則一事之失，救而正之。後之失者，將不勝救矣。」（卷6）

　　除此之外，程頤也曾經強調，「齊家」與「治國」相通之理，對曾文正公深具影響，至今也很有警世作用。

　　所以程頤指出：

　　「治天下之道，蓋治家之道也。推而行之於外耳。」（《周易程氏傳》卷3，《二程集》）

　　因此，如果領導人治家無方，無法拘束家庭成員，也無法匡正親家成員，任由濫權特權橫行，自然就無法以清明治國。

　　事實上，程頤很早即曾強調：「夫王者之道，修身以齊家，家正而天下治矣，自古聖王，未有不以恭己正家為本。」

　　以此觀之，如果領導人對「恭己正家」均無法做到，既無法自我節制，也無法節制親人外戚，自然必定私慾橫行，貪腐橫行！

　　另外，朱熹承繼程頤論點，也曾經強調「天下事有大根本，有小根本，正君心是大根本。」（《朱子語類》卷108）

　　所以，即使在今天民主體制，如何匡正領導人的心術，仍然是項根本的課題！

　　眾所皆知，權力使人腐化，更多權力使人更腐化，絕對權力使人絕對腐化！即使今天，看似有輿論與國會監督制衡，但若領導人厚顏無恥，「一皮天下無難事」，更以共犯結構集體貪腐，並用司法工具掩護自己、迫害異己，則仍會暫時橫行得逞！所以仍待人民的力量真正奮起，才能成功維護公平正義！

　　另外，程顥曾經在〈論王霸劄記〉中，分辨王霸之不同，也很有啟發性。他說：

　　「得天理之正，極人倫之智者，堯舜之道也；用其私心，依仁義之偏者，霸者之事也。」（《程氏文集》，同上卷，《二程集》頁 450-

451，中華書局，1981 年）

因此他強調：

「王道如砥，本乎人情，出乎義禮，若履大路而行，無復回曲。霸者崎嶇反側於曲徑之中，而率不可與人堯舜之道。」

換句話說，程顥站在孔子德治傳統，一直主張，政治要能得天理之正道，符人倫、行仁義，不能迷信權力，這才是王道。

當然，這種王道與德治，也並非不重視法治。他甚至在論述政府行政部門與監督部門的關係時，也強調應以誠相待：

「今之監司，多不與州縣一體。監司專欲伺察，州縣專欲掩蔽。不若推誠心與之共治，有使不逮，可教者教之，可智者智之，至於不聽，擇其甚者去一二，使足以警眾可也。」（卷 2 上，《二程集》第 18 卷）

若從今天「三權分立」角度來看，上述內容似乎太理想化，但其用心仁厚，「刑期無刑」，的確同時兼具教化以及警示作用。

事實上，程顥曾經更進一步，明確指出「德治」與「法治」應該並重，不能偏廢。此其所以強調：

「自古聖王為治，設刑罰以齊其眾，明教化以善其俗，刑罰立而後教化行，雖聖人尚德而不刑，未嘗偏廢也。故為政之始，立法居先。」（《周易程氏傳》卷 1，《二程集》頁 720）

凡此種種，兼重德治與法治，不但對曾文正公影響很大，至今仍然很有重要的啟發性。

㈢蘇軾（公元 1037－1101，四川眉山人）

曾文正公針對一生坎坷的蘇東坡，曾經特別提到：

「弟昔年為學，竊師蘇東坡讀書之意：必先通乎此，而後徐及夫彼，良以氾濫難於見功，專一易於為力。推此以辦各事，自知短淺，亦不敢過求遠略。」❺⓪

蘇東坡一生大起大伏，至少三起三落，被重用時官至宰相，被貶抑時連連重挫，但是，這些風風雨雨反而造就了他的豁達人生，反映在文學，更創作了無數精彩的極品。

這種愈挫愈勇、不屈不撓的精神，正是蘇東坡的最大特色，對於曾文正公影響極大。

曾文正公欽佩蘇東坡，主要在其「胸中坦蕩」，以及胸襟豁達；前者為其上臺之時，後者為其下臺之後；他並曾舉蘇詩為例，說明其瀟灑曠遠的特色，並且以此自勉。

他在咸豐九年（1859），四月十七日日記中寫道：

「中飯後熱極，因讀東坡『但尋牛矢覓歸路』詩……念古人胸次瀟灑曠遠，毫無渣滓，何其大也！余飽歷世故，而胸中猶不免計較將迎，又何小也！」

到同年十二月八日，他再次提醒自己，年齡已到五十，更應多學習蘇東坡的卓然自立精神：

「蘇子瞻晚年意思深遠，隨處自得，亦必有脫離塵垢、卓然自立之趣。吾困知勉行，久無所得，年已五十，胸襟意味，猶未免為庸俗之人，可愧也已。」

另外，曾文正公在咸豐九年（1859）三月，在日記中再寫道：

「思人心所以擾擾不定者，只為不知命。陶淵明、白香山、蘇

---

❺⓪　曾文正公，同治元年 5 月 28 日，復彭申甫。

子瞻所以受用者，只為知命。吾涉世數十年，而有時猶起計較之心，若信命不及者，深可愧也。」

由此可見，他在困厄的逆境中，領悟到蘇東坡知命常樂，心中倍感欽佩，但反觀自己，仍有計較的念頭，所以反而覺得慚愧。

蘇東坡在〈赤壁賦〉中，開頭就講「大江東去，浪淘盡，千古風流人物」；另外又曾指出，「明月幾時有，把酒問青天」，在在都展現他的豁達胸襟，因而很令曾文正公心中讚嘆。

曾文正公同年十二月十一日，思考佛教果報之說，曾經寫道：

「夜不甚成寐。因思天下事，一一責報，則必有大失所望之時。佛氏因果之說，不盡可信。有有因必有果，有有因而無果者。」

當然，他未從三世（前世、今生、來世）分析果報，只從今生看，自然會感失望；但他由此領悟，更應看開才有餘歡，也很有特色。

然後他再申論：

「憶蘇子瞻詩云：『治生不求富，讀書不求官。譬如飲不醉，陶然有餘歡。』吾更為添數句云：『治生不求富，讀書不求官，修德不求報，為文不求佳。譬如飲不醉，陶然有餘歡。中含不盡意，欲辨已忘言。』」

同年，他給胡林翼的信中，也曾引蘇軾詩，特別鼓勵他，不要患得患失：「我今身世兩悠悠，去無所求來無戀。」

咸豐十年（1806）九月，他再強調，蘇東坡「守駿莫如跛」五字，很有學問，「若一味駿快奔放，必有顛躓之時；一向貪圖美名，必有大污辱之時」。所以他說，以「求闕」做為他住所名稱，

「即求亦有缺陷不滿之處」，可見他對蘇東坡非常心儀。

　　另外，他對蘇軾的文章中，最喜歡〈上神宗皇帝書〉。他在同治二年（1863）向曾國荃強調：

　　「余平日好讀東坡〈上神宗皇帝書〉，亦取其軒爽也。弟可常常取閱。多閱讀十遍，自然益我神智。譬如飲食，但得一肴適口充腸，正不必求多品也。」

　　然後他並指出，要領悟奏文章的要訣：「奏疏總以明顯為要，時文家有典顯淺三字訣，奏疏能備此三字，則盡善矣。」

　　他並進一步分析：

　　「『典』字最難，必熟於前史之事蹟，並熟於本朝之掌故，乃可言典。至『顯、淺』二字，則多本於天授，雖有博學多聞之士，而下筆不能顯豁者多矣。……此文雖不甚淺，而『典顯』二字，則千古所罕見也。」❺❶

　　換句話說，曾文正公強調，給皇帝上奏文章，既要能舉出例證典故，加強說服力，同時要能顯淺易懂，深入淺出；因為皇帝日理萬機，寫得太複雜，就根本看不進去。

　　例如，蘇東坡呈皇帝〈決壅蔽〉，便很有名，堪稱其代表作。文中先指出人民的痛苦，根本無法上達，只好向天訴苦，求諸神鬼：「天下有不幸而訴其冤，如訴之於天，有不得已而謁其所欲，如謁之於鬼神。」

　　結果公卿大臣，因為不耐究其詳情，只交給一般胥吏，形成「賄賂先至者，朝請而夕得，徒手而來者，終年而不獲。」

---

❺❶　同❶，〈蘇軾〉，頁 383。

然後，蘇東坡再舉齊桓公與晉文公，政治清明而有效率為例：「百官承職，不待教令而辦」；再如王猛，「其令行禁，而無留事者」，絕不積壓公文，如同現代西方所稱「clean the desk」，所以行政效率極佳，人民才能歸心。

緊接著，他話鋒一轉，指出當時弊端，在於「事繁而官不勤，故權在胥吏。」正如同今天所稱的「科員政治」，因高層官員不夠勤勉，大權旁落在科員，便經常草率行事。

所以蘇東坡指出結論，改革之道，「欲去其弊也，莫如省事而歷精」；他最後更強調：「省事莫如自上率之。」

換句話說，蘇東坡認為，要省減公文，莫如分層負責、充分授權。若要勵精圖治，更莫如從皇上以身作則。

本文既點出了問題，又說明解決問題的方法，並以歷史典故為例證，行文流暢、用語簡潔，正是典型的上奏佳作。不但內容深值重視，其行文方法，至今仍然深具參考價值。所以曾文正公非常推崇蘇東坡的多重才華，的確深值後人效法。

(圭)黃庭堅（公元 1045－1105，江西人）

曾文正公咸豐十年（1860）閏三月，給友人方翊元的信中曾說：「僕嘗謂黃魯直生平倔強，自喜從無斂袵溫恭之象。」

曾文正公生平，很以「倔強」為美德，因為他祖父一直強調「懦弱無剛」為大恥，對他影響深遠。所以他指出，黃庭堅「生平倔強」，很能與其心靈相通，因此特別列其為聖哲之一。

黃庭堅，字魯直，代表其父親盼望他「剛直」，後來果然耿介正直，但也因此得罪很多權貴，大起大伏；然而他也履仆履起，遇

到逆境都以「倔強」的精神支撐過去，所以深得曾文正公欽佩。

因此，曾文正公指出：

「余嘗謂小杜、蘇、黃，皆豪士而有俠客之風者。……若能就斯徒而益辟之，參以山谷之倔強，而去其生澀，雖不足以悅時目，然固詩中不可不歷之境。」❷

可見曾文正公最欣賞黃庭堅的，仍是他的「倔強」之氣，後來他教劉銘傳作詩文，也特別指出這特色。

另外，曾文正公很重視書法，很符合唐太宗所說「字如其人」的理論。他早年學習柳公權，中年以後就學黃庭堅。

他在日記中寫道：

「作字之道，剛健婀娜，二者闕一不可。余既奉歐陽率更、李北海、黃山谷三家，以為剛健之家，又當參以褚河南、董思白婀娜之致，展以成體之書。」

可見即使書法，他也欣賞黃庭堅的剛健倔強。

此外，曾文正公在咸豐十一年二月二十八日的日記中，也再次的強調：

「余往歲好黃魯直書，近日未嘗厝意。山谷深得晉人真意，而逸趣橫生，當更致力。」

所以曾文正公說：

「文家之有氣勢，亦猶書家之有黃山谷、趙松雪輩，凌空而行，不必盡合於理法，但求氣之昌耳。」

由此可見，曾文正生平公很重視「氣」，這「氣」，代表「正

---

❷　同❶，〈黃庭堅〉，頁389。

氣」、「神氣」、「生氣」，也代表了氣韻生動、氣象萬千、氣勢磅礴！

所以，他學習黃庭堅書法，除了剛健，還重神韻變化，因而能夠深具氣象，形成瑰偉美感。曾文正公在此，可說深得黃庭堅的真傳。

黃庭堅是蘇東坡主考的門生，有次，蘇東坡半開玩笑的稱，他的書法雖然清勁，但是筆勢太疲，如「樹梢掛蛇」，也就是說，像樹梢上掛著死蛇。

黃庭堅身為學生，卻並不相讓，倔強的頂回去：「公之字固不敢輕議，然間覺褊淺，亦長似石壓蝦蟆。」

他反諷老師蘇東坡的書法，有時扁平，好像被石頭壓注的癩蝦蟆。這就是黃庭堅的風格，絕不吃虧，絕不受氣，讓世人皆知其不可欺！

這種凜然的風格，固然可以樹立尊嚴，但更容易得罪各方。他對自己的恩師，都不肯忍讓，更遑論其他。就此而言，曾文正公倒是要隱忍圓融得多。

後來，因為黃庭堅奉命寫《神宗實錄》，仍然直言而行，其中諷刺「鐵龍爪治河，有同兒戲」，觸怒新皇帝宋哲宗，立刻將其貶官。但黃庭堅仍然不改其志，由此可見倔強特性。

曾文正公生平，一直強調「至情宜倔強」、「大丈夫貴倔強」，可說相當受到黃庭堅影響；只是，曾文正公另外還多了份「堅忍」與「謙遜」，所以成就功業更大。

㈥朱熹（公元 1130－1200，福建南平人）

曾文正公生平閱歷非常豐富，所以深深感到，天下事不能只談空話，也不能只講大話，而應「大處著眼，小處下手。」因而對朱子很重視。他曾提到：

「近年軍中閱歷有年，益知天下事當於大處著眼、小處下手，陸氏但稱先立乎其大者。若不輔以朱子銖積寸累工夫，則下梢全無把握。」

然後，他緊接著強調：

「故國藩治軍，摒去一切高深神奇之說，專就粗淺纖悉處致力，雖不克大有功效，然為鈍拙計，則猶守約之方也。」（〈咸豐九年十月　復吳廷棟〉）

另外，他也指出：

「國藩嘗謂朱子之學，固以闡明義理、躬行實踐為宗，而其才力雄偉，無所不學，訓詁、辭章、百家眾技無不究心，後人專精一業者皆難窺其堂奧。」

眾所皆知，朱子集理學之大成，陸王則為心學之高峰，曾文正公對兩方併修，但在《聖賢列傳》中卻只列朱子，未列陸王，可見他更注重細節小處，形成一大特色。

西方有句諺語：「惡魔常在細節中。」（Devils in the detail.）亦即如果忽略細節，經常會出大事，甚至演變成惡魔般的大災難。

中華航空公司在 2007 年飛往日本班機，落地後轟然爆炸四次，成為全球新聞焦點。事後究其原因，只因小小螺絲栓未能栓緊，以致螺絲釘脫落，戳破油箱，導致漏油，終成大火！

　　類似這種情節教訓，中外古今不勝枚舉，所以曾文正公效法朱子，寧可「鈍拙」，也要從小事踏實做起，很有其重要性！

　　朱子《白鹿洞書院學規》中，曾把「父子有親，君臣有義，夫婦有別，長幼有序，朋友有信」作為「五教之目」，然後他再分列人生「為學」、「修身」、「處世」、「接物」的首要工作，非常具有啟發性：

　　1.「博學之，審問之，謹思之，明辨之，篤行之」，為「為學之序」；

　　2.「言忠信，行篤敬，懲忿窒欲，遷善改過」，為「修身之要」；

　　3.「正其義不謀其利，明其道不計其功」，為「處世之要」；

　　4.「己所不欲，勿施於人，行有不得，反求諸己」，為「接物之要」。

　　朱子在此主要目的，在透過教育，改變氣質，為國家社會培養人才。這樣的人才，不只從知識上學習，也要從人格教育、與生活教育，學習聖人賢人，成為君子、孝子。

　　這種人格教育與生活教育，為現今教育上最失敗、甚至背道而馳的內容，深深值得全民警惕！

　　朱熹的這些教育思想，對曾文正公產生了很大的影響，所以他當官之後，拜理學大師唐鑑為師；唐鑑就教導他，讀書先要精讀朱子的《朱子全書》。

　　曾國藩非常欣賞其中理念，例如「正其義不謀其利，明其道不計其功」、「己所不欲，勿施於人，行有不得，反求諸己」等，並常以此教人「變化氣質」。

曾文正公給兒子的信中，也曾強調：

「汝讀《四書》無甚心得，由不能虛心涵泳，切己體察。」

然後他舉朱子為例：

「朱子教人讀書之法，此二語最為精當……涵泳二字，最不易識，余嘗以意測之。曰：涵者，如春雨之潤花，如清渠之溉稻。雨之潤花，過小則難透，過大則離披，適中則涵濡而滋液。」

然後，他進一步說明：

「泳者，如魚之游水，如人之濯足……善讀書者，須視書如水，而視此心、如花、如稻、如濯足，則涵泳二字，庶可得之於意言之表。」

最後他再結論：

「爾讀書易於解說文義，卻不甚能深入，可就朱子涵泳體察二語悉心求之。」

朱熹在 1193 年重建長沙岳麓書院，除了把白鹿洞書院的學規，搬到岳麓書院之外，朱熹還親自書寫了「忠、孝、廉、節」四個大字，掛在堂上，作為院訓。

岳麓書院經過朱熹重建，發展很快，成為湖南人才的重要出處，也是湖湘文化的重要源頭。曾文正公為湖南人，所以對此感受尤為真切！

另外，朱子在「止人心、去邪說」方面，很有倔強敢言的膽識，這與曾文正公很能相通。

公元 1179 年，因為大旱很多，很多災民餓死，朱子曾經上疏宋孝宗，建請孝宗「親賢君，遠小人」；他在〈論去邪書〉中指出，皇帝遭週邊一二人蒙蔽，以致「名為陛下獨斷，而實此一二者

陰執其柄；莫大之禍，必至之憂，近在朝夕而陛下獨未之知也。」

朱子本文內容，用語激烈，直言不諱，甚至不惜得罪皇帝身邊權臣，很有勇氣與魄力。曾文正公同樣深具這種膽識，經常也直言進諫，並且同樣「躬行實踐，育人為本」❸，由此可看出他所受影響。

另如王陽明，也曾在 1560 年，向明武宗上疏「乞宥言官去權奸以彰疏德」，同樣深具正氣與膽識，可見此為儒家共同通性，形成中華民族知識份子的重要美德與傳統；在世道黑暗的今天，更深深值得重視與弘揚！

(⛳)戚繼光（公元 1528－1587，祖籍安徽定遠人）

戚繼光是明朝著名的愛國將領，他自練「戚家軍」，擊敗了沿海的倭寇，創造了奇蹟；留有《練兵實紀》、《紀效新書》等名著。曾國藩編練湘軍，很多就是學習戚繼光的經驗。

另外，戚繼光在〈或問篇〉中，曾用問答方式，指出很多軍事訓練中面臨的問題，直到今天，仍很有其參考作用。

例如，文中提問，「主將者，萬人之敵也，而一技一藝似不必省」，認為將軍率領大局，不必學習一技一藝小節，是否正確？❺

戚繼光對此立刻嚴加駁斥，「是何言哉？」然後列舉多項論點說明，將軍必需「身履前行」，後來成為曾文正公學習的重點。

戚繼光指出：「主將固以司旗鼓調度為職，然不身履前行，則

---

❸　同❶，頁 245。

❺　《名將韜略》，同❼，頁 403。

賊壘之勢不可得，眾人之氣不肯堅。」

因此，「如欲當前，則身無精藝，已膽不充；謂習藝為不屑，可乎？」

戚繼光再強調，即使在平日，主將校閱部隊，若要靠別人指點才能評定高下，部屬就會有空間「索詐」。士兵看在眼裡，心中也會不平不服，「士心既不平，學技即不真」。

更重要的：「況為將之道，所謂身先士卒者，非獨臨陣身先，件件苦從處要身先；所謂同滋味者，非獨患難時同滋味，平處時亦同滋味。而況技藝，當可獨使士卒該省，主將不屑習乎？」

尤其，「分門習技者士卒，而所以雜其長短，隨其形便錯而用之者，主將者」。因此，主將如果本身不懂器技之用，怎能整體運用，通盤致勝？

今天戰爭型態，雖然軍備武器大不相同，但上述為將的原理原則——與士兵平日同甘共苦、鼓舞士氣，戰時身先士卒、統合作戰，卻仍然極為重要，深值重視。

值得重視的是，戚繼光是中國歷代名將中，能夠戰勝日寇的第一人；他能屢建奇功，成為民族英雄，與其靈活指揮，因地因敵制宜，很有關係，至今也很有啟發性。

例如，在〈惑問篇〉中有人問，他的戰法「亦南北可通施於今日邪？抑小陸可兼用否邪？」

他就特別答覆，此中有變、有不變者。

其中不變者，「如束伍之法，號令之宜，鼓舞之機，賞罰之信，不惟無南北水路，更無古今。」

因為，軍事訓練之中，約束要得法，號令要適當，鼓舞要合時

機，賞罰要有威信；這些原理原則，不但沒有南北之分，更沒有古今之分。

　　但是，對於陣勢的佈置、地形的因應，倭寇出沒的情況、與戰法的運用，便必需因地因敵而變化，否則就會食古不化。

　　今天後人看戚繼光、曾文正公，乃至更早的《孫子兵法》，也應有此體認。其中很多原理原則，超越古今與中外，所以即使美軍在波灣戰爭，也可運用很古老的《孫子兵法》；但對地形、敵情、戰略、戰術、戰鬥，自應隨時、隨地、隨機，而靈活變化運用。

　　戚繼光曾指出，根據他「數年百戰」的經驗，日寇入侵，常據高臨險，在黃昏「乘我惰氣沖出」，「又能承銳氣盛以初鋒」，而且「又其盔上飾以金銀牛角之狀，五色長絲，類如神鬼，以駭士氣，多執明鏡，善磨刀槍，日中閃閃，以奪士目。」

　　因此，戚繼光強調，針對這種敵人特性，若「我兵持久，便為所怯」。所以他發明「鴛鴦陣勢」，善用長短兵器，並著《操練圖》，對退兵之術以及速戰之方，分別詳盡說明，證明很有奇效。這種靈活與創新的精神，至今仍很重要！

　　所以，曾文正公曾經強調：

　　「請就現調之千人，略仿戚元敬氏成法，束伍練技，以備不時之衛。由是吾邑團卒，號曰『湘勇』。」（《文集·湘鄉昭忠祠記》）

　　由此可見，曾文正公自練「湘勇」，很多方法與要領，均學自戚繼光的練兵。❺❺

　　另外，曾文正公更曾上書清帝，說明「論兵」應效法戚繼光：

---

❺❺　同❶，〈戚繼光〉，頁 222。

「昔宋臣龐籍汰慶歷兵八萬人，遂以大蘇邊儲。明臣戚繼光練金華兵三千人，遂以蕩平倭寇。臣書生愚見，以為今日論兵，正宜法此二事。」（《奏稿·議汰兵疏》）

而且，曾文正公與戚繼光練兵，背景相同之處，就是原先的舊軍已經腐敗糜爛，不堪再用，所以都需另練新兵。

戚繼光曾在〈薊鎮練兵疏〉中，痛陳薊鎮軍隊的缺失，共有七個原因，所以人多而不能戰；此即他所說：「薊門之兵，雖多亦少，其原有七。」❺❻

然後，他再分析：

「又有士卒不練之失六。雖練無益之弊四。」

這些內容，充分指出軍隊訓練的缺失，不僅對曾文正公很有警惕，即使在今天也很重要。

曾文正公原先感慨：「居今之世，用今之兵，雖諸葛復起未必能滅此賊。」因而強調，「今欲改弦更張，總宜以練兵為要務。」

所以，他向咸豐奏折中，明言自己是學習戚繼光方法，求精不求多。並且要求不怕死、不怕苦、不貪名、不愛錢，這些均與戚繼光的原則相同。

另外，戚繼光很注重向士兵精神講話，據以溝通觀念，曾文正公對此也很重視。所以他每月至少二次，親自與士兵面對面講話，有時長達一小時多。他稱，其目的在「感動一二，冀其不擾百姓，以雪兵勇不如賊匪之恥，而稍變武弁漫無紀律之態。」由此同樣可見兩人相通之處。

---

❺❻　同❺❹，頁818。

凡此種種，即在今日，也都很能發人深省！

㈥顧炎武（公元 1613－1682，江蘇昆山人）

曾文正公對於清朝大儒的敬重，首推昆山顧炎武。他說：

「國藩於本朝大儒，學問則宗顧亭林、王懷祖兩先生，經濟則宗陳文恭公，若奏請從祀，須自三公始。」❺❼（〈咸豐十一年六月二十九日　致曾國荃〉）

曾經有人將他日記比成《日知錄》，他謙虛回稱「恭維太過」，並幽默的舉例，說明不敢相比，一方面顯示他的謙遜與罕見的風趣，二方面也可見他對顧炎武的推崇：

「日記則方顧氏《日知錄》，未免恭維太過。四川有一秀才，與卓海帆相國同年同月同日生，只小一日，又同年入學。厥後卓相登庸，渠寄詩云：『只因日上差些子，笑向蜀江做釣翁。』余之日記比顧之《日知》亦恐日上差些子也。」（〈咸豐十年十一月初三日致曾國荃〉）

顧炎武命名《日知錄》，來自《論語·子張》，孔子所說：「日知其所亡，月無忘其所能，可謂好學也已矣。」

《日知錄》為顧炎武每日讀書、筆記、心得的筆記，共三十二卷，包括經學、政治、經濟、軍事、歷史、地理等，也帶有日記性質，更富每日上進之意，這也正是曾文正公終身自勉的心志。

曾文正公勤寫日記，而且終身不斷，具有驚人的恆心與毅力，與其效法顧炎武《日知錄》的精神，很有密切關係。

---

❺❼　曾文正公家信，咸豐 11 年 6 月 29 日。

顧炎武《日知錄》的精義，在於「經世致用」，透過每日增加新知、每日複習舊知，不但自己上進，更能具體用世；這對曾文正公影響很大。所以他盛讚顧炎武，「聖清造元音，昆山一鴻儒」，可說非常中肯。

顧炎武在《日知錄》第七卷，曾經分析「朝聞道，夕可死矣」，指出這就代表「有一日未死之身，則有一日未聞之道」，並且「君子之學，死而後已」。

這也正是今天世界思潮強調「終身學習」的觀念；顧炎武能將先聖精神發揚光大，其靈活如同當今《詮釋學》的特性，能夠弘揚傳統價值在現代的「意義感」，此中精神很值得學習。

另外，顧炎武與黃宗羲（1610-1692）均崇尚民主，反對專制，黃宗羲尤其徹底。所以顧炎武曾寫信給他，指出自己思想「同於先生者十之六七」。（《明夷待訪錄》）

曾文正公在中華聖哲內，未列黃宗羲，可能有政治上的顧慮，但他能夠列前明朝遺老顧炎武與王船山，在那時代背景，已屬難能可貴。今後為整體中華民族著想，自應同時重視黃宗羲，因其弘揚「藏天下於天下」的民主思想，很有現代的重要性。

尤其，黃宗羲上承孟子「民本」與禮運「天下為公」，顧炎武看過《明夷待訪錄》後，坦稱「讀之再三，於是知天下之未嘗無人；百王之弊，可以復起，而三代之盛可以徐還也」，足見其欽佩備至。直到清末，梁啟超還曾經印數萬本，秘密散佈，對於鼓動晚清的民主思潮，極有重大影響。

另外，顧炎武與黃宗羲，兩人共同點，都在經世治用，不講空話、不講大話、更不講假話。因此，都能針對衰世時弊，痛下針

砭；這與他們同遭亡國之痛很有關係，曾文正公也是身處衰世，所以他從中學習很多，並且善於活用，終能完成「同治中興」。

例如，顧炎武在詩文集中，曾經針對錢糧與田賦制度，分析當時農民痛苦，揭發不合理的剝削制度，並提出改革之道，這種用心與務實精神，至今仍然值得重視。

另外，他在《日知錄》卷九守令，也曾指出：

「天下救急者守令之官，而今日之尤無權者，莫過於守令。」❺❽

因為「守令無權」，所以「民之疾苦不聞於上，安望其致太平而延國命乎？」

由此可見，顧炎武非常重視基層民間疾苦；他並看出，地方首長無權解決民生問題，才會導致民心不安。因此，他明確的反對中央集權專制。

凡此種種，都是以民為本出發，認為地方應該分權，「分天子之權，以各治其事」。直到今天，仍然很有啟發作用。

另外，顧炎武甚至說「小官多者其世盛，大官多者其世衰」，而且，「人聚於鄉而治，聚於城而亂」，都很有智慧與遠見。

蕭公權曾評顧炎武，「對地方自治與農村生活之重視，殆為前人所未及。」❺❾可稱相當中肯。

更重要的，顧炎武與黃宗羲，都很重視人格風骨與凜然氣節。所以黃宗羲說：「世亂則學士大夫，風節凜然，必不肯以刀鋸鼎鑊損立身之清格。」（〈破邪論從祀〉），顧炎武更是直言強調，「士

---

❺❽　《日知錄》，卷九，守令。
❺❾　蕭公權，《中國政治思想史》，卷下，頁 656。

大夫之無恥，是為國恥！」

　　由此充分可見，二人同樣重視風骨與氣節，曾文正公在此完全相同。在今日臺獨統治下，有些學者與名嘴出賣良心與人格，毫不知恥，更無風骨，今後同樣難逃歷史上罵名！

㈦王夫之（公元 1619－1692，湖南衡陽人）

　　曾文正公對中國學術史，有項重大貢獻，就是幫其同鄉王夫之（號船山）印行全集，並且在軍務繁忙中，還經常叮嚀進度，親自校訂內容，讓這位高風亮節的明朝遺老全集，能夠在他逝世的 173 年後（1865），首次出版，重見天日！

　　從這份情義，就可看出曾文正公心中，深具凜然風骨與浩然氣節。他因礙於時局與身份，原先印行還借用曾國荃名義，但他能夠以此表達心意，並且為中華文化保存難得的精神遺產，仍然令人深為敬佩。

　　曾文正公曾說：

　　「來示稱王船山先生之學以漢儒為門戶，以宋儒為堂奧，誠表微之定論。觀其生平旨趣，專宗洛閩，而其考《禮》疏《詩》辨別名物，乃適與漢學諸大家若合符契。特其自晦過深，名望尚遜於顧，黃諸儒耳。」❻⓪

　　尤其，王夫之以大下興亡為己任的思想，正是曾文正公心中的同樣志向；所以他在討伐太平天國時，發表《討粵匪檄》，文中宗旨就曾強調，是要維護中華文化的儒學傳統。

---

❻⓪　曾文正公，同治 7 年 2 月 28 日記。

另外，曾文正公也很欽佩王夫之的剛正性格：

「天之生賢人也，大抵以剛直葆其本真。其回枉柔靡者，常滑其自然之性，而無以全其純固之天……王而農（王夫之）……梅勿庵之徒，皆碩德貞隱，年登耄耋，而皆秉剛直之性。」

曾文正公一生，絕不空談心性，而很看重救世之學，也與王夫之很接近。所以曾文正公在給好友郭嵩燾的信中，曾經寫道：

「船山先生《宋論》如宰執條例時政，臺諫論宰相過失，及元祐諸君子等篇，譏之特甚，咎之特深，實多見道之言。」

然後他再強調：

「僕更參一解云：『性理之說，愈推愈密，苛責君子，愈無容身之地，縱容小人，愈得寬然無忌。如虎飛而黥漏，談性理者熟視而莫敢誰何，獨於一二樸訥之君子，攻擊慘毒而已。』」

更難得的是，曾文正公在軍務忙碌中，仍然能親自看完王夫之三百多卷樣搞，寫成不朽的序文《船山遺書序》，足證他很誠心。文中先分析聖王之道興衰情形：

「聖王所以平物我之情，而息天下之爭，內之莫大於仁，外之莫急於禮。自孔孟在時，老莊已鄙棄禮教。楊墨之旨不同，而同於賊仁。厥後眾流岐出，載籍焚燒，微言中絕，人紀斁焉。漢儒掇拾遺經，小戴氏乃作記，以存禮於什一。又千餘年，宋儒遠承墜緒，橫渠張氏乃作《正蒙》，以討論為仁之方。」

然後他進一步指出：

「船山先生注《正蒙》數萬言，注《禮記》數十萬言，幽以究民物之同原，顯以綱維萬事，弭世亂於未形。其於古昔明體達用，

盈科後進之旨，往往近之。」❻

　　另外，曾文正公再介紹王夫之背景：

　　「先生名夫之，字而農，以崇禎十五年舉於鄉。目睹是時朝政，刻核無親，而士大夫又馳騖聲氣，東林、復社之徒，樹黨伐仇，頹俗日蔽。故其書中黜申韓之術，嫉朋黨之風，長言三嘆而未有已。既一仕桂藩，為行人司。知事終不可為，乃匿跡永、郴、衡、邵之間，終老於湘西之石船山。」

　　緊接著，曾文正公進一步表白，他印行王夫遺著的宗旨，在於深嘆船山之學，如果長期隱世，太過可惜：

　　「聖清大定，訪求隱逸。鴻博之士，次第登進。雖顧亭林、李二曲輩之艱貞，征聘尚不絕於廬。獨先生深閟固藏，邈焉無與。平生痛詆黨人標謗之習，不欲身隱而文著，來反唇之訕笑。用是其身長逝，其名寂寂，其學亦竟不顯於世。荒山敝榻，終歲孳孳，以求所謂育物之仁，經邦之禮。窮探極論，千變而不離其宗；曠百世不見知，而無所於悔。」

　　然後他又強調，王夫之文集「博文約禮」，堪稱「命世獨立之君子」。所以他再說明：

　　「先生沒後，巨儒迭興，或攻良知捷獲之說，或辨易圖之鑿，或詳考名物、訓詁、音韻，正《詩集傳》之疏，或修補三禮時享之儀，號為卓絕。先生皆已發之於前，與後賢若合符契。雖其著述大繁，醇駁互見，然固可謂博文約禮，命世獨立之君子已。」

　　凡此種種，均可看出曾文正公重情重義的一面，也可看出他在

<hr>

❻　同❶，〈王船山〉，頁269。

軍務百忙之中，仍然勤奮校訂的精神，證明他保存民族先儒的苦心，深深值得後人欽佩！

曾文正公不可能不知道，王船山全集的內容，在政治上很敏感，所以他只用行動印其全集，流諸後世，並未多加申論。因為一切都在不言中，此中有深遠的寓意，對於清末之後民族主義興起，「驅逐韃虜、恢復中華」，無形中也有很大啟發作用。

今天所流傳的船山全集，即為王船山歸隱後所作；當時他每天奮筆直書、不分晝夜，如此化悲憤為力量，四十年如一日，直到死而後已，如此精神毅力，很令世人讚嘆！

尤其，王船山的政治哲學，特重民族大義與民族正氣，他生前還自提墓碑「明遺臣王夫之之墓」，並且寫上墓銘：

「抱劉越石之孤忠，而命無所致，希張橫渠之正學，而力不能企，幸全歸於茲邱，固銜恤以永世。」

由此可見，王船山的民族思想，堂堂正正，旗幟鮮明，而曾文正公仍肯全力幫他出書，在他逝世 173 年之後出版全集，其用心不可說不苦，誠心不可說不深，非常值得重視與尊敬！

(亖)陳宏謀（公元 1696－1771，廣西人）

清朝名臣之中，陳宏謀並不算很出名，文章學問也都不突出，但在政界，卻很熟悉為官之道，所以乾隆皇帝對他很倚重。曾文正公也將其列為典範之一，稱為「經濟」宗師：

「國藩於本朝大儒，學問則宗顧亭林、王懷祖兩先生，經濟則宗陳文恭公，若奏請以禮，須自三公始。李厚菴與聖溪，不得不置之後圖。」（〈咸豐十一年六月廿九日　致曾國荃〉）

曾文正公生平，經常批評迂腐的讀書人，他說：

「讀書人之通病，約有二端：一曰尚文不尚實，一曰責人而不責己。尚文之弊，連篇累牘，言之成理，及躬任其事，則忙亂廢弛，毫無條理。」

因而，他深盼讀書人，不要只會放言空論，也不要只會指責別人，而要實事求是，能夠做事。陳宏謀就是正面的例證。

陳宏謀與曾國藩，同樣強調做事的重要性，尤其致同事與部屬的信件，均親自手書，因而深得人心，曾國藩對此也非常重視，稱之為「秘訣」，終身也有同樣風範。他並對錢鼎銘推薦：

「尊處與各牧令往來牘，輒用手書問慰，最為大吏督率僚屬之妙訣。陳文恭以此陶熔群吏，近時胡文忠亦用此法。閣下偉業方長，請即以此為每日常課，必有非常之效。」

曾文正公本身，留下一千多萬字的親筆書信，接信者莫不深感溫馨，心中很受用。這不但是他增進人際關係的秘訣，如今也成為中華文化的罕見珍寶。

另外，曾文正對於許多瑣碎事務，都親自詢問與督導，並且提出「心到、口到、手到、身到、眼到」，這「五到」之說，強調大處著眼之後，一定要能從小處著手，還要苦口婆心叮嚀，並且親臨督促，也是做官與做事的成功「秘訣」，至今仍然深具啟發作用！

另外，陳宏謀曾經留傳《五種遺規》，很有具體的應用價值，這種書共分五類，分別是《養正遺規》、《訓俗遺規》、《從政遺規》、《教女遺規》、《在官法戒錄》，統稱《五種遺規》。

這是陳宏謀結合「做官」與「治家」的經驗，並且搜集古今名言軼事，所編成的名書，以此訓誡家中子女，傳承良好家風。

　　因為此書既通俗又詳備，所以問世之後，廣為各方傳誦。

　　陳氏雖非顯宦，但家教得法，家門常盛；所以其子孫都擔任重要的官職；其曾孫陳繼昌，即在嘉廣二十四年（1819）鄉試及次年的會試中，都考中第一名，後來也官至江西布政使。

　　曾文正公深受這《五種遺規》影響，因而也將此書視為治家之寶，一再向家人強調，要想治家與從政，對這本書不可不看。

　　道光二十七年（1847）二三月，他兩次給諸弟寫信，告誡他們：「澄弟理家事閑，須時時看《五種遺規》。」

　　他並具體指出其中重點：

　　「望諸弟熟讀《訓俗遺規》《教女遺規》，以責己躬，以教妻子。」

　　同年八月十八日，他又在家信中說：

　　「家中《五種遺規》，四弟須日日看之，句句學之。我所望於四弟者，惟此而已……我有三事勸四弟：一曰勤，二曰早起，三曰看《五種遺規》。四弟能信此三語，便是愛兄敬兄；若不信此三語，便是弁髦老兄。」

　　咸豐元年（1861）八月十九日，曾文正公再次寫信，對曾國葆強調《五種遺規》的重要性：

　　「凡人無不可為聖賢，絕不繫乎讀書之多寡。吾弟誠有志於此，須熟讀《小學》及《五種遺規》二書。此外各書能讀固佳，不讀亦初無所損。」

　　曾文正公認為，人人可以為聖賢，但不是由讀書多少所決定。然而，他卻強調《小學》《遺規》二書，不可不讀，因為這是成聖成賢的關鍵所在。看完這兩本書，其他的書，即使不看，也沒什麼

大損失。由此可見，曾文正公對本書的重視程度。

咸豐五年（1855）三月二十日，曾文正公又在致諸弟信中說：修身齊家之道，無過陳文恭公《五種遺規》一書，所以提醒諸弟與几侄輩，皆宜常常閱看。

由此可見，曾文正公已將《五種遺規》，看成曾氏的傳家經典。曾家後代能夠綿延昌盛，明顯也受此薰陶影響。

曾文正公甚至在去世前一年，同治十年（1871）二月，當他感覺人生將到盡頭時，還曾再次重溫此書，然後在日記寫道：「兩日閱《五種遺規》」，「閱《從政遺規》，將摘抄一二，以自纂《吏治要言》」。

雖然曾文正公晚年，終究沒有餘力編出《吏治要言》，但他反覆申論《五種遺規》諸多格言，代表治家與從政的秘訣，至今仍有極大的啟發性，深值後人效法與力行！

㈢張英（公元 1637－1708，安徽桐城人）

清代名臣之中，桐城張英（1637-1708）為漢族第一人，他長期擔任康熙文膽，擬訂上諭與詔命。深受清廷倚重，曾文正公從他做官的經驗與秘訣中，學到很多要領。所以他曾指出：

「張文端公（英）所著《聰訓齋語》，皆教子之言。其中言養身、擇友、觀玩山水花竹，純是一片太和生機，爾宜常常省覽。」

另外，他又指出：

「鴻兒體亦單弱，亦宜常看此書，吾教爾兄弟不在多書，但以聖祖之《庭訓格言》（家中尚有數本）、張公之《聰訓齋語》（莫宅有

之，申夫又刻於安慶）二種為教，句句皆吾肺腑所欲言。」❻❷（〈同治四
年九月二十九日　諭紀澤紀鴻〉）

　　因為張英家學淵源，從桐城派承繼深厚的文字修養，與思維訓
練，尤其經常將中華文化儒家思想傳給康熙，做為治國參考，所以
很受康熙重視，曾文正公對此也很用心效法。

　　張英最有名的次子張廷玉，成就還超過他，在雍正朝時，成為
漢臣中最受倚重者；清朝在曾文正公之前，漢人官位最高者即為張
廷玉，並且只有張廷玉死後能享太廟，由乾隆賜諡「文和」。

　　曾文正公如此敬佩張家門風，也因本身背景相似，並且盼望家
道長期興旺，後代比他更強，所以對張家成功之道更加重視。

　　張廷玉兒子中，張若靄，雍正十一年（1733）進士，考中榜
眼，也是官至內閣學士；張若澄，則為乾隆十年（1745）進士，入
值南書房；張若淳，更是官至刑部尚書，死後還贈太子少保銜。張
廷玉的侄子張若溎，同樣雍正八年（1730）進士，官至左都御史；
綜上可稱滿門子孫，均為巨卿碩學，而且歷久盛而未衰。

　　曾國藩對此一直很重視，他曾分析張家興盛的原因，歸納出三
規則：「詩書之澤、禮讓之澤、稼穡之澤。」

　　此即曾文正公所說：

　　「士大夫之志趣、學術果有異於人者，則修之於身，式之於
家，必將有流風餘韻傳之子孫，化行鄉里。所謂君子之澤也。就其
最善者約有三端：曰詩書之澤，禮讓之澤，稼穡之澤。」

　　然後，他再強調：

---

❻❷　同❶，〈張英〉，頁412。

「詩書之澤，如韋玄成議禮，王吉傳經，虞魏之昆，顧陸之裔，代有名家，不可殫述。我朝如桐城張氏，自文端公而下，巨卿碩學，世濟其美……國藩於此三家者，常低徊嘆仰，以為不可及。」❻❸

事實上，他上述的三端，各有其功能：❻❹

第一條「詩書之澤」，是指重視子孫教育，保持讀書家風，提高文化素質，這可說是「發家之道」。

第二條「禮讓之澤」，是指家庭內部，遵從儒家傳統，保持禮讓、孝敬、和睦的家風，這是「治家之道」。

第三條「稼穡之澤」，是指保持耕作的農家生活，善存農民淳樸之風，這是「保家之道」。

曾文正公雖然長期當官，位至極品大員，但他因此更加重視家教。所以他常說：「居官不過偶然之事，居家乃為長久之計」。他因而留下大量家信，都是告誡兄弟子侄的治家道理，足證其中受張英的影響很大。

因此，他也把「詩書」、「禮讓」、「稼穡」，作為曾氏齊家術的三大法寶。

例如，曾文正公經常寫信給兒子們，叮囑：「望爾兄弟殫心竭力，以好學為第一義。」並且規定每日功課：「每日習柳字百個，單日以生紙臨之，雙日以油紙摹之。」「每日習字一百，閱《通鑒》五頁，誦讀書一千字，三、八日作一文一詩」等等。

---

❻❸　同上，頁 412。
❻❹　同上，頁 419。

　　曾家後代，果真因此好學成風，同樣造就很多名人；這種對新
生代的培訓，直到今天，仍然很有重大啟發！

　　另外，張英曾著《聰訓齋語》，曾文正公在日記中特別寫道，
對其「知命」之說，印象很深：

　　「讀張文端公《聰訓齋語》文和上澂懷園語，此老父子學問，
亦以知命為第一。」❻

　　同治四年（1865），曾國藩奉命鎮壓捻軍期間，遭遇很多困
境，所以在同年六月的日記中，他曾提到：

　　「閱聖祖《庭訓格言》，嗣後擬將此書及張文端公之《聰訓齋
語》每日細閱數則，以養此心和平篤實之意。」

　　曾文正公在此，把張英此書與康熙皇帝親著的《庭訓格言》共
同並論，可見其重視的程度。

　　同年閏五月十九日，曾文正公給其子曾紀澤信中又強調：

　　「顏黃門（之推）《顏氏家訓》作於亂離之世，張文端（英）
《聰訓齋語》作於承平之世，所以教家者極精。爾兄弟各覓一冊，
常常閱習，則日進矣。」

　　九月份，他在家書中又強調：

　　「吾教爾兄弟不在多書，但以聖祖之《庭訓格言》，張公之
《聰訓齊語》二種為教，句句皆吾肺腑所欲言。」

　　十月，曾國藩更將此書親自寄給眾兒子：

　　「爾兄弟細心省覽，不特於德業有益，實於養生有益。」❻另

---

❻　同上，頁 422。

❻　同上，頁 423。

外，他也曾送給侄子曾紀瑞一本，並說：「將來後輩，每人各給一本。」

由此可見，曾文正公很重視此中家教德性，並認為這些很能提昇靈性，同時有助養生，至今仍然深具重要性。

(三)劉墉（1719-1804，山東人）

在清代名臣中，曾文正公曾經連續三次，夢過一位奇人；這相當於孔子夢見周公，象徵孔子心中深處，很崇拜周公。曾文正公所夢奇人，即為劉墉；正是電視名劇「宰相劉羅鍋」中的主人翁。

曾文正公曾說：

「看劉文清公《清愛堂帖》，略得其沖淡自然之趣，方悟文人技藝佳境有二：曰雄奇，曰淡遠。作文然，作詩然，作字亦然。若能合雄奇於淡遠之中，尤為可貴。」（〈同治十一年六月十七日　日記〉）

曾文正公認為，劉墉能在深遠中顯雄奇，最為可貴，對他也極有啟發性。

劉墉老家為山東諸城縣，據稱劉家共出了 80 位翰林、3 名狀元、12 個宰相。❻⑦所以門口掛有對聯：

「心為大清，不要管劉姓何姓；

　　志在報國，何必分漢人滿人。」

橫批寫道：「天下第一家」。並由康熙皇帝御筆欽賜。

劉羅鍋的父親劉統勛，與張英相同，是在乾隆年間最重要的漢

---

❻⑦　同❶，頁 429。

人文臣，官至宰相。因此，父子二人前後均為宰相，在清朝政界可
稱異數。

　　然而，劉統勛受重視的主因，是因為他向乾隆參了張廷玉一
本，稱其歷事三朝，後人任官已有十九人之多，應該使他們「以滿
為戒」，才是保全之道。

　　奏摺正合乾隆之意，所以乾隆將其提拔，以資平衡。這種競爭
手法當然有失厚道，但也給後人警惕，的確需要以滿為戒。

　　所以曾文正公居高位後，一直警惕戒慎，只求缺憾，不求完
滿，均合有深意在內。

　　曾文正公生平，經連續夢到劉羅鍋三次，也可能與身世背景有
關。劉羅鍋雖然深受父蔭，但父親也給他留了後遺症，先天上就製
造不少政敵，令他反而身陷嫉恨與險境。無論滿人、漢人，都想對
他打壓，但他竟能處處逢凶化吉、還常常化險為夷，這種智慧與方
法，也深深吸引著曾文正公。

　　尤其，劉羅鍋生平大起大落，總共七次之多，甚至被關入大
獄，抄家待斬，比起鄧小平的三起三落，更為驚險。這證明他暗中
政敵很多，隨時都有暗箭，更有殺身之禍。

　　但是他憑著精神毅力、堅忍奮發、與臨機智慧，終能練就其
「能伸能屈」的獨門本領。曾文正公對此感同身受，深有同感，所
以更增加他惺惺相惜的心情。

　　劉墉當時，民間傳說他是「白貓轉世」，亦即九命怪貓，能夠
經歷各種折磨而仍存活。雖然這是民間迷信與寓言，但其中的寓意
與智慧，對於大起大落的政治人物，甚至工商領袖，至今仍然很有
重大啟發！

另外，曾文正公對於劉羅鍋的書法也很欣賞，曾文正公深信「字如其人」，他愛劉氏書法，也代表著深愛劉氏風格。

咸豐十一年（1861）六月二十二日，曾國藩參觀劉墉的書法真跡後，特別評論：

「閱劉石庵《清愛堂帖》，其起筆多師晉賢（王羲之父子）及智永《千字文》，用逆蹴之法，故能藏鋒。」❻❽

這種「藏鋒」的筆法，看似在講書法，其實同樣在暗示，做人與做官的方法，均需「藏鋒」。這恐怕才是曾文正公，特別喜愛劉墉書法的根本原因。

同治元年（1862），曾國藩曾經指出，書法有「陽德之美」與「陰德之美」。他說：

「在我者以八德自勖，又於古人中擇八家以為法，曰：歐、虞、李、黃、鄧、劉、鄭、王。」❻❾

然後他又說：

「思作書之法，古人師歐、李、柳、黃，今人師鄧、鄭、劉、王。」可見他對劉墉書法非常重視。

同治七年（1868）八月初四，他第三次夢見劉墉，特別在日記記載：

「二更三點睡，夢劉文清公，與之周旋良久，說話甚多，都不記憶，惟記問其作字果用純羊毫乎？文清答以某年到某處道員之

---

❻❽　同上，〈劉墉〉，頁 428。
❻❾　同上，頁 436。

任，曾好寫某店水筆。夢中記其店名甚確，醒後亦忘之矣。」❼⓿

　　根據經驗法則，如果夢中見聞，不能馬上記錄，醒後很容易忘；但曾文正公仍記得如此詳盡的對話，足證並非幻想而已；代表兩人心心相印，即使在不同的世界，也能用夢溝通。由此更可證明，曾文正公對其心儀的程度，很有象徵意義與啟迪作用。

（三）王念孫（1744－1832，江蘇高郵人）

　　曾文正公對於清朝大儒的肯定，除顧亭林之外，即為王念孫。他在咸豐八年十二月三十日，致紀澤信中就曾說明：

　　「余於本朝大儒，自顧亭林之外，最好高郵王氏之學，王安國以鼎甲官至尚書，謚文肅，正色立朝。生懷祖先生念孫，經學精卓。生王引之，復以鼎甲官尚書，謚文簡。」

　　然後，他進一步說明：

　　「代皆好學深思，有漢韋氏，唐顏氏之風。余自憾學問無成，有愧王文肅公遠甚，而望爾輩為懷祖先生，為伯申氏，則夢寐之際，未嘗須臾忘也。懷祖先生所著《廣雅疏證》《讀書雜志》，家中無之。伯申氏所著《經義述聞》《經傳釋詞》，《皇清經解》內有之。爾可以試取一閱。其不知者，寫信來問。本朝窮經者，皆精小學，大約不出段、王兩家之範圍耳。」❼❶

　　王念孫能受重用，主因在於敢向皇帝進諫。例如他曾直言上奏，要求免除和珅之職，讓人心大快，因而他的正直勇敢，成為百

---

❼⓿　同❶，頁 438。
❼❶　同❶，頁 440。

姓稱頌對象，曾文正公終身也以此做為榜樣。

王念孫的治學，提倡「讀書須從識字始」，亦即由字而文，這是「小學」傳統。曾國藩本來學的是理學，後來厭其空疏，便對此「小學」很有興趣。他曾對兒子曾紀澤說：

「余於道光末年，始好高郵王氏父子之說。」⑫

尤其，王念孫的學風，並非「為學問而學問」，而是為經世致用而學問，他有隨手筆記的習慣，這對曾文正公影響也很大。

咸豐八年（1858）十月，曾國藩寫信給曾紀澤，曾經特別叮嚀他，要能養成「手勤」功夫，隨手隨時作筆記。他信中說：

「高郵王懷祖先生父子，經學為本朝之冠，皆自札記得來。吾雖不及懷祖先生，而望爾為伯申氏其切也。」

由此證明，曾文正公勤於「日記」，勤寫札記。在此風格相通。這種「手勤」的習慣，既能紀錄學習心得，也能記載對事情的感想，直到今天仍有很大的重要性！

另外，曾文正公總結王念孫父子所讀的群書，特別提醒其兒子，要能以此做為榜樣；這份書單，等於是研究中華文化必讀的名著清單，曾文正公對此一一列舉，對所有的中華兒女，也都很有重大的參考價值！

他在咸豐九年（1859 年）四月家信中，提及這份中華經典的清單，首先提到：

「本朝善讀古書者，余最好高郵王氏父子，曾為爾屢言之矣。今觀懷祖先《讀書雜志》中所考訂之書：曰《逸周書》、曰《戰國

---

⑫　同❶，頁 446。

策》、曰《史記》、曰《漢書》、曰《管子》、曰《晏子》、曰
《墨子》、曰《荀子》、曰《淮南子》、曰《後漢書》、曰《老》
《莊》、曰《呂氏春秋》、曰《韓非子》、曰《楊子》、曰《楚
辭》、曰《文選》，凡十六種。又別著《廣雅疏證》一種。」

然後他又強調：

「柏申先生《精義述聞》中所考訂之書：、曰《易》、曰
《書》、曰《詩》、曰《周官》、曰《儀禮》、曰《大戴禮》、曰
《禮記》、曰《左傳》、曰《國語》、曰《公羊》、曰《穀梁》、
曰《爾雅》，凡十二種。王氏父子之傳，古今所罕，然亦不滿三十
種也。」❼❸

緊接著，他再指出其本人的喜好：

「余於《四書》、《五經》之外，最好《史記》、《漢書》、
《莊子》、《韓文》四種，好之十餘年，惜不能熟讀經考。又好
《通鑑》、《文選》及姚惜抱所選《古文辭類纂》，余所選《十八
家詩鈔》四種，共不過十餘種。早歲篤志為學，恆思將此十餘書貫
串精通，略作札記，仿顧亭林、王懷祖之法。今年齒衰老，時事日
艱，所志不克成就，中夜思之，每自愧悔。」❼❹

因此，他特別期勉兒子：

「澤兒若能成吾之志，將《四書》《五經》及余所好之八種一
一熟讀而深思之，略作札記，以誌所得，以著所疑，則余歡欣快

---

❼❸　同❶，頁 448。
❼❹　同❶，頁 448。

慰，夜得甘寢，此外別無所求矣！」⑮

綜觀曾文正公所列書單，很可證明他平日用功研讀經典的程度，遠非一般人所能及；這正如孫中山先生所說，「革命的基礎，在於高深學問」。中華歷代良臣名將之中，能有如此深厚的文化素養，曾文正公堪稱為第一人！

另外，若從歷代名相來看，能有如此恢宏的國學基礎，並且做為文人領軍的「革命基礎」，他也堪稱為第一人！

所以，曾文正公生前出將入相，公認「中興功臣」，並且澤及後人，歷久不衰，實有賴其深厚的智慧與學問。這些智慧與學問，均來自上述的中華寶典，所以深深值得今人繼續學習，並且再發揚光大！

曾文正公這份中華經典書單，雖因時代限制，並未包括外國經典名著，但因中華文化本身即為自足的體系，所以並無太大遺憾。就中華文化本身經典可言，曾文正公所列清單已經相當完備，值得永垂後世！

　　　　※　　　　　　　※　　　　　　　※

總而言之，曾文正公所列的三十三位聖哲，或文或武、均聖均賢，分佈各省份，各有其特色，共同寫出中華民族一頁又一頁的光輝歷史，不但造就曾文正公精神人格特色，也為所有中華兒女效法內聖外王，提供了最好的典範！

曾文正公從這三十三位聖哲英豪中，不但學習做人、做事、做

---

⑮　同❶，頁 448。

官、做學問的道理，也鍛鍊出任勞、任怨、任謗的個性，更形成他盡心、盡力、盡責的風格，並養成知天命、完成天命的使命感，所以能夠奮發圖強，終能完成中興的豐功偉業！

這正如同《華嚴經》中的善財童子，分別向五十六位菩薩學習之後，透過善知識與菩薩行，終能由彌勒佛見證成道。

從曾文正公所列三十三位聖哲，可以看出其中最大通性，就是都具有雄健之美，具有「通天地人」的生命觀、世界觀、與救國觀，所以養成頂天立地的精神人格！

當然，今天隨著時代進步，再看這份聖哲名單，若說還有重大疏漏，則三十三位中華聖哲中，獨缺佛學大師（例如天臺宗、華嚴宗、禪宗等，歷有大師，也很重要），而且道家老子也不在內，均未免令人感到缺憾。

但由此也足證，曾文正公心中，認為中華文化的主流，仍以儒家為主；因此從孔孟到程朱，到顧、黃、王夫之，均在其內。

只不過，曾文正公未列陽明先生，也是一項疏漏，或因他崇尚經世務實，以為陽明心學流於空洞所致，今後也應補全。

因為事實上，陽明先生強調「知行合一」，主張「事上磨練」，以及去除「心中之賊」，對於救國、救世均極重要；顧炎武《日知錄》即曾推崇陽明先生「以一人而易天下……其在於今，則王伯安（陽明）之良知矣。」後來陽明學說傳到日本，幫助日本「明治維新」；日本強大之後，卻回過頭再欺負中國；曾文正公在此疏漏，後來反被日本欺負，可稱一大諷刺！

另外，曾文正公所列經典，主要仍在聖賢之學，所以只限於「內聖外王」相關的聖哲，未及各種科學家、醫學家、工程家、藝

術家等。例如中華民族的科學文明，也是光輝燦爛，也應參考英國李約瑟博士，窮其畢生之力所完成的《中國科技文明史》，才能補足相關部份。

再如，曾文正公所列三十三位聖賢豪傑，缺乏女中豪傑（例如花木蘭），也缺乏漢族以外傑出人物（例如成吉思汗），從現代的眼光來看，為了展顯兩性平權與族群平等，今後也有待進一步補充。

然而，曾文正公能踏出第一步，為「振興中華」列出重要典範人物，並為中華兒女列出人格榜樣，這是中國歷史上空前第一次，仍然是極為重要的貢獻；所以，深深值得後人多多認識，並且身體力行，才能承先啟後、繼往開來，為中華民族創造更光明的新前程！

尤其，中華文化博大精深，英雄人物聖哲豪傑，從歷代以來更繁如眾星，今後中華兒女深深值得見賢思齊，多多效法先聖先賢的成功之道，並且發願立志，「站在前人的肩膀上」，更加奮發創新！相信唯有如此，生生不息、代代進步，才能無愧先聖先賢們的教誨，也才能無愧於做中華民族子孫！

第十二章　振興中華之道

一、中國問題

　　孫中山先生在 1924 年講〈民族主義〉時，曾經稱讚羅素「有很好的眼光」，是少數真正能瞭解中國問題的外國人：

　　「外國對於中國的印象，除了在中國住了二三十年的外國人，或者是極大的哲學家，像羅素那樣的人，有很好的眼光。一到中國來，便可以看出中國文化超越歐美，才讚美中國。」❶

　　因此，今天我們重溫羅素對中國問題的看法，對於今後如何「振興中華」，具有很大的參考價值。

　　羅素是在 1920 年 10 月 12 日，應梁啟超邀請訪華，停留到 1922 年 7 月 11 日才離華；然後在半年後，經過深思熟慮，透過他敏銳的觀察、與流暢的文筆，寫出他生平唯一關於中國的著作：《中國問題》（*The Problems of China*）。

　　他很珍視這本心血之作，因此還曾在 1966 年重新寫序出版。

　　羅素在這本書中，以其哲學的智慧與宏觀指出，未來中國應該如何振興之道，至今仍然深具啟發性。另外，他還分析了中華

---

❶　孫中山，《民族主義》演講，《國父全集》（臺北：國防研究院，1960）。

文化的優缺點，同樣很值得國人深思與改進。

他當時就強調，

「中國的前途，有以下三種可能：㈠中國可能會被一個或幾個西方國家所奴役，㈡中國會為日本所奴役，㈢中國恢復和重新奪回自由。目前還有第四種可能，那就是白人強權與日本共管中國。」❷

睿智的哲學家因其眼光遠大，通常兼具「先知」身份，今天再回顧羅素上述預言，證明四項裡面，有三項半很正確：

1.中國在 1954 年抗戰勝利前，一直被幾個西方國家所奴役，直到蔣中正領導抗日勝利，才廢除所有各國的不平等條約。

2.中國從 1931 年「918 事變」起，就被日本侵佔東北，到 1937 年「七七事變」，更被日本全面侵略，羅素在 1922 年就預判中國「會為日本所奴役」，足證眼光很遠，而且正確。

3.中國經由全民浴血抗戰，國民黨領導正面作戰、共產黨在敵後游擊戰，終於在 1945 年「恢復和重新奪回自由」。大陸總書記胡錦濤，在 2005 年慶祝抗戰勝利 60 週年時候，並公開承認國共合作，抗戰勝利的歷史真相。

4.今天臺獨當政，採取「去中國化」路線，其實背後均有國際反華勢力撐腰，主要即美國霸權主義與日本軍國主義。從某種意義看，也是「白人強權與日本共管臺灣」，因此日本安保條約與美軍合作，將臺灣海峽也納入範圍，並且與臺獨人士捏造「臺

---

❷ 羅素，《中國問題》，引自沈益洪編，《羅素看中國》（浙江文藝出版社，2001 年），頁 334。

灣地位未定論」；因為並非「共管中國」，羅素可稱對了一半。

展望今後，「中國問題」應該怎麼解決？「中國前途」應往何處去？兩岸關係，何去何從？「振興中華」，成功之道何在？

羅素早在 85 年前，就用高瞻遠矚，指出幾項重點答案，對於這些問題，至今仍然很有啟發作用。

他曾經在分析「中國前途」時，一針見血明白指出：

「我們首先應明白的是：中國必須自救，而不能依靠外人。」

因此他強調：

「中國首先應該注重的是愛國主義思想。」❸

然後，他並說明：

「這種思想當然不是像義和團那樣盲目地排外，而是秉著開明的態度，向他國學習，但又不受其支配。」❹

所以，羅素在其著作扉頁，特別先引述老子的三句名言，忠告外國政治家，只要援助中國，但是不應干涉中國；不但譯意非常的精準，而且譯文流美，甚至還能押韻：

「Production without possession（生而不有）

Action without self-assertion（為而不恃）

Development without domination（長而不宰）」。

緊接著，羅素語重心長的，提醒中國新領導人：

「應該大力弘揚愛國主義以保家衛國，而不是入侵異族。有

---

❸　同上，頁 357。
❹　同上，頁 357。

了這個附加條件，我認為愛國主義精神是中國復興所必不可少的。」❺

另外，他並指出：

「尋求政治獨立本身，並不是最終目的，而是實現中國傳統美德、和西方技藝結合的一條途徑。」

這與孫中山先生主張，「民族主義是救亡圖存的寶貝」，可說完全相通。中山先生所說「民族主義」，與羅素所說「愛國主義」精神，本質上也完全相同！

然後，羅素更曾強調：

「我在本書中曾不止一次地提到，中國人在某些方面比我們高出一籌。」

事實上，英國名傳教士馬禮遜，也曾同樣指出：

「中國人有許多文化貢獻，學問豐富不亞於英國，反而優於英國。」❻

因此，孫中山先生早就呼籲國人，要能「恢復民族自信心」，以及「恢復民族固有智能」，在此也可說不約而同，英雄所見略同。

緊接著，羅素進一步強調：

「中國要想政治獨立，必須做到以下三點：㈠建立一個有秩序的政府，㈡在中國人支配下發展工業，㈢普及教育。」❼

---

❺　同上，頁 357。
❻　引自《荒漠甘泉》（臺灣聖經公會，2002 年），頁 116。
❼　同上，頁 358。

他並說明，這三項必須同時進行，上述排列次序，則表明實現這些目標的緩急順序。

目前，中國大陸對這三點，均已同時著手，只可惜臺灣因被臺獨執政，「普及教育」反而背道而馳，走向「去中國化」的歧途，為兩岸關係平添危機，應該及早撥亂反正，才是康莊大道。

另外，羅素也曾坦率指出，「中國人的性格」，有三大毛病，一是貪、二是忍、三是懦；這也深深值得國人反省與改進。

所以，徐志摩在讀過羅素所著《中國問題》後，於 1922 年 12 月 3 日的《晨報副刊》，發表專文，特別指出：「這三點剛巧是智、仁、勇的反面。」可見今後提倡孔子的「三達德」，並且普遍力行，是非常重要的精神文明建設！

只不過，「忍」字若代表「堅忍」、「忍讓」，或「忍辱負重」，均非壞事，與「仁」也可相通，羅素對此恐有誤解，頗為可惜。

然而，徐志摩當時也曾提醒：「現在我國正當文藝復興，我們要知道羅素先生正在伸長了頭頸，盼望我們新青年的潮流中，湧出無量數理想的人格，來創造中華的文明哩！」❽

最後，徐志摩語重心長的提醒國人：

「他（羅素）說，我們只要有真領袖看清楚新文化方向，想像到新要的新文化的模樣，一致向創造方面努力，種種芝麻零碎什麼政治經濟的困難，就都絕對不成問題。」❾

徐志摩不愧一代詩人，不但才情縱橫，而且眼光精闢，很能

---

❽　同上，頁 392。
❾　同上，頁 392。

抓住重點，瞭解「中國問題」不在政治、不在經濟，而在文化！

　　政治經濟問題，看似具體而急切，但那只是表面，正如同要治病一樣，不能只看表面症狀，必須探入找到病根，才能從根救起！

　　這個「根」，就在文化；只要能夠復興中華文化，像政治、經濟等「芝麻零碎」的問題，就能夠跟著振興！

　　反之，如果文化的根不能復興，就算經濟繁榮，也會產生很多副作用，如貧富不均、心靈空虛、風氣奢靡、犯罪增加等。就算政治民主，也會黑金亂紀，貪腐橫行，並且導致政風敗壞、政客無品等等，正如臺獨執政的情形。

　　因此，放眼今後兩岸，深深值得大家共同研究羅素讜論，「看清楚新文化方向」，樹立新的文化理想，才能朝此目標創造努力！

　　在這「新文化」方向中，除了孔子的人文精神與創新心靈，同樣重要的，就是道家的超越精神與自由心靈，這也是文化復興中，不可或缺的動力。

　　羅素對此部分，論述非常精彩，尤其堪稱莊子的知己。

　　因此，羅素曾經強調：

　　「與其把中國視為政治實體，還不如把它視為文明實體——唯一從古代存留至今的文明。」

　　然後他進一步說明：

　　「從孔子的時代以來，古埃及、巴比倫、馬其頓、羅馬帝國都先後滅亡，只有中國通過不斷進化，依然存在！」❿

---

❿　同上，頁 353。

　　所以，羅素寓意深遠的提醒世人：中華民族是全世界唯一從古到今，仍然存在的文明古國！

　　他並提到，中國人曾經被征服過，「最初是蒙古人，後來是滿族人，但兩次都同化了征服者。中國文明未經變化地保存了下來；幾代人之後，征服者比中國人還中國人！」

　　身為一位外國人，羅素能看到這點，的確具有很難得的慧見與史識！尤其他分析，此中主要原因，在於中國文明能夠「不斷進化」，「在於民族習慣的堅韌不拔，在於強大的消極抵制力，以及無可比擬的民族凝聚力。」中華民族這種精神特色，深深值得今後重視與發揚光大！

　　羅素並曾說明，孔子與佛教的影響：

　　「孔、佛兩教並存的結果，使具有宗教和靜悟性格的中國人皈依佛門，而天性喜歡做事的人就趨於孔教，孔教一直被尊為國教，成為考試的依據，進身的階梯。」

　　因此，羅素進一步指出：

　　「中國的政治，一直操縱在有文化的宗教懷疑者之手。」⓫

　　然後他進一步強調：

　　「他們只是嚴守莊子的教誨而已，其結果是，老百姓除了內亂之苦外，一直是安居樂業的；屬地享有自治權，中國雖然人口眾多，資源豐富，但卻不會對外國造成威脅。」⓬

　　由此可以看出，羅素是少數看得出，中國「不會對外國造成

⓫　同上，頁353。
⓬　同上，頁353。

威脅」的哲學家。

相形之下，今天很多外國學者，拚命捏造「中國威脅論」，企圖以此圍堵中國，或醜化中華文化；正如韓非所說「非愚即誣」，對中華文化要不就是愚昧無知，要不就是有意污衊！

若問中國強大之後，為什麼不會威脅外國？

因為，中國哲學內，無論儒、道、釋，任何一家思想，都注重和平、講究仁道、泛愛眾生。所以，除了捍衛本身領土主權外，絕不會對外有侵略行為！

只有像羅素這種大哲學家，才看得出中國哲學與文化，能如此愛好和平的本性。

因此，今後更需中華兒女，多多在國際上，弘揚中華文化此項特色，不能任由國際反華勢力誣衊，甚至以此做為藉口，支持臺獨分裂運動！

二、面對大陸

臺灣的《天下雜誌》，曾經派七位優秀的記者團，深入訪問中國大陸大江南北，共花了一個多月的時間，在 2006 年完成《面對中國》這本訪問集，內容非常發人深省，很值得海內外關心之士，都能人手一本。

殷允芃董事長在書中的比喻，相當中肯。她先指出：

「的確，有人說中國這頭獅子已睡醒了。」

然後，她進一步分析：

「臺灣有些人選擇臣服，有些人則企圖去騎在獅子背上，抓

住獅鬃。但更好的比喻，可能是停在獅背上的小鳥，互利互益。」⓭

　　副總主筆文現深的感言，也很值得重視：

　　「中國問題是臺灣命運的終極考驗。兩岸關係將屬於既合作又競爭的關係。」⓮

　　然後他進一步說明：「全球化就意味著相互依存與合作。兩岸關係，只有雙贏才符合臺灣利益。」

　　例如，臺灣經濟成長約 4%，8 成均從大陸所賺。大陸已成為臺灣經濟夥伴第一名！充份證明，兩岸合作才能雙贏！

　　然而，臺灣因為臺獨當政，對大陸充滿恨意與敵意，並且拒絕去客觀瞭解，執意將大陸妖魔化，蓄意用分裂對抗的結果，勢必會兩敗俱傷，形成「雙輸」，不會「雙贏」；那就只會親痛仇快，讓國際反華勢力得逞高興！

　　因此，如何瞭解新的中國大陸面貌？如何以對話取代對抗？如何以溝通取代仇恨？如何以雙贏取代雙輸？這些都是兩岸今後有識之士，值得共同面對的問題。

　　就此而論，《面對中國》一書，提供了很好的反省教材。

　　外國駐大陸的記者協會會長，美國《新聞週刊》資深媒體人劉美遠，在本書說得很中肯：

　　「就算北京清華大學，兩、三個月沒去，就又變樣了。」⓯

⓭　〈面對中國〉，《天下雜誌》（臺北，2006 年），頁 13。

⓮　同上，頁 13。

⓯　同上，頁 11。

很多大陸城市，因為翻修速度很快，如上海，每三個月就要修一次地圖；其他各地老城翻修，也是大興土木，幾乎已到日新月異，「翻天覆地」的地步。

然而，大陸整體新興建設，其動力是什麼？快速發展的背後精神，必是什麼？此中秘訣，很值得探討。

扼要而論，仍然是中華文化的精神力量，結合民族主義、愛國思想、與現代的市場經濟，形成令人驚異的銳氣、朝氣、活力、與幹勁！

所以，《面對中國》中專門有一篇，〈孔子為什麼這麼紅？〉很有代表性，非常引人注目。

作者周慧菁寫道：

「在世界，知名國際媒體以他做為封面，從亞洲到非洲，從歐洲到美洲，各國競相爭取設立以他老人家為名：『孔子學院』為的是要學習中國的語言和文化。」**⑯**

文中列舉很多例證，說明大陸從政府到民間，大家學習孔子的熱誠；然後，很中肯的指出：

「中國官方正從傳統文化的摧殘者，變成了傳統文化復興的推動者。」

為什麼呢？

有位濟南企業家回答媒體，很能代表經濟繁榮後的需要：

「商業目標一個一個實現之後，我常常一覺醒來，腦子一片空白常常想下面怎麼辦？找不到感覺了，所以特別學一些傳統國

---

⑯ 同上，頁192。

學，解決自己思想問題，加強一下修養。」⓱

另外，山東濟南有五十多個小學，全面推廣兒童誦經。曲阜師範大學駱承烈教授的理念，非常令人感動：

「中國文化的復興必須從娃娃抓起，兒童背誦中華文化經典，從小在心中埋下中國聖賢義理之學的種子，長大成人後，自然會明白中國歷代聖賢教人做人做事的道理。」⓲

中國社會科學院研究員康曉光，也很中肯的指出：

「過去人們總覺得，是這個文化導致中國很貧窮落後，現在由原來非常深刻的文化自卑，轉為文化自信。」⓳

康曉光並強調，中國在經濟上的成就，也帶給中國人很強的民族自信心。

孫中山在近百年前的呼籲——「恢復民族自信心」，以此繁榮經濟，復興孔學，復興中華文化，在中國大陸已得到初步實踐。

所以，中國人民大學孔子研究院院長張立文，在此見解非常深刻與精闢：

「在西方中心主義盛行，中華民族文化被邊緣化的當下，重新發現儒學，就是重新發現中華民族的自信心，自尊心、自立心、自律心，『就是重新發現我是誰』。」⓴

另外，中山大學哲學系教授袁偉時的感言，也非常有啟發性：

⓱　同上，頁 194。
⓲　同上，頁 195。
⓳　同上，頁 197。
⓴　同上，頁 197-198。

　　「讓具有創造力的當代優秀思想家、科學家、文學家、藝術家，讓新時期的孔、孟、老、莊、張衡、李白、杜甫能夠脫穎而出！這是中國文化唯一的出路。」㉑

　　此中重要關鍵，就在要有「創造性的轉化」（creative transformation），也就是：先溫故、才能知新！先反本、才能開新！先歸根、才能復命！

　　這才是中華文化今後最好的出路！

　　另外，從孔子到孫中山，都是中國大陸正在重新學習的對象，全大陸正透過教育，弘揚先聖先賢精神，這種促使大陸充滿衝勁、幹勁的根本動力，深深值得臺灣重視與效法！

　　周慧菁專訪大陸經濟學者胡鞍剛，寫了篇〈當全國人都在一起學習〉，便中肯的指出，這正是大陸蓬勃建設的精神動力！

　　文中提到，大陸「全黨學習，全國學習」，然後「向美國學，也向臺灣學」！當全大陸都用孔子的學習精神，埋頭苦幹的時候，以中國人的聰明，當然很快就迎頭趕上世界了！

　　所以，天下雜誌提到，中國大陸正在強調，「人才強國從教育」，非常注意教育的重要性：

　　「不論都市或農村，中國以鍛鍊奧運國手的精神，鍛鍊下一代的競爭力。」

　　因此，文中指出，大陸已經「從人口大國轉為人才大國」，並引用教育部袁貴仁副部長說法，「高級人才是基本戰略」。所以大陸正加強投資教育，並用教育拉近貧富差距。

㉑　同上，頁 199。

　　凡此種種，均令人看到，孔子在大陸被活學活用，如孔子對教育的重視，孔子對「富而後教」的教誨，孔子對「均富」的強調……通通正在大陸實踐中！

　　事實上這些政策，也正是孫中山先生的一貫理念與政策。

　　因此，該文緊接著指出，大陸欣欣向榮的原因，不但是從孔子學到很多現代啟發，更從孫中山先生學到如何建設大陸；不但重新發現了孔子，也重新「發現新中山」。❷❷

　　文中強調：

　　「一本空躺圖書館多年的孫中山著作，翻身成了中共推動重大建設的聖經，國民黨總理設計創造的藍圖由共產黨製造交貨！」❷❸

　　這段內容，形容非常傳神！

　　文中還指出，孫中山遺囑，明明白白交代同志，要依照他的《建國方略》「繼續努力，以求貫徹」。只是，這個國民黨總理一手設計、創造的建國藍圖，現在卻是由共產黨製造交貨！❷❹

　　實際上，中山先生在 1991 年，用英文發表的《實業計劃》（*The International Development of China*），就是向全世界招商，尋求國際投資，共同建設中國。如今中國大陸已經從「貧窮」國家超過美國，成為世界第一大投資國，世界各國投資甚至超過了美國，正是貫徹了中山先生這份遺志。

---

❷❷　同上，頁 85。
❷❸　同上，頁 85。
❷❹　同上，頁 86。

另外，中國大陸也已成為世界第一名的外匯存底國，在 2007 中，已經到一兆三千多億美元。臺灣外匯現在只有二千多億，其中很多還是賺自大陸順差；例如 2006 年，臺灣從大陸賺 400 多億美元順差，扣掉其他各國逆差，才能盈餘 210 億美元順差！

尤其，大陸很多重要建設均來自《實業計劃》，並且更加發揚光大，非常值得重視。

例如中國大陸，從中山先生最重視的交通著手，現在已經遠遠超過中山先生當初規劃：「十年之內修建鐵路十六萬公里，碎石路 160 萬公里，包括北東南三大港口的 31 個港口。」

在「十一五規劃」（2001-2005）中，四項名為世紀工程的專案「南水北調，西氣東輸，三峽工程，青藏鐵路」，後兩項，均明載於中山先生著作《實業計畫》之中。

因此，本書蕭富元形容大陸「翻天覆地」、「簡直是一次又一次的建國運動」，「既是劇變、也是巨變、更是駭變」。㉕

然而，大陸的變化，正如同《易經》的「易」，有三重意義；第一是「變易」──包括劇變、巨變，與駭變！

第二是「簡易」，簡單明瞭，也就是說，「發展才是硬道理」，一切人力物力，均集中在發展建設！

第三是「不易」，如同「一個中國原則」，大陸再怎麼變，這個「一中原則」，任誰也都堅持不變。

美國紐約《時報雜誌》、《今日美國》等著名資深記者費希曼（Ted Fishman），在 2005 年深入採訪中國大陸後，整理其驚嘆與

㉕　同上，頁 86。

感想，出版《中國企業無限公司》（*China Inc.*）一書；同樣指出，對於中國大陸，應該刮目相看，也很值得重視。

只是，他畢竟是外國記者，未能深入發現，這些進步背後的兩大動力──中華文化與中山思想。他只看到現象，未看到本質，因而全書竟然沒有提到孔子一個字，也沒有提到孫中山一句話！

然而，他所提出的現象與數據，卻已十分令人震驚[26]：

──「在未來 15 年內，三億中國人口將會遷往都市，所以中國必須每個月建好都市內部結構，相當每個月建好一個休士頓，才能吸收他們。」

──「去年（2004）透過手機傳訊，即高達二兆二千億件。」

──「通用汽車期待中國汽車市場在 2025 年前，比美國市場還大，目前已有七千四百萬中國家庭，可以買得起車。」

──「平均而言，美國公司在他們中國運作內，有 42% 的回饋。」

──「在美國，工人為一億四千萬，但在中國的『剩餘工人』，中部西部即已有二億二千萬人，遠超過美國人口。」

──「美國衣服工人工資，每小時 9.65 美元，在薩爾瓦多，為 1.65 美元，在中國大陸為 0.68-0.88 美元。」

──「中國在 14 歲以下有三億二千萬，超過全美國人口！」

──「中國用網際網路的人口，比美國還多！」

另外，他並進一步提醒世人：

---

[26]　Ted Fishman, "China Inc." *Scribner* N.Y. 2005，封底說明。

　　——「中國大陸成長速度，已為美國的三倍！」

　　——「中國大陸用掉全世界 40% 水泥，與 25% 鋼！」

　　——「全世界最大的公司，幾乎均已在大陸，有大規模的投資計畫。」

　　——「中國大陸可以用一半成本，製造幾乎一切產品——包括電腦、汽車、噴汽機、與藥品！」**㉗**

　　另外，撰寫《布希白宮傳》（*House of Bush*）的名作家安柯雷（Crag Unger），也特別介紹《中國企業無限公司》，因為該書很中肯的說明，沉睡中的紅色巨人，已經甦醒過來，而且快速成長，即將轉化成為全世界「最大的超強」（The greatest superpower），並且在各方面成為：「最大、最高、最長、最快！」這些說明，他形容大陸，除了「紅色」一詞，因為大陸已經淡化意識型態，並不準確，其他大體都很正確。

　　所以，在這本著作的序言中，作者用的標題是：「中國成長，世界發抖」（The World Shrinks As China Grows）！他開宗明義第一句，就說「中國近來無所不在」**㉘**，然後文中小標題稱：「跟著金錢走——到中國。」充分說明中國大陸在外國眼中，已經成為世界最大的工廠與商場，也成了新時代淘金的最好市場。

　　然後，作者費希曼進一步分析，「中國成長的一個主要原因，就是世界不斷投資」**㉙**，這正是孫中山先生撰寫《實業計

㉗　同上，扉頁說明。

㉘　同上，頁 1。

㉙　同上，頁 15。

劃》的宗旨，現在已由中國大陸，充分在貫徹執行中！

　　因此，費希曼在分析大陸各種欣欣向榮的經濟建設之後，很感慨的指出：

　　「中國的經濟奇蹟，可以從很多方面、用很多方法到來。一旦中國出現在你眼前，在各處都很難不看到它。」

　　費西曼強調，現在「中國製」（Made in China）就像錢幣一樣，全世界流通；而且，從小孩的玩具、衣服、到科技產品，電氣用品、電視、手機，中國都成全球最大製造者；甚至在生命科技與電腦製造，也都蒸蒸日上，產量驚人。因此他說：

　　「從來沒有一個國家，如同中國一樣，能同時攀登經濟建設的每一步驟。」❸⓿

　　他並比喻中國在各地的工程，如同準備戰鬥的軍營急行軍，「快門一閃，就蓋好了」！

　　費西曼並指出，當年以法國為例，「全世界最美的街道」香榭大道，全由中華文化民俗內容包圍，艾菲爾鐵塔也因為要慶祝中國的農曆年，而打扮成紅色。

　　因此，他很怨嘆，法國一向對英美尖銳批判，沒想到對中國，卻如此欽佩友好！❸⓵

　　凡此種種，均可看出中國大陸的影響，已從經濟到各種民生層面，並已迅速擴充全球，贏得全世界的重視！

　　這令人想起，美國總統尼克森初次訪問中國之後，很中肯的

---

❸⓿　同上，頁 1。
❸⓵　同上，頁 5。

預言：「只要『中共』加強『中』的成份，減少『共』的成份，就一定會有驚人的成就！」

　　用英文來講，只要「共產中國」（Communist China）逐漸轉化成為「孔子中國」（Confucian China），整個中國就會充滿光明！

　　由此充分證明，中華文化以孔子為代表的精神動力，加上中華民族的智慧能力，只要今後遵循中山思想的正確方向，共同團結、繼續努力，必能開創更大的光明成果！

　　中國國民黨榮譽主席連戰在北大演講時，曾經呼籲「兩岸合作，賺世界的錢」❸❷，這是很有遠見、也很有魄力的智慧之言。追溯背後根源，正是中山先生所說，三民主義就是「發財主義」！

　　因此，今後，如何讓兩岸共同發財，並共同賺世界的錢，正是未來更重要的目標！

　　根據專家統計，大陸每建立一個停車場，周圍就會生長出一批臺資的汽車。幾乎所有大陸市場上的電腦品牌，如惠普、聯想、新力、同方、紫光等，也是臺資企業代工生產。❸❸

　　另外，明眼人早就看得出來，深圳等「特區」概念，其實來自臺灣的「加工出口區」。❸❹

　　這種現象，正如同《面對中國》書中，有篇專文所說：

　　「中國崛起，臺灣精英暗助。」❸❺

---

❸❷　《連戰大陸行紀實》（北京：九州出版社，2005 年），頁 102。

❸❸　同❸，頁 175。

❸❹　同上，頁 175。

❸❺　同上，頁 175。

文中很中肯的指出：

「中國的崛起，其實暗藏很多臺灣經驗的貢獻，他們把西方管理知識、臺灣經驗快速帶進中國，甚至中國制訂的產業政策，也有臺灣成份。」❸⑥

中國大陸學者胡鞍鋼，在此說得很好：

「臺灣走在前面，你們成功了我們就吸收，失敗了我們就不走這條路。」❸⑦

由此充分證明，兩岸若能互補互濟，就能互助雙贏，如果互相對立，就會兩敗雙輸！尤其臺灣因為地方小，損失會更大。

根據蘋果日報，民國 96 年 10 月 17 日頭版，大陸準備拿出外匯二千億美金，向全球投資，也包括臺灣；但民進黨政府卻立刻拒絕；這種自我封閉政策，再次證明，只會自尋衰敗！

因此，中國問題專家海爾曼教授說得很正確：「中國善於學習並樂於實驗，它是全球化的重要發動機之一。」

他甚至感嘆，「其他所有國家都不能做到這一點」。只是他忽略了，中華文化這個力量，才是促成整個中國大陸經濟起飛的「重要發動機」，其他所有國家都不能做到，就是因為都沒有這種「中華文化」！臺獨政權企圖「去中國化」，自外於中華民族，只會日趨邊緣化，也做不到這一點。

所以，今後要能深入學習中華文化，並且繼續發揚光大，才是從根務本的首要工作！

---

❸⑥　同上，頁 175。

❸⑦　同上，頁 12。

尤其，中華文化以孔子為代表，極為注重教育工作。所以，《面對中國》一書，深入探討大陸進步的具體動力，已經主要是教育，要使中國大陸，由「人口大國變人才大國」。❸

而且，大陸跨世紀的企圖，就在「人才強國」，並且能認清：「人才強國從教育」！所以中國大陸，從領導人就帶頭學習。

例如胡錦濤，便曾明白強調：

「各級領導幹部必須明白，當今社會各個方面的發展日新月異，不學習、不堅持學習、不刻苦學習，勢必會落伍！」❹

另如，在中共政治局的集體學習會議中，除了政、經、軍、農業、法律之外，並且還包括「中國哲學社會科學」、「中國社會主義道路探索」、「中國文化產業」與「世界文化產業」、「黨的思想理論與時俱進的歷史考察」、「努力建構社會主義和諧社會」、「世界馬克斯主義與中國馬克斯主義理論研究」等等。❺

由此可見，大陸很能從思想根源，重新反省檢討改進，並與世界接軌，這種「全黨學習、全國學習」的熱誠，經過上行下效，激發全民的熱烈求知欲，才是建設改革的最大動力！

凡此種種，充分證明中國大陸，正用加倍刻苦的學習，「迎頭趕上」世界先進國家，這種動力與潛力，深深值得大家重視！

根據 2006 年 7 月，世界銀行公佈全球各經濟體排名，中國

---

❸　同上，頁 97。
❹　同上，頁 28。
❺　同上，頁 29。

GDP 已經超過英國、法國，成為僅次於美國、日本及德國的全球第四大國。另外，廣東省 GDP，也在 2007 年 12 月，首次超過臺灣！

還有，中國憑藉五千年文明，加上欣欣向榮的經濟繁榮，現也成為旅遊方面第四大國，經由 2008 年北京奧運，以及 2010 上海世博會，更能讓全世界認識中國的歷史文化與現貌。

因此，專家指出，「如果以使用者人數計算」，中文將來在未來二十年內取代英文，成為世界第一語言。

語言專家尼克洛龐蒂（Nicholas Negroponte）就曾預言：「十年之內，英文還是網路的主導語言，但其後將為中文所取代。」

因而，今後隨著經濟、旅遊、電腦的發展，都會快速增加中華文化在全球的吸引力與廣泛的影響力。

所以，美國《時代》雜誌亞洲版，甚至以「學漢語」做封面故事，美國政府也撥一億一千萬美金，幫助 2400 所美國高中學習中文課程。

若以 2005 年為例，外國到中國的留學生，高達 14 萬人，成為中國歷史上人數最多、生源國家最多、就讀學校最多的時代。到 2007 年底就更多。中國只有在唐代盛世，才有這種吸引力！

所以大陸作家楊志軍，曾經寫本暢銷書《藏獒》，被公認很有象徵性。該書中提到：「九犬出一獒，一獒抵三狼。」這種藏獒被稱為「犬中之王」，如同「雪山上的獅子」，在艱苦中奮鬥，在危難中競爭，「留強不留弱，留大不留小，留美不留醜」，經過無數困難煎熬，才能最終出頭！

很多西方專家認為，大陸的新興精英，很能用這種《藏

獒》，比喻他們在文革後生長，奮發圖強的苦功與幹勁。

其實，這種《藏獒》的精神，正是孟子所說「生於憂患，死於安樂」，也正是中華民族愈挫愈勇的民族精神；只不過，中華文化重視競爭，不尚鬥爭，尤其絕不內鬥，造成親痛仇快；這也是今後大陸人才，應該多加警惕之處。

曾任中國美商會會長的麥健陸（James McGregen），在 2006 年《與龍共舞》的結論中，特別指出，中國面臨未來，「除了創新之外，別無藥方」，可說一針見血，非常中肯！

因此，今後對兩岸人才而言，都需要「與時俱進」，從《易經》中，吸取生生不息、創新不已的進取精神；並且用「謙」卦的低姿態，謙遜為懷，勇於學習，吸收全球的進步經驗；然後化為本身養分，才能蒸蒸日上，永無止境，真正開創日新又新的更大盛世！

三、反省臺灣

蘇格拉底有句名言很好：「沒有經過反省的生活，是不值得活的。」今天我們也可以說：「沒有反省能力的政黨，是沒有前途的。」

尤其，面對大陸的和平崛起，改革驚天動地，建設日新月異，臺灣政黨應該如何反省？

天下雜誌派出採訪大陸的團隊，在奔波各地之後，最想對臺灣人講的一句話是：「醒醒吧！不要慌、不要怕，但也千萬不要

再混了！」❹

臺灣什麼地方在「混」？

陳水扁在 2008 大選之前，拚命分化族群，製造社會仇恨，用「公投入聯」與「反蔣運動」，轉移本身「貪污腐化」與「治國無能」問題，就是標準的在「混」——矇混人民，也想混水摸魚，亂中取勝。

難怪聯合報（民 96.12.18）「黑白集」刊登，美國商會執行長魏理庭，批評臺灣近年來成為「病態領導」，堪稱一針見血之論！

連美國在臺協會主席薄瑞光，在民 96 年 12 月會見陳水扁時，都公開質疑他，能否和平轉移政權？公投會否綁住新任總統？甚至與蕭萬長碰面時，還討論陳水扁選舉，會否使用不光明的「奧步」？這些都說明臺灣政壇的混亂程度，連美國政府都公開表憂心！

臺灣政局沉淪到如此的混亂，歸根結柢，仍因憲法的監督機制被李扁共同破壞，如同免疫系統崩壞，元氣因而大傷：

行政院長原先需經立院同意，代表擁有間接民意，不致成為「小媳婦」，現今已被取消，以致比大陸還不如（大陸「人大」對國家主席、總理與各重要官員，還有同意權，縱然只是形式，也比沒有好）。

這種情形，造成行政院長淪為總統的執行長，完全沒有自主性，只成總統傀儡，卻要面對國會質詢，形成典型「有責無權」，總統卻是「有權無責」，自然整個體制混亂。

2.行政院長原先還有對總統命令的副署權，如果總統命令未

---

❹　〈面對中國〉，《天下雜誌》，2006 年，頁 13。

經行政院長副署，便無法生效，代表行政院長還可制衡總統，不致任由總統濫權。如同古代很多帝王，宰相也擁有此權力。

　　但到李登輝，因為片面想升蔣仲苓為一級上將，郝柏村時任行政院長，未同意副署，李登輝記恨之餘，取消行政院長副署權，因為一念之私，而破壞千秋制度！

　　3.總統本由國民大會代表彈劾與罷免，李登輝將國大凍結虛級化，等於去除監督總統的機制，然後將此權力交由監察院，但將監委的產生，又由原先民選，改成總統提名，並且提高門檻，以致對總統根本無法彈劾！

　　即使「威權時代」，監察院還能獨立運作，彈劾過俞鴻鈞行政院長，但到李扁時代，對高層均無法監督制衡；後來彈劾權移到立法院，監察院更形成李登輝所嘲笑的「蚊子院」！

　　4.總統產生的辦法，形成「少數總統」，可以統治多數人民，更種下了政局不安、人民不服的導火線。

　　李登輝修憲，號稱學法國制，但法國總統的選舉，採兩輪制，如果第一輪無人過半，則需前兩名舉行第二輪選舉，務必保障當選人能過半數，但此機制因陳水扁私心反對，堅持只選一輪，在李登輝支持下，終於形成永遠不安的因素！

　　5.總統透過國家安全會議，掌控軍事、外交、大陸政策，以及一切想掌控的政務，但卻完全不用負責，明顯形成「有權無責」，嚴重破壞民主「權責相符」的原則。

　　經國先生任內，即曾叮嚀國安會秘書長蔣緯國將軍，「國安會盡量少開會」，就是要逐漸虛級化，回歸民主憲政正軌。未料到了李扁手上，卻借國安會，將行政院長與重要首長均納入，成

為太上行政院。決策者為總統，卻由行政院長奉命到立法院備詢，行政院長再度淪為「有責無權」！

正因上述種種因素，孫中山先生的五權憲法，已經在臺灣名存實亡，淪為「現代帝王制」憲法。總統擴權的結果，黨、政、軍大權集於一身，卻無任何監督制衡。形成絕對權力的獨裁——總統既是國家元首、又是三軍統帥、又是黨主席、又是國安會主席、又是太上行政院長，但卻沒有任何人能監督，當然形成絕對貪腐！

上行下效之餘，政風當然充滿腐敗，加上高層排斥真話，縱容部屬逢迎拍馬，就變成通通在「混」！

由此足證，今天臺灣雖然表面號稱民主法治，但領導人的品質，仍然非常重要！

因為如上所述，目前的憲法已經無法監督總統，在可預見的未來，只有靠領導人自我節制，這就需要選民特別重視品德才行。

另外，臺灣政風除了「集權」造成貪污腐化，也因「獨裁」造成「臺獨」橫行；陳水扁卸任前，仍然一意孤行推動「公投入聯」，無人能予制衡，即為明顯例證！

事實上，冰凍三尺，非一日之寒，臺獨採取漸進方式匍匐前進，在美國稱之為「切香腸」方式，約可用三部曲形容：

一為「文化臺獨」，亦即從文化教育篡改教科書，進而用「去中國化」政策洗腦，「亡人國者，先亡其史」，這項最嚴重，但也最無形，最容易得逞！

李登輝執政 12 年，陳水扁執政 8 年，20 年前剛初生的嬰

兒,如今已 20 歲,擁有投票權,他們在充滿臺獨意識型態的教育下成長,被洗腦「臺灣人不是中國人」,怎能令人不擔心?

二為「正名運動」,亦即從政府能影響的機構名稱、護照封面、國營事業、教材內容、海外團體等等,均假稱要「正名」,而紛紛「去中國化」、「去中正化」、「去中山化」,企圖走向臺獨化!

到了民國 96 年 10 月 10 日,本為中華民國國慶,竟然總統府空前第一次,塔樓上取消「中華民國」,只剩「臺灣入聯」,這種「量變到質變」的手法,若任其蔓延,終會玩火自焚!

三為「法理臺獨」,亦即正式將臺獨「法治化」;陳水扁企圖衝撞「一中」原則的「公投入聯」,以及「制憲」改國號、改領土等等訴求,均為此模式。

因為,聯合國是以國家為單位的國際組織,陳水扁以「臺灣」名義正式申請,自然代表在國際上正式宣佈臺獨。陳水扁的目的為選前激化對立,所以宣稱總統選後,一切回到原點,可以沒事。但事實上早已埋下定時炸彈,把臺海推向高危險區!

然而,民進黨為什麼能步步進逼得逞?民眾為什麼縱容,無法制衡?國民黨為最大在野黨,為什麼也無法制衡,反而只能跟著加碼,甚是狂飆?

歸根結柢,民進黨早已用「省籍意識」,將國民黨抹黑成「外來政權」,並用「族群仇恨」挑撥社會對立,任何人如果不認同臺灣國,便會被打成「不愛臺灣」!

但是,他們使用文字魔術,都是表面上呼籲「認同臺灣這片土地」,而不明講其目的,其實是認同「臺灣國」!

　　他們表面稱「臺灣是主權獨立國家」，名字叫做「中華民國」，但臺灣只是地名，怎能變成國名？這明明是臺獨在蒙混愚民，久而久之，謊言說一百遍，便有很多人信以為真！

　　事實上，殺人兇手陳進興也是本省人，但他愛臺灣嗎？

　　反之，李國鼎、孫運璿、趙耀東等，他們都是臺灣經濟奇蹟的功臣，都是「外省人」，能說他們不愛臺灣嗎？

　　更早的劉銘傳，建設臺灣為全中國「最現代化的一省」，其後的蔣經國，建設臺灣為三民主義模範省，他們都是所謂「外省人」，他們不愛臺灣嗎？

　　尤其，現在所謂「本省人」，均為「外省人」的早期移民，只是移民有先後而已，但血統卻無不同，均為中華兒女！

　　所以，「本省人」也稱「河洛人」，「本省話」也稱「河洛話」，均來自中原的黃河洛水（現今河南），至今仍保存很多中原古音，怎能自己忘本，否認中國血統與中華文化？

　　中華民族浩浩蕩蕩的歷史證明，這種自外於中華民族的言行，頂多只是一時的逆流，不可能長久！今後歷史更將證明，有骨氣有遠見的中華兒女，終能喚醒廣大民眾，共同撥亂反正！

　　從整體來看，李扁任內，在政治上最大傷害，就是破壞了憲法制衡的機制；在社會上最大傷害，則是破壞了誠信原則與公平正義，導致人民對政府毫無信心，對司法也沒有信心！

　　孔子早就警告過政客：「民無信不立。」今天更有重要性！

　　因為，李登輝曾感慨，他講了一百卅多次反臺獨，卻都沒人相信；主要就因，他種種的言而無信，早已在民眾中失去誠信！

　　例如，他曾經公開稱，與郝柏村「肝膽相照」，但後來卻成

「肝膽俱裂」！對於宋楚瑜「情同父子」，原來重用有加，但後來完全決裂，不惜用「凍省」以「凍宋」！

李登輝在修憲的時候，公開承諾，「可保三十年安定」，結果因為破壞監督制衡，三年就破壞了安定！

另如，對於「教育文化經費」的保障，原來明定在憲法中，成為最大特色，也被李登輝刪除。他當時信誓旦旦，說實質上仍會到達同樣比例，結果第二年就悄悄破壞！到後來，教育更成為弱勢團體，任由其他部門（如軍事外交等）排擠吞噬！

這種對人民失信的情形，到陳水扁更加明顯。他公開承諾「四不一沒有」，結果卻凍結國統會，並且推動「公投入聯」；他公開強調，要走「新中間路線」，結果卻走激進路線！

另外，他公開強調「統合論」，結果行動卻是「分裂論」！他公開說要「權力下放」，結果卻是更加集權！他公開說司法應該獨立，結果一再踐踏司法！他公開說，軍隊應中立，結果只提升扁系將領，三年升 26 個上將，對他個人愚忠，並還縱容憲兵肉麻的稱其「巧克力」！

他公開說，黨政軍應退出媒體，結果縱容民視與「三立」綠化；他公開說行政要中立，結果中選會最不中立，民進黨還硬性要求各部會，撥錢支持民進黨的「公投入聯」！

另外，他與連戰會談以後，馬上宣布廢除核四，等於打連戰一個耳光；他送宋楚瑜「真誠」二字，結果背後捅刀，誣指宋在美與大陸國臺辦陳雲林主任見面。

不僅如此，他還在私底多次向游錫堃表示，支持「正常國家決議文」，結果公開又抵制；游錫堃因特別費被起訴之後，甚至

震驚的發現，「是自己人幹的」！

　　如今，連李登輝都批評，民進黨治國七年「只會騙人」！但這種情形，正如本省成語所說：「鱉笑龜無尾巴！」卻也充分提醒臺灣人民，對於政客所說的話，都要「聽其言，觀其行」，如同孔子般去檢驗，才能免於上當！

　　對於上述種種詐術與「奧步」，臺灣人民在 2008 年的立委選舉中，已經透過選票，教訓陳水扁，證明臺灣人民不容欺騙，今後所有政治人物也應引以為戒！

四、「德治」「法治」並重

　　方東美先生在《中國人生哲學》，分析中國政治思想之後，曾經總結而論：

　　「總而言之，中國哲學家的政治信仰，乃是以『德治』為最理想，『禮治』次之，實不得已則『法治』是剩下唯一值得的考慮，至於那些詭作的『術治』，與野蠻的『力治』，讓它們早日被人唾棄根絕吧！」❷

　　在方師上述所說的「德治」中，孔子、孟子、老子、莊子，都可稱為「德治」，荀子可稱禮治，管子可稱「法治」，但韓非子則已淪為「術治」；秦始皇、李斯更等而下之，只成為「力治」。

　　所以，方先生曾經語重心長的提醒國人：

---

❷　方東美，《中國人生哲學》，頁 252。

「的確，處今之世，我們再也不能失掉中國哲學對政治理想的信念了！」❸

2007 年 10 月 5 日，中國時報刊登，德國海德堡大學名教授瓦格納（Rudolf Wagner）分析臺灣政情，指出「領導人狂熱，會帶來災難。」他並強調，「政府必須比人民更理性，而不是加強了非理性的狂熱」，可說旁觀者清，非常中肯。

因為，清末義和團是如此，當初德國納粹，中共文革均是如此！幸虧臺灣 2008 年立委大選證明，多數人民仍很理性，對於臺獨分裂運動，明白的投下不信任票！

聯合報「黑白集」曾在 2007 年 12 月 19 日，登出臺灣大企業家張榮發，將在新年發行《道德周刊》，宣揚「人生十二堂道德課程」，非常發人深省。

因為，張榮發原來是支持李扁的大金主，但經過二十年來的觀察，明顯失望，所以挺身呼籲宣揚道德，堪稱從根救起。

該文同時指出，近期四百位醫界領袖，對國家社會之期許，也不外「道德」二字，足證「道德」仍是各方共同重視的目標。文中很感概的說：「臺灣目前的危機是，道德竟然有待醫師來衛護，竟然有待張榮發來主張。」但政治人物卻製造「不道德」或「反道德」的業障，「難怪國人所見是一個魔長道消的臺灣。」

因此，今後所有仁人志士，都應更加挺身而出，發揮孟子精神「正人心，息邪說」，同時伸張德治與法治，才能遏止這種道德沉淪、與「魔長道消」的災難！

---

❸　同上，頁 252。

　　另外，日本名學者岡田武彥，曾在哥倫比亞大學擔任客座教授，頗具國際性聲望，他分析中國哲學有三方面特色，大致尚算正確，值得重視：

　　1.現實主義，以法家，外交家（縱橫家）、兵家為主。

　　2.超越主義，以老莊、列子等道家與佛教為主。

　　3.理想主義，以孔孟朱子陽明為主。

　　針對韓非等現實主義，岡田的分析，也算精闢，因其指出「現實主義的人，本來就是功利的，這以功利人生觀為基礎。」

　　熊十力評論韓非學說，認定其為「極權主義」，非常中肯。他並曾舉德國希特勒為例，稱「近世德國希魔，以極權極盛一時」，但並不足以語「大不可畏，深不可測」。

　　他並進一步提醒：

　　「中國人受外人侵凌太久，難與強大並存，更無可言平等互惠。則民族思想，亟需提醒。鳥獸猶愛其類，更況於人，智仁勇三德並進，是在吾國人自尊自愛。」❹

　　本段可說語重心長，在今天仍極具啟發性。

　　另外，熊先生也曾在此，用儒家思想對照研究。

　　他指出：「儒家亦非無術」，「儒者本誠，而以理性化；言化，即不得無術，但其術非戈人謹慮之術」。❺

　　然後，他並進一步的強調：

　　「儒家經典，謂王者為民之父母，此中意義深遠。」

---

❹　熊十力，《韓非子評論》（臺北：臺灣學生書局，1984 年）。

❺　同上，頁 44。

　　緊接著他再說明，儒家也在培養獨立自由：

　　「父母於子，無彼我之分；愛護之，如其自護自愛也。唯然，故父母教養其子，盡以調順扶導。」「無宰制其子之觀念，故有調柔隨順，有扶持引導，皆所以養成其子之獨立自由，與發展其子之天賦良知良能。」❹❻

　　所以他也指出，聖人之道為真民主法治：

　　「聖人盡長民者以父母之道，此為真民主自由之法治……真民主自由，今之英美，堪語是。」❹❼

　　另外，他曾特別提醒，春秋經的現代啟發：「欲達到真民主自由，必如春秋經所謂天下人人有士君子之行。」

　　因此，他發明一個名詞：「儒家保育主義」❹❽，並稱：「春秋太平大同之隆，由此道也。」

　　然後，他結合時事，批評希特勒與日本軍國主義，稱他們為霸道的代表：「若如古今霸道者，以國家為侵略之工具，而不惜用種種宰割切割之術，以犧牲人民，將其心力、體力、物力，一切在侵略政策下，供富強其國家之用，而後展其侵略異國異族之雄圖，如德國希魔與日軍閥之所為。」❹❾

　　換句話說，韓非雖然號稱「法治」，其實偏重「術治」，變成更加淪為獨裁「人治」，在古代即成秦暴政，在現代即成法西斯與日軍閥，不能不加警惕！

―――――――――――――――――

❹❻　同上，頁 44。
❹❼　同上，頁 45。
❹❽　同上，頁 46。
❹❾　同上，頁 45。

因此今後根治之道，「德治」與「法治」應該相輔相成，否則就如同孟子所說：「徒善不足以為政」、「徒法，不足以自行」。因為如果只有道德沒有法制，當然不能善治；但同樣情形，如果只有法制卻心術不正，道德淪喪更會知法犯法，同樣不能善治！

今天民進黨政客，多出身律師，卻反而治國無方，並且知法玩法，就是明顯例證。

所以熊十力先生在此講得很中肯：「人治、法治，本以相待相須，而成其治；若執一邊，終成戲論。」⑩

然後，他進一步評論：

「韓非之說，用於秦而流毒，有以也。素王（孔子）修尚書經，曾以堯舜，垂範後世。春秋則萬世法，首宗文王，文王承堯舜者也，韓非以偏見，詆尚賢、堯舜血脈，自此斷盡。」⑪

所以，他在結論中強調：

「人亡，而法亦亡息。近世襲法於遠面；乘勢者，無復有自愛而希昔賢之志，外來法，雖紙上有之，而實不能自行，畢竟無法。夫無賢，乃無法而廢勢，則外禍乘之，而煮燃豆箕，族類將絕矣，哀哉，何忍言？」⑫

熊先生在此很感傷，國共內戰，彼此相殘，如同曹丕所說「煮豆燃豆箕，相煎何太急。」經過長期內耗相互傷害，中華民

---

⑩　同上，頁45。

⑪　同上，頁45。

⑫　同上，頁45。

族因而元氣大損！今後國共經過和解，自應共同向前面看，為民族未來的前途共同奮鬥才行！

尤其，連戰在 2005 年訪問大陸之後，國共更應為中華民族長遠幸福著想，如同魯迅所說：「歷經波劫兄弟在，相逢一笑泯恩仇。」共同研究，今後應該如何做？

綜合而言，今後兩岸政治，均應「德治」與「法治」並重；就德治言，應該重用賢人，防止心術不正；就法治而言，則應建立法律制度，防止破壞公平。

尤其，熊先生在此所說很中肯：「外來法，雖紙上有之，而實不能自行。」因為民情不同、環境不同、歷史文化不同，自然不能用外來體制，強加移植，原則這種強加於人的作風，反而是不民主。

美國小布希總統曾在捷克宣佈，美國已向臺灣與南韓推動民主，今後還要向中國與俄國推動民主；問題是，以美式民主強加他國，剛好違反「民主」以民為主（不是以美為主）的精神！

所以熊先生曾感慨，清末以來的知識界，經常「侮聖人，毀經籍」，以致人心迷惘，其「精神日益墮落，其志氣日益消散」如此高談西化，「西化終復植不來」！

大陸因文革的鬥爭哲學，導致貧窮落後，幸虧今天已經撥亂反正；然而，臺灣號稱民主，卻又墮入文革式的鬥爭哲學，今後自須早日超脫才行！

熊先生曾經感嘆「國危，而族類相煎，不知所屆」！其後證明果真靈驗；如今大陸已因改革開放和平崛起，臺灣卻又因臺獨分裂步入歧途，兩岸仍陷「族類相煎」，未來惟賴仁人志士秉承

聖人之教,共同奮起糾正,才能開創共同光明!

另外,熊先生在此並曾指出:

「凡衰世之風,必侮賢聖,毀道德;中外皆然,韓非欲峻法,以束縛群黎,肆志獨裁,不惜破壞德教。呂政效之,便自謂功高三皇,德邁五帝,遺害深且遠,可勝嘆哉!」❸

尤其,「韓非必欲將不爭權利之人,與所謂貞德之行,做妙之言,一切摧毀務盡。揣其所私,則欲利用人類之劣根性,而誘之以利,劫之以威,方可隨吾驅策,罔不如志。」❹

如今民進黨執政八年,情形亦復如此,臺獨人士利用人性的劣根性,用威脅利誘方法,推行「去中國化」,即是「侮聖賢,毀道德」,以分裂中華民族為能事,實為民族敗類而不自知!

因此熊先生指出:

「儒家自堯舜迄文武,皆為政以德。存天地之性,反人道之正,莫大予德化。背德化者,必入霸王主義(近世列強帝國主義,即此類),絕無中立之途。只行霸王主義者有泰甚與否耳。」❺

他並列舉歷史上的事實,做為重要的例證:

「管仲、齊桓、晉文、楚莊、漢高、唐太、明祖、及清之康雍乾諸主,以與近世希魔輩相較,獨裁而猶有開明意味。齊桓楚莊尤賢。至韓非、呂政、希魔輩,則極權泰甚,毀棄一切,而生人之禍亟矣。」❻

---

❸　同上,頁66。

❹　同上,頁67。

❺　同上,頁67。

❻　同上,頁67。

然後熊先生評論：「韓非為呂政先導，其反對德化宜也。」

最後他明確主張：「聖人之於民也，常以德化之，而亦有法刑，以威其不率教。」**⑤**

所以他在這段很清楚的提醒國人，「德治」與「法治」應並重，這對今後兩岸很有重大啟發性！

那麼，在「德治」部分，領導人應該具備哪些品德呢？

綜合而論，整部中國政治哲學，基本理念仍以人品為先，人品至上，構成「德治」的根本基礎。

有關領導人應有的品德，根據中國政治哲學，約可歸納成為五項重點，即在今日，仍然非常重要：

1.清廉

從孔子開始，就非常重視清廉，到孟子、甚至韓非子，都是一貫堅持本項美德。

尤其，近代從曾文正公、孫中山先生、蔣公與經國先生，均可看出，他們一生均以廉潔自持自勉，從來不靠做官賺錢，形成重要風範。這在貪腐橫行的今天，堪稱最應優先考核的從政品德！

2.勤儉

中國從孔子開始，就強調要「先之、勞之」，勤政節儉，要能上山下海，探求民隱，才能知道民間疾苦；到孔明更是「鞠躬盡瘁，死而後已」，令人永遠感佩。

近代從曾文正公、孫中山先生，蔣公與經國先生無論居家居

---

⑤　同上，頁79。

官，都是強調勤儉治家，勤儉建國，而且不治私產，全力為公。這對奢靡成風、懈怠成性的政客，尤具重大的警示作用！

3.忠誠

中國從孔子開始，歷代哲學家都重視忠誠；不同的是，從前君主時代，很多強調「忠君」、「忠於朝廷」、「忠於一家之姓」，到了孫中山先生，才用「創造性的轉化」，賦予現代意義，強調忠於「國家」、「忠於人民」、「忠於工作」、「忠於法律」，至今仍然很有重大啟發！

例如臺獨分裂運動，自稱臺灣人不是中國人，就是不忠於中華民族；其矇騙手法，則是不忠於人民；明知自欺欺人，則是對自己的良心不忠，因而肯定會遭淘汰，並且徒勞無功！

4.納諫

中國從孔子開始就強調，即使有周公之才與美，如果「使驕且吝」，又驕傲又刻薄吝嗇，那其他就不用再談了。因為「驕」，就一定自以為是、剛愎自用，無法納諫，那就肯定失敗。

所以，大政治家一定需要心胸恢宏，虛懷若谷，勇於聽取諫言，才能真正成功！唐太宗的盛世，就是最佳例證！

5.無私

中國從孔子就強調「天下為公」，道家所說「無為」，基本都是防止私心自用，杜絕以私害公。

管子也明白說「私者亂天下」，中國哲人早在幾千年前，就有明確的警示，但在今天仍有很多政治人物，因私心而貪汙腐化，因私心而干預司法，更因私心而分裂族群、製造仇恨！

面對這種奸巧言行，仁人志士更應效法孔子所說「鳴鼓而攻之」，或學習孟子所說「正人心，息邪說」，才能早日激濁揚清，撥亂反正！

除此之外，展望未來，另有五項重點，深值仁人志士，以傳統文化結合現代世界，形成「創造性的轉化」。這種「創造性的轉化」，要能傳承傳統精華，吸納其中精髓，去除其中糟糠，然後承先啟後，推陳出新，所以比起黑格爾所說「揚棄」（Anfhebung），更具有積極性與建設性。這五項內容是：

1.從忠君到愛國：

這就是說，應將歷代聖哲的忠君傳統，轉化成為愛國主義，以中華民族為效忠對象，而不是效忠個人，唯有如此，才能可大可久！

2.從君權到民權：

也就是說，從歷代君王的集權傳統，轉化成為現代的民主選舉制度，讓人權能有充分保障，並讓民權能夠充分自由平等！

3.從專政到憲政：

也就是說，將歷代「政道」中的集權體制，轉化成為現代憲政體制，將政權輪替法制化；因為國情不同，無論任何憲政，只要能夠落實，都能好的憲政，就是符合「憲政主義」（constitutionalism）！

4.從民本到民主：

也就是說，從傳統的「民本」基礎，轉化成為現代的「民主」制度，落實人民政治權利，建立完備的國會機制，尊重獨立的司法制度。

5.從扭曲歷史到尊重歷史：

也就是從傳統的「成王敗寇」——勝者解釋歷史、甚至扭曲歷史，轉化為客觀的尊重歷史，還原真相，以示真正科學與公平正義。在大陸，應還給國民黨抗戰等公道，在臺灣，也應制止「去中國化」等扭曲歷史，對於盲目「反蔣」的粗暴行動，也應及早制止。

綜合而論，今後兩岸的領導人，除了本身需要具備上述品德，能有創造性的轉化，還應注重培訓人才，形成堅強陣容；然後以「民本主義」為基礎、尊重民主憲政，並以「民生均富」為方法，富而後教；同時以「終極統一」為目標，以復興中華文化為己任！

兩岸若能如此共同施行仁政，就能廣得人心，並且能早日振興中華，在歷史上大放璀璨光芒！

因此放眼今後，未來中華民族振興之道，首應回歸聖人的王道，亦即從「德治」教化做起，透過文化理想，「以德治國」，同時建立公平制度，「以法治國」，建立符合中國國情的憲政。

相信，只要能夠如此，以中國人的智慧，同時並重「德治」「法治」，建立中國人的民主制度，必能開創中華民族的光明前程，同時開創世界和平的光明前景！

五、雪恥興國，人人有責！

中國近一百多年來，歷經列強欺凌，形成空前羞辱的國恥，其中以八國聯軍攻佔北京，最令中國人民傷心！

尤其，圓明園遭劫難，成為中國人心永遠的痛，圓明園也成為亟待中華兒女雪恥的重大象徵！

在世界名人中，深具正義感的法國文豪雨果，對於中國人民的心情，瞭解很深，所以他曾在 1861 年 11 月 25 日，致巴特勒（Buller）上尉的信函中，明確指出：「在世界的一隅，存在者人類的一大奇跡，這個奇跡就是圓明園。」❸

然後，他進一步說明：

「藝術有兩種淵源：一為理念——從中產生歐洲藝術；一為幻想——從中產生東方藝術。圓明園屬於幻想藝術，一個近乎超人的民族，所能幻想到的一切，都匯集於圓明園。」❺

他稱頌中華民族為「一個近乎超人的民族」，並稱圓明園則為，「所能幻想的一切，都匯集於圓明園」，足證他對中華民族的推崇，以及對圓明園的喜愛，都是真正發自內心的讚嘆！

然而，這樣的民族，這樣的藝術，卻被列強鐵蹄蹂躪，並且被眾多強盜掠奪！

所以雨果沉痛的發出正義之聲：

「這一奇跡現已蕩然無存。有一天，兩個強盜闖進了圓明園，一個強盜大肆掠奪，另一個強盜縱火焚燒。從他們的行為來看，勝利者也可能是強盜。」❻

然後，他用文學家的話形容，「他們手挽者手，哈哈大笑著

---

❸　雨果，引自《中國印象》下冊，世界名人論中國文化（廣西師範大學，2001年）。

❺　同上。

❻　同上。

回到了歐洲。」並且緊接著，明白的指出：

「這兩個強盜，一個叫法國，一個叫英國。我要對他們提出抗議！」❻❶

所以，他在信中批評：

「法蘭西帝國從這次勝利中獲得了一半贓物，現在它又天真的彷彿自己就是真正物主似的，將圓明園輝煌的掠奪物拿出來展覽！」❻❷

因此他在結論強調：

「我渴望有朝一日，法國能擺脫重負，清洗罪惡，把這些財物歸還被劫之中國！」❻❸

從上述內容，可以看出法國還有正義之士，發出不平之鳴！也可以看出中國人心中，如何在滴血、泣血！更可以看出，中華兒女只有化悲憤為力量、奮發自強，中華民族才能爭氣、才有生機、才能勝利！

這就是今後「振興中華」的主要動力——化悲憤為發憤，化生氣為爭氣，只有重振中華正氣、發揚中華國魂，才能真正開創民族的光明前程！

另外，俄國人道主義文豪托爾斯泰（1828-1910），也曾經不約而同，在 1905 年 12 月 4 日，向中國朋友，表達他對中國人民的同情與敬意。

---

❻❶　同上。

❻❷　同上。

❻❸　同上。

他首先嚴正批評日俄政府，竟然在中國領土上打戰：

「使俄國和日本政府的所有野蠻、殘暴本質，都按照他們自己真正令人作嘔的面目表現出來！」❻❹

然後，他進一步指出：

「中國人民的英雄業蹟證明在這一點上：一個民族的英勇並不表現在暴力，和屠殺上，而在於自始至終，他在各種刺激、侮辱、痛苦的情況下，保持一種容忍的精神，避免罪惡，寧願忍受暴力，而不施加暴力。」

因此，他明確的提醒中國人民，不能盲目模仿歐美：

「模仿式的變革，要把在歐洲和美國證明全然無用的東西搬到中國，套在有聰明的中國人頭上，那將是一個極大的、致命的錯誤！」❻❺

今天重溫這段內容，深深值得兩岸的領導人警惕——從前大陸「一面倒」，倒向俄國，現在證明已經錯誤，不能夠學。然而，臺灣也是一面倒，倒向美國，如今同樣證明，美國並不樂見中國統一，因而也不可靠，不能全學美國。

因此展望今後，只有像孫中山先生所說，走中國人自己的路，把民族文化去蕪存菁，發揚其中現代意義，再與世界接軌，才是真正可大可久的光明之路！

尤其，托爾斯泰對中國人民的呼籲，非常發人深省：

「變革必須按照一個民族的特性，出自他們自願的情形下進

---

❻❹　同上，頁 175。

❻❺　同上，頁 175。

行；這些變革必定是全新的，是與所有任何其他民族的形成，都不相同的。」⑥⑥

今天這段內容，可有三項啟示：

1.改革必須「按照民族的特性」，因此，必須先認識中華文化的特性，才能返本開新，才能歸根復命。

2.改革必須「出自人民的自願」，因此，必須先瞭解民心民意，然後「以百姓之心為心」，民之所好好之，而不能自以為是、一意孤行。

3.改革必須「與所有任何其他民族形式都不相同」。因此，本身必須有特色，能創新，才能更讓其他民族欽佩！

就此而言，鄧小平所提的「有中國特色的社會主義」，其中精神就很接近。

他所說的「有中國特色」，即符合第一項，他強調的「實事求是」，即符合第二項；他呼籲的「思想解放」，則符合第三項。

準此立論，充分證明，鄧小平很有托爾斯泰所期望的遠見與眼光。這種「改革開放」若能持續進行，加速腳步，相信必能早日創造更大盛世！

美國著名科學家愛迪生（Thomas Edison, 1847-1931）也在 1915 年 9 月 10 日，曾經寫信給名教授趙元任，至今仍然發人深省。

他首先指出，接到趙元任寫的信，以及中國科學月刊，使他確信「由來已久的一個看法」，那就是：

---

⑥⑥　同上，頁 175。

「這個世界正在目睹它最大的現代奇跡之一，即一個偉大的國家——中國的覺醒！」❻❼

然後進一步他強調：

「基於這樣一個事實，文科教育（Liberal education）是一個國家富強和進步的根本基礎。」❻❽

愛迪生本身為公認的大科學家，竟然能有智慧與胸襟，肯定「文科教育」的重要性，甚至認為那是「一個國家富強和進步的根本基礎」，對於今後兩岸，都很值得重視與力行！

尤其，「文科教育」代表的人文精神，正是中華文化的核心價值；愛迪生在此，以科學家身分，為人文教育做了最有力的推薦，也在國際上，為中華文化做了很重要的肯定！深深值得兩岸共同重視與力行！

愛迪生在信中，並且提醒：

「你們國家的年輕人，對於教育事業的幹勁，對於那些跟上了時代步伐的人來說，是極其鼓舞人心的，它說明你們國家迅速在進步！」❻❾

在本段內容中，有三項訊息值得注重：

1.愛迪生非常重視年輕人，因為，如果年輕人沒有理想，沒有志向，國家就沒有熱情，也沒有希望；因此今後兩岸，都值得對年輕人多培養、多訓練、多重用！

---

❻❼　愛迪生，《中國印象》下冊，頁175。
❻❽　愛迪生，《中國印象》下冊，頁175。
❻❾　愛迪生，《中國印象》下冊，頁175。

2.愛迪生非常重視教育，這與羅素堪稱不約而同，英雄所見相同。兩人分別從科學家與哲學家眼光立論，得到同樣結論，足證今後「教育興國」是何等重要！像杜正勝這類教育部長，只會誤人子弟，貽害無窮，應該永遠引以為戒！

3.愛迪生看出，中國當時已在迅速進步，非常驚人，只是可惜沒有多久，即因內有軍閥割據、外有日本侵略，而延緩了進步。但是時至今日，這些問題都已基本解決，今後很可大展鴻圖，只要兩岸共同團結，不再分裂，必能更加快速進步，邁向光明前程！

除此之外，東方另一位大文豪，印度詩哲泰戈爾（1861-1941），同樣對中國人民深表同情，所以曾經對日本法西斯強烈譴責，並對中華民族充滿敬意！

他在 1937 年 9 月 21 日，七七抗戰爆發後沒多久，就曾寫信給蔡元培，明確表達「我和我的人民，完完全全同情你們國家！」**⑩**

次年，1938 年 6 月，泰戈爾公開發表〈致中國人民書〉，文中語重心長的指出，希望中國能在這次日本侵略的痛苦中，重新站起來，「促使一個新的民族靈魂的產生」！

他並很誠懇的祝福：

「我們唯一的安慰，就是希望這種對你們國家深思熟慮的暴力進攻，會在它帶來英勇的痛苦中，產生一種崇高的意義，促使

---

⑩ 泰戈爾，《中國印象》下冊，頁 377-378。

一個新的民族靈魂的產生。」**⑦**

　　泰戈爾從靈魂深處看到，中華民族若能在浴火中產生，就能「產生一種崇高的意義」，如同火鳳凰一般，產生一個「新的民族靈魂」，寓意深遠，非常發人深省，也非常令人感動！

　　同年 9 月，他更公開寫信，對日本法西斯詩人野口米次郎，嚴正加以譴責，他說：

　　「中國是征服不了的，她的文明有無窮無盡的潛力，她的人民不顧一切地忠於國家，空前地團結了起來，正為那個國家創造著一個新世紀！」**⑫**

　　從本段內容可證明，泰戈爾不愧為大詩哲，很能瞭解中華民族「是征服不了的」民族，他更能瞭解，中華文化「有無窮無盡的潛力」，所以能夠愈挫愈勇、屢仆屢起；尤其中國人民的忠義血性，必能發揮偉大的愛國動能！

　　連外國人都如此對中華民族寄以厚望，我們自己，怎能妄自菲薄呢？這正如同德國哲人尼采所說：「是什麼造成英雄的偉大？是能同時面對人類最大的痛苦，和最高的希望！」

　　中華民族歷代英雄聖哲，都有這種正氣豪氣，所以每當面對最大痛苦，都能更加奮鬥不懈，化悲憤為力量，化壓力為動力，這正說明中華民族是「征服不了的」的主要原因！

　　例如，中國儒家視一切苦難，均為「天降大任」的考驗；中國道家看世界，也是萬物含生，充滿生機，而且「天地相合，以

---

⑦　愛迪生，《中國印象》下冊，頁378。
⑫　愛迪生，《中國印象》下冊，頁378。

降甘露」，沒有苦水，只有甘露！

　　大乘佛家更是擅於「悲智雙運」，以大智慧超脫苦難，進而以大悲心拯救苦難！這就是中華民族，為什麼可以在憂患中更加茁壯，在苦難中更加堅強！

　　後來事實證明，中國人民這頭醒獅，果真驚醒了，果真發出了怒吼！並在怒吼中，全民共同團結，一致對外，終於能在浴血抗戰中，得到民族聖戰的偉大勝利！

　　尤其，中華民族在驚天地而泣鬼神的抗日聖戰中，更加體認了一項重要的歷史教訓：只要中國人民本身能夠團結，一致對外，就能愈挫愈勇，就能得到最後勝利！

　　因為，歷史清楚證明，沒有任何外力，能夠對中華民族侵略得逞；除非自己分裂，內鬥鬥爭，那就只有親痛仇快！

　　正因中華民族在抗戰時，能夠國共合作、不分黨派，槍口一致對外，所以能夠贏得光輝的勝利！

　　反之，後來國共分裂，內戰爆發，彼此惡鬥，雙方都變成一蹶不振！

　　近年臺獨當政，執意走向分裂，明顯也會破壞中華民族富強之路，更會影響中國人民光明前途，只有讓國際反華勢力高興！

　　因此，凡有血性、有良心、有風骨的中華兒女，都值得深深記取血的教訓！早日摒除分裂，共同團結，才能重新振興中華！

　　有位名律師，曾經沉痛歸納民進黨近年作為，有「十五字訣」，相當深刻而且中肯，這十五字就是：

　　「恨，反蔣，愛臺灣，轉型正義，加入聯合國！」

　　因為，民進黨最根本的動力就是一個「恨」字，挑撥人性弱

點，製造族群仇恨，以便火中取栗，亂中取勝，這就成為康德所說的「根本惡」，如同中共文革的階級仇恨，肯定不能長久！

另外，民進黨「反蔣」的原因，主要也因兩蔣均為「大中國思想」，所以臺獨對他們全面否定，並且誣指他們為「劊子手」、「元兇」、「獨裁」等。

但根據聯合報民調（民 96.12.10），臺灣人民對於蔣公，只有 9% 認為他「過大於功」，反倒對陳水扁，卻有 54%，認為他是「過大於功」！

至於經國先生，更是廣受人民愛戴；即使他過世已二十年，仍然最受人民懷念，高達 65% 對他好評；在歷任總統中，他的聲望排名第一，得到 50% 肯定，是李登輝（11%）的四倍多，更是陳水扁（5%）十倍！

尤其，陳水扁比他所污衊的蔣公（6%），聲望還要低，足證公道自在人心！

由此可證，陳水扁口口聲聲「愛臺灣」，其實在「害臺灣」，用「貪腐」與「臺獨」危害臺灣人民，人民心中非常雪亮。像經國先生用行動與苦心，為人民做實事、拚經濟，最後鞠躬盡瘁，甚至為臺灣吐血而死，才是真正愛臺灣的極致典範！

至於民進黨所謂「轉型正義」，更是陳水扁破壞法治的藉口。他假「轉型正義」之名，行踐踏司法之實，根本應稱「轉型不正義」，在他卸任之後，才應該真正把「被顛倒的顛倒回來」，法辦不肖之士，執行真正的轉型正義！

中國時報評論（民 96.1.6），這種「轉型正義」已經「遠離民心」，堪稱一針見血之論！

聯合報當天「黑白集」，更在社論中質疑「難道檢察首長們有權為陳水扁脫罪而違法嗎？」足證公道自在人心，凡有良心的社會輿論均可看出，所謂「轉型正義」，根本是陳水扁轉移本身貪腐話題的手法而已。

尤其，陳水扁執政期間，經常用政治力介入司法，連他恩師司法院長翁岳生，民國 96 年 10 月退休時都坦承，八年來因為政治踐踏司法，令他「錐心泣血」、「痛苦萬分」！堪稱陳水扁任內最大惡行！

所以，中國人權協會理事長名律師李永然，在民國 97 年 1 月 12 日聯合報，也撰文指出「介入政治，檢方違反社會期待」，「難怪民眾降低對檢察官的評價」，深值今後改進！

最後，所謂「要公投入聯」、「加入聯合國」，連美國也一再提醒，這是挑釁兩岸安定與和平，更是取巧「走後門」，因而呼籲臺灣人民在選舉中，要用智慧做出決定。

凡此種種均可看出，民進黨已經強弩之末，陳水扁更只是在困獸之鬥，失盡民心！所以人民終於在 2008 年 1 月 12 日，用選票重重給他教訓，讓他嚐到民進黨創黨以來最大挫敗！

事實上，中國時報早在 2007 年 12 月 15 日，即曾舉辦「面對公與義──臺灣之社會發展與變遷」，曾經擔任民進黨文宣部主任的陳芳明，已經特別坦率的說，最大的危機感，「是來自陳水扁」。

他並中肯的指出，水扁上任後，「就全盤否定中華民國，不斷消費 228 事件，只談死傷人數一再扭曲，卻不談發生原因是因為反抗貪官污吏；尤其談轉型正義，更是打過折扣，選擇性談，

一切都是為選票，政黨考量和自我辯護。」（2007.12.17 中國時報）

　　他最後並強調，「目前最大的絆腳石」，即是來自「這個執政黨」（民進黨），堪稱很多有良心的知識份子共識。

　　中國時報在同一天，除了在政治版的頭條，呼籲「領導人不要製造假問題」，並且更以社論強調，應該「重拾一個多元開放與包容的臺灣」，的確很有啟發性！

　　尤其，在這公認最黑暗時代中，「知識份子在那裡？」引起很多討論，該文指出「在當下最重要的知識份子站出來匡正時弊的亂局中，這股力量卻缺席了」，足證「臺灣知識份子究竟該怎麼重拾這股批判力量，絕對是需要嚴肅對待的問題。」

　　中國時報分析，導致這種因素有多端，「有的被收編，成為體制內一部份，有的則是礙於昔日情誼，有的不忍苛責，少數還敢於堅持批判者則被扣上各種帽子。」因此，今後仍賴知識份子重拾批判精神，勇於效法孟子的風骨，不被收編、不怕打壓，絕不冷漠，絕不鄉愿，秉承「大丈夫」的正氣，「正人心，息邪說」，那就必能成功的激濁揚清，遏止歪風！

　　另外，任何國家要有前途，首先要得到青年的認同，中國時報民國 97 年 1 月 6 日刊登，1990 年代學運領袖何東榮教授號召學運份子舉辦「野百合同學會」，痛批民進黨「侵吞社運成果」，並且感嘆，當初學運青年進入民進黨任官之後，「他們高居廟堂，早已把野百合搞成爛百合了。」

　　只此一端，從年輕人的心聲，也可看出民進黨的作為，是如何不得人心！

　　在 2008 年立委大選中，年輕人第一次選舉人數，高達 120 萬

人，今後逐年會增加類似人數，這更提醒政治領導人，要多傾聽青年，多提拔青年！

臺灣著名大企業家曹興誠，曾在 2007 年底，自登廣告，三論「兩岸和平共處法」，很得各界重視。中央研究院多位院士激賞之餘，並且正式聯名，要求扁政府答覆，雖然石沉大海，但三篇內容很令人深省，已經贏得民心尊敬，值得共同研究。

尤其，曹先生在 2007 年 12 月 3 日所登的第三論，「從科技發展與國際趨勢談兩岸問題」，很有啟發性；其中明白指出，「臺灣至今的民選總統皆為『假臺獨』，其高唱臺獨只是為了騙選票」，很能洞悉真相。

只是，他提倡的「統一公投」，目前時機並未成熟，操之過急會有反效果，也應警惕。

在同文中，他並期盼大陸，能夠「大事小以仁」，同時以「近悅遠來」的態度，去除任何對臺灣的威脅恫嚇，代表了臺灣很多主流民意。

另外，文中同時呼籲，臺灣應「小事大以智」，以耐心處理兩岸問題，所以他建議制定「兩岸和平共處法」，相當有前瞻性。

總的來說，兩岸首先要能「和平共處」，前提應是，只要臺灣「不獨」，大陸就應「不武」；然後兩岸透過交流，相互瞭解，去除誤解，才能「和平互助」，互通有無；進而互補互濟，等水到渠成再「和平統一」，那才是兩岸人民同之幸！

此外還有石滋宜博士，為全球華人競爭力基金會董事長，也特別在 97.1.1 聯合報指出，許多人問他「為什麼臺灣會向下沉

淪?」他回答:「這就是領導者沉淪,欠缺道德素養所致」,上行下效之後,更加「讓臺灣沒有希望!看不到希望在哪裡!」

這就如同資深媒體人張作錦在 97.1.10 聯合報中所說:「陳水扁的民進黨政府表現最傑出的是貪污、是弄權,是亂政,是分裂同胞,是為了一己之私什麼都做得出來的卑劣,是使臺灣向下沉淪。」

因此,在臺灣方面,誠如鄭竹園博士所說(97.1.10 聯合報),「就要看選民能否跳出族群觀念,選出真正能『選賢與能,講信修睦』的領導,為臺灣開創新局面。」

展望今後兩岸,只有仁人志士都能重新拾回血性良心,回歸民族大義,同心同德,秉承「雪恥興國,人人有責」的精神,一致共同對外,相信必能讓臺灣重新向上提昇,防止親痛仇快,進而早日振興中華,再創民族空前盛世!

六、結　論

從臺灣政局看,民進黨政權近年來,人民痛苦不堪,高層貪腐不斷,更因陳水扁「公投入聯」,導致兩岸高度緊張!

然而,臺灣人民畢竟很有智慧,在 2008 年 1 月的立委大選中,用選票明確教訓了陳水扁與民進黨;正如同八年抗戰,人民長期憤慨之際,用團結的民心,在抗戰八年後,終於得到光榮的勝利!

所以,在 2008 年 1 月 13 日,中國時報與聯合報不約而同,都用「國民黨狂勝」做為頭版標題,因為國民黨 81 席,逾立法院

2/3，民進黨只有 27 席，退步到草創期的少數！充分證明，臺灣人民仍然深具智慧，更明顯可證，陳水扁的臺獨路線已經徹底崩盤！

所以連國際知名媒體 CNN 都強調，這是臺灣人民對陳水扁的臺獨路線，共同不信任的全民公投！

聯合報在社論中，更明白在開設〈民進黨崩盤系列〉，第一篇就點名批判：「民進黨必須懲治陳水扁，國民黨應撫慰綠色選民。」

在該文中，開宗明義第一句話，就很中肯的指出人民心聲：「民進黨崩盤、大敗、慘敗、狂敗。這是多數選民對陳水扁投下了不信任票，亦是多數選民對民進黨八年執政深惡痛絕的終極評價。」

然後，文中繼續批評陳水扁：

「他是民進黨的罪人，是臺獨的罪人；辭去黨主席，猶有餘辜。選舉結果顯示，多數人不承認民進黨有代表本土精神、民主意識、或臺灣價值的資格。」

因此，文中指出，民進黨應「大徹大悟，明智果敢地切去陳水扁這塊毒瘤，期能置諸死地而後生。」

另外，文中並強調，「陳水扁將民間義憤皆說成『紅杉軍』，現在應知不僅是『紅杉軍』，而是全民公憤。陳水扁辭黨主席尚不足救民進黨，而必須對『陳水扁路線』徹底清算！」

凡此種種，都很客觀公正地說明了人民的心聲，對臺灣人民八年內的痛苦與公憤，描述得很精闢！

在民進黨執政的八年中，臺灣人民心中感受，如同漫漫寒

冬，也如同八年抗戰，不但經濟倒退，而且是非錯亂，人民只看到，民進黨充滿權力的傲慢與偏見，更看到陳水扁充滿私心的貪腐與仇恨，卻企圖用公投綁架人民，假借民意；結果人民結結實實地用選票給予痛擊，並且大聲告訴民進黨：民意不可輕辱，民主不可褻瀆！

2008 年立委大選，再次證明儒家所強調：「民為邦本」，確為千古名言，也再次證明，「民心」才是最重要的成功力量！

尤其。民進黨敗選後，仍然不知反省，竟將錯誤推給低層三人（媒體稱為「上杜下謝又連莊」，指教育部長杜正勝、新聞局長謝志偉，與教育部主秘莊國榮），以致名作家龔濟稱此為「大丑不抓抓小丑，盜國不問問盜鉤」（97.1.15 聯合報），堪稱一針見血之論！

聯合報在 97.1.16「黑白集」中，更進一步提到「兔還活著，狗烹？」意指如今國民黨還未死，反而活得更好，「民進黨卻有烹狗之譏。何其滑稽，何其悲涼？」

在本次大選中，國民黨歷經八年鬱悶痛苦，忍辱負重，終於能夠爭氣雪恥，這股「明恥教戰」的精神與決心，今後仍應繼續維持，才能重新光復臺灣政局，贏回青天白日！

所以，國民黨此時，更應戒物謹慎，如同《貞觀政要》所說，廣納各界諫言，廣用各方人才，才能更得民心與成功！

馬英九選後特別強調，以「謙卑」、「戒慎恐懼」心情，今後「要更謙虛低調，不但要尊重少數，更要容忍歧見」，非常正確。他並且指出，應聽取少數政黨聲音，廣納泛藍敗選立委加入團隊，這些都很符合中國政治哲學智慧的教誨，今後必須真正力行，絕不懈怠才行！

　　星雲大師講得也很正確，「權力使人傲慢，權力也可以讓人施展智慧和仁慈」（97.1.15 聯合報），深盼今後馬英九與國民黨領導人，均能善用權力，多發揮智慧，並力行仁政！

　　今後歷史，對於今天臺灣政局，很可能會寫出這種對比：

　　——陳水扁傲慢，馬英九謙虛；

　　——陳水扁偏激，馬英九中道；

　　——陳水扁仇恨，馬英九仁愛；

　　——陳水扁報復，馬英九寬宏；

　　——陳水扁排除異己，馬英九容忍異己；

　　——陳水扁打壓異議，馬英九傾聽異議；

　　——陳水扁無信，馬英九誠信；

　　——陳水扁尖刻，馬英九寬厚；

　　——陳水扁貪腐，馬英九清廉！

　　事實上，民進黨中，並非沒有人才，只因被陳水扁綁架要脅，所以陳水扁上述形象，已經成為選民對民進黨的印象，今後必須痛定思痛，極力擺脫陳水扁這「票房毒藥」才行！

　　當然，國民黨仍有很多缺點應該改進，但馬英九寧可冒別人批評他「太軟弱」，也堅持中道、忠厚、寬宏，足證「君子作風」、「正道治國」、「清廉立身」，仍然得到人民肯定與支持！誠信、容忍、中道，仍然是可大可久的中興之道！

　　所以，2008 年 1 月 13 日中國時報，也曾刊出林晨柏分析特稿，評論非常中肯，文中標題很能一針見血：「操弄選舉過頭，扁變毒藥！」

　　文中並且指出：

　　「誠信與清廉是從政最基本的要求，可是扁對前者從不當回事，對後者迄今未對第一家庭之事向社會道歉，也不認錯。」

　　然後，文中相當精闢強調：

　　「民進黨愈是為第一家庭而戰，愈是無法獲得選民的認同，而第一家庭也愈是不能解套。只能說，扁是當局者迷，而且迷信權力與選舉語言。」

　　如今事實證明，再大的權力，也要在廣大民意前，謙卑的低頭。再美麗的選舉語言，也會在純樸的正直前黯然失色！

　　所以，文中指出，陳水扁在「一塌糊塗的兩岸、外交與內政、經濟下，不必再奢望什麼『歷史定位』了。」然後寫下一段感言，堪稱很客觀公正的「歷史定論」：

　　「民進黨很會選舉，陳水扁更是臺灣選舉史上的奇葩。可惜的是，他治國選舉化，忘了選舉是為了實現從政的理想。手段與目的錯誤，終至從戰神淪為票房毒藥，『成也選舉，敗也選舉』！」

　　另外，林晨柏評論民進黨的標題，也很中肯：「貪腐硬拗，民進黨輸給自己」！

　　文中指出，在本次立委選舉中，「民進黨輸到『脫褲子』，等於回到在野時國民黨主導的修憲時代」，堪稱「成也阿扁，敗也阿扁」；因為，太多證明顯示，「貪腐」與「硬拗」兩大票房毒藥，均是陳水扁而起！

　　總的來說，陳水扁正如同孟子批判的紂王，「殘仁賊義」，自然成為人民用選票教訓的對象！

　　展望臺灣未來，中國時報在國民黨立委大勝時的社論，很可

做為借鏡：「國民黨請謙卑自持，民進黨請反省檢討」。

文中用很通俗的語言，給本次大選做個總結：

「臺灣人民用選票教訓了民進黨，也給了國民黨一次機會。」

然後，文中也語重心長的在結論中指出：

「臺灣人曾經嚴酷的教訓過國民黨，但民進黨卻沒有把握這個機會，如今臺灣人則選擇給民進黨一次教訓，國民黨要不要珍視這個機會呢？臺灣選民正在等著嗎？」

國民黨應如何珍視這個機會？

如前所述，馬英九的人格特質，應該代表臺灣人民多數的期待；那也就是：

——正派治國，不再詐術治國！

——清廉自持，不再貪腐自肥！

——中道路線，不再偏激妄為！

——容忍異己，不再打壓迫害！

——發展經濟，不再內耗鬥爭！

——尊重司法，不再踐踏司法！

——族群和解，不再撕裂對立！

——兩岸合作，不再挑撥緊張！

尤其，兩岸關係是今後臺灣前途的主要關鍵，就此而言，連戰在 2005 年，應邀到大陸，開創近 60 年來首次的國共和解之旅，意義非常重大；當時很多的主要聲明與講演，極具胸襟與智慧，也很有高度與深度，相關重點，值得今後兩岸共同參考。

例如，當年 4 月 29 日，連戰與胡錦濤分別代表國共兩黨，發

表新聞公報，在前言中指出：**❼❸**

「目前兩岸關係正處在歷史發展的關鍵上，兩岸不應陷入對抗的惡性循環，而應步入合作的良性循環，共同謀求兩岸和平穩定發展的機會，互信互動，再造和平雙贏的新局面，為中華民族實現光明燦爛的前景。」

然後，文中提到「兩岸共同的體認」：

「──堅持『九二共識』，反對『臺獨』，謀求臺海和平穩定，促進兩岸關係發展，維護兩岸同胞利益，是兩黨的共同主張。

──促進兩岸同胞的交流與往來，共同發揚中華文化，有助於消弭隔閡，增進互信，累積共識。

兩黨基於上述體認，共同促進以下工作：

一、促進儘速恢復兩岸談判，共謀兩岸人民福祉。

促進兩岸在『九二共識』的基礎上，儘速恢復平等協商，就雙方共同關心和各自關心的問題進行討論，推進兩岸關係良性健康發展。

二、促進終止敵對狀態，達成和平協議。

促進正式結束兩岸敵對狀態，達成和平協議，建構兩關係和平穩定發展的架構，包括建立軍事互信機制，避免兩岸軍事衝突。

三、促進兩岸經濟全面交流，建立兩岸經濟合作機制。促進兩岸展開全面的經濟合作，建立密切的經貿合作關係，包括全

---

❼❸ 《連戰大陸行紀實》（北京：九州出版社，2005 年），頁 4-5。

面、直接、雙向『三通』，開放海空直航，加強投資與貿易的往來與保障，進行農漁業合作，解決臺灣農產品在大陸的銷售問題，改善交流秩序，共同打擊犯罪，進而建立穩定的經濟合作機制，並促進恢復兩岸協商後優先討論兩岸共同市場問題。

四、促進協商臺灣民眾關心的參與國際活動的問題。

促進恢復兩岸協商後，討論臺灣民眾關心的參與國際活動的問題，包括優先討論參與世界衛生組織活動的問題。雙方共同努力，創造條件，逐步尋求最終解決辦法。

五、建立黨對黨定期溝通平臺。

建立兩岸定期溝通平臺，包括開展不同層級的黨務人員互訪，進行有關改善兩岸關係議題的研討，舉行有關兩岸同胞切身利益議題的磋商，邀請各界人士參加，組織商討密切兩岸交流的措施等。

兩黨希望，這次訪問及會談的成果，有助於增進兩岸同胞的福祉，開闢兩岸關係新的前景，開創中華民族的未來。」

今後，國民黨為立法院最大黨，本身席次超過 2/3，加上聯盟，泛藍超過 3/4，甚至已過修憲門檻，很多福國利民的法案與政策，均可全面展開！

三月總統大選，國民黨馬英九，可望再由民心支持擔任總統，屆時自應充分善用人民的支持，為人民多做事，為兩岸謀福利，開創前所未有的中華盛世！

4 月 27 日連戰到南京謁中山陵，曾經發表談話：「做一個揚眉吐氣的中華民族！」很能反映有志氣的中華兒女共同心聲。

他在南京之行中，公開強調：**74**

「中山先生是我們今天兩岸大家共同尊崇的國族的前輩，在大陸，他也被尊稱為革命的先行者，讓我們大家一起追隨革命先行者的腳步，共同的來努力，奮發圖強，讓我們能夠在 21 世紀的時候，真正地做一個揚眉吐氣的中華民族！」

到了 4 月 29 日，胡錦濤總書記在北京，接見連戰與國民黨全體成員時，發表了重要的談話，堪稱今後大陸對兩岸政策的重要指標；其中最關鍵的內容，就是明白指出，以中山先生遺志，最為「兩岸中國人共同的追求和責任」。

他公開的強調：

「在當年，中國內憂外患的情況下，中山先生第一個喊出了『振興中華』的口號，這理應繼續成為我們兩岸的中國人共同的追求和責任。」**75**

然後他進一步肯定：

「中山先生為中華民族和中國人民留下了許多珍貴的精神遺產，值得我們永遠的繼承和發揚。」**76**

這段內容，明確的以孫中山先生為兩岸共同語言，以中山思想為兩岸合作共同基礎，並以中山遺志做為兩岸追求共同目標，成為國共兩黨今後努力的共同方向，具有無比重要的啟發性！

就在同日，連戰應邀在北大，發表了重要演講：「堅持和

---

74 同上，頁 60。

75 同上，頁 13。

76 同上，頁 13。

平，走向雙贏」，對今後國民黨的兩岸關係政策，也很有指標性的功能。

　　他分別舉經國先生與鄧小平為例，指出他們都是「關鍵的人物在關鍵的時刻，做了關鍵的決定」⑦，因而扭轉了關鍵的歷史方向，「這是驚天動地了不起的事情」。

　　今後兩岸的領導人，能否把握「機會之鑰」，也在關鍵的時候，做出關鍵的決定，將是歷史評論的重要關鍵！

　　連戰提到，人民「不再願意看到兩岸的對峙、對抗、對立，甚至對撞，他們願意看到的是兩岸的討論與和解，大家相互合作。」⑧

　　尤其，2008 年 1 月 12 日的立委大選，人民用選票證明，很厭惡陳水扁的臺獨路線與「鬥爭哲學」，今後國民黨得到壓倒性民意，理應根據民意，進行兩岸和解，和諧合作，不怕抹黑、不怕抹紅，要能勇往直前，才能不負民意！

　　尤其，陳水扁在立委選舉中，不斷製造仇恨與悲情，企圖把人民拉回「二二八事件」、「白色恐怖」等過去的時代悲劇，令人想起連戰引用邱吉爾的話，很早就預判這種手段的失敗：

　　「我們不能一直活在過去，就像邱吉爾講的，永遠的為了現在和過去糾纏不清的話，那你很可能失去未來。」

　　所以連戰最後，用宏觀與遠見，呼籲兩岸都能「化刀劍為犁

---

⑦　同上，頁 98。

⑧　同上，頁 103。

鋤，化干戈為玉帛。」⑦他並引用西方名言：「Peace by pieces」，意指用一點一滴的努力，達到和平的終極目的！

然後，他再以開放的心胸，與前瞻的眼光，向中共領導人強調：「我們雖然曾經彼此有過戰爭，有過流血，今天要談溝通、和平。」⑩

連戰在此，並引述以色列猶太人博物館前名言：「全世界的猶太人對於彼此都負有責任。」⑪然後很感性的向北大青年們指出：

「我相信有智慧、有能力的中華兒女，都可以理解，化刀劍為犁鋤，化干戈為玉帛，點滴的心血累積而成我們長長久久的和平關係！」⑫

上述這幾段話，堪稱為中華兒女今後如何奮鬥團結、和平互助，做了深具智慧的建議，深值共同重視與力行！

那麼，具體來說，應怎麼做？

在 2005 年 9 月，名文學家李敖也曾應邀到北大、清華與復旦演講，在這三場演講中，他用生動活潑的莊子式語言，看似嘻笑怒罵，其實雲詭波譎，奇峰迭起，意在言外，馳情無礙，對於大陸提出了很多重要的建言，也很值得重視。

其中最關鍵的，就是他在北大呼籲大陸領導，「反求諸憲

⑦　同上，頁 102。
⑩　同上，頁 103。
⑪　同上。
⑫　同上。

法」❽，落實憲法中對人民自由的規定，這才是務實的自由主義。

如果說，連戰是用孔孟正統的方式，論述兩岸未來，李敖就是用老莊反諷的方式，「正言若反」，同樣寓意深遠，發人深省。

李敖到了清華，向來眼界很高的他，也以史學家的身份，提醒青年學生「今天大家知道嗎？現在是中國自漢唐以來所沒有的一個盛世。」然後他話鋒一轉，風趣的催促，加速改革開放，「希望大家要改，要快一點」，因為他已年過七十，「已經等不久了。」❽

緊接著，他再次強調，「自由清單」，就在憲法裡，因為「中華人民共和國憲法」裡面所列舉各項自由，是全世界最完整的。❽然後他指出部分人的疑慮，「別以為都是假的，當我們努力就是真的。」❽

他並語重心長的，引述富蘭克林名言：「那裡有自由，那裡就是我的祖國。」然後改寫一下，成為「這裡是我的國家，我要使它自由！」❽語意立刻不同，更具豁然、開朗的正面積極意義。

緊接著，他期勉青年們，「大家要有信心，在最好的時候建

❽　同上。

❽　《李敖檔案》（臺北：博揚文化公司，2005 年），頁 309。

❽　同上，頁 316。

❽　同上，頁 316。

❽　同上，頁 316。

立我們的信心。」❽❽

　　另外，他在復旦大學，曾經總結三次演講重點。他比喻在北大，如同「金剛怒目」，因為「摸老虎屁股」；到清華則如同「菩薩低眉」，因為採取同情理解；到復旦，則如「尼姑思凡」❽❾，因需落實人間，面對現實政治。

　　所以，他再次強調在三校演講的一貫主張：落實憲法規定！堪稱對今後大陸自由民主，最穩當、最和平，而且最務實的諍言！

　　他甚至公開說，他是有名的自由主義者，為什麼到大陸公開宣布，願意放棄自由主義？因為自由主義「本身虛無縹緲」，但憲法就是落實自由主義。❾⓿

　　所以他的結論是，「我要憲法，不要自由主義」❾❶，這是用另類很有智慧的方式，提醒大陸領導，儘快實踐憲法，回歸憲法！

　　後來，我親自聽到一位北大教授，對此非常讚賞。認為這是正確的方針。雖然李敖演講有些名士作風，但他內心的苦心與遠見，仍然深值大陸領導重視與力行！

　　另外，親民黨主席宋楚瑜，也曾在 5 月 11 日應清華大學邀請演講。他曾當過很成功的臺灣省長，所以很務實的指出：

「現在是中華民族有史以來最繁榮、最富足的時候，也是中

❽❽　同上，頁 316。
❽❾　同上，頁 316。
❾⓿　同上，頁 319。
❾❶　同上，頁 321。

國人擺脫百年屈辱最關鍵的時刻，因此，兩岸真正的敵人不是兄弟彼此，而是束縛了中國數百年的落後和貧窮，如何讓中國人掙脫落後和貧窮，成為一個均富的社會，這才是海峽兩岸共同追求的目標。」⑫

宋楚瑜並引述夏禹治水，是用「疏導」，而不是用「圍堵」，做為對大陸領導人的建議。他說：

「所有的中國人都記得，我們在夏朝之初那個治水的故事，您還記得鯀用圍堵治水無功，而大禹用疏導，使得水患不再。」⑬

另外，他更引用孔子名言：

「孔夫子說過一句話：『遠人不服，則修文德以來之。』」⑭

這句內容，清楚的呼籲大陸領導，要能勤修「文德」，亦即讓大陸本身成為文明社會，並且復興中華文化，那就能真正號召臺灣人心的歸向，其中很有深意！

另外，李敖在鳳凰衛視的節目中，評論大陸對臺灣的政策，歸納成三段話：「政治上太慢，軍事上太快，經濟上太少。」⑮也很有啟發性。

換句話說，「政治上太慢」，就是大陸當時領導人「對臺灣領導人的瞭解太慢了。」他是指對李扁的瞭解，「非常不完整，非常之慢。」⑯

---

⑫　同上，頁 321。

⑬　《宋楚瑜大陸行紀實》（北京：九州出版社，2005 年），頁 117。

⑭　同上，頁 122。

⑮　同上，頁 122。

⑯　李敖，《李敖有話說》（北京：中國友誼出版公司，2005 年），頁 242。

「軍事上太快」，他指出「用軍事手段來解決臺灣問題，因為死的是我們的同胞，不是好的方法。」[97]

「經濟上太少」，則是他認為，「臺灣問題嚴格說起來，最有效的解決辦法，是從經濟上下手。」[98]

擴而言之，筆者個人認為，大陸對臺政策，真正有智慧、有遠見的作法，應該是「經濟多一點，政治少一點，軍事慢一點，文化快一點」！這才更能爭取臺灣民心，用人道而和平的方式，解決兩岸對立，促進和平統一！

研究大陸經濟的哈佛博士安德森（Jonathan Anderson），在《龍的經濟》中，對大陸的經濟貢獻與影響，論述非常中肯。他首先明白的指出：

「中國已經成為全亞洲最重要的市場，而且成為美國之後，對全球經濟增長貢獻第二的大國家——在短短十年前，這樣的論點似乎是天方夜譚。」[99]然後他再強調，「我們有理由說，『好戲還在後頭』。」[100]

這話充分證明，今後大陸應該大力發展經濟，建設均富社會，這的確是促進兩岸和諧、加速兩岸合作的重要方針。

當然在經濟發展中，大陸也會如同其他國家一樣，碰到很多「副作用」的問題，例如貧富不均、精神空洞、環保不力、貪腐

---

[97] 同上，頁 242。

[98] 同上，頁 242。

[99] 同上，頁 243。

[100] Jonathan Anderson 原作，余江、黃志強中譯，《龍的經濟》（臺北：御書房，2007 年），頁 290。

橫行，風氣變壞，治安惡化……等等，也應密切警惕，及早防範於未來。

　　尤其，在中華民族崛起茁壯之際，必定有很多國際反華勢力藉此唱衰，並且從中作梗。

　　例如，美國哈佛經濟博士納瓦羅（Peter Navarro）近年所寫《中國戰爭即將到來》（*The Coming China Wars*），誣指大陸已成為經濟上的「新帝國主義」，就是典型代表作❿。他以片面之詞，誇大目前大陸經濟發展的副作用，屬於「中國威脅論」的一種論調；但是有識之士仍應及早警惕改進，不能掉以輕心！

　　事實上，所有經濟發展的副作用問題，在中山先生就已完整注意，並且提出辦法，防患未然，成功的「臺灣奇蹟」，就是明顯例證。

　　因此，今後大陸只要能夠切實力行孫中山先生的遺訓，參考「臺灣奇蹟」，吸收其中成功的經驗，記取失敗的教訓，必能早日創造「大陸奇蹟」，一雪百年以來國恥，振興中華民族，迎向更為繁榮富強、光明的新時代！

　　　　　　※　　　　　　　※　　　　　　　※

　　民國 97 年 1 月 13 日，為經國先生逝世 20 週年，臺灣很多新聞，均刊登了人民對他的懷念與愛戴。

　　其中，陳文茜在「中天」電視評論提到，今後應該在〈經國

---

❿　Peter Navarro 原作，褚耐安等中譯，《中國戰爭即將到來》（*The Coming China Wars*）（臺北：培生教育出版公司，2007 年），頁 158。

學校〉教兩門課，一是清廉、不貪腐；二是做事、不作秀。簡明扼要，很有啟發性。

事實上，這種「廉能」的特色，不但是經國先生令人懷念的原因，也是普世人民共同的標準。

相形之下，民進黨政府因為「既不廉」、「又不能」，既會貪腐，又不做事，當然會被人民淘汰！

陳文茜並提到，據稱北京中南海曾看過經國先生建設臺灣的錄影帶，看完之後，極為重視，通令各省多加觀摩，以學習經國先生的精神。今後大陸若能真正效法經國先生的親民廉能風格，相信必能更得廣大民心！

新同盟會會長許歷農上將，當天在紀念經國先生大會上致詞，期許今後大家，能扭轉「綠地」成為「藍天」，並盼望馬英九能效法經國精神，重整臺灣政局，重現欣欣向榮的藍天，很可代表臺灣人民的普遍心聲。

事實上，民國 76 年 7 月 5 日，經國先生曾向新上任的國民黨秘書長李煥提到，他有三個心願，念念不忘。第一，「國民黨要改革」；第二，「政治要民主」；第三，「國家要統一」，堪稱是他的最後遺願。

這三項遺願，不但很可做為今後國民黨的努力方針，也可做為大陸改革開放的重要參考。

因為國共兩黨，從創黨起，就有很多相似之處，今後也會面臨共同的考驗；所以經國先生上述心願，對兩者都是很重要的指南針。

從宏觀來看，若以中山先生的三民主義做標準，則眼前的臺

獨，明顯為謬誤路線；因其「臺灣民族主義」違背了「中華民族主義」；另外只重政治鬥爭，犧牲經濟發展，又明顯違背了「民生主義」；尤其臺獨違憲違法，踐踏司法人權，打壓異己，還明顯違背了「民權主義」！

反觀經國先生路線，秉承中山先生與蔣公的基礎，以振興中華為己任，追求終極統一，這就是民族主義的精神；另外，他以民生均富為目標，普遍改善人民生活，這是民生主義的精神。而且，他以民主改革為方法，全面提升人民自由人權，這是民權主義的精神。凡此種種臺灣成功的經驗，的確很可做為大陸借鏡！

綜觀大陸未來發展，經濟開始起飛，堪稱在民生主義已見到成果，但今後仍應注意「均富」，並防範各種副作用，才算真正成功。

另外，在民族主義上，大陸對於愛國主義一向重視，今後仍應保持，並且加強民族精神教育、弘揚中華文化，才能培養更多的興國人才。

除此之外，今後大陸，仍待努力的重點，當在民主人權，能根據憲法規定，從法治上落實民主人權，才是「以法治國」，才更能贏得兩岸人心，並能改進國際形象。

經國先生生前，曾經親自向我提過一句名言：

「任何美麗的大理石墓碑都會損毀，只有把名字刻在人民心中，才能真正永恆！」

今天經國先生名字，已經成功的刻在人民心中，未來兩岸領導人若都能以他的親民、清廉、務實為榜樣，見賢思齊，迎頭趕上，相信必能加速提昇人民生活水準，早日開創均富社會，那就

同樣能讓人民永恆感念！

綜觀今後中華民族出路，孫中山先生很早就提醒國人：

「歐洲之所以駕乎我們中國之上的，不是政治哲學，完全是物質文明。」[102]然後他進一步指出：

「歐洲的科學發達，物質文明的進步，不過是近來二百多年的事；在數百年以前，歐洲還不及中國。我們現在要學歐洲，是要學中國沒有的東西，中國沒有的東西是科學，不是政治哲學。」

所以，他在結論特別強調：

「講到政治哲學的真諦，歐洲人還要求之於中國！」[103]

如今海峽兩岸中國人，在科學與物質文明，都已相當進步，未來重要的是，如何根據中國高明的政治哲學，走中華民族自己的路，開創中華民族共同的前途，建設中國成為繁榮、富強、民主的文化大國！

準此立論，本著作論述「中國政治哲學」的真諦，希望沿聖垂文、振興中華，深盼能對民族中興大業，略盡棉薄貢獻，敬請各界高明能夠不吝指正！

展望今後兩岸願景，正如孫中山先生所說，所有中華兒女「生在中國，正是英雄用武之時」，也正是英雄用武之地，堪稱充滿錦繡前程！因此，只要仁人志士，都能領悟「振興中華，人人有責」，根據中國政治哲學真諦，團結奮鬥，相信必能讓中華民族揚眉吐氣，讓中華兒女頂天立地，更早完成和平統一！

---

[102]　同[26]，頁204。

[103]　同[26]，頁204。

【附錄】本書作者出版作品目錄

1. 《易經之生命哲學》，民國六十三年，臺北天下圖書公司。

2. 《青年與國難》，民國六十三年，臺北先知出版社。

3. 《哲學與現代世界》，民國六十四年，臺北先知出版社。

4. 《文化哲學面面觀》，民國六十五年，臺北先知出版社。

5. 《華夏集》，民國六十六年，臺北先知出版社。

6. 《孔子與馬克斯對「人」的觀念比較研究》，民國六十七年，英文版，美國波士頓大學博士論文，後由東海大學出版。

7. 《哲學與國運》，民國六十八年，臺北問學出版社。

8. 《中國人的人生觀》，民國六十九年，中譯本，臺北幼獅公司。

9. 《從哲學看國運》，民國六十九年，國防部印行。

10. 《新馬克斯主義批判》，民國七十年，臺北黎明公司。

11. 《三民主義研究》（合著本），民國七十一年，臺北政大公企中心印行，中央文物供應社出版。

12. 《中國哲學與三民主義》，民國七十二年，臺北時報文化出版公司。

13. 《蕭毅虹作品選》（主編），民國七十三年，絲路出版社。

14. 《中國哲學的現代意義》（英文本），民國七十四年，東海大學出版。

15. 《民族精神論叢》，民國七十五年，臺北黎明公司。

16. 《「蓬萊島」誹謗案大公開》，民國七十五年，龔維智律師編

印。

17. 《超越新馬克斯主義》，民國七十六年，臺北嵩山出版社。

18. 《國父思想之理論與實踐》（合著本），民國七十七年，大海文化公司。

19. 《丹心集》，民國七十七年，臺北黎明公司。

20. 《蔣經國先生的思想與精神》，民國七十八年，臺北黎明公司。

21. 《中國古代美學思想》，民國七十八年，臺北學生書局。

22. 《環境倫理學——中西環保哲學比較研究》，民國七十九年，臺北學生書局。

23. 《天人合一》，民國八十年，國家文藝基金會印行。

24. 《蔣中正先生思想研究》，民國八十一年，黎明公司印行。

25. 《中國文化哲學》，民國八十二年，臺北學生書局。

26. 《誰誤解了李總統？》，民國八十三年，國是評論雜誌社。

27. 《李總統叛國心跡》，民國八十四年，國是評論雜誌社。

28. 《人、自然與文化》，一九九六年，北京人民文學出版社。

29. 《中國管理哲學及其現代應用》，民國八十五年，學生書局。

30. 《中國傳統哲學與現代管理》，一九九七年，山東大學出版社。

31. 《李登輝民主嗎？》，民國八十七年，國是評論雜誌社。

32. 《反臺獨漫畫集》，民國八十八年，自印本。

33. 《生活哲學：中西生死哲學》，二〇〇二年，北京大學出版社。

34. 《生活哲學：兩性之哲學》，二〇〇二年，北京大學出版社。

35. 《曾文惠案追追追》，二〇〇三年，自印本。

36. 《先室蕭毅虹紀念文集》（主編），民國九十二年，四冊，自印本。

37. 《反獨促統畫集》，民國九十三年，自印本。

38. 《忍辱》，民國九十三年，自印本。

39. 《愈挫才能愈勇》，民國九十三年，自印本。

40. 《生氣不如爭氣》，民國九十三年，自印本。

41. 《悲憤不如發憤》，民國九十四年，國是評論雜誌社。

42. 《中西生死哲學》，民國九十四年，學生書局。

43. 《兩性之哲學》，民國九十四年，學生書局。

44. 《從逆境中靈修：中西逆境哲學》，民國九十五年，學生書局。

45. 《從中山思想論統獨前途》，民國九十五年，幼獅書局。

46. 《丹心照汗青》，民國九十五年，國是評論雜誌社。

47. 《時窮節乃見》，民國九十六年，國是評論雜誌社。

48. 《風雨中的燈塔》，民國九十六年，傳記文學雜誌社。

49. 《方東美先生的生命精神》，民國九十六年，傳記文學雜誌社。

50. 《中國政治哲學》（上下冊），民國九十六年，學生書局。

51. 《方東美先生的哲學典型》（編著），民國九十七年（待印中）。

52. 《人生哲學名言論集》，民國九十七年（待印中）。

53. 《從逆境中戰勝逆境》，民國九十七年（待印中）。

54. 《方東美先生的哲學精神》，民國九十七年（待印中）。

國家圖書館出版品預行編目資料

中國政治哲學

馮滬祥著. – 初版. – 臺北市：臺灣學生，2007.12
面；公分

ISBN 978-957-15-1398-0(精裝)
ISBN 978-957-15-1397-3(平裝)

1. 中國政治思想

570.92   96026115

中 國 政 治 哲 學 (上下兩冊)

著　作　者：馮　　　滬　　　祥
出　版　者：臺 灣 學 生 書 局 有 限 公 司
發　行　人：盧　　　　保　　　　宏
發　行　所：臺 灣 學 生 書 局 有 限 公 司
　　　　　　臺 北 市 和 平 東 路 一 段 一 九 八 號
　　　　　　郵 政 劃 撥 帳 號 ： 0 0 0 2 4 6 6 8
　　　　　　電　話　： (0 2) 2 3 6 3 4 1 5 6
　　　　　　傳　眞　： (0 2) 2 3 6 3 6 3 3 4
　　　　　　E-mail：student.book@msa.hinet.net
　　　　　　http：//www.studentbooks.com.tw
本書局登
記證字號　：行政院新聞局局版北市業字第玖捌壹號
印　刷　所：長　欣　印　刷　企　業　社
　　　　　　中 和 市 永 和 路 三 八 三 巷 四 二 號
　　　　　　電　話　： (0 2) 2 2 2 6 8 8 5 3

定價：精裝新臺幣一二六〇元
　　　平裝新臺幣一〇六〇元

西 元 二 〇 〇 七 年 十 二 月 初 版